冷戦期東欧の小独裁者達

ミニスターリン
列伝

はじめに

2022年2月のロシアのウクライナ侵攻以降、ロシア国内では愛国主義が強まる傾向がみられ、一部ではスターリンの再評価までされつつある。スターリンは概して肯定的側面・否定的側面を合わせ持つ複雑な指導者であると評価されるが、ロシアで社会情勢が不安定になるとスターリンの様な良くも悪くも強い指導力を持った絶対的指導者が求められ、その象徴として現在一部ではソ連時代に絶対的権力を誇った独裁者が再評価される傾向にあるのである。

本書は第二次世界大戦以降、ソ連の影響下にあった中央・東ヨーロッパの国々におけるミニスターリンと呼ばれた、もしくはミニスターリンと呼ぶにふさわしい指導者たちを取り上げる。体制転換から現在までのところ、中央・東ヨーロッパの国々でミニスターリンたちが再評価される動きはないが、本書で彼らが師であるスターリンから何を学び自らの政治手法に投影させたのかを紹介していきたい。

本書で扱った人物たちを特徴で分けると、以下の様になる。

1	古参のミニスターリン	ディミトロフ（ブルガリア）
2	ミニスターリン代表格	ラーコシ（ハンガリー）
		ゴットワルト（チェコスロヴァキア）
		チェルヴェンコフ（ブルガリア）
		ビェルト（ポーランド）
		ゲオルギウ＝デジ（ルーマニア）
3	スターリン批判をかいくぐった（もしくはスターリン批判以降の）ミニスターリン	ホッジャ（アルバニア）
		ウルブリヒト（東ドイツ）
		ノヴォトニー（チェコスロヴァキア）
		ジフコフ（ブルガリア）
4	ネオミニスターリン代表格	チャウシェスク（ルーマニア）
		ホーネッカー（東ドイツ）
5	反スターリニズムのミニスターリン	チトー（ユーゴスラヴィア）

1. コミンテルンで活躍したディミトロフは、年齢的にもスターリンと4歳しか違わず、共産主義運動草創期からアクティブな活動家であった。ディミトロフは第二次世界大戦後のブルガリアにおける共産主義政権の基盤を作るために強権的な政策をとっていった。第二次世界大戦後のブルガリア史を紹介する上でディミトロフを外すことはできず、コミンテルン仕込みの共産主義者ディミトロフは、1949年に突然死去するが、草創期のミニスターリンと言える。

2. ラーコシ、ゴットワルト、チェルヴェンコフ、ビェルトはスターリンの10歳以上年下であり、スターリンの手法をよく見て学んだ世代である。第二次世界大戦後数年以内に東欧諸国で共産党一党独裁政権を誕生させ、スターリンが死去すると徐々に失速し、スターリン批判の後に失脚（または死去）した（ルーマニアのゲオルギウ＝デジだけはうまくスターリン批判をかいくぐり、1960年代まで権力の座にいることができた）。彼らは、ミニスターリン代表格と位置付けられる。

3. ミニスターリンたちにとって、師であるスターリンの死は大きな問題であった。そんな中、ホッジャ、ウルブリヒトはスターリン批判、ソ連の新しい指導部の政治路線変更をうまくかいくぐり、権力の座にいることができた人物であった（ノヴォトニー、ジフコフはスターリンの死以降に権力を掌握した人物である）。スターリンの死以降はスターリン時代ほどの恐怖政治が布かれていたわけではないが、徐々に東欧社会に吹き始めた新しい自由化の風に抗い、スターリン時代の旧体制のやり方を固持しようとした指導者たちである。

4. チャウシェスク、ホーネッカーが権力の座に就いたのは1960年代、1970年代であるが、個人崇拝を強要したり、共産主義のイデオロギーにしがみつこうともがき、最終的に東欧諸国の体制転換まで権力の座にいた人物であった。

5. チトーをミニスターリンとするには賛否両論がある。しかし、西側諸国によって作り上げられた「スターリンに対して自らの意見を貫

き、スターリンと袂を分けた模範的な国家元首」としてのチトーの像は、ユーゴスラヴィア崩壊から30年以上が経った現在は否定されつつある。モスクワで訓練を受け、党の指導者となるためにユーゴスラヴィアの「同志」たちを粛清して死に追いやり、第二次世界大戦後には多民族国家を統治すると同時に自らの権力を維持するためにテロ的手段を用いてユーゴスラヴィアを治めたチトーは、やはり独裁者でありスターリン像と重なる。本書では、モスクワ仕込みのプロの活動家・独裁者としてのチトーを形成したであろう幼少期からコミンテルン時代のチトーに着目した。反スターリニズムを掲げるミニスターリンの矛盾を感じ取ってほしい。

　これら以外の東欧諸国の体制転換以前の指導者については、強権的で残忍な統治手段を用いた独裁者である「スターリン」の名を用いて紹介するには乱暴すぎるという観点から、ミニスターリンとして本書では取り上げない。またスターリンの死後、恐怖政治で締め付けられていた東欧諸国の社会が徐々に緩まっていく時代の指導者たち（特にノヴォトニーやジフコフなど）を「ミニスターリン」と呼んでしまうのは強すぎて抵抗があるが、そこは東欧の歴史の入門書として東欧各国の指導者たちを「ミニスターリン」の括りで取り上げた本として大目に見ていただけたら幸いである。

　本書は東欧諸国のミニスターリンに限定した。筆者が他の地域のミニスターリンに言及するほど知識がなかったからである。そこはご容赦いただきたい。

　本書ではそれぞれのミニスターリンたちが活躍した国ごとに章分けをした。それは歴史を研究する者として、政治家個人を彼の国の歴史から切り離して語ることに意味を見出せなかったからである。第二次世界大戦後の東欧各国の歴史の中で彼らがどのような立場でどのような行動をしたのか、それらを紹介していきたい。

では、そもそもソ連の独裁者スターリンはどのような人物であり、どのように国を統治したのだろうか。ここで少しスターリンについて触れておく。ここではスターリンが権力の座に就くまでの簡単な流れと、強権的な独裁者と言われる統治手法を紹介したいので、大祖国戦争、第二次世界大戦の経緯や第二次世界大戦後の冷戦の状況などは割愛する。

ヨシフ・スターリン（Иосиф Сталин）

　スターリンは 1878 年 12 月 18 日、ロシア帝国の統治下であったグルジア（ジョージア）のゴーリで生まれた。両親とも労働者の家系であった。スターリンというのはペンネームであり、本名はヨシフ・ジュガシヴィリというが、本書ではスターリンで統一する。

　スターリンはトビリシの神学校に通った。この学校で生徒の間で秘密裏に読まれていたカール・マルクスの『資本論』と出会い、徐々に熱心なマルクス主義者となっていった。間もなく神学校を辞め、革命家の道を進んでいくことになるのである。

　1900 年代に入ると、メーデーなどのデモ活動に加わるようになる。1901 年 11 月には、ロシア社会民主労働者党のトビリシ支部委員に選出された。その後数回デモを組織し、1902 年、ついに逮捕され、翌年にはシベリアへの流刑が宣告された。

　スターリンはシベリアへ送られるがそこから脱走し、トビリシに戻ることに成功した。スターリンが流刑されている間、ロシア社会民主労働党はユーリー・マルトフ（Юлий Мартов：1873 ～ 1923）率いるメンシェヴィキとレーニン率いるボリシェヴィキに分裂していた。スターリンはボリシェヴィキ側につくことにしたのである。そしてスターリンはその後、断続的に逮捕・逃亡・再逮捕を繰り返すアクティブな活動家になっていくのであった。また、スターリンが最初に党の中央委員に選ばれたのは 1912 年である。スターリンはこれ以降、生涯にわたり党の中央委員会のメンバーであり続けた。

スターリンが頭角を現すのは1917年の革命時であった。第一次世界大戦中の1916年、スターリンは流刑地のシベリアにいたが、他の流刑者と共にロシア帝国軍に招集された。しかし、子供の頃に事故に遭ったことによる腕の障害が認められ、軍への招集は免除された。そんな状況の中、首都のペトログラード（現サンクト・ペテルブルク）で二月革命が勃発したのである。スターリンは革命が起こった直後にペトログラードに向かった。ペトログラード・ソビエトの執行委員会におけるボリシェヴィキの代表に任命され、その後に行われた党中央委員会の選挙ではレーニン、ジノヴィエフに次ぐ票数を獲得し、党内で高い地位を確立していったのである。

レーニン政権下におけるスターリンの活動

　1917年10月、レーニンが新しいロシア政府（人民委員会議）の指導者の座に就くと、スターリンはレーニン・トロツキー・スヴェルドロフと共に首脳部の一角を担った。スターリンはこの時秘密警察機関チェーカー（ВЧК：日本語ではチェーカーと表記されるが、正しくはヴェチェカー。「反革命・サボタージュとの闘争のための全ロシア非常委員会」である）設立を支持し、その後にチェーカーによって行われた激しい赤色テロも擁護した。ロシア内戦時、スターリンはロシア南部に派遣されるが、そこでスターリンの残忍さが露わになる。白軍と戦う赤軍兵士を指揮する一方、現地のチェーカーに指示し、反革命分子の疑いがある者を裁判なしに処刑したのである。この時スターリンの採ったテロ的手法はボリシェヴィキ首脳陣が許容する範囲を超えていた。1919年3月の党大会で、レーニンはスターリンがロシア内戦時にとった手法を批判している。しかし、スターリンの残虐性はこの後も変わることはなかった。

スターリンの党書記長就任とレーニンの死

　1922年、第十一回党大会において、スターリンは党の書記長に任

命された。しかしこの頃からレーニンとスターリンは様々な面で対立することが多くなってゆき、レーニンはスターリンを粗暴であると評している。そんな中、1924 年 1 月レーニンは死去した。その後、スターリンはレーニンの後継者をめぐる争いに勝利し、権力を掌握する。そして迅速な工場化と経済の管理、農業の集団化を強制的に推し進めてゆき、1936 年以降の大粛清を経て絶対的な権力を掌握するようになるのである。

スターリンの大粛清

　全連邦共産党（ボリシェヴィキ）党内の幹部だけではなく、一般党員や文化人、学者などの市民もその犠牲となったスターリンの大粛清は、1930 年代後半にその最盛期を迎えた。スターリンの大粛清の犠牲者の数は諸説あるが、死亡者の数は約 200 万人と推定されている。この大粛清が起こった要因としては、スターリンが絶対的権力掌握を達成すること、そして、スターリン個人の強い猜疑心からくるものであったとされている。

　レーニンの時代、秘密警察機関であるチェーカーが置かれ、反革命分子を摘発し、処刑していった。レーニンの元でも党員の点検、「チーストカ（粛清：чистка）」が繰り返し行われていた。秘密警察機関チェーカーが時を経て 1934 年に内務人民委員部（Народный комиссариат внутренних дел）直属の国家保安部（Главное управление государственной безопасности）となり、1930 年代後半のスターリンの大粛清の立役者となるのである。この機関がソ連国内各地に設置されたことにより弾圧の対象は市民へ拡大していった。

　1934 年 12 月、スターリンの代わりになりうる人物と目されていたセルゲイ・キーロフ（Сергей Киров：1886 ～ 1934）がレニングラード（現サンクト・ペテルブルク）の党本部で射殺された。この事件が後の大粛清の契機となったのである。キーロフとスターリンの間には確執があり、しばしば意見を衝突させていた。キーロフは一部の党員

からは支持されており、スターリンの権力の基盤を揺るがしかねない人物であったようである（しかし、このキーロフ暗殺事件にスターリンが直接関わっていたという証拠は見つかっていない）。スターリンを始めとする共産党指導部は、キーロフ暗殺の後ろには大きな陰謀があると主張し、反対派に対する弾圧を強化していった。そしてこれが1936年8月に行われる第一回モスクワ裁判に繋がっていく。

　第一回モスクワ裁判は、レーニンの晩年から政治局でスターリンと共にトロイカ（三人組）として活躍していたレフ・カーメネフ（Лев Каменев：1883 ～ 1936）とグリゴリー・ジノヴィエフ（Григорий Зиновьев：1883 ～ 1936）などの大物革命家たち、また、この時すでに失脚していたレフ・トロツキー（Лев Троцкий：1879 ～ 1940）の仲間たちを含む16名が被告人として法廷に立たされた。彼らは「トロツキーと組んでキーロフ暗殺事件を実行した」として銃殺刑に処されたのである。また、これに連動して逮捕・拘束されていた約5000人のレニングラード共産党支部の関係者もこの裁判後に銃殺刑に処された。これ以降、粛清は範囲を広げて激化していったのである。この後、第二回モスクワ裁判（1937年）、第三回モスクワ裁判（1938年）と計3回の大規模な見世物裁判が開かれ、反対派の古参党員は粛清された。

　この大粛清を実行していたのは内務人民委員部であったが、その長官はゲーンリフ・ヤゴーダ（Генрих Ягода：1891 ～ 1938）であった。しかし、彼の働きはスターリンのお眼鏡にかなわず、第一回モスクワ裁判直後に更迭された（ヤゴーダはその後1938年に第三回モスクワ裁判にかけられ銃殺刑に処された）。後任にニコライ・エジョフ（Николай Ежов：1895 ～ 1940）が就いたことで更に粛清に拍車がかかった。内務人民委員部の「ヤゴーダ派」は一掃され、エジョフ派で組織が固められていった。エジョフと組んだスターリンの大粛清は、文化人、学者、市民にも広がり、相互監視と密告が蔓延る社会になっていった。更に、粛清はソ連に亡命しているコミンテルンの外国人共産主義者も例外ではなかった。ハンガリー人共産主義者クン・

ベーラやユーゴスラヴィア共産党、ポーランド共産党の指導者たちの多くもこの時の粛清の犠牲となったのである。しかし皮肉なことながら、1938年末になると、今度は粛清の矛先がエジョフに向けられた。エジョフはその内務人民委員部長官の座をラヴレンチー・ベリヤ（Лаврентий Берия：1899～1953）に奪われ、1940年にスターリン暗殺を企てたとして銃殺刑に処されたのであった。それ以外にも粛清を実行した内務人民委員部関係者たちの多くも、このスターリンの大粛清の犠牲になったのである。

スターリン憲法の制定

1936年12月、スターリンは新憲法を制定した。スターリン憲法と呼ばれるものである。ここに党の指導的役割が明記され、一党制が正当化されたことになった。

グラーグ（ГУЛАГ）

グラーグとは厳密に言うとソ連の強制労働管理機関のことであり、強制労働収容所自体を指す言葉としても用いられる。1923年から1929年までは白海オネガ湾に浮かぶソロヴェツキー諸島（Соловецкие острова）にあるソロヴェツキー強制労働収容所が唯一の強制労働収容所であった。1929年、一般の労働者たちが行きたがらない場所に強制労働収容所を作ることを決定し、ソ連全土に強制労働収容所が置かれるようになった。そして1934年、強制労働収容所が内務人民委員部の強制労働管理機関の管轄下に置かれるようになった。

この強制労働収容所の設置はソ連の工業化と農業の集団化に大きく関係している。工業化のためには労働力確保が必要であり、そのためには刑に服した人を労働力として使うのが都合がよかった。そして、農業の集団化を進める過程で多くいた、集団化に反対する農民、特に富農（クラーク）たちを強制労働収容に送ったのである。強制労働収容所はスターリンの死後の1953年に縮小され始めたが、それまでに

ソ連全国のグラーグに収容された総数は1800万人を超えるとされている。

個人崇拝とプロパガンダ

広大な多民族国家であったソ連では、国民にスターリンの「偉大な指導者」像を植え付ける必要があった。スターリンを賞賛するポスターや映画が数多く作られた。スターリンが偉大な共産主義指導者であるレーニンと近しい関係であったかの様に見せるため、レーニンとスターリンが並んでいるシーンの絵画が描かれた。写真の加工（改ざん）も盛んに行われており、好ましからざる人物、粛清された人物は写真から削除された。また、スターリンの銅像がレーニン、マルクス、エンゲルスの銅像と共に大量に作られ、様々な場所に設置された。

レーニンの遺体には防腐処理が施されレーニン廟に安置された。レーニン廟を含む赤の広場周辺は共産主義の聖地とされるようになり、レーニンも共産主義の象徴として個人崇拝の対象とされた。1953年にスターリンが死去すると、スターリンの遺体にも防腐処理が施され、レーニンと並んでレーニン＝スターリン廟に安置された（1961年にスターリンの遺体のみ撤去され、レーニン廟の後方、クレムリンの壁に沿って置かれた墓地に革命の功績を残した英雄と共に埋葬されている）。

個人崇拝の一環として、国内外問わず多くの街にスターリンの名が付けられた。一例をあげると、現在のヴォルゴグラードはスターリングラード、2022年に「住民投票」の結果ロシア連邦に編入されたドネツク（ウクライナ語でドネツィク：Донецьк）は、1961年までスターリノ（Сталино）という名称であった。また、ポーランドのカトヴィツェはスタリノグロード（Stalinogród：1953～1956）、ハンガリーのドゥナウーイヴァーロシュはスターリンヴァーロシュ（Sztálinváros：1951～1961）などと呼ばれていた。フランスやイタリア、イギリスなどの西側諸国の街にもスターリンの名を冠した道があった。

はじめに

目次

2 …… はじめに

11 … 目次

16 … 第二次世界大戦後の東欧の歴史

37 … ミニスターリン が活躍した時代の各国の共産党系政党名

38 … ミニスターリン が活躍した時代の各国の秘密警察・諜報機関の名称

39　第1章　ハンガリー

41 … **ラーコシ・マーチャーシュ**
サラミ戦術で知られ「スターリンの最も優秀な生徒」と呼ばれた男

61 … **反チトー・キャンペーンで最も効果的に作用したでっちあげ裁判　ライク事件**

76 … **ハンガリーのグラーグ　ブダ南抑留者収容所、キシュタルチャ中央抑留者収容所、レチク強制労働収容所、ティサルゥク収容所**

91　第2章　ブルガリア

93 … **ゲオルギ・ディミトロフ**
独国会議事堂放火事件裁判で英雄化、バルカン連邦構想で叱られる

118… **ヴルコ・チェルヴェンコフ**
「チトー主義者」粛清でスターリンのお気に入り、その死と共に失脚

132… **トライチョ・コストフ**
ブルガリアにおける反チトー・キャンペーンで粛清された

142… **トドル・ジフコフ**
スターリン死後から35年の長期に渡り権力の座に君臨

149… **ブルガリアのグラーグ　ベレネ強制収容所**

154… **ミニスターリン養成所だったコミンテルン付属のエリート学校　国際レーニン学校**

169　第3章　チェコスロヴァキア

171… **クレメント・ゴットワルト**
スターリン葬儀参列直後に急死し、スターリン批判を免れる

197… **ルドルフ・スラーンスキー**
チトー主義ではなく、反ユダヤ主義が影響して粛清された

220… **「反帝国主義・反戦・平和・親善・連帯」スローガンに掲げられた**
世界青年学生フェスティバル

224… **アントニーン・ノヴォトニー**
時代に逆行する保守的政策打ち出し、プラハの春の引き金を引く

231… **チェコスロヴァキアのグラーグ　ヴォイナ強制労働収容所**

241　第4章　ポーランド

242… **ボレスワフ・ビェルト**
ソ連のスパイ故、内向的でカリスマ性乏しく個人崇拝うまくいかず

261　第5章　ルーマニア

262… **ゲオルゲ・ゲオルギウ＝デジ**
スターリン死後、西側とも関係良好、ソ連軍撤退まで要求

277… **アナ・パウケル**
「スカートを穿いたスターリン」と呼ばれるも粛清された

287… **ニコラエ・チャウシェスク**
ネオスターリニズムを推進し、妻エレナまで個人崇拝の対象に

313　第6章　東ドイツ

314… **ヴァルター・ウルブリヒト**
社会主義陣営の模範国家と自画自賛しブレジネフから疎まれ失脚

337… **エーリッヒ・ホーネッカー**
ゴルバチョフにまで呆れられ、ベルリンの壁崩壊、冷戦終結に寄与

359　第7章　アルバニア

360… **エンヴェル・ホッジャ**
スターリン批判以降も堅持、ソ連・ユーゴ・中国とも袂を分かつ

384… **コチ・ジョゼ**
アルバニア共産党内ユーゴスラヴィア派代表として粛清された

391　第8章　ユーゴスラヴィア

393… **ヨシップ・ブロズ・チトー**
反スターリニズムに潜む「スターリニズム」

426… **ユーゴスラヴィアのグラーグ　ゴリ・オトク強制労働収容所**

439… **コミンフォルム派ユーゴスラヴィア政治亡命者たちの反チトー・キャンペーン活動**

453… あとがき

第二次世界大戦後の東欧の歴史

年	月	出来事
1945	2	ヤルタ会談
	5	ドイツの降伏
1946	3	チャーチルの鉄のカーテン演説
1947	9	コミンフォルムの結成
1948	6	ユーゴスラヴィアのコミンフォルムからの追放
1949	1	ソ連および東欧５カ国で経済相互援助会議（コメコン）を発足
1953	3	スターリン死去
1956	2	ソ連共産党第二十回大会　スターリン批判
	6	ポズナン暴動
	10	ハンガリー「革命」
1960		中ソ対立（〜1980年代）
1968	1	プラハの春（〜同年８月）
	8	ワルシャワ条約機構軍、チェコスロヴァキアへ侵入
1989	9	汎ヨーロッパ・ピクニック
	11	ベルリンの壁崩壊
1990	10	東西ドイツ統一
1991	6	コメコンの解散
	7	ワルシャワ条約機構の解散
1991	12	ソ連崩壊

　ヨーロッパではおよそ６年間続いた第二次世界大戦が1945年には収束し、列強による中央・東ヨーロッパ諸国の戦後処理が始まった。第二次世界大戦後の中央・東ヨーロッパ諸国の戦後処理に関しては、1945年2月にクリミア半島のヤルタで開催されたヤルタ会談で話し合われ、取り決めがなされた。これにより、第二次世界大戦終戦後初期の段階ではイギリス・アメリカ・ソ連の3つの大国の要請・介入に基づき、戦後の秩序が作られていったのである。

　ここでは、第二次世界大戦後以降、1980年代終わりから1990年代初めの体制転換まで、本書で取り上げた8つの国の歩みについてみていきたい。2つの年代に分けて簡単に説明する。

年代	
1945 年～ 1953 年	第二次世界大戦終結からスターリンの死まで
1953 年～ 1989 年（1990 年代初頭）	スターリンの死から体制転換まで

1945 年～ 1953 年

ハンガリー

第二次世界大戦を枢軸国側として戦ったハンガリーであったが、1944年 10 月にドイツの支援を受けた矢十字党がクーデターを起こし政権を奪うと、連合国との戦闘継続の構えをみせていた。しかし、ソ連軍が既に国土の大半を「解放」する中、1945 年 2 月にはブダペストも陥落した。

その少し前の 1944 年 12 月、ハンガリー東部の街デブレツェンで臨時国民政府が発足した。臨時国民政府は 1945 年 1 月にソ連と休戦し、ブダペスト陥落の後の 4 月にブダペストに移った。同年 11 月に行われた選挙では、独立小農業者党が 75%の票を得て第一党となり、1947 年までは比較的安定して影響力を持っていた。

当時、ハンガリーの共産党勢力は弱く、ソ連も独立小農業者党政権と安定的な関係を保っていたが、ハンガリー共産党は国内における影響力拡大のため、ソ連軍の力を最大限に利用しようとしていた。そして 1947 年以降、共産党は政敵を一人一人切り落としていく「サラミ戦術」で他党派勢力を排除していったのである。

1948 年、ハンガリー共産党がハンガリー社会民主党と合併してハンガリー勤労者党が誕生した。そして本書でも詳しく紹介するが、ハンガリー勤労者党書記長のラーコシ・マーチャーシュ（Rákosi Mátyás）が権力を掌握したのである。1949 年、ハンガリー人民共和国が成立し、ハンガリー勤労者党政権の一党独裁体制が確立すると、ラーコシはハンガリーにおいてスターリン主義に基づいた徹底的な恐怖政治を布いた。粛清を行い、自身の政敵を逮捕・投獄し、そして処刑した。国民に対しても秘密警察を使って不満を押さえつけたのである。

ブルガリア

　第二次世界大戦では枢軸国側として戦ったブルガリアであったが、1944年9月にはソ連軍がブルガリアに対し宣戦布告、領土内に侵入してきた。同年9月9日、クーデターによって政権が交代し、ブルガリアはドイツに対して宣戦布告した。

　1946年、祖国統一政府による国民投票の結果王政が廃止され、ブルガリア共産党主導の一党独裁体制が出来上がった。そして、ブルガリア人民共和国が誕生し、初代首相にはゲオルギ・ディミトロフ（Георги Димитров）が就任した。コミンテルン議長を経験したディミトロフが国家元首になったブルガリアは、親ソ的な政治体制を採った。

　1949年7月、ディミトロフが突然モスクワで死去した。1950年、ディミトロフの義弟ヴィルコ・チェルヴェンコフ（Вълко Червенков）が実権を握った。チェルヴェンコフは工業化を推し進め、農業は集団化された。また、多くの国民が強制労働収容所に送られ犠牲になったのである。

チェコスロヴァキア

　初めに戦間期から第二次世界大戦末期までのチェコスロヴァキアについて少し触れたい。チェコスロヴァキアという国が存在したのは、途中のナチス・ドイツによる解体期間を含めて1918年から1992年までである。1938年9月のミュンヘン会議においてミュンヘン協定が締結され、ズデーテン地方のドイツへの割譲が決定された。これに続いてポーランド、ハンガリーにもチェコスロヴァキアの領土の一部を割譲した。さらに10月、スロヴァキアの自治が認められ、1939年にはスロヴァキアが独立を宣言した。チェコはボヘミア＝モラビア保護領としてドイツの支配下に入り、これで独立を失った形となる。

　第二次世界大戦中の1940年、ロンドンに亡命していたエドワルド・ベネシュ（Edvard Beneš）が亡命政府をつくり、翌年に連合国に承認された。1943年12月に亡命政府はソ連を訪問し、ソ連との相互友好援助条約が結ばれた。ナチス・ドイツ占領下のチェコスロヴァキアでは亡命政府とモスクワにあった亡命チェコスロヴァキア共産党が協力して対ナチス・ドイツ

抵抗運動を行った。1944 年 8 月（から 10 月）のスロヴァキア民族蜂起、1945 年 5 月のプラハ蜂起を経て、チェコスロヴァキア全土が解放された。

　1945 年 4 月、チェコスロヴァキア共産党が主導する国民戦線がスロヴァキアのコシツェに設置された（その後 5 月にプラハに移った）。政府は、主に 3 つの社会主義政党からなる国民戦線連合であった。そしてロンドンに亡命していたベネシュが帰国し、チェコスロヴァキア共和国が復活したのである。

　解放後のチェコスロヴァキアはほとんど完全にソ連の影響圏に入った。ソ連の解放軍は民衆に支持され、そのことはチェコスロヴァキア共産党に有利にはたらいた。共産党勢力がほとんどの国民評議会、警察などの組織を抑えていたのである。チェコスロヴァキア共産党の指導者であった本書で紹介するミニスターリンであるクレメント・ゴットワルト（Klement Gottwald）は、党の路線をソ連の利益に適応させていった。

　1946 年に実施された選挙ではチェコスロヴァキア共産党が第一党になった。エドヴァルド・ベネシュが引き続き共和国大統領を務め、共産党指導者ゴットワルトが首相となった。そして、内務省など治安機関や教育・宣伝といった重要機関のポストを共産主義者たちが獲得したのである。

　1947 年から 1948 年にかけて、内閣及び議会内で共産党と非共産政党の対立が激化し、非共産党の閣僚達が一度に辞任した。ゴットワルトはこれに乗じ、ベネシュから実権を奪うことに成功したのである（二月事件）。その後 5 月に新憲法が採択され、人民民主主義が宣言された（この時、国名はチェコスロヴァキア共和国のまま変更されなかった）。そして総選挙では共産党と共産党主導の国民戦線が圧勝し、ベネシュは大統領を辞任したのである。

　ベネシュに代わって大統領に就任したゴットワルトはソ連型の社会主義を推し進めていった。基幹産業の国有化や農業の集団化を推進していった。また、政敵は容赦無く弾圧・粛清していった。しかし、そんなゴットワルトの死は突然訪れた。ゴットワルトは 1953 年 3 月、スターリンの葬儀に出席するためにモスクワに赴いた。元々持病があったゴットワルトではあったが、プラハに戻った直後に死去してしまったのである。

ポーランド

　第二次世界大戦が終わりを迎える頃、ポーランドには2つの政治勢力が存在していた。イギリス・アメリカが承認するロンドン亡命政府とソ連に後押しされたポーランド国民解放委員会（ルブリン委員会）であった。この2つの勢力は対立していたが、1945年6月には両政府が合同し、挙国一致臨時政府が発足した。しかし、ポーランド国内のレジスタンスからの信頼の厚いルブリン委員会側勢力が次第に優勢になっていく。そしてソ連がポーランドの国内及び外交政策に対し多大な影響力を持ち、自国の軍隊をポーランドに駐留させるようになっていくのである。

　ポーランド国民解放委員会（ルブリン委員会）発足当時は本書で紹介するボレスワフ・ビェルト（Bolesław Bierut）が全国国民評議会（Krajowa Rada Narodowa）議長を、労働者党書記長をヴワディスワフ・ゴムウカ（Władysław Gomułka）が務めていた。ビェルトはソ連のエージェント出身であり、戦後のポーランドは次第にソ連の傀儡的な政府になっていった。政府内で共産党系の勢力が強くなるとロンドン亡命政府系の政治家は逮捕され、処刑された。1948年にはソ連の後押しでポーランド労働者党とポーランド社会党左派が合同し、ポーランド統一労働者党が成立した。これで一党独裁体制が誕生したのである。

　ビェルトはポーランドにおいてスターリン主義に基づいた政策を取り入れた。意見が合わない党員は容赦なく粛清・追放したが、その中にはゴムウカもいた。ゴムウカは1949年に全ての職から解かれ、1951年には逮捕されている。経済、軍事、外交政策面では、重工業と国有農業を重視した。また、市民や文化・教育のソビエト化も行われていった。産業を国営化し、50ヘクタールを超える私有農地は国に没収された。1952年に新憲法を制定し、国名をポーランド人民共和国に改めた。

ルーマニア

　第二次世界大戦勃発直後の1940年、ソ連はルーマニアに圧力をかけてベッサラビアとブコヴィナを占領、ハンガリー、ブルガリアもドイツの支援を受け、ルーマニアから旧領土の一部を割譲させた。これを受けてルー

マニア国民の不満は高まり、国王カロル二世はミハイ一世に譲位して亡命した。親独派のイオン・アントネスク（Ion Victor Antonescu）が政権を掌握し、ルーマニアは枢軸国への参加を表明した。

1944年、ソ軍が侵攻してくると8月にはミハイ一世がクーデターを起こし、アントネスクは逮捕された。そして新政府はドイツとの軍事同盟解消に踏み切り、ドイツに宣戦布告したのである。同年9月にソ連との休戦協定が正式に結ばれた後、ソ連軍はルーマニア全土を占領した。この時ルーマニアはソ連に対する賠償金の支払い、反ユダヤ主義の法律の廃止、ファシスト団体の設立の禁止、ベッサラビアとブコヴィナをソ連に返還することなどに同意した。イギリス・アメリカ・ソ連の代表はブカレストに連合国管理委員会を設置したが、この中で権限を行使したのはソ連軍司令部であった。連合国管理委員会におけるソ連の役割は次第に強まってゆき、それに伴ってルーマニアはスターリン主義的独裁国家になっていくのである。

1947年12月、ミハイ一世は退位を迫られ亡命し、ルーマニア共産党が政権を掌握した。そしてルーマニア人民共和国の樹立が宣言されたのである。

1948年、ルーマニア共産党は社会民主党を合併し、党名をルーマニア労働者党とした。ルーマニア労働者党以外の政党は強制的に解散を命じられ、これでルーマニア労働者党の一党独裁体制が出来上がった形となった。

ルーマニア労働者党の第一書記であり、本書でも詳しく紹介するゲオルゲ・ゲオルギウ＝デジ（Gheorghe Gheorghiu-Dej）は、アナ・パウケル（Ana Pauker）らモスクワ派の党員を、追放・粛清していった。また、農業の集団化、企業・銀行の国有化を目指していった。ドナウ・黒海運河プロジェクトを稼働させ、強制収容所を作り、囚人たちに強制労働を強いた。

東ドイツ

第二次世界大戦の敗戦後、ドイツはイギリス・アメリカ・フランス・ソ連の4カ国により支配下に置かれた。しかし、戦後の冷戦構造が進んでいく中、この4カ国による協調は困難になっていった。1948年にイギリス・

アメリカ・フランスによる占領地域において通貨改革が行われると、政治面・経済面で国家分断の動きが加速し、東西ドイツ分断は決定的となった。1949年9月、ドイツ連邦共和国（西ドイツ）が建国されると、翌月にはドイツ民主共和国（東ドイツ）が建国を宣言した。

それに先がけ5月にはソ連占領地域で第二次ドイツ人民議会が暫定的な人民議会として成立していた。そしてオットー・グローテヴォール（Otto Grotewohl）が東ドイツ首相となり、大統領にはヴィルヘルム・ピーク（Wilhelm Pieck）が選出された。

名目上は複数政党制が採られたが、実際はドイツ社会主義統一党による一党独裁であった。公式には閣僚評議会が東ドイツの政府であったが、実際にはドイツ社会主義統一党の中央委員会政治局に権力が集中していた。ヴァルター・ウルブリヒト（Walter Ulbricht）は政治局のメンバーであり、1950年以降、ドイツ社会主義統一党の書記長となった。また、ドイツ駐留ソ連軍およびソ連管理委員会は東ドイツで強い権力を持っていた。東ドイツでは計画経済が推し進められてゆき、1951年には第一次五カ年計画が開始された。

1953年のスターリンの死は、東ドイツ指導部を動揺させた。東ドイツではノルマを達成しない労働者に対し、賃金カットする「労働規範」があったが、政府はこれを撤回しなかったため、東ベルリン労働者たちが抗議デモを行い、これをソ連軍の介入によって鎮圧した。これを契機として東ドイツ各地で市民が抗議デモを起こした。この一連の事件の正確な犠牲者・逮捕者の数は分かっていないが、数多くの国民が逮捕された、もしくは犠牲になったと言われている。

アルバニア

第二次世界大戦が始まると、アルバニアはイタリアに併合された。国王ゾグー一世（Zogu I）は亡命し、イタリアとの同君連合という形でアルバニア国王にはイタリアのヴィットーリオ・エマヌエーレ三世（Vittorio Emanuele III）が即位した。そして親伊派の傀儡政権が誕生したが、これに対して共産主義勢力、旧国王派、民族戦線などが抵抗運動を展開した。

エンヴェル・ホッジャ（Enver Hoxha）を中心にアルバニア共産党が成立
すると、反ファシズム勢力をまとめた民族解放戦線を組織し、ユーゴスラ
ヴィアのパルチザンと組んで抵抗運動が展開されていった。1943 年にイ
タリアが連合国に降伏すると、ドイツ軍により再び占領されてしまった。
民族解放戦線は引き続き抵抗運動を継続させ、1944 年 11 月、アルバニア
全土が解放されたのであった。

　第二次世界大戦が終わると、アルバニア共産党を中心とする臨時政府が
樹立した。そして 1946 年には王政が廃止され、アルバニア人民共和国が
誕生した。ホッジャを首班とする共産主義政権が誕生したのである。

　地理的にもユーゴスラヴィアとは繋がっており、共産党政権の成立後も
ユーゴスラヴィアとの間で友好協力相互援助条約が結ばれるなど親密な関
係を保っていたが、次第にユーゴスラヴィアがアルバニアに対し連邦加盟
を要求するようになっていった。1948 年、ユーゴスラヴィアがコミンフォ
ルムから除名されると、アルバニアは外交政策を一気に転換させた。親ユー
ゴ派の党員を追放してユーゴスラヴィアと国交を断絶し、親ソ路線へ大き
く舵を切ったのである。

ユーゴスラヴィア

　第二次世界大戦中はユーゴスラヴィアはドイツやイタリアなどの枢軸国
の支配下に置かれていた。主に共産主義者から成るパルチザンたちはゲリ
ラ戦を主体とした戦いを繰り広げていった。1944 年 10 月にはソ連軍と形
式的な合同作戦が実施されるが、1945 年 5 月には実質的にパルチザンの
力でユーゴスラヴィア全土を解放した形となった。

　1945 年 11 月の総選挙では共産党が率いる人民戦線が大勝した。そして
同月ベオグラードにおいて共産党主導による初の閣議が開かれ、王政廃止
と連邦制導入によるユーゴスラヴィア連邦人民共和国の成立が宣言され
た。そして翌 1946 年 1 月、新憲法によって 6 つの構成共和国が定められ
た。ユーゴスラヴィア連邦の初代首相にはヨシップ・ブロズ・チトー（Josip
Broz Tito）が選ばれた（チトーは 1953 年に大統領に選出され、1974 年か
らは終身大統領となった）。チトーと最も近い政治家は、エドヴァルト・

カルデリ（Edvard Kardelj）、アレクサンダル・ランコヴィッチ（Aleksandar Ranković）、ミロヴァン・ジラス（Milovan Đilas）であった。

　戦後すぐの段階において、ユーゴスラヴィアはソ連と緊密な関係を保っていた。しかし、そんな状態も長くは続かなかったのである。ソ連のスターリンはチトーに対して不信感を持ち、それぞれ互いの政治的手法を批判したのである。チトーは、当時スターリンが唱え、周辺諸国がそれに倣っていた「一国社会主義」ではなく、国境を越えた国際的な社会主義を目指すようになっていた。また、スターリンは、ソ連が全ての東側諸国を支配することを望んでいたが、チトーは例えばユーゴスラヴィアの経済をソ連や他の東側諸国と結びつけることを拒否したのであった。このようなスターリンとチトーの対立は徐々に表面化してゆき、1948年6月、ユーゴスラヴィアをコミンフォルムから追放したのであった。

　ソ連と決別すると、ユーゴスラヴィア国内ではスターリンやコミンフォルムの決定に同調的とされた者たちに対する厳しい弾圧が始まった。彼らは、再教育の場とされたゴリ・オトク島に送られた。また、隣国やソ連に亡命する者も多くいた。

　ソ連の勢力圏と決別してから、ユーゴスラヴィアでは独自の共産主義社会の構築が始まった。チトーの指導の下、一定の自由市場経済が認められた。また、ユーゴスラヴィアはアメリカからのマーシャル・プランを受け入れた。そしてインドやエジプト、インドネシアなどと共に非同盟運動の創設メンバーとなり、冷戦下において非同盟中立の立場を採った。アメリカに対しては対決姿勢をとらない中道左派の政策を採り続けた。1953年には新憲法が採択され、チトーが大統領に選出された。

1953 年～ 1989 年

ハンガリー

　「スターリンの最も優秀な生徒」であったラーコシにとって、スターリンの死は自らの権力を揺るがすものであった。ソ連の新たな指導者フルシチョフがユーゴスラヴィアに対する政治路線の変更、非スターリン化を推し進めるなか、ラーコシはなんとか権力の座にしがみついていたが、1956年に失脚した。後任のエルネー・ゲレー（Gerő Ernő）もスターリン主義者であったため、国民には人気がなかった。そんな中、同年 10 月、民主化を求めた大規模なデモが起きたのである。ハンガリー政府はソ連軍に介入を要請し、これを制圧した。この結果、2 万人以上の犠牲者が出たのである。また、20 万人以上の国民がハンガリーから逃れた（1956 年ハンガリー「革命」）。

　1956 年 11 月、ソ連の後押しを受け、カーダール・ヤーノシュ（Kádár János）が新たにハンガリー勤労者党の第一書記となった。ハンガリー勤労者党はハンガリー社会主義労働者党となり、カーダールが初代党首となった。カーダールはこれ以降ソ連との友好関係を保ちながらハンガリー「革命」後の社会の混乱を収めることを目指した。

　1960 年代から 1970 年代、カーダールは融和的新路線を打ち出し、比較的穏健な政治路線を採った。1968 年には新経済メカニズムと称する経済改革が行われ、市場経済が導入された。経済政策により、国民の生活水準向上を目指したのである。このハンガリーの政治体制はグヤーシュ共産主義と呼ばれている。ハンガリーの経済状況は他の東欧諸国に比べると良好ではあったが、それでもカーダール政権が長期化するにつれ、徐々に停滞していった。

　1980 年代後半、ソ連のゴルバチョフ書記長のペレストロイカの影響で、社会主義労働者党政権は改革派が主導するようになり、急速に民主化が進んでいった。1988 年 5 月、カーダールは書記長を退任し、後任にはグロース・カーロイ（Grósz Károly）が就いた。1989 年 5 月、オーストリアとの

国境の有刺鉄線を切断した。同年 9 月にはハンガリー国内に滞留している東ドイツ人に西側に出国する許可を出し、ハンガリーとオーストリア国境を開けた。この「汎ヨーロッパ・ピクニック」と呼ばれる事件は他の東欧諸国にも影響を与え、東欧革命に拍車をかけるものであった。同年 10 月、憲法が改正され、国名を「ハンガリー共和国」に改称した。またこの憲法により「共産党の指導性」が否定され、複数政党制が取られることが定められた。そしてハンガリー社会主義労働者党は一党独裁制を放棄してハンガリー社会党へ改組した。

ブルガリア

コミンテルン出身の義兄ディミトロフの後を継いでブルガリア共産党の指導者となったチェルヴェンコフではあったが、共産党内における支持基盤は脆弱であり、1953 年のスターリンの死後は権力を維持し続けることができなかった。1954 年 3 月、チェルヴェンコフは共産党書記の座を追われ、代りにトドル・ジフコフ（Тодор Живков）が権力の座に就いた。ジフコフはこの後 35 年間に渡ってブルガリアの指導者であった。

ジフコフはソ連に忠実な政策を採った。チトー主義者として裁かれた人々の名誉回復も行い、ユーゴスラヴィアとの関係を修復した。ブルガリアではポーランドやハンガリーの様な民主化を求める大きな暴動は起こらなかった。

1980 年代に入るとジフコフの政治の腐敗や専横が浮き上がってきた。そんな中、ゴルバチョフのペレストロイカやポーランド、ハンガリーなどで始まった民主化の動きがブルガリアにも影響を及ぼす様になっていく。改革要求に対してジフコフは抗うことができなくなったのである。1989 年 11 月、環境問題を掲げるデモがソフィアで発生し、それが次第に政治改革要求へと発展していった。ブルガリア共産党の指導部の一部は変革の必要性を認識し、これに迅速に反応した。

11 月 10 日、ジフコフは辞任し、ペトゥル・ムラデノフ（Петър Младенов）が指導者の座に就いた。このことにより事態は収束したかに見えたが、1990 年 2 月、ブルガリア共産党は自発的に一党独裁体制を放

棄し、党名をブルガリア社会党へと改めた。同年6月、自由選挙が行われ、ブルガリアは複数政党制への移行を果たした。そして同年11月、国名がブルガリア人民共和国からブルガリア共和国に改められたのである。

チェコスロヴァキア

　ゴットワルトの死を受け、党の第一書記にはアントニーン・ノヴォトニー（Antonín Novotný）が、大統領にはアントニーン・ザーポトツキー（Antonín Zápotocký）が就いた。1956年のソ連共産党第二十回大会におけるスターリン批判からの影響はチェコスロヴァキアにおいては体制を揺るがすほどではなかったようである。1960年7月には新憲法を発布し、国名をチェコスロヴァキア社会主義共和国とした。

　1960年代、知識人や学生などからの批判が高まり、1968年1月、ノヴォトニーに代わりアレクサンデル・ドゥプチェク（Alexander Dubček）がチェコスロヴァキア共産党の第一書記に就任した。ドゥプチェクは「人間の顔をした社会主義」を掲げ、言論の自由化や計画経済への市場原理の導入、粛清犠牲者の名誉回復といった改革を進めていった。「プラハの春」である。しかし同年8月、急速な自由化を危惧したソ連がワルシャワ条約機構軍を送り、チェコスロヴァキア全土を制圧する。これによりドゥプチェクの改革路線は頓挫し、「プラハの春」は終わりを告げるのである。以降、チェコスロヴァキアにはソ連軍が駐留する。

　1969年4月、ドゥプチェクはチェコスロヴァキア共産党第一書記を解任され、代わってグスタフ・フサーク（Gustáv Husák）が第一書記の座に就く。「正常化体制」と呼ばれる政治の引き締めと中央集権体制を強化していく。ドゥプチェクの改革に賛同していた党員や知識人などは公の場から追放された。

　1977年、哲学者ヤン・パトチカ（Jan Patočka）や劇作家ヴァーツラフ・ハヴェル（Václav Havel）などの反体制派知識人たちが「憲章77」を西側の新聞数紙に発表し、政府の人権抑圧に抗議する運動を起こす。

　1989年11月、プラハで反体制の学生デモが実行され、これを治安部隊が鎮圧した。このことが発端となり、これに抗議し民主化を求める国民の

27

大規模なデモが発生した。その影響でチェコスロヴァキア共産党の幹部は総辞職し、ここにチェコスロヴァキアにおける共産党政権が崩壊したことになる。共産党政権から非共産党政権へ平和的に移行されたこの事件は「ビロード革命」と呼ばれている。この後、連邦を構成するチェコとスロヴァキア両共和国への大幅な権限委譲が行われ、両共和国は 1993 年 1 月には連邦を解消した。

ポーランド

ビェルトは、1956 年のソ連共産党第二十回大会に出席するためにモスクワに赴いたが、その場で体調が悪化し客死した。スターリン批判にショックを受けたとも、自殺したとも言われている。この後ポーランドでは　ゴムウカの名誉回復がなされた。

1956 年 6 月、ポズナンで起こったデモ行進を発端とし、民衆の暴動が起きた。ポズナン暴動である。最初は穏健的なデモであったが徐々に暴徒化し、商店や警察・刑務所などを襲撃した。暴動は軍隊によって暴力的に鎮圧された。死傷者は 100 名を超えると言われている。

同年 10 月、ゴムウカがポーランド統一労働者党書記長に就任した。ゴムウカは非スターリン化を目指し、強制労働の廃止、農業集団化の廃止、ローマ・カトリック教会の迫害の停止、検閲の緩和などの改革を実施した。ゴムウカ政権下では自由化が進められ、国民はこれを歓迎した。しかし、1968 年のチェコ事件には軍隊を派遣しソ連と行動を共にしたことなどから、自由を求める国民の信頼を徐々に失っていった。

1970 年、グダンスクで起こった暴動が各地に波及した。政府は軍隊に発砲許可を出し、これらを鎮圧し、多数の死傷者を出した。ゴムウカは責任を問われ失脚し、代わりにエドヴァルド・ギエレク（Edward Gierek）が第一書記の座に就いた。ギエレクは労働者出身の指導者として民衆の心を掴もうとした。工場整備と食料輸入を行って経済回復を目指し、西側諸国から莫大な融資を受け債務を背負った。これらにより、一時的には経済成長を見せたが、無計画な経済政策であったためインフレを招いた。政府は 1970 年代に度々値上げを行い、その度に暴動が起きるが、政府はこれ

らを暴力的に鎮圧している。

　1980 年 7 月、政府が食品の値上げを発表したことからストライキが発生した。これが全土に波及していく。9 月、グダンスクで独立自主管理労働組合「連帯」が結成され、この活動は全国に広まった。これを受けてギエレクは失脚した。後任にはスタニスワフ・カニャ（Stanisław Kania）が選ばれ、カニャは反政府派の人々との対話を試みるが、ソ連により辞任を迫られ、後任にはヴォイチェフ・ヤルゼルスキ（Wojciech Jaruzelski）が就いた。ヤルゼルスキは民主化要求や社会不安を受け、「連帯」の議長レフ・ヴァウェンサ（Lech Wałęsa）との間で社会情勢の正常化に向けて協議を行い、「連帯」と政府との間で協定が結ばれた。しかし、1981 年 12 月、全土に戒厳令を発令し、ヴァウェンサら「連帯」の活動家 7 名とギエレクら旧政権指導者数十名を拘束する。

　戒厳令は 1983 年 7 月まで続くが、この間市民の通常生活は大きく制限された。また、数千人のジャーナリストや反対勢力活動家は投獄、殺害された。夜間の外出禁止、国境封鎖、空港閉鎖、電話線の遮断などが行われた。戒厳令が解除された後も、市民の生活は制限された。1980 年代、政治不安と経済状況を理由に約 70 万人のポーランド国民が西側諸国に移民・亡命している。

　ポーランド社会の緊張状態は緩和しつつあったが、体制への不満や民主化の要求は日増しに高まっていくばかりであった。政府は反体制・民主化運動を押さえ込もうと試みるも、国民の間で広まっていた民主化要求の動きを食い止めることはすでに不可能であった。政府は「連帯」を中心とした反体制勢力との対話を開始することにした。

　1988 年 2 月、政府は今後の対応を話し合うため「連帯」のリーダーであるヴァウェンサらと円卓会議を開催した。政府側には「連帯」の代表者たちを体制に取り込む思惑があったが、会議は民主化へと大きく舵を切る方向へと進められていった。このポーランドの円卓会議の影響は東欧諸国にも波及し、その後の一連の東欧革命につながっていくこととなる。

　1989 年 6 月、円卓会議の合意に基づいて実施された議会選挙でポーランド統一労働者党は敗北し、非共産党政権が誕生した。同年 12 月、憲法

が改正されて市民の自由が規定され、国名をポーランド人民共和国から
ポーランド共和国へと変更された。ここにポーランド人民共和国は消滅し
たのである。

ルーマニア

1965年3月、ゲオルギウ＝デジが死去するとニコラエ・チャウシェスク（Nicolae Ceaușescu）が指導者の座に就いた。同年8月には新憲法を制定し、国名をルーマニア社会主義共和国に変更した。1974年にはルーマニアの憲法が改正され、最高行政権が国家評議会から唯一の元首である大統領に移譲され、国家評議会は大統領が引き続き主導する機関として存続した。同年3月、チャウシェスクはルーマニア社会主義共和国の大統領に選出されるとともに、事実上の終身大統領となる趣旨を宣言したのである。

ルーマニアはチャウシェスクの下でアメリカ、西ヨーロッパの国々とも友好関係を結び、急速で過度な重工業化を目指し、西側からの技術の導入や機械の輸入で債務を膨張させた。「国民の館」と称する豪奢な宮殿を造営するなどを行ったため、ルーマニアの経済は疲弊していった。1970年代からチャウシェスクは自らに対する個人崇拝を強要するようになっていった。

1989年の東欧諸国における民主化の波は、ルーマニアにも波及していった。ハンガリーやチェコスロヴァキアなどで比較的穏健的に民主化が進んでいったなか、チャウシェスクは頑なに権力を保持しようとしたため、自らの命を失うことになってしまったのである。

1989年12月、ティミショアラでのハンガリー人牧師強制立ち退き命令事件に対し市民は抗議運動を起こし、当局はこの鎮圧に乗り出した。この時死者が出たため、抗議運動は更に過熱化していったのである。国民のチャウシェスク独裁への不満は一気に噴出し、暴動はルーマニア全域に広がった。12月22日、チャウシェスクは全土に戒厳令を出し、国軍による混乱鎮圧に着手した。しかし、国軍は大統領の命令を拒否し国民に合流した。そして彼らと治安部隊との武力衝突が各地で繰り広げられたのである。ブカレストでは市民が共和国広場に押し寄せ、更に共産党本部や放送局を占

拠した。チャウシェスクは妻のエレナとヘリコプターで脱出を試みるが失敗し、身柄を拘束されてしまう。同月 25 日に、捕らえられたチャウシェスク夫妻は即決裁判で銃殺刑に処された。ここにルーマニアにおけるチャウシェスクの独裁が終焉を迎えたのである。

東ドイツ

　1956 年のハンガリー「革命」をきっかけに、東ドイツでは体制に批判的な学生や学者に対して新たに弾圧が加えられた。これ以降 1960 年代初めまで、国外に逃亡する国民の数は増えていったのである。

　多数の国民の海外流出、特に比較的高い教育を受けた若者たちの逃亡は東ドイツにとって深刻な問題であった。これに対応するため、1961 年 8 月 12 日から 13 日の夜、西ベルリンの周囲を有刺鉄線で封鎖し始めた。ベルリンの壁建設である。壁に沿って地雷などが置かれ、国境警備隊には逃亡者に対する射殺命令が出された。この壁を越えようとした数百人の東ドイツ市民が殺された。

　1968 年 4 月には憲法が改正され、社会主義国家であること、マルクス・レーニン主義政党の指導の下に置かれることなどが公式に定められた。同年に隣国チェコスロヴァキアで「プラハの春」に対しソ連軍が介入して改革が潰されると、東ドイツでも小規模な抗議デモが起こった。しかし、これはシュタージによって潰された。

　1971 年、ウルブリヒトが辞任させられ、エーリッヒ・ホーネッカー（Erich Honecker）が代わりに権力の座に就いた。

　1972 年、東西ドイツ基本条約が結ばれ、両国の首都に大使館に相当する常任代表部が設置された。相互承認が行われたのである。そして両国は 1973 年に国連に加盟した。

　1979 年の第二次オイルショックで東ドイツの不景気は加速していった。

　ゴルバチョフが打ち出したペレストロイカを受けて、東欧諸国では自由化の動きが始まったが、分断国家である東ドイツでは社会主義のイデオロギーだけが国家の拠り所であったため、自由化は東ドイツの存在意義を消滅させることを意味していた。そのことはホーネッカーら指導部も充分に

理解しており、頑なに自由化を拒んだのである。

1989年5月、民主化を進めていたハンガリーはオーストリアとの国境に張り巡らされていた鉄条網を撤去した。これを見た多くの東ドイツ市民がチェコスロヴァキア経由でハンガリーへ出国した。ハンガリー政府は同年9月には正式に東ドイツ国民にオーストリアへの出国を許可した。その結果、数週間のうちに数万人の東ドイツ市民が西側へ出国したのである。

これを受けて10月、東ドイツ政府はチェコスロヴァキアとの国境を閉鎖して市民の流出を止めようとした。国外へ逃げることができなくなった市民たちの不満は体制へと向かっていった。この頃になると国内ではデモが頻繁に起こっていた。建国四十周年記念祝典出席のために東ドイツを訪れたゴルバチョフは、改革を行わないホーネッカーに対して明らかに不満気な態度を取り、党内でもホーネッカーを下ろす動きが強まり始めた。そして同年10月、ホーネッカーは辞任したのである。

後任のエゴン・クレンツ（Egon Krenz）書記長をはじめとする新指導部は国民との対話を提案したが、すでに体制崩壊に向かっていた。1989年11月9日、ベルリンの壁に市民が殺到し、壁を壊したのである。翌1990年10月、東ドイツはドイツ連邦共和国に吸収され、東西ドイツが統一された。

アルバニア

1953年のスターリン死去、1956年のスターリン批判はスターリン主義者であるホッジャの権力を動揺させる懸念があった。ホッジャは国内の反対派を徹底的に弾圧し、中ソ対立においては中国側を支持する立場をとった。1968年にはワルシャワ条約機構を脱退し、ソ連との関係を絶った。また、ユーゴスラヴィアとの対立も深めていった。1976年、国の名前をアルバニア社会主義人民共和国と改称した。

1985年4月、ホッジャが死去すると、後継者のラミズ・アリア（Ramiz Alia）が権力の座に就いた。東欧における民主化の波を受けて、アルバニアでも大規模な反政府デモが頻発するようになり、1990年12月には一党独裁を放棄した。1991年4月、憲法が改正され、国名をアルバニア人民

共和国からアルバニア共和国に改称した。またこの憲法では、市民的、政治的自由が規定された。大統領は議会によって選出されると定められ、ラミズ・アリアがその職に就いた。そして同年6月、アルバニア労働党はマルクス・レーニン主義を正式に放棄し、アルバニア社会党に改組した。1992年3月の選挙では民主党が勝利し、翌4月にはラミズ・アリアが辞任した。そしてサリ・ベリシャ（Sali Berisha）がアルバニアの新大統領に選出され、ここにアルバニアの共産主義政権は崩壊したこととなる。

ユーゴスラヴィア

　スターリンの死後、ソ連の新しい指導者フルシチョフはユーゴスラヴィアとの関係修復を目指し、それは1956年に一応の解決をみた。しかし、チトーは以前の様な親ソ路線をとることはなく、国家の独立、平等を尊重し、他国の内政・外交には干渉しないという非同盟政策をとるという姿勢を崩すことはなかった。それ以降もソ連との関係は一定ではなかった。

　1960年代、ユーゴスラヴィアの経済は外から見るとソ連や他の東欧諸国よりもはるかに自由である様に見受けられた。ユーゴスラヴィア国内には多くの民族が住んでいたが、チトーの指導の下、民族間の緊張緩和のために「兄弟愛と統一」が標語として掲げられていた。そして、ひとつの民族だけがユーゴスラヴィア国内で支配的な立場を築くことができない体制を目指した。ユーゴスラヴィア政府は「兄弟愛と統一」の下に、特定民族の立場からの不満の訴えに関しては、受け入れたり交渉することを拒絶した。そんな政府が特定民族の立場からの不満の訴えに対しては、投獄や処刑で応じることが通例であった。また、党の路線にそぐわない党員は追放され、反チトー主義者とされた者には容赦なく有罪判決が下った。

　1963年4月、新憲法が採択され、国名がユーゴスラヴィア社会主義連邦共和国に改称された。

　1966年7月、チトーの方針と対立したランコヴィッチが失脚した（同じくチトーの片腕であったジラスは1954年に失脚している）。

　1971年、大規模なクロアチア人による抗議行動が起こった。「クロアチアの春」である。クロアチア人たちはユーゴスラヴィアの権力構造をセル

ビア人が独占しようとしているとして政府を非難した。チトーは抗議行動に参加して民族主義を訴えた多数のクロアチア人を逮捕した。その一方で、同種の危機の再発を避けるための改革を始める政策を打ち出した。

ユーゴスラヴィアでも労働力の流出は問題であった。1970年代前半、約100万人のユーゴスラヴィア人が西ドイツ、オーストリア、スイスを始めとする西側の国々で労働していた。1973年7月、ユーゴスラヴィア人労働者の大量流出を規制する新法規が制定された。

1974年1月、新しい連邦憲法が採択され、連邦を構成する共和国に対してより強大な権限を認めた。新しい憲法では、制約をつけられてはいるものの、それぞれの構成共和国が、連邦からの独立を宣言する権利を認めていた。また、セルビア領内に、構成共和国とほぼ同等の権限を持つコソヴォ自治州とヴォイヴォディナ自治州が設けられた。この改革は概ねそれぞれの共和国、特にクロアチアの要求や、セルビア領内のアルバニア人やヴォイヴォディナの少数民族たちの要求に応じるものであったが、セルビア人たちからは強い反発を招いた。セルビア人たちはこの改革を、クロアチア人やアルバニア人の民族主義者への譲歩と受け取ったのだ。また、セルビア人民族主義者らは、民族としてのマケドニア人やモンテネグロ人が存在していることを示せるような、彼らをセルビア人と区別する民族的・文化的な要因はないと主張した。同年5月には連邦議会がチトーを終身大統領に選出した。

1980年5月、チトーが死去した。チトーの死後、ユーゴスラヴィアではそれぞれの構成共和国や自治州の社会主義指導者による集団指導体制がとられた。1980年代後半、ユーゴスラヴィア政府は社会主義の道から離れ、市場経済を目指すようになる。しかし、ユーゴスラヴィアは1990年に入ると民族問題が激化し、解体していく。ユーゴスラヴィア社会主義連邦共和国解体後、この地域における対立民族間の紛争が旧ユーゴスラヴィア地域各地で発生し続け、最後の紛争であるマケドニア紛争は、2001年に終結した。

第二次世界大戦後の東欧の歴史

凡例

本書の構成

本書は全部で八章から成る。各国のミニスターリンの他に、粛清された人物も紹介しているが、ミニスターリンとの混乱を避けるため、レイアウトを変えてある。また、時筆すべき事件や項目はコラムとして挿入されている。

固有名詞のカタカナ表記について

固有名詞は極力その言語での発音に従って表記したが、一般的に広く用いられている表記があればそれを採用した。そのため必ずしも言語の発音に忠実とは言えないものもあるが、それは読者の知識と合致することが望ましいと考えたからである。

「V」の表記は「ヴ」を用いた。

人名表記について

人名表記は日本語の書籍や論文、新聞、ウィキペディアが採用している表記を参考にした。ハンガリー人は姓名の順で氏名を表記するため、本書でもこの法則に則っている。また読者が後に検索しやすいように、各言語での表記も括弧で入れている。

地名の表記について

地名の表記は原則的に言及されている時代にその国の言語で使われていた名称を用いている。現在の名称と違うものは、括弧で現在のものを入れている。

作者の意図と補遺

スターリンは恐怖政治を布いた独裁者として歴史にその名を残していることから、本書でミニスターリンとして紹介する人選は本当に悩んだ。前書きの最初の部分に記した通り、本書で扱っている人物たちには大なり小なり「ミニスターリン」的要素があると言えると考えている。もしかしたら、これは筆者がロシアを拠点に、ハンガリー、セルビアで研究してきたというバックグラウンドがあっての視点なのかもしれない。この点についてはご容赦いただけたらと思う。

ミニスターリン が活躍した時代の各国の共産党系政党名

第二次世界大戦後の正式国名	政党
アルバニア人民共和国 （1946 年～ 1976 年） アルバニア社会主義人民共和国 （1976 年～ 1992 年）	アルバニア労働党 （Partia e Punës e Shqipërisë）
チェコスロヴァキア共和国 （1945 年～ 1960 年） チェコスロヴァキア 社会主義共和国 （1960 年～ 1990 年）	チェコスロヴァキア共産党 （Komunistická strana Československa： KSČ）
ハンガリー王国 （～ 1946 年） ハンガリー共和国 （1946 年～ 1949 年） ハンガリー人民共和国 （1949 年～ 1989 年）	ハンガリー勤労者党 （Magyar Dolgozók Pártja：MDP）
ドイツ民主共和国（東ドイツ） （1949 年～ 1990 年）	ドイツ社会主義統一党 （Sozialistische Einheitspartei Deutschlands： SED）
ブルガリア王国 （～ 1946 年） ブルガリア人民共和国 （1946 年～ 1990 年）	ブルガリア共産党 （Българска комунистическа партия：БКП）
ポーランド共和国 （1945 年～ 1952 年） ポーランド人民共和国 （1952 年～ 1989 年）	ポーランド統一労働者党 （Polska Zjednoczona Partia Robotnicza： PZPR）
ルーマニア王国 （～ 1947 年） ルーマニア人民共和国 （1947 年～ 1965 年） ルーマニア社会主義共和国 （1965 年～ 1989 年）	ルーマニア共産党 （Partidul Comunist Român）1948 年から 1965 年まではルーマニア労働者党（Partidul Muncitoresc Român）
ユーゴスラヴィア連邦人民共和国 （1945 ～ 1963） ユーゴスラヴィア社会主義連邦共和国 （1963 ～ 1992）	ユーゴスラヴィア共産党 （Комунистичка партија Jyгославије：КПJ） ユーゴスラヴィア共産主義者同盟 （Сojуз на комунистите на Jyгославија： СКJ）

ミニスターリンが活躍した時代の各国の秘密警察・諜報機関の名称

第二次世界大戦後の正式国名	秘密警察・諜報機関
アルバニア人民共和国 (1946年～1976年) アルバニア社会主義 人民共和国 (1976年～1992年)	シグリミ (Alb. Drejtoria e Sigurimit të Shtetit)
チェコスロヴァキア共和国 (1945年～1960年) チェコスロヴァキア社会主義共和国 (1960年～1990年)	国家保安局 (Státní bezpečnost：StB)
ハンガリー王国 (～1946年) ハンガリー共和国 (1946年～1949年) ハンガリー人民共和国 (1949年～1989年)	国家保衛庁 (ÁVH)
ドイツ民主共和国（東ドイツ） (1949年～1990年)	シュタージ (Stasi)
ブルガリア王国 (～1946年) ブルガリア人民共和国 (1946年～1990年)	国家保安局 (Държавна сигурност：ДС)
ポーランド共和国 (1945年～1952年) ポーランド人民共和国 (1952年～1989年)	公安省 (Ministerstwo Bezpieczeństwa Publicznego：MBP)
ルーマニア王国 (～1947年) ルーマニア人民共和国 (1947年～1965年) ルーマニア社会主義共和国 (1965年～1989年)	セクリターテ (Securitate)
ユーゴスラヴィア連邦人民共和国 (1945～1963) ユーゴスラヴィア社会主義 連邦共和国 (1963～1992)	国家安全総局 (Управа државне безбедности：Удба)

ハンガリー

年	月	出来事
1944	12	デブレツェンで臨時国民政府が樹立する。ドイツに宣戦布告する
1945	1	モスクワにおいてソ連との休戦協定
	2	ソ連軍によるブダペスト「解放」
	4	ハンガリー全土が「解放」される 臨時国民政府がデブレツェンからブダペストに移される
	11	国会の選挙が行われる、独立小農業者党が第一党になる。ティルディ内閣が発足する
1946	2	王政を廃止し、共和国宣言を行う パリ講和条約が調印される
1947	8	国の経済開発のための三カ年計画(第一次三カ年計画)が開始される 国会の選挙が行われる(共産党が第一党となる)
1948	2	ソ連との間に友好相互援助条約が調印される
	6	ハンガリー共産党がハンガリー社会民主党を合併してハンガリー勤労者党を結成する
	9	内務省管轄の国家保衛庁が置かれる(ÁVH)
	12	ミンツェンティ枢機卿が逮捕される
1949	2	ミンツェンティ枢機卿の裁判が始まる 終身刑判決が下される
	5	ライク外相が逮捕される
	8	スターリン憲法に倣ったハンガリー人民共和国憲法が発布される
	9	ライク裁判が始まる(10月に処刑される)
	12	第一次五カ年計画の法律が制定される
1952	8	ラーコシが首相に就任する(ラーコシ内閣発足)
1953	7	ナジ・イムレが首相に就任する
1954	3	前国家保衛庁長官ペーテル・ガーボルが終身刑を言い渡される
	5	第三回ハンガリー勤労者党党大会が開かれる
1955	4	ナジ・イムレ首相が解任される
	12	ハンガリー勤労者党中央委員会は、ナジ・イムレを党から追放する 国連に加盟する
1956	6	ハンガリー勤労者党中央委員会はラーコシを第一書記から解任する ゲレーがハンガリー勤労者党第一書記となる
	10	ライクが再葬(名誉回復)される ブダペストで市民のデモ行進が始まる(ハンガリー「革命」の始まり)

	11	カーダールが新たにハンガリー勤労者党の第一書記となる
		ハンガリー勤労者党がハンガリー社会主義労働者党と改称する
1958	6	ナジ・イムレが処刑される
1988	5	カーダールが退陣する　後任グロース・カーロイ
1989	5	オーストリアとの国境の有刺鉄線を切断する
	9	汎ヨーロッパ・ピクニック
	10	憲法改正　国名を「ハンガリー共和国」に改称する。複数政党制を規定する
		ハンガリー社会主義労働者党党大会でハンガリー社会党へ改称する

サラミ戦術で知られ「スターリンの最も優秀な生徒」と呼ばれた男

ラーコシ・マーチャーシュ

Rákosi Mátyás

1892年3月9日生　（アダ / オーストリア・ハンガリー二重君主国）
1971年2月5日没　（ゴーリキー / ソビエト連邦）

　ハンガリーのミニスターリンは、「スターリンの最も優秀な生徒」と称された、ラーコシ・マーチャーシュ。第二次世界大戦後のハンガリー政治におけるラーコシは、古い国家構造の破壊や戦争犯罪人の処罰、土地改革などを行なった、ただの共産主義政権の指導者ではない。彼は急進的な工業化や集団農場を強要し、政敵を粛清・弾圧、国民の自由と権利を大幅に制限し、個人崇拝を強制した独裁者なのである。特にラーコシが政府内で自らの政敵を一人一人排除していく戦術は巧妙で、それはハンガリー名産品であるサラミを一枚一枚切り落とす様子になぞらえ、「サラミ戦術」と名付けられた。ラーコシはミニスターリンの異名を取るのにはまさに最適な人物であると言える。ラーコシがどのようにミニスターリンになっていったのかを見ていく。ハンガ

ラーコシの肖像がレーニン、スターリンと並んで掲げられている　出典　Fortepan / UVATERV

リーは日本と同じで姓・名の順に名前を表記する。本書でもそれに従い、ハンガリー人の人名は姓・名の順で記す。

ラーコシの生い立ち：青年時代 [1]

　1892年3月9日、オーストリア・ハンガリー二重君主国の片隅の街・アダ（Ada：現在はセルビア共和国ヴォイヴォディナ自治州）のユダヤ人商人の家に一人の男の子が生まれた。ローゼンフェルト・マーチャーシュ、後のハンガリー共産党指導者、ラーコシ・マーチャーシュの誕生である。マーチャーシュの父親は信仰心の薄いユダヤ人商人で、彼には12人の子（そのうち成人したのは10人であった）がいた。マーチャーシュはその4番目の子であった[2]。

　一家は1898年10月にアダからショプロン（Sopron）に引っ越した。1904年のショプロンで苗字をローゼンフェルトからハンガリー風のラーコシに改名した（当時、多くのユダヤ人が自らの出自を名字から判明させないためにそうすることが多かった。ローゼンフェルトをハ

ラーコシと家族の肖像　ラーコシは後列右から3人目　出典　Magyar Nemzeti Múzeum/ https://gyujtemenyek.mnm.hu/hu/record/-/record/MNMMUSEUM1700578 x

ンガリー語訳したものがラーコシだというわけではない）。本文では「ラーコシ・マーチャーシュ」をその苗字の「ラーコシ」とだけ表記する。

　ラーコシはアダのハンガリー民族学校を経て、1898年ショプロン第三学校に入学した。その後一家はハンガリー中を何回か転々とした。一家は最終的にセゲド（Szeged）に落ち着き、ラーコシは1905年から1910年までセゲドのカレッジで学んだ。その後は、1912年までブダペスト王立ハンガリー・東洋貿易アカデミーで貿易を学んだ。このアカデミーではドイツ語、トルコ語、フランス語も学んだ様である。卒業後1912年にはハンブルクで、1913年からはロンドンで学んだ。この時に西欧の労働者の状況についての知識を深めることができたようである。

　少し時間が遡るが、ラーコシは1910年にサバトカ（Szabadka：現

1910年頃のラーコシ　出典 Magyar Nemzeti Múzeum/ https://gyujtemenyek.mnm.hu/hu/record/-/record/MNMMUSEUM1391362

在のセルビア共和国スボティッツァ）でハンガリー社会民主党に入党している。学生時代には学生運動に熱心に参加した。当時、反軍国主義運動の学生サークルであったガリレイ・サークル(Galilei Kör)の幹部であった。

第一次世界大戦とラーコシ[3]

　第一次世界大戦が始まる直前の1914年、ラーコシはサバトカに戻り（この時はラーコシの家族はサバトカに住んでいた）、そこで徴兵に応じて軍に入隊している。ブダペストの予備士官学校での訓練を経て1915年に東部戦線に送られたが、同年ロシアの捕虜になり東シベリアのチタにある戦争捕虜収容所に送られる。ラーコシがロシア語を覚えたのはこの時期であった（それと同時に、この時期捕虜収容所にいた南チロルの将校たちからイタリア語も学んでいる）。ラーコシは戦争捕虜収容所では捕虜たちにイギリスの労働者運動について教えるなどしていた。1918年、戦争捕虜収容所が白衛軍の手に落ちるとラーコシは脱走し、チタの街でボリシェヴィキと接触を図った。そしてその後、革命の熱冷めやらぬペトログラードへ向かった。その途中イルクーツクで、赤衛軍を組織するための戦争捕虜たちの集会に初めて参加した。1ヶ月後、ペトログラードにたどり着き、捕虜交換でハンガリーへ帰国した。

　ハンガリーに到着したラーコシはジョルナ（現在のスロヴァキアの北西の街ジリナ）にある帰還捕虜収容所に2週間滞在した後、サバトカの家に戻った。ハンガリーに帰国したラーコシは、ハンガリー共産

党に入党した。1919年3月21日にハンガリー・ソビエト共和国が樹立すると、そのクン・ベーラ政権で人民委員の一人として活躍し、7月にはハンガリー赤軍を指揮した。この政権は短命に終わり、8月1日に崩壊。ラーコシは8月2日、密入国斡旋者の助けを借りオーストリアとの国境を越えたがウィーンで逮捕され、仲間と共に短期間拘束された後に釈放された。しかし、その後すぐに集会を開き、今度はオーストリアから国外追放された。その後、チェコスロヴァキア・ドイツを経て、ソ連に入った。

ラーコシ、再びソ連へ [4]

　ラーコシはペトログラードからソ連に入り、そこでコミンテルン執行委員会議長であるジノヴィエフ（Зиновьев, Григорий Евсеевич：1883〜1936）と会い、モスクワへ向かった。モスクワでレーニンと会うと、ハンガリーの状況を説明した。ラーコシは1920年から1924年の間、コミンテルンで働いた。この間、コミンテルンの任務でヨーロッパ各地（ドイツ、イタリア、チェコスロヴァキアなど）で仕事をした。1921年から1922年にはコミンテルンの執行機関の責任者に選ばれている。ラーコシはブラウン・ヴィルモシュ（Braun Vilmos）という偽名を使っていたことがわかっている。

　1924年末、ハンガリーへ密入国で帰国するが、1925年10月に逮捕され、軍事裁判にかけられた。検察官は死刑を求刑した

1921年頃のラーコシ　出典
Magyar Nemzeti Múzeum/ https://gyujtemenyek.mnm.hu/hu/record/-/record/MNMMUSEUM1373025

ハンガリー

が、ヨーロッパの左派からの反対により、案件は民事裁判へと移された。そこでラーコシは 8 年半の禁固刑を受けた。1934 年ラーコシの刑期は明けたが、ハンガリー・ソビエト共和国時代に犯した罪で再び裁判にかけられ、翌年終身刑を宣告された（その後最終的には、1925 年から通算して 20 年の禁固刑が確定している。そのうち 15 年が過ぎた 1940 年に釈放されることになる）。

刑務所収監時代[5]

　ラーコシは 1925 年から 1940 年まで、通算 15 年は自由が奪われていたわけだが、1925 年にブダペスト 10 区にあった刑務所（Budapesti Gyűjtőfogház）に収監され、1930 年からはセゲドにあったチラグ刑務所（Csillagbörtön）に収監されていた。この刑務所収監時代を通して、政治家としての「ラーコシ」の根幹が形成されたと言えるかもしれない。このホルティ時代の刑務所は、第二次世界大戦後に登場するハンガリーの秘密警察、ハンガリー国家保衛庁（ÁVH：Államvédelmi Hatóság）の刑務所や強制収容所と比べると、まるで保養所のようであったという記述が残っている[6]。政治犯たちは日に 2 時間散歩する時間が与えられ、自分の家具を持ち、本を注文することができ、手紙を受け取ったり、訪問者に会うこともできた。また、私服を身に着けることもでき、同じく収容されている仲間と時間を過ごすことも可能であったということである。1948 年に労働運動研究所の所長となった、レーチ・ラースロー（Réti László）は、「私にとって、チラグ刑務所は高等教育機関であった」[7]と語っている。このように、収監されている共産主義者たちは、刑務所内で千冊以上本を所有し、刑務所内での持て余した時間を有効に使うべく、勉強を重ねていった。時にはグループで勉強会を行い、イデオロギーに関する討論会を開いたりしていたのであった。

　話が少し脇道に逸れるが、1948 年以降に政治犯が収監されていたハンガリー国家保衛庁の刑務所・強制収容所は、看守たちが警備をす

る上で「ただ警備をするのではなく、嫌悪しろ！」[8] というモットーの下で運営されていた。このモットーから、当時の指導者たちがハンガリー社会における反対派全てを敵と見做していたことを物語っている。このハンガリー共産主義時代のそれと比べると、ホルティ時代の刑務所ではある程度の人権は守られていたようである。そんな刑務所に 15 年収監されていたラーコシが、自らが政権獲得後には拷問と暴力が横行する刑務所・強制収容所を設営したきっかけは何だったのかという問題は今でも歴史家の間で論争になる。ラーコシにとってこの刑務所収監時代は、拘束されていたとは言え時間が余るほどあったおかげで、共産主義者としての基礎的な知識を身につけ、その理論を発展させることができた時代であった。

　1925 年に収監されてから 15 年が過ぎた 1940 年、ラーコシの釈放が決定した（これは恩赦ではなく、当時の法律に則りラーコシの刑が

国家保衛庁
ÁVH

ハンガリーの秘密警察機関で、1945 年から 1956 年まで存在した。1945 年にはブダペスト警察本部・政治部（Budapesti Rendőr-főkapitányság Politikai Rendészeti Osztálya：PRO）として誕生したが、1946 年にハンガリー国家警察・国家保衛部、（Magyar Államrendőrség Államvédelmi Osztálya：ÁVO）と名前を変え、1948 年には内務省管轄の国家保衛庁（Belügyminisztérium Államvédelmi Hatósága：ÁVH）となった。本拠地はブダペストのアンドラーシ通り 60 番にあり、この建物の地下では捕らえられた多くの囚人たちが収監・拷問されていた。特に 1948 年から 1953 年、ペーテル・ガーボル（Péter Gábor：1906 ～ 1993）がこの機関の長官の座にいる間はその残忍さが極まっていた。宗教弾圧が目的のミンツェンティ裁判（1948 年）、チトー主義を裁いたライク裁判（1949 年）、シオニストを裁くためにブダペストのユダヤ人系コミュニティーの指導者たちがターゲットとなった裁判（1953 年）など、数多くの見せしめ裁判がソ連の手法を用いられて行われた。もちろんこれらの裁判が行われた背景は、ソ連における時代の流れと一致している。
1953 年のスターリンの死後、ナジ・イムレが首相に就任するとその活動は徐々に緩やかになり、1956 年 10 月末にナジ・イムレが一時期政権に就いた時に廃止され、その後復活はしなかった。

失効したということであった)。当時のソ連政府は 1848 年のハンガリー革命時、ロシアがヴィラゴシュ (Világos：現ルーマニア・シリヤ) で奪ったハンガリー革命旗と交換にラーコシの解放を要求していた。実は、ラーコシと旗の交換という提案はこの時初めて出たものではなかった。ラーコシの弁護士により何回かこの提案はされてはいたのであるが、ハンガリー側からの了解を得ることができず、交渉は決裂に終わっていた。ラーコシが釈放された後に反ハンガリー政府活動を行わないとの保証が得られなかったことからハンガリー側は承諾しなかったようであった。しかし、1940 年にはソ連・ハンガリー両国ともルーマニアへの野心が合致していたため、この交換は成立することとなる (この時ハンガリー側はラーコシから反ハンガリー政府活動を行わないとの約束を取り付ける事はしていない)。1940 年 10 月 30 日ラーコシは釈放され、ソ連に向かったのである (1848 年のハンガリー革命旗は翌年 3 月 20 日にソ連からハンガリーに返還された)[9]。

ラーコシのソ連滞在期

「自由な」刑務所時代を過ごしたラーコシにとって、モスクワで待ち受けている彼の運命を想像する事はできなかったであろう。チラグ刑務所ではすでにモスクワに亡命していた親族と交流を図ることができただけでなく、本や新聞を読むこともできたため、スターリンのソ連の状況はある程度分かっていたつもりであった。しかし、彼が目の当たりにした現実は想像していたよりも数段に悪かったに違いない。当時ソ連に亡命していた最初のハンガリー共産党 (A Kommunisták Magyarországi Pártja) 中央委員会のメンバー 13 人の内、8 人が処刑され、2 人が投獄されていた。また、同じくソ連に住んでいた 19 人の人民委員の内、14 人がスターリンの粛清の犠牲になっていたのである[10]。クン・ベーラも 1939 年にはすでに銃殺刑に処されていた。

しかし、ラーコシはうまくスターリンに気に入られる術を持っていたようである。1940 年から 1945 年 1 月まではソ連においてハンガ

リー共産党の国外機関の代表を務めた。1942年にはヤクーツク出身のソ連人女性、フェオドラ・フョードロブナ・コルニーロヴァ（Феодора Федоровна Корнилова：1903～1980）と結婚する。フェオドラは熱心で活動的な共産党員であり、後に夫とともにハンガリーに渡ると、そこでは主に社会活動に力を入れた。芸術活動に熱心であり、特にハンガリーの芸術学校で学び陶芸家として作品を残している。また、ハンガリーの有名な磁器ヘレンドを保護したことでも知られている。その後もずっと夫と運命を共にしていく。

子供たちと映るラーコシの妻フェオドラ・フョードロブナ　1947年頃
出典　Magyar Nemzeti Múzeum/ https://gyujtemenyek.mnm.hu/hu/record/-/record/MNMMUSEUM1405590

　第二次世界大戦中ラーコシは、ハンガリーへ向けたラジオプロパガンダなどの反ファシスト活動に従事したり、前線へ出向きハンガリーの戦争捕虜たちに説明する仕事をしたりもした。また、戦後のハンガリー共産党の活動準備を指導した。1944年12月、ハンガリーへの帰国前にはスターリンとモロトフと会い、これからのハンガリー国民議会と政府について話し合いの場を持つことができた。スターリンの粛清の嵐が吹き荒れていた1930年代後半を生き延び、ソ連でうまく立ち回ることができたラーコシは、古参の共産党員として、そしてこれからハンガリーを背負って立つ政治家としての自信がついたのではないだろうか。

1945年の国民議会選挙中のラーコシ　出典　Fortepan / UVATERV

ラーコシの帰還

　1945年1月31日、ラーコシは赤軍と共にハンガリーへ戻り、ハンガリー共産党の指導者となった。その後、めきめきと政治の舞台で頭角を現していった。1945年11月に行われた選挙では共産党は伸び悩み、独立小農業者党の支持が57%を占める一方で共産党の得票率は17%であった。1946年2月に連立政権が発足すると、ラーコシはそこで首相補佐のポストに就く。同じ共産党から内務大臣になったライク・ラースローがハンガリー国家警察・国家保衛部（ÁVO）を設立することで、実質的に共産党が政治警察権力を掌握したことになる。ラーコシはその後も他党の勢力を切り崩し、徐々に反対勢力を排除していった。

ラーコシの絵　隣にいるのはラーコシの妻。筆者撮影 / A Terror Háza Múzeum にて

第1章

ラーコシの60歳の誕生日記念式典 出典　A Múlt-kor. 2011. tél szám

ラーコシ、ミニスターリンとしての頭角を現す
：ハンガリー勤労者党一党独裁

　1948年6月12日、共産党と社会民主党が合流し、ハンガリー勤労者党が発足する。これでハンガリーは共産党勢力の独裁となる。ラーコシはハンガリー勤労者党の書記長になると、恐怖政治を敷いた。ラーコシは「スターリンの最も優秀な生徒」としてソ連の政治路線に忠実に従い、同じ党内では自身の政治的ライバルを次々に粛清していった。ここで特筆すべき事件は、やはり1949年のライク事件であろう。本書のライク・ラースローの項で詳しく記しているので、ここでは触れない。

　ラーコシはこのライク事件によって、自身のライバルになりうる人物をうまく消しただけではなく、(「人民民主主義」諸国

1950年子供鉄道の開通式。ラーコシの肖像画レーニン、スターリンの間に飾られている　出典　Fortepan / UVATERV

ハンガリー

『社会主義と平和のための若き戦士たちの会議へ 1950年6月17～18日』ラーコシは共産主義の指導者として赤い旗や星と共に堂々と描かれている
出典 Magyar Nemzeti Múzeum/ https://gyujtemenyek.mnm.hu/hu/record/-/record/MNMMUSEUM989123

内という枠内ではあるが）国際的にもその立場を確固たるものにした。この反チトー的性格を含む公開裁判は、その後「人民民主主義」諸国で模倣され、連鎖を引き起こしたのである。

内政においても1952年には首相の座に就き、すべての政治・経済改革に対して直接的な影響力を及ぼした。国民に対しても、秘密警察を使い不満を押さえつけた。その権力最盛期には、街に自身の銅像を建てたり、国民の自宅に自身の肖像画を飾らせるなど、強力な個人崇拝を徹底させていった。

ミニスターリンの終焉：ラーコシの失脚

1952年、ラーコシは首相の座に就くが、1953年3月にスターリンが死去すると、その足場は揺らいだ。新しいソ連の指導者フルシチョフは、外交面で徐々にユーゴスラヴィアに対して柔軟な態度を示し始めた。それに伴いハンガリーを含む「人民民主主義」諸国は対ユーゴスラヴィア外交の路線変更を余儀なくされた。ハンガリーがこの新しい政治路線に変更するための指導者としては、ラーコシは相応しくなかったのである。ラーコシは1953年6月のハンガリー勤労者党指導部の会議の場で批判を受け、首相の座をナジ・イムレ（Nagy Imre: 1896～1958）に譲った。辛うじてハンガリー労働者党第一書記の座には留まることができたが、ユーゴスラヴィアとの和解を望むソ連にとっては、反チトー（ユーゴスラヴィア）・プロパガンダキャンペー

ンで先陣を切っていたラーコシの存在が邪魔であったのである。

　そんなラーコシに 1955 年、もう一度返り咲くチャンスが訪れた。政治局内で自らの立場を立て直し、モスクワの力を借りて政敵ナジを党から除名することに成功したのである。しかし、国民と党はすでにラーコシを必要としてはいなかった。国民（および党）の中で徐々に不満が募ってゆき、世論はそれまでの政治への評価、間違いを認め正すこと、そして無実の罪で裁かれた人々の名誉回復を求めた。しかしそれはラーコシのやってきたこと、全てを否定することに繋がったのである。

　ハンガリー国民の不満は、1956 年 2 月のソ連共産党の第二十回党大会におけるスターリン批判、そして、同年 6 月にポーランドで起きたポズナン暴動の影響でピークに達していた。このままではハンガリーでも暴動が起こると確信したソ連政治局は 7 月ラーコシを政治の舞台から下ろすことを決定した。1956 年 7 月 18 日、ラーコシはソ連政治局の圧力により、ハンガリー勤労者党の第一書記の座から降ろされ、政治局からも退けられた。

再びソ連へ

　ハンガリーで失脚したラーコシは妻と共に、「病気療養」の名目でソ連へ出国させられた。これはハンガリー勤労者党中央委員会の希望で、ソ連共産党の同意を得てのことだった。ソ連に残っているラーコシの居住許可証によると、ラーコシがソ連に入ったのは 1956 年 7 月 26 日だった[11]。

　ハンガリーで「革命」が起きた 1956 年 10 月から 11 月、ラーコシはモスクワでその知らせを聞いた。ラーコシの回想録によると、その時バルヴィーハの保養所にいたラーコシはソ連共産党執行部幹部会の会議に呼ばれ、ナジ・イムレの革命政府交代について、そしてソ連の軍事介入について意見を聞かれたという[12]。その席でラーコシはソ連の軍事介入、ナジ政府に代わる新しい政府の発足、そしてその新し

1956年「革命」時に、破かれ晒しものにされるラーコシの肖像　出典 Fortepan / UVATERV

い政府は古い指導者たちからの全面的支持を得るという条件の下で、カーダール・ヤーノシュ（Kádár János:：1912 ～ 1989）をその指導者候補につけることを支持した。この時ラーコシは自らハンガリーに戻ろうとしたが、それはモスクワとブダペスト双方から阻止された[13]。

ラーコシはその後も政治に関わろうとしたが、その試みはなかなか功を奏さなかった。カーダール政権が発足し、カーダールが1956年11月に新たに再編成されたハンガリー社会主義労働者党（前身はハンガリー勤労者党）の書記長に選出されると、1956年「革命」に対する評価と共に、古い政権に対する批判がされた。そして、「ラーコシとゲレーの一味」の犯罪について公式に言及され始めたのである。もちろんラーコシはこれに反対意見を表明した。しかし、時勢はラーコシに味方しなかった。1957年春、カーダールの要請を受け、ソ連共産党執行部はラーコシをクラスノダール（Краснодар：モスクワから南に約1500Km、北コーカサス地方の西側に位置する街）に追いやることを決定した。ラーコシがモスクワにいては、ハンガリーの政治に関わろうと画策できるという理由からだった[14]。

ラーコシのソ連での永住権は、1959年3月7日にクラスノダールで発行されている[15]。ラーコシはこのクラスノダールに1962年の秋

バルヴィーハ
Санаторий Барвиха

1934年にモスクワ近郊に建てられたサナトリウム。歴史のある保養所であり、第二次世界大戦中はここに病院が置かれた。サナトリウムの敷地内には、戦争で傷を負って亡くなった兵士たちを讃える記念碑がある。

第1章

まで住んだ。ラーコシはこの間もカーダール、そして新たに発足した
ハンガリー政府に反対する意見書を出し続けた。そしてその意見書
は、ソ連共産党幹部にだけではなく、海外の重要な共産党系指導者へ
も送られた。また、何度かモスクワに行き、他国の共産党幹部や同じ
考えを持つ在ソ連ハンガリー人たちと会うことを試みた。実際 1959
年 9 月に 30 日間モスクワへの旅行が許可されている [16]（今では考え
られないような話ではあるが、ソ連時代は国内の移動も許可が必要で
あった）が、このことがラーコシの政治家としての人生を好転させる
ことはなかった。

　ラーコシは一貫してハンガリー勤労者党第一書記時代の自らの行動
に対して自己批判することを拒み続け、「スターリンの指示でやった
だけだ」と主張し続けた。更に、「自分は 1956 年 2 月のスターリン批
判以前にすでに政治的間違いは正し始めており、（ハンガリーは）全
て順調だった、自分が国外に出たら反革命行動が起きた」と強調し続
けた。ラーコシは自らに対する批判に対し、公に自分の立場を説明す
る場を設けることを希望し続けたという。ハンガリー社会主義労働者
党の中央委員会は 1957 年、1958 年そして 1960 年にラーコシのハン
ガリー帰国を許可しない旨の決定を下した（それに対し、1956 年「革
命」以降モスクワに住んでいたゲレーは 1960 年にはハンガリー帰国
が許可されている）[17]。

　1961 年に、ハンガリー社会主義労働者党指導部はラーコシ（及び
ゲレー）を党からも除名することを決定し、翌年 8 月にそれが実行さ
れた。モスクワにはこの理由として「ラーコシ（とゲレー）は党の政
治路線に合わない」ということが報告されている。それと同時にハン
ガリー社会主義労働者党指導部はラーコシをクラスノダールよりも
もっとハンガリー政治に影響を及ぼしにくい場所へ移すこと、そし
て、ラーコシの生活水準を一般人の年金受給者のそれまで落とすこと
を求めた。この要請を受け、ラーコシはクラスノダールからトクマク
（Токмак：キルギス・ソビエト社会主義共和国）へ移された。ラー

コシに与えられた家は、水道も通っていない（井戸に水を汲みに行く必要のある）その地域の一般的な家であった[18]。

　1964年10月にフルシチョフが失脚すると、カーダールは翌月にはブレジネフと会談し、ブダペストとモスクワのラーコシに対する見解について再確認している。ラーコシはトクマクからもソ連共産党指導部にモスクワへの出頭許可を求める手紙を書き続けた。ラーコシは「違法な追放」の中止と他の社会主義国家への出国を求めていたのである。また、キルギスの厳しい気候と生活環境に慣れなかったのであろう、ラーコシは健康状態の悪化も訴えていた。これを受けてラーコシの生活環境はトクマクで少し改善され、その後1966年秋にブダペストとの合意の下、ゴーリキー州（現在のニジニ・ノヴゴロド州）のアルザマス（Арзамас）に移された。カーダールは1967年2月にモスクワを訪れた際、ラーコシについてはブダペストとの合意なしに何も決定しないでほしいと念を押した（これはハンガリー社会主義労働者党内にラーコシ問題のための委員会が作られたことが理由であると説明された）[19]。アルザマスに移されてからも、「追放」の中止とモスクワへ直談判のための出頭許可、ハンガリーへの帰国を求め、各所へ手紙を出し続けた。1967年12月、ラーコシとその妻はゴーリキー（Горький：現在のニジニ・ノヴゴロド）への転居が許可された。ラーコシは晩年、このゴーリキーで過ごした。

　1968年6月、ハンガリー社会主義労働者党はソ連共産党に1969年のハンガリー・ソビエト共和国発足五十周年記念祭以降にラーコシを帰国させる用意があると伝えた。1969年3月の時点でハンガリー社会主義者労働者党中央委員会総会でそれは正式決定されたが、その後この問題は前年に起きたワルシャワ条約機構軍のチェコスロヴァキアへの軍事介入の影響で先送りにされた。この間もラーコシはソ連共産党指導部に、ハンガリー社会主義労働者党中央委員会に自らの帰国問題について掛け合ってほしいと要求し続けた[20]。

　1970年4月、ハンガリー社会主義労働者党中央委員会総会で、改

第1章

めてラーコシの帰国問題が話し合われた。ラーコシがハンガリーにおいて政治活動をしないと約束したこと、また、年齢と健康状況をみても政府に害をもたらすことはないだろうとのことで、ラーコシを祖国に帰国させる準備が開始された。実際にラーコシのためにブダペスト11区に小さい家が用意された[21]。しかし、ハンガリーの指導者たちはそれでもこの古参の共産主義者を恐れていたようである。

1970年5月、ラーコシはブダペストからの使者と会談した。その席でブダペスト警察への誓約書にサインをすることを求められた。その内容は、ブダペストにおいて各国の在外公館の職員（外交官）と連絡を取ること、記者と会うこと、公のイベントに参加することなどを制限するものであった。ラーコシはこれにサインすることを拒否し、そのままソ連に留まる道を選んだ。ラーコシはゴーリキーの自宅に戻ると、カーダールに手紙で帰国条件の緩和を求めたが、ラーコシの帰国は上記の誓約書にサインをすることが必須条件であるとハンガリー社会主義労働者党中央委員会で正式に決定された[22]。

ラーコシの体調はその後すぐに悪化し、ゴーリキーの病院に入院した。手術も行われたが回復せず、1971年2月5日、ラーコシはソ連のゴーリキーにて79歳でその人生の幕を閉じた。その後、ラーコシの遺灰はハンガリーに返還され、ブダペストのファルカシレート墓地（Farkasréti temető）に埋葬された。ラーコシの妻はモスクワに残り、1979年に亡くなった。

ラーコシは生前回顧録を執筆していた。ラーコシがこの回顧録執筆のため、公文書館に問い合わせたり、本を取り寄せるなどしていたことは周知の事実であった。ラーコシの死後、ソ連共産党指導部は、その回顧録の内容に興味を示した。ラーコシがその回顧録にソ連共産党の不利益になるようなことを書いていないか、スターリンとラーコシの関係はどのようなものであったのか、ラーコシはソ連・ハンガリー関係をどう見ていたのか、ラーコシはソ連の政治に対してどのような意見を持っていたのか。1971年2月9日、ラーコシの妻の了承を得

ラーコシの墓の現在　ソ連の骨壷の規格がハンガリーのお墓に合わず、上下をぶち抜いて埋葬されていた。遺灰は親族が引き取り、現在はここには埋葬されていない。筆者撮影

てこの回顧録がソ連共産党中央委員会に渡り（この時妻はモスクワにアパートメントが与えられ、年金増額も約束された）、回顧録はすぐにロシア語に翻訳された。回顧録の中には、ソ連やソ連共産党を批判するような内容は一切見受けられず、ソ連共産党中央委員会はこの回顧録を歴史的・政治的に見て価値のあるものと評価した。この回顧録がソ連で出版されることはなかったが（歴史的観点から見て重要だと思われる部分は、1997年から1999年にかけて何回かに分けてロシアの歴史雑誌『Исторический архив』で発表されている）、ハンガリーでは政権交代後、1997年に出版された[23]。

参考文献

1. Rákosi Mátyás, *Visszaemlékezések, 1892–1925. 1-2.*; szerk. Feitl István, Gellériné Lázár Márta, Sipos Levente; sajtó alá rend., jegyz. Baráth Magdolna; Budapest: Napvilág, 2002.

2. Rákosi Mátyás, *Visszaemlékezések, 1940–1956. 1-2.*; szerk. Feitl István, Gellériné Lázár Márta, Sipos Levente; sajtó alá rend., jegyz. Baráth Magdolna; Budapest: Napvilág, 2002.

3. Meruk József, Ungváry Krisztián, *Rákosi Mátyás eltitkolt szolgálatai - Egy sztálinista diktátor börtönben, jólétben és száműzetésben*, Budapest: Jaffa Kiadó és kereskedelmi kft, 2018.

4. *Мусатов В.Л.* Новые документы о М. Ракоши// Новая и Новейшая история. № 6. Москва, 2008. С. 169-184.

5. Nemere István, *Én, Rákosi Mátyás. Egy zsarnok pályafutása*, Szeged: Lazi, 2019.

6. Feitl István, *Ki volt Rákosi Mátyás?*, Budapest: Napvilág, 2020.

7. Apor Balázs, *The invisible shining. The cult of Mátyás Rákosi in Stalinist Hungary, 1945–1956*, Budapest - New York: CEU Press, 2017.

脚注

1. Rákosi Mátyás, *Visszaemlékezések, 1892–1925*. 1. p. XXXIX-XL.

2. Ibid. p.. XXXIX, 1.

3. Ibid. p. XL-XLIII.

4. Ibid. 1. p. XLIII-XLVII.

5. Meruk József, Ungváry Krisztián, p. 12–24.

6. Ibid. P. 13.

7. Ibid. p. 14.

8. Ibid. p. 13.

9. Ibid. p. 23.

10. Ibid. p. 24.

11. Ibid. p. 51.

12. *Мусатов В.Л.* С. 170.

13. Там же. С. 170.

14. Там же. С. 171.

15. Meruk József, Ungváry Krisztián. p. 33, 35.

16. Ibid. p. 52.

17. *Мусатов В.Л.* С. 171.

18. Там же. С. 172.

ハンガリー

19. Там же. С. 172.

20. Там же. С. 172.

21. Там же. С. 172–173.

22. Там же. С. 173.

23. Там же. С. 173–174.

法廷に立つライク・ラースロー　出典　Magyar Nemzeti Múzeum/ https://gyujtemenyek.mnm.hu/hu/record/-/record/MNMMUSEUM1373460

反チトー・キャンペーンで最も効果的に作用したでっちあげ裁判

ライク事件

　さて、本項ではミニスターリンであるラーコシが計画・実行した最大のでっちあげ事件をみていく。それは1949年5月から9月にかけてに起こった、ライク事件と呼ばれる事件である。この事件は、当時のハンガリー外務大臣であったライク・ラースローが緊急逮捕され、わずか数カ月の間に公開裁判の場で死刑が宣告され、それが執行されたという、驚異的な事件であった。このライクの「自白」及び事件の全容は、裁判の前に新聞で公開され、裁判自体も世界中で報道された。この事でラーコシは見事チトーの「不当性」を世界中に示すことに成功した。そして、このライク事件の結果とその裁判のやり方は、特に当時ソ連の影響下にあったヨーロッパの国々の指導者たちにとって「手本」となったのであった。

ライク事件の概要

 1949年5月30日、ハンガリー外務大臣であったライク・ラースローが自宅において緊急逮捕された。その時に明らかにされた逮捕容疑は、「帝国主義者のスパイ活動」「ホルティ時代における秘密警察との協力関係」等であった。ライクはブダペスト12区の山シュヴァーブヘジ（Svábhegy）にあった国家保衛庁（ÁVH）の秘密の屋敷に連行された[1]。この屋敷でライクは自白を強要され、拷問を

ライクが連行され拷問された建物の現在の様子　筆者撮影

受けた。ライクは自己批判として自分の過去に過ちがあったことはすぐに認めたが、スパイ活動容疑についてだけは当初受け入れることを頑なに拒否した。しかし酷い拷問を伴う尋問、心理誘導の末、最終的にはライクはこのスパイ容疑についても認める結果となったのである。

 1949年9月16日、ライクとその「仲間」の裁判が始まった。裁判長はヤンコー・ペテル（Jankó Péter：1907～1955）であった。14カ国47人の記者が裁判の傍聴を許されていた（ユーゴスラヴィアの記者は立ち入りを許されなかった）。ラーコシは裁判の間中、自分の部屋で裁判の進行状

ライク裁判が行われた場所　ハンガリー鉄鋼金属労働者組合の建物　筆者撮影

況を同時にチェックしていた。そして、法廷に出席していたペーテル・ガーボル（Péter Gábor：1906～1993）と電話で繋がっており、逐一裁判の指示を出していたのである。

9月16日に始まった法廷尋問はラジオで放送され、ライク・ラースローとその「仲間」であるシューニィ・ティボル（Szőnyi Tibor：1903～1949）とサライ・アンドラーシュ（Szalai András：1917～1949）に死刑が宣告され、翌月に刑が執行された。それに伴いライクの妻ユーリアも5年の懲役刑を受け、生まれ

1949年頃のペーテル・ガーボル
出典　Fortepan / UVATERV

て一年にも満たなかったライクの息子は特別養護施設に送られた。そこで彼はコヴァーチ・イシュトヴァーン（Kovács István）と名前を変えられ、誰も彼が処刑されたライクの息子だとは知らなかったとのことである[2]。

ライク事件：その後

　この一連のライク事件後、これに倣った粛清がハンガリー勤労者党内のみならず、ソ連影響下の東欧各国でも繰り広げられていった。このライク事件においては、ライクがチトーのスパイであることを「自白」し、裁判ではチトー政権との繋がりを示す多くの「証拠」が提示され、それを上手く世界中に発信することに成功した裁判例であった。このライク事件はユーゴスラヴィアとソ連影響下のヨーロッパ諸国との関係断絶に決定的な役割を果たしたと言える。ライク裁判直後の11月にブダペストで開催されたコミンフォルム第三回大会において、「人殺しとスパイの権力下にあるユーゴスラヴィア共産党」とい

ケレペシ墓地の労働者パルテノン　筆者撮影

う決議が採択され、各国において「チトー主義者」の粛清は加速していったのである。

　1953年、スターリンが死去すると、ソ連の東欧における政治路線が変更されていった。新たなソ連のリーダー、フルシチョフはユーゴスラヴィアとの和解を目指し、東欧諸国にもそれを呼び掛けた。特にハンガリーにとってはチトーのスパイであるとして裁判にかけられて死刑に処されたライクの名誉回復がユーゴスラヴィアとの国交回復へのキーではあったが、それは国民の政府への信頼を地に落とす行為であり、なかなか実施に踏み切ることができなかった。1955年7月にはラーコシがライク事件の全ての責任をライク事件当時の国家保衛庁長官ペーテル・ガーボルに押し付けることでライクは冤罪であったと認め、ライクの「名誉回復」は一応なされた形となった。このニュースが広まると、ライク裁判時の裁判長であったヤンコーは自殺した。そしてモスクワからの圧力により1956年7月ラーコシが失脚すると、その後、ハンガリー労働者党の第一書記長の座に就いたゲレー・エルネーがすぐにユーゴスラヴィアとの国交回復に着手した。ライクの未亡人ユーリアの働きも

ライク・ラースローの墓　妻ユーリア、息子ラースローと共に眠っている　墓石の彫刻は粛清されたライク・ラースロー本人　筆者撮影

第1章

あり、同年10月6日、ライク・ラースロー及びライク事件で逮捕、処刑された人たちはブダペストのケレペシ墓地に再葬されたのである。再葬のセレモニーには多くの人が参列した。

　最後に名前を取り上げられたライクの息子について少し述べたい。生後約半年で両親から引き離されたライクの息子は児童養護施設で育てられたが、母ユーリアが釈放されると、彼女は息子探しに奔走した。児童擁護施設で名前を変えられていた息子を見つけられたのは、息子が入所した時の書類に、「母親の旧姓」を書く欄があり、そこに自分の旧姓「Földi Júlia」が書かれていたからであった（ハンガリーの名前のバリエーションは少なく、例えばライクの息子が与えられたコヴァーチ・イシュトヴァーンという名前の人物は数多く存在する。人物を特定するために、公的書類には母親の旧姓を書く欄があり、その習慣は現在でも残っている。外国人が公的書類を書く時にもそれは例外ではなく、この習慣のない国の人は公的書類を書く時に少し面食ら

1990年ポスターおよび写真中央の人物が息子ライク・ラースロー　出典 Fortepan / Magyar Bálint

うことがある)。母親に見つけてもらえたライクの息子は自分の名前を取り戻した。彼の本名は父親と同じ、ライク・ラースローであった[3]。

息子のライク・ラースローはその後建築家となり、ブダペストのレヘル市場の建物の設計などの、数々の建物の設計に携わっている。また、体制転換後は政治家として活動した時期もあった。2009年にはコッシュート賞を授与されている。2019年9月11日に亡くなり、遺体は父親と同じケレペシ墓地に埋葬された。

ライク事件の真相

ライク事件はラーコシとモスクワにより捏造されたものであった。なぜハンガリーではライクが犠牲になったのか。それにはいろいろな議論がされるが、一言で言うと、政権内の権力争いの中で、彼が犠牲者になりやすい立場であったことが大きく影響している。ラーコシは国民に人気のあったライクの存在が気に入らなかった。ラーコ

1947年メーデー記念式典　手前から2人目がライク　ラーコシも中央に写っている　出典　Fortepan / UVATERV

シの次に権力の座に就くことを目論んでいたファルカシュ (Farkas Mihály：1904〜1965) にとっても、ライクは目の上のたん瘤であった。国家保衛庁長官であったペーテルにとっても、(国家保衛庁が内務大臣の管理下にあったため) ライクの干渉を受けることがあり、それが煩わしかったのである。その上、ライクは実際に政府内で親ユーゴスラヴィア的立場であった。これらの事実が重なり合い、ライクに犠牲者としての「白羽の矢」が立ったのである。それに加え、モスクワで学んだ経験のある「モスクワ派」ではないライクへの信頼がスターリン自身のなかで一定ではなかったことも大きく影響している。その証拠として、1946年3月から内務大臣の座にいたライクであったが、1948年8月には政治への影響力がより弱い外務大臣の座に異動させられたことが挙げられる。

先にライクはスパイ容疑についてはなかなか認めなかったと述べたが、その事でラーコシはモスクワに助言を求めている。ライク事件が初めからチトー批判の材料にする事を第一目的として仕組まれていたかと言うと、そうでもない様にも見受けられる。ハンガリー勤労者党内の権力争いの中でライクが選ばれ、都合の良いことに彼は親ユーゴスラヴィア派であり、彼とユーゴスラヴィアの関係をでっちあげれば時勢にあったチトー批判もでき、スターリンからの信頼も得られる。まさにラーコシにとっては一石二鳥どころか三鳥、四鳥くらいのものであったと言える。

この裁判の準備段階において、ソ連国家保安省からハンガリーに派遣されていたベルキン中将 (Михаил Ильич Белкин：1901〜1980) などの助言者がいた。同時期にブルガリアでもコストフ事件 (1949年6月に逮捕) の裁判が準備段階であったが、この2つの裁判には共通の目的があった。それは、チトーとランコヴィッチのハンガリー及びブルガリアで工作活動をさせているという「事実」を白日の下に晒すことだった。

実は、ラーコシがこの時期までにスターリンからの信頼を勝ち得て

法廷でのライクとブランコフ　出典　Magyar Nemzeti Múzeum/ https://gyujtemenyek.mnm.hu/hu/record/-/record/MNMMUSEUM11987110/24/6/51/importDate/DESC

いたかというと、全くそうではなかったようであり、その事は在ハンガリーソ連大使館とモスクワとのやり取りを見れば読み取れる。ラーコシはハンガリー国内政治においても、国際社会的にも自分の地位を確固たるものにする為にスターリンから信頼される必要があると考えていた。このソ連の反チトー路線に先陣を切って追随することで、スターリンからの信頼を獲得し、そしてソ連の影響下にあったヨーロッパ各国の中での自分の立場を確固たるものにするという目論見があった。またラーコシは、ハンガリー国民への影響を考えた時に、ライクの罪は「トロツキスト」ではなく、あくまでチトーのスパイであったことを強調する必要があると考えていたようである。裁判の起訴状は、ラーコシによって作成され、スターリンに承認された。

ラーザル・ブランコフの役目とその後 [4]

ライク事件においてライクの「仲間」として逮捕されたユーゴスラ

ヴィアの元外交官がいた。彼の名前はラーザル・ブランコフ（Lazar Brankov）。ブランコフの「証言」はライクの死刑を確定するために最も重要な役割を果たしていた。この「証人兼仲間役」の存在がこのライク事件の鍵を握っていたのだが、ブランコフがこの「役」に抜擢された経緯は少し複雑であった。ブランコフが書いた自伝書とロシアの歴史家ペトロフの研究、そして筆者の研究を元にそれを紹介する。

　ブランコフは第二次世界大戦後、ブダペストのユーゴスラヴィア大使館に外交官として勤めていた。1948年6月にユーゴスラヴィアがコミンフォルムから除名されると、彼は9月にコミンフォルム派であることを表明し、大使館を辞職した。その後ブカレストに向かい、同じくコミンフォルム派ということを表明し在ルーマニア・ユーゴスラヴィア大使の職を辞していたガルボヴィッチ（Radonya Golubovic）と面会した。その後ガルボヴィッチはモスクワに、ブランコフも数ヶ月遅れてモスクワへ向かっている。ブランコフはその後、1949年6月19日にモスクワで逮捕された。彼の罪は、「チトー、ランコヴィッチと自らの関係を隠していたこと」そして「ライクと共謀していた」事であった。

　少し時を遡り1949年の初め、ソ連にはユーゴスラヴィアのコミンフォルム追放以降、コミンフォルム派を表明していたユーゴスラヴィア政治亡命者たちが集まってきていた。彼らは、ヨーロッパのソ連の影響下にある国々で反チトー・キャンペーンを行うために、全連邦共産党（ボリシェヴィキ）中央委員会の下、その中心的組織を形成し始めている段階であった。そのような状況の中、4月から5月にかけて、そのユーゴスラヴィア政治亡命者たちの代表的立場であったペロー・ポピヴォダ（Pero Popivoda）が各国におけるユーゴスラヴィア政治亡命者たちの状況を知るために各国に出張していた。ポピヴォダは5月にハンガリーを訪れ、ラーコシ、ファルカシュと面会している。その直後にソ連に送った報告書が残っているのだが、この中でブランコフのハンガリーにおける活動に言及し、彼のことを「チトーのスパ

コラム

イ」であると結論づけている。この直後、ライクが逮捕され、ラーコシはライクの裁判に向けた「準備」を本格的に始めるのである。

先ほど述べた通り、ライクが逮捕されるとラーコシはライクとチトーを結びつける証拠を見つける為に奔走した。元々はラーコシ、ファルカシュ、ペーテルにとって邪魔であったライクの存在を消すことが最大の目的であったが、ちょうどいいタイミングでライクがチトー、ランコヴィッチと面識があることがわかると、ライク裁判は反チトー・キャンペーンに利用できると考えた。ライクを逮捕したはいいものの、彼はなかなか「自白」しなかった。そこでラーコシはモスクワの助言を聞きながら裁判の準備を進めていくのである。そんな時、在ハンガリー・ユーゴスラヴィア大使館の外交官であり、ちょうどいいタイミングで大使館を辞職していたブランコフにラーコシが目をつけたようであった。

ブランコフが逮捕された詳しい経緯は明らかにはなっていない。ポピヴォダがブランコフについてチトーのスパイであるとの報告書をソ連に送ったのが5月半ばで、ラーコシがブランコフのハンガリーへの引き渡しを求め始めたのがライクの逮捕後だとすると、それは6月。ブランコフがソ連当局に逮捕されたのが6月19日との記録は残っている。ブランコフは1945年から1948年まではハンガリーのユーゴスラヴィア大使館で働いていたため、ブランコフの逮捕理由「チトーのスパイである」というのは、ブランコフのハンガリーでの行動を元にした結論であることは明らかである。よって、ブランコフがソ連当局に逮捕されたのは、ラーコシの要求、そしてポピヴォダの報告書が逮捕理由の裏付けになっているのではないかと推測できる。しかし、ブランコフにはもう一つの顔があった。それがライク事件におけるブランコフの存在を複雑にする要因であった。

ロシアの歴史家ニキータ・ペトロフ（Никита Петров）の研究によると、ブランコフはチトーのスパイではなく、ソ連のスパイであった様なのである。そのことは、ロシアのKGB公文書館に残っているソ

第1章

連国家保安大臣アバクーモフのスターリンに宛てた文書に書かれている[5]。

　1949 年 7 月 8 日、ソ連国家保安大臣アバクーモフ（Виктор Семёнович Абакумов：1908 ～ 1954）はスターリンにブランコフの尋問調書を送ったが、その同日にラーコシはスターリンと電話で話し、ブランコフをハンガリーへ引き渡すよう再度要求していた。と言うのも、ラーコシは初め在ハンガリーソ連大使にブランコフの引き渡しを要求したが、大使はこれをのらりくらりとかわしたとのことであった。これに関し、アバクーモフは「ラーコシはソ連大使がブランコフの引き渡しの要求を飲まない理由が分かっていない」とスターリンに報告している。アバクーモフによると、ブランコフはハンガリーでソビエト連邦閣僚会議付属情報委員会の為に活動しており、40 人のエージェントを束ねていたとのことであった。ブランコフはソ連のスパイとしてハンガリーで活動をしていたのである。そのため、ソ連がハンガリーにブランコフを引き渡すにはそれなりの理由が必要であり、アバクーモフはそのためにスターリンの指示を仰いだ。それと同時にラーコシ側がスターリンにブランコフの存在が反チトー・キャンペーンに効果的に作用することを熱心に説き、最終的にスターリンにブランコフのハンガリーへの引き渡しを納得させることに成功したようである。

　ブランコフは自らの自叙伝にも自身がソ連のスパイであった事は書いていない。在ハンガリー・ユーゴスラヴィア大使館を辞職してから、どの様な経緯でソ連にたどり着き、そこで逮捕されハンガリーに引き渡されたかが淡々と語られている。ブランコフはハンガリーに着くとそこでライク事件のシナリオを書いたミハイル・ベルキン中将に会った。ブランコフ曰く、ベルキン中将とは旧知の仲であったとのことであった。ベルキン中将がブランコフの担当になった。

　ブランコフの話に拠ると、ブランコフはライク事件の共謀者としてベルキン中将のシナリオ通りの「自白」・証言をさせられ、ベルキン

中将は「全ては共産主義の発展のためにこの役を演じることに同意しなければならない」「共産主義者であるならばこの役を演じなければならない」などとブランコフの共産主義者としての「良心」に訴えかけてきたということである。そして最後に「もしかしたら君は今回死ぬことになるかもしれない。だが、50年後100年後全ての事実が明らかとなり、人々は君は正真正銘の共産主義者で、共産主義の発展のために受難したということを知るだろう」との言葉をかけたとのことであった。これを受けてブランコフは「自白」調書にサインをし、ライクとチトー、ランコヴィッチの間を取り持った人物として裁判にかけられることになった。実際問題、ブランコフの証言なしではライク裁判は空回りしたであろう。ブランコフの「活躍」でライク裁判は国際的にチトー一味の「悪事」を「暴いた」のである。

　ラーコシは初めブランコフを死刑にするつもりであった。しかし、モスクワの助言の元にブランコフがまだ反チトー・キャンペーンに使えるとの理由から死刑にはせず、最終的には終身刑を言い渡した。ハンガリーの刑務所に入っていたブランコフであったが、刑務所に入ってから約7年半が経過した1956年4月3日に釈放され、ハンガリーから追放された。そしてそれ以降2011年12月3日に99歳で人生の幕を閉じるまでパリで暮らした。1980年代半ばにはハンガリーを訪問し、カーダールと会談している。そして、ハンガリーの法律においてブランコフは前科がないということが証明され、実質上名誉回復がなされたこととなったのである。

ライク事件のことを書いたライクの友人：サス・ベーラ[6]

　ライク事件をきっかけに多くの人が芋づる式に逮捕されたが、それはライクの大学時代の友人も例外ではなかった。そのうちの一人、サス・ベーラ（Szász Béla：1910 ～ 1999）。彼はのちにこのライク事件に関する自叙伝を書き、出版した人物である。彼の詳しい経歴は拙著『亡命ハンガリー人列伝』に書いているので、そちらを参照して

いただきたいのだが、彼の本については少しここでも触れたい。

ライク事件の時に逮捕されたサスであったが、彼はスパイ容疑を認めず、1950年に10年間の禁固刑を言い渡された。1954年、恩赦で釈放されたが、1957年、サスは再逮捕される恐れがある事を知ると、故郷ハンガリーを後にし、イギリスに渡った。そこで彼はハンガリー亡命者の新聞の編集者としての職を得ることができたのである。

1963年に西ドイツで『なんの強要もありません：でっち上げられた裁判の物語（a Minden kényszer nélkül – Egy műper kórtörténete）』というタイトルでサスの回想録が出版された。この本はライクの仲間として逮捕された一人の人物の回想録として注目された。

この本は1940年代後半から1950年代に共産主義政権により執り行われた、いわゆるでっち上げ裁判のメカニズムを、ライク裁判に焦点をあてて書かれている。本中に描かれている事実は執筆者個人の経験によるものである。この本に描かれた粛清のメカニズム、戦後のハンガリー共産政権の「犯罪行為」、それらを元になされた考察。そして、そこから得たライク事件に関係する人々と彼らの政治的意図に関する結論は、今日歴史家たちが公文書館の史料を元に考察した定説と全く矛盾していない。それ以上に、サス・ベーラのこの書は、公文書館の史料と現在の歴史書に描かれているライク事件の闇の部分に光を当てる役目を果たしているのである。

ライク事件当時のハンガリーの裁判において証人喚問の初めに言う言葉、「なんの強制もありません」。この様に名付けられたサスの本には、重要な歴史的事実の証拠が描かれているだけではなく、そこから得られる教訓も含まれている。サスの本は、でっち上げられた裁判は、最終的にはそれを仕組んだ人々の思惑とは逆の結果を生み出しており、スターリンの手の内にあった「人民民主主義」諸国のリーダーたちの運命は、そのことを鮮明に表している。

コラム

参考文献

1. *Стыкалин А.С., Кимура К.* Дело Райка 1949 г.: взгляд из Югославии// Уроки Истории XX века. 2014. http://urokiistorii.ru/node/52183 （2024 年 5 月 31 日　最終閲覧）

2. *Кимару К.* Югославско-венгерские отношения в 1945–1956 годах. Москва, Московстий государственный университет им. М.В. Ломоносова, 2012, диссертация.

3. *Кимура. К.* Четыре совещания югославской политэмиграции в СССР и странах «народной демократии» и их роль в антититовской кампании в 1948–1954 гг.// *Никифоров К.В. (отв. ред), Силкин. А.А.* Вместе в столетии конфликтов. Россия и Сербия в XX веке. Сборник статей. Москва, 2016. С. 324–348.

4. *Сас Б.* Бес всякого принуждения – история одного сфабрикованного процесса. Москва, 2003. （原文は Szász Béla, *Minden kényszer nélkül. Egy müper története*, Budapest, 1989）

5. *Кимура К.* Политэмигранты-информбюровцы в Венгрии в 1949–1954 гг.: взаимоотношения с венгерской властью и роль антититовской кампании в Венгрии// *Хаванова О.В. (отв. ред.) Дронов М.Ю. Леонтьева А.А.* Вынужденное соседство–добрососедское приспособление в дипломатических и межнациональных отношениях в Центральной, Восточной и Юго-Восточной Европе XVIII-XXI вв. Сборник статьей. Москва, СПб., 2017. С. 205–222.

6. *Петров Н.В.* Посценарию Сталина: роль органов НМВД-МГБ СССР в советизации стран Центральной и Восточной Европы 1945–1953 гг. Москва, 2011.

7. Soltész István, *Rajk-dosszié*, Budapest: Láng Kiadó, 1989.

8. Воспоминание Л. Бранкова// *Петров Н.В.* Посценарию Сталина: роль орга НМВД-МГБ СССР в советизации стран Центральной и Восточной Европы 1945. 1953 гг. Москва, 2011. С. 271, 287

9. ライクが拷問され尋問を受けた場所の映像 https://www.youtube.com/watch?v=PXxVjn4647g (2024 年 5 月 31 日　最終閲覧)

10. *Az ÁVH vallatószobájában jártunk, ahol Rajkot kínozták.* https://index.hu/belfold/2022/09/19/avh-vallatoszoba-kadar-janos-normafa-budastep/ (2024 年 5 月 31 日　最終閲覧)

11. Zsiga Nikoletta Evelin, *Árnyékban – Rajk Júlia élete.* https://ujkor.hu/content/arnyekban-rajk-julia-elete in: https://ujkor.hu （2024 年 5 月 31 日　最終閲覧）

12. Pető Andrea, *Árnyékban - Rajk Júlia élete*, Budapest: Jaffa Kiadó, 2020.

13. ロシア国立社会・政治史公文書館の史料 РГАСПИ. Ф. 575. Оп. 1. Д. 115. Л. 14–16.

脚注

1. 現在、この場所ではあまり当時の面影を感じることはできないが、ライクが拷問され尋問を受けた場所はこの映像に残っている。 https://www.youtube.com/watch?v=PXxVjn4647g

2. Zsiga Nikoletta Evelin, *Árnyékban – Rajk Júlia élete*. https://ujkor.hu/content/arnyekban-rajk-julia-elete in: https://ujkor.hu

3. Zsiga Nikoletta Evelin, *Árnyékban – Rajk Júlia élete*. https://ujkor.hu/content/arnyekban-rajk-julia-elete in: https://ujkor.hu

4. *Петров Н.В.* Посценарию Сталина: роль органов НМВД-МГБ СССР в советизации стран Центральной и Восточной Европы 1945–1953 гг. Москва, 2011. С. 196–200, 271–288.

5. Там же.С. 197.

6. *Сас Б.* Бес всякого принуждения – история одного сфабрикованного процесса. Москва, 2003.

アンドラーシ通り60番地　現在はテロ博物館となっている　出典　Wikipedia

ハンガリーのグラーグ

ブダ南抑留者収容所
キシュタルチャ中央抑留者収容所
レチク強制労働収容所
ティサルゥク収容所

　Andrássy út 60という番地を聞けば、ブダペスト市民は恐れおののいた。そこにはハンガリーの秘密警察、ハンガリー国家保衛庁があり、その地下では牢獄に収監されていた政治犯たちが日々拷問と虐待に晒されていた。有名な例を挙げれば、1948年12月26日に逮捕された大司教ミンツェンティ・ヨージェフ（Mindszenty József：

第1章

1892 〜 1975) がいる。ミンツェンティは 1948 年 12 月 26 日に逮捕され、アメリカとの繋がりを持った外患罪、共謀罪などで拘束され、ここで拷問を受けた後に「自白」し、終身刑に処されている。

1956 年 ミンツェンティ枢機卿のスピーチ 出典 Wikipedia

ハンガリー勤労者党の独裁体制がある程度整ってきた 1950 年、ハンガリーの全国各地に強制収容所が作られ、そこで収容者たちは過酷な労働を強いられていた。ソ連のグラーグをモデルに作られ、収容者たちは、裁判所からの正式な令状なしに連れてこられ、最低限の生活条件の下に強制労働をさせられた。あらゆる分野・社会層の人たちがここに連れてこられたが、その

ミンツェンティ裁判

ミンツェンティ・ヨージェフは、ハンガリーのカトリック教会における枢機卿であった。第二次世界大戦後、ハンガリーに共産党政権が誕生してもカトリック教会の自由を熱心に訴え続け、ラーコシに目を付けられてしまう。

1948 年、ハンガリーでは修道会の活動が禁じられ、あらゆる活動が制限された。そして同年クリスマスの翌日にミンツェンティ枢機卿が逮捕されたのである。その罪状は外患罪、共謀罪であった。

逮捕されてから 2 月の初めに裁判が始まるまでの間、ミンツェンティは拷問され、シナリオ通りの「罪」を「自白」させられた。裁判で約 1 ヶ月ぶりに公の場に姿を現したミンツェンティにはそれ以前の精悍さがなくなり、国民は驚いたということであった。

裁判の結果、ミンツェンティは禁固刑に処され、1956 年 10 月のハンガリー「革命」時に釈放された。しかし、11 月 4 日にソ連軍がハンガリーに入るとミンツェンティは危険を感じ、ブダペストのアメリカ大使館に避難した。それ以来ミンツェンティがそこから出ることができたのは、1971 年 9 月末にハンガリー政府が彼に出国許可を出してからである。ミンツェンティはオーストリアに亡命し、1975 年 5 月 6 日にウィーンで人生の幕を閉じた。

コラム

中には古くからのハンガリー貴族も多くいた。このような強制収容所では拷問や虐待が日常的に行われていたと言われており、この時代にはこのような強制収容所は全国に100箇所以上あった。強制収容所は社会から完全に隔離されており、その存在はトップシークレットであった。以下、第二次世界大戦後すぐに稼働し始めた収容所であるブダ南収容所と悪名高い4つの強制（労働）収容所について見ていきたい。

ブダ南抑留者収容所（Buda-dél internálótábor：ブダペストのブダ側の南にあった収容所）[1]

　第二次世界大戦終結後の1945年、ハンガリー全国に社会の「危険分子」と見做された人やその家族、また抑留者を収容するための収容所が設立された。ブダペスト及びその周辺には1945年から1946年までに14の収容所があったが、ブダ南抑留者収容所はその内の一つ

写真中央の三角屋根の建物に囲まれた部分にブダ南収容所はあった。Petőfi Sándor laktanyaと呼ばれたこの建物が強制収容所だと当時は知る者はほとんどいなかった。出典　funiQ

第1章

であった。

ブダ南抑留者収容所は、ブダペストのブダ側南に作られた戦争抑留者を収容するための収容所であった（現在、その近くにはオーストリア方面へ向かう高速道路が通っている）。この収容所は1945年初頭は国防省の管轄になっていたが、1946年頃からハンガリー国家警察が管

1948年、ブダ南強制収容所作業風景　出典　Rubicon Archivum/https://rubicon.hu/cikkek/a-magyarorszagi-internalotaborok-felszamolasa?rovat=naptar

轄する収容所の中心的存在となっていった。元々はその名の通り、主に第二次世界大戦後の国外追放予定のドイツ系の人々や、戦争犯罪で告発された抑留者を収容するために設置された施設であった。ここに連れて来られた人々は、この場所に収容され、ここから様々な作業に駆り出された。

この収容所に到着した人々は先ずチェックを受け、いくつかの連隊に分けられた。例えば、大工や靴や、仕立て屋などのいわゆる職人たちは、第一連隊に配属された。第二連隊には女性、第三連隊にはコックや洗濯夫、掃除夫、医療従事者などの労働者、第四連隊には知識人、そして第五連隊には強制送還を待つドイツ系の人々たちだった。

ここに収容されていた人の数は1946年の時点で約5千人であった（収容者の人数は流動的であった）。収容所内の環境は劣悪であり、病人がいたとしても薬や医療が不足していた。相対的な評価であるが、これから紹介する4つの抑留者収容所及び強制労働収容所と比べるとこのブダ南抑留者収容所の状況はまだましであったようである（もちろん第二次世界大戦後すぐの収容所と、ハンガリー勤労者党の独裁体制がある程度確立した後のそれとでは、存在意義が違うのは言うまでもないが）。

ブダ南収容所は1949年になると徐々にその中心的収容所としての

役割をキシュタルチャ中央抑留者収容所にバトンタッチしていった。

キシュタルチャ中央抑留者収容所（Kistarca：ブダペスト近郊、ペシュト県に位置する街）[2]

　実は、キシュタルチャには第二次世界大戦以前から収容所が存在していた。この場所は元々20世紀初頭より機械及び鉄道関係の機材工場が盛んに建てられた場所であり、それと並行して工場労働者たちのための集合住宅が建てられていった。全国各地から職を求める人が集まったおかげでこの街の人口は増え、工業の街として発展していったのである。

　その後世界恐慌の煽りを受け工場は倒産し、1930年代に内務省がこの全ての土地を引き継ぐ形となった。ホルティの時代にこの場は収容所として整備された。第二次世界大戦中、特にハンガリーがドイツの支配下に置かれた時期にはここにユダヤ人を集め、アウシュビッツに移送する準備をする場所として使われた（もちろん矢十字党やス

キシュタルチャ強制収容所跡　筆者撮影

第1章

現在はこの様に当時の壁が保存されている　筆者撮影

トーヤイ政府はこれを支持していた)。

　第二次世界大戦が終わると、この場所は主に戦争犯罪人や矢十字党支持者及びドイツ軍に加担した人たちを収容した。1947年には警察官が配備されるようになる。そして、1949年からは中央集権化が強まっていき、ブダペストの南にあったブダ南抑留者収容所からキシュタルチャ抑留者収容所に収容者が送られてくるようになる。この頃、首都ブダペスト及び近郊には14の収容所があり、収容者は約1万8千人であった。

　1950年5月、キシュタルチャ収容所はペーテル・ガーボルの指示でハンガリー国家保衛庁の管轄下に置かれるようになった。これ以降、囚人の扱いがますます酷くなっていったのは言うまでもない。

　このハンガリー国家保衛庁下の収容所には、社会的に「危険分子」と見做された人々(知識人・政治家・司祭・作家・芸術家など)が収容された(つまり、収容者は抑留者たちに限定されていたわけではなかった)。それ以前はぎりぎり「許容範囲」と言えた収容者たちの生

活環境はハンガリー国家保衛庁の管轄下に置かれたことで一変した。新しい本部は収容所を完全に閉ざされた空間にした（もちろんそれはこのキシュタルチャ収容所に限ったことではない）。収容者とその家族・親戚の間における手紙や郵便物のやり取り、面会を段階的に廃止していった。また、窓は覆われ、収容所敷地内の移動は厳しく制限されていた。

　キシュタルチャ収容所の収容者には極めて狭い生活空間が与えられ、食事は質・量ともに徐々に減少していった。看守からの虐待は日常茶飯事となり、収容者は肉体的にも精神的にも疲弊していった。収容者の尋問は夜に収容所内の司令部の地下で行われ、署名された「自白」調書はブダペスト・アンドラーシュ通り60番地の本部に送られた。その後、収容者のほとんどは後述するレチク強制労働収容所に送られることとなった。

　収容者が死亡するケースも少なくなく、1952年の記録では、13〜14回ほどの自殺未遂と半年で25人ほどの死亡が確認されている（1952年1月から12月までの記録より）。収容所の医師の診断では、そのうち10人の死因は結核であったということであった。このキシュタルチャ収容所の結核感染率は当時のハンガリー全国の統計よりも高く、その原因は栄養失調と暖房設備の欠如だと言われている（1953年に収容所が解放された時には、この収容者の30〜35％が結核に感染していたと言われている）。

　1952年の時点でこの収容所には2つの機能があった。1つ目は、最終決定が下された収容者の収容先としての役割、そしてもう一つは、他の収容所へ移送される中継地点としての役割であった。1953年2月の時点で約1600人がここに収容されていた。先にも触れたが、ここに収容された人々は社会的に「危険分子」とされた人々であるが、その他にも違法に国境を越えようとして捕まった人々及びその家族などもいた。

　1953年1月のペーテル・ガーボルの逮捕と翌々月のスターリンの

第1章

死は新たな政治的変化をもたらした。そして同年7月にナジ・イムレが首相になると、全国の収容所の閉鎖とそれほど深刻でない罪で告発され、収容された人々の恩赦に向け法律の見直しが開始された。そして、同年8月恩赦が実現した。この時、ハンガリー全土の収容所には約4万人が拘留されていたということである。

このキシュタルチャ収容所の施設は、1956年のハンガリー「革命」の時は「革命」側に占拠され、この地域における「革命」側の重要な拠点となったが、「革命」が敗れた後は再度収容所（拘置所）として使われ始めた。「革命」後に有罪判決を受けた人々は、ここに拘留されたのである。また、1957年以降、共産党政権が倒れる1989年まで、ここには警察学校が置かれ、警察の訓練所として使われていた。その後の1990年から1995年まで、ここはハンガリーに不法入国した難民の宿泊施設として使われた。これらの施設の土地は競売にかけられて所有者が変わり、2023年春までに全て取り壊されている。

レチク強制労働収容所（Recsk：ハンガリー北部のヘヴェシュ県にある大きな村）[3]

1950年7月、ハンガリー国家保衛庁はソ連のグラーグをモデルにこの強制労働収容所を設立した。運営されていた期間は1950年から1953年までの3年間であったが、完全に外の世界とは隔離され、その存在自体が秘密にされていた。この強制労働収容所は最も過酷な状況であったということでその名が広く知られている。

収容者たちは政治犯としてここに収容されることになったが、もちろん正当な裁判にかけられ有罪判決を受けたからここに来たわけではない。ある日急

1950年よりレチクのAVH本部として使っていた建物　出典　Bank Barbara. Buda-Déltől Recskig. Internáló- és kényszermunkatáborok Magyarországon, 1945-1953

レチク強制収容所見張り台　筆者撮影

に連れてこられたのである。医者などいない最低限の生活条件の下、近くの採石場で1日14時間以上強制労働を強いられた。約1500人収容されていたと言われている。この強制労働収容所では多くの人が飢餓と暴力で亡くなった。データが残っていないので、このレチク強制労働収容所での正確な死亡数は今でも分かっていない（この収容所及び病院で亡くなった28人の記録は残っているが、これは全てではないだろうと言われている）。少なく見積もっても100人以上の収容者が拷問や虐待の末に亡くなったと推測されている。

　一例を挙げると、電柱のランプの付け替えを命じられた囚人が電柱に登っていたのを見て、看守がそれを脱走と勘違いし銃殺したという事件があったという。共産主義プロパガンダが「人道主義・解放・自由・人間の尊厳」を声高に謳っていた影で、このような非人道的なことが日常的に行われていたというのは皮肉なコントラストである。この収容所の犠牲者が埋葬された場所は、今でも明らかになっていない。

　このレチク強制労働収容所の存在は秘密にされていたが、1951年に8人が脱走し、その

レチク強制収容所　水攻めの拷問施設
筆者撮影

第1章

囚人により作られた線路　1952年
出典　Munkatáborok "NE CSAK ŐRIZD, GYŰLÖLD IS!"／ https://munkataborok.hu/recsk/4

うち一人が西側に逃れた。その時にラジオ・フリー・ヨーロッパを通じてこの収容所の存在を明らかにし、600人の収容者の名前を挙げた（これで行方不明になっていた家族の消息が分かった人もいた）。しかし、この頃はハンガリー社会全体が極度の緊張状態にあったため、それで何かが変わるということもなかったのである。

　1953年、ナジ・イムレが首相になると、生き残った人々は釈放されてゆき、9月19日に完全に閉鎖された。彼らは釈放時この強制労働収容所の事を口外しないという書類に署名させられた。また釈放されても多くの人は警察の監視下に置かれ、再び投獄された人も多くいた。1957年初頭にはこの強制労働収容所は取り壊された。その後も共産主義政権下ではこの強制収容所は存在しなかったというのが公式の見解であった。

　レチク強制労働収容所の存在は、共産主義政権にとっては最大のタブーの一つであり、その存在は極秘事項であった。1956年ハンガリー「革命」以降、西側に逃れた人々はメディアにハンガリー国内の実情を話した。レチク強制労働収容所についても自叙伝の中で語る人もでてきた。1980年代に入るとレチク強制労働収容所について語る本は増えていったが、このレチク強制労働収容所が広く注目されるようになったのは、1989年にドキュメンタリー映画『レチク　1950年〜1953年・ある秘密の強制労働収容所

レチク強制収容所跡に建てられた記念モニュメント　筆者撮影

の歴史』（映画監督：Gyarmathy Lívia・Böszörményi Géza）が発表された事が大きい。このドキュメンタリー映画の興味深い点は、レチク強制労働収容所の歴史が看守と収容者の両方の視点から語られていることである。この映画は1989年、ヨーロッパで最高のドキュメンタリー映画に贈られる賞であるフェリックス賞を受賞している。

　このレチク強制労働収容所の存在が公に認められたのは、政権交代後の1991年のことである。この年、強制労働収容所があった場所に記念碑が建てられ、1996年にはその場所は国立記念公園となった。

ティサルゥク収容所（Tiszalök：ハンガリーの北東の街）[4]

　ティサルゥクは、ハンガリーの北東、ティサ川の川岸に発展した街である。ここに新しいダムと水力発電所の建設を目的に、ティサルゥク収容所が設立された。収容者のほとんどは、1950年から1951年にソ連当局からハンガリーに引き渡された戦争捕虜であった。つまり、ハンガリー政府は返還された捕虜を解放せず、労働力として使ったのである。

　ここに収容された戦争捕虜は主にドイツ系の人々（武装親衛隊にいたシュヴァーベン人（主にドイツ南西部出身の人々）が多かった）であった。彼らの中には、元々住んでいた場所の関係で、第二次世界大戦後にその市民権が変更になった者も多くいた。つまり、彼らの多くは戦後、ルーマニア・チェコスロヴァキア・ユーゴスラヴィアの市民になったのである。ここに収容されていた人数は1400人から1500人であった。

　このティサルゥク収容所で特筆すべきことは、1953年10月4日に起こった暴動事件であろう。1953年8月以降に始まった恩赦による解放が遅れていることに痺れを切らした収容者たちがデモを起こした。そこに看守が発砲し、5人が死亡、19人が重軽傷を負ったのである。ハンガリー全土のほとんどの収容所は1953年後半には廃止されたが、この収容所は1954年まで存続した。最後の月には1020

人の収容者がいて、そのうち909人はドイツ人、88人はユーゴスラヴィア人、22人はオーストリア人そして1人はソ連人であったという記録が残っている。その後、収容所は取り壊された。その跡地には1989年に記念碑が建てられ、今でもそれは見ることができる。

　1953年に恩赦がでて多くの人が解放されたと先に述べたが、それらの人々は本当の意味で「自由」になれた訳ではなかった。一回捕まった人は以前と同じ仕事に戻れることはなく、誰もやりたがらない様な仕事をするしかなかった。また、子供達は学校やその後の進学で差別され、大学に行けることはまずなかった（非常に困難であった）。拘束された時に家に残されていた私財は既に没収されていて、恩赦後も返還されることはなかった。自分の故郷に帰ることができた人もいるが、それでも「危険分子」のレッテルを貼られた人は大都市や首都には戻ることができなかった。そして常に警察の監視下に置かれていたのである。

　「Andrássy út 60」もここで紹介した抑留者収容所・強制労働収容所の歴史もハンガリーの共産主義政権時代、特にラーコシ時代の独裁・テロ・暴力の象徴であり、忘れてはいけない歴史の一つである。

コラム

参考文献

1. Bank Barbara, *Recsk. A magyar internálótáborok története 1945–1953*, Budapest: Szépmíves Kiadó, 2017.

2. Ilkei Csaba, *Internálótáborok – Kistarcsától Recskig*, Budapest: Szerzoi kiadás, 2013.

3. Bank Barbara, *Buda-Déltől Recskig. Internáló- és kényszermunkatáborok Magyarországon, 1945–1953*. https://rubicon.hu/cikkek/buda-deltol-recskig（2024 年 5 月 31 日　最終閲覧）

4. *Buda-dél internálótábor (1945–1949)*. https://munkataborok.hu/buda-del/（2024 年 5 月 31 日　最終閲覧）

5. *Internálótábor, Kistarcsa (1949–1953)*. https://munkataborok.hu/kistarcsa/（2024 年 5 月 31 日　最終閲覧）

6. *Recsk, a tábor kezdetei*. https://munkataborok.hu/recsk/1（2024 年 5 月 31 日　最終閲覧）

7. *Internálótábor, Tiszalök (1951–1953)*. https://munkataborok.hu/tiszalok（2024 年 5 月 31 日　最終閲覧）

8. György Sándor Balázs, *A Remény Rabjai: Lázadás a Tiszalöki internálótáborban*. https://napitortenelmiforras.blog.hu/2016/03/07%20a_remeny_rabjai_lazadas_a_tiszaloki_internalotaborban（2024 年 5 月 31 日　最終閲覧）

9. *A magyar Gulág*. http://gulag.kommunizmusbunei.hu/koncentracios-taborok#konc1（2024 年 5 月 31 日　最終閲覧）

脚註

1. Bank Barbara, *Buda-Déltől Recskig. Internáló- és kényszermunkatáborok Magyarországon, 1945–1953*. https://rubicon.hu/cikkek/buda-deltol-recskig: *Buda-dél internálótábor (1945–1949)*. https://munkataborok.hu/buda-del/: *A magyar Gulág*. http://gulag.kommunizmusbunei.hu/koncentracios-taborok#konc1: Ilkei Csaba, P. 29.

2. Bank Barbara, *Buda-Déltől Recskig. Internáló- és kényszermunkatáborok Magyarországon, 1945–1953*. https://rubicon.hu/cikkek/buda-deltol-recskig: *Internálótábor, Kistarcsa (1949–1953)*. https://munkataborok.hu/kistarcsa/: *A magyar Gulág*. http://gulag.kommunizmusbunei.hu/koncentracios-taborok#konc1: Ilkei Csaba, p. 29, 45–55.

3. Bank Barbara, *Buda-Déltől Recskig. Internáló- és kényszermunkatáborok Magyarországon, 1945–1953*. https://rubicon.hu/cikkek/buda-deltol-recskig: *Recsk, a tábor kezdetei*. https://munkataborok.hu/recsk/1: *A magyar Gulág*.http://gulag.kommunizmusbunei.hu/koncentracios-taborok#konc1: Ilkei Csaba, p. 30–34.

4. Bank Barbara, *Buda-Déltől Recskig. Internáló- és kényszermunkatáborok Magyarországon, 1945–1953.* https://rubicon.hu/cikkek/buda-deltol-recskig: *Internálótábor, Tiszalök (1951–1953).* https://munkataborok.hu/hu/tiszalok:

5. György Sándor Balázs, *A Remény Rabjai: Lázadás a Tiszalöki internálótáborban.* https://napitortenelmiforras.blog.hu/2016/03/07%20a_remeny_rabjai_lazadas_a_tiszaloki_internalotaborban: *A magyar Gulág.* http://gulag.kommunizmusbunei.hu/koncentracios-taborok#konc1: Ilkei, Csaba, p. 34–38.

第1章

ブルガリア

年	月	出来事
1944	9	ソ連軍の最初の部隊がルーマニアとの国境を越えてブルガリアに入る クーデターが起こり、連合国側の政権が誕生する ドイツに宣戦布告する。全土が解放される
	10	連合国軍と休戦協定を結ぶ
		祖国戦線が旧政府機構の点検、粛清を始める。全国で大規模な人民裁判が開かれる。強制労働収容所が稼働し始める
1945	3	第一回ブルガリア祖国戦線委員会会議が開かれる
1946	9	ソ連軍の立会いの下で国民投票が行われ、君主制の廃止、共和制宣言が決定される。ブルガリア人民共和国が誕生する ブルガリア国王シメオン二世が国外に亡命する
	10	憲法制定議会選挙が行われる 共産主義者ディミトロフを首班とする祖国戦線政府が誕生する
1947	2	パリ講和条約が締結される ユーゴスラヴィアとの間にブレッド協定が締結される
	12	ソ連の憲法をモデルとしたディミトロフ憲法が採択される 民間工業・鉱業国有化法が採択される
1948	3	ソ連との間に友好条約が締結される
	4	不動産の国有化法（大都市が対象）
	6	ユーゴスラヴィアとの国交が断絶する
	12	ブルガリア共産党第五回大会
1949	1	社会主義諸国相互経済援助評議会（SMEA）の設立（ブルガリア、ハンガリー、ポーランド、ルーマニア、ソ連、チェコスロヴァキアの代表による経済会議を経て）
	3	コストフが党と内閣の職務から解かれる
	6	コストフらが逮捕される
	7	ディミトロフがモスクワで死去する
	11	チェルヴェンコフが党書記長に就任する 首相にはコラロフが就任する
	12	コストフらが裁判にかけられ、コストフが絞首刑に処せられる
1950	2	コラロフが死去し、チェルヴェンコフが首相となる
1953	8	大規模な恩赦が行われる（この時約2万6千人の囚人が釈放される）
1954	3	チェルヴェンコフが共産党書記を辞任。ジフコフが後任となる

1956	4	ブルガリア共産党の総会の場で、スターリン批判の例に倣い、チェルヴェンコフの個人崇拝が批判される（チェルヴェンコフは1961年に当政治局からも追われ、1962年に党からも除名されるが1969年に名誉回復を果たした）
1989	11	ソフィアでデモが発生する ジフコフが辞任する。ムラデノフが指導者の座に就く
1990	2	ブルガリア共産党が一党独裁体制を放棄する。党名をブルガリア社会党へ改称する
	6	自由選挙が行われ、複数政党制へ移行する
	11	国名をブルガリア人民共和国からブルガリア共和国に改称する

独国会議事堂放火事件裁判で英雄化、バルカン連邦構想で叱られる

ゲオルギ・ディミトロフ

Георги Димитров Михайлов

1882年6月18日生（コヴァチェフツィ / ブルガリア公国）
1949年7月2日 没（モスクワ / ソビエト連邦）

　コミンテルンの代表を務めたブルガリアの共産主義者、ゲオルギ・ディミトロフ（以下、ディミトロフ）は、1882年6月18日（旧暦）、ブルガリア公国西部に位置する村、コヴァチェフツィ（Ковачевци）で生を受けた。ディミトロフの両親はピリン・マケドニア（現在のブルガリア・ブラゴエヴグラド州）からの難民であったと言われている。ディミトロフの一家はプロテスタントであり、特に母親は熱心な宗教家であった。ディミトロフは8人兄弟の長兄であった[1]。

　ディミトロフの兄弟たちは共産主義者として活動した者も多く、先に少し触れておく。妹のマグダリーナ・ディミトロワ（1884〜1971）は労働組合の活動家であり、印刷業者を営んでいる人と結婚し

ブルガリア

た。息子リュブチョがいたが、彼は 1944 年にパルチザンとして戦っている時に殺害されてしまった。弟のニコラ・ディミトロフ（1887 〜 1916）は 1905 年にロシアへ出発した。1908 年にオデッサの違法な印刷所で逮捕されてシベリアに送られ、そこで死亡した。弟のトドル・ディミトロフ（1889 〜 1925）は共産主義活動家であったが、1925 年の四月事件（1925 年 4 月 16 日に聖ネデリャ教会で起きたテロ事件後にブルガリア国内で展開された左翼運動に対する白色テロ事件のことを指している）で殺害された。弟コスタディン・ディミトロフ（1892 〜 1912）は印刷業者で労働組合活動家だったが、バルカン戦争中に前線で若くして命を落としてしまった。妹のエレナ・ディミトロワ（1903 〜 1974）は共産主義者であった。彼女は後にブルガリアを代表する「ミニスターリン」の一人となるヴルコ・チェルヴェンコフと結婚した。ディミトロフには他にも 2 人弟がいたが、彼らが共産主義者として活動していた記録は残っていない[2]。

　ゲオルギ・ディミトロフが誕生すると、一家はラドミル（Радомир）に引っ越し、その数年後ソフィアに移住した。ディミトロフはソフィアでは地元の公立学校に入学し、そこに 4 年間通った。熱心な宗教家であった母親はディミトロフを聖職者の道に進ませたかったようであり、プロテスタントの日曜学校にも通わせている。1894 年、ディミトロフは学校を中退し、印刷所で植字工見習いとなった。同年 11 月、ブルガリア労働者社会民主党が組織した中央労働者印刷組合（ブルガリア初の労働組合であった）のメンバーになった。ディミトロフはソフィアにあった 13 の印刷所で行われたストライキに積極的に参加するなど、その活動が認められ、ストライキ委員会の委員長に選出された[3]。

　1899 年、ディミトロフは中央労働者印刷組合のソフィア支部の司書係に任命され、翌々年にはその秘書兼会計係に選出された。そして 1902 年、彼はブルガリア労働者社会民主党に入党した。しかし、1903 年の初めにディミトロフは職を失ってしまう。知人の助けを借

第 2 章

りて、なんとかサモコフ（Самоков：ブルガリア南西の街）の印刷所で職を得ることができた。1903年7月にブルガリア労働者社会民主党が分裂すると、その内の「狭義派」として活動することを決めた。当時のソフィアにおいては、わずか53人の「狭義派」の一人であった。翌年1904年の夏、サモコフでも解雇されてしまいソフィアに戻ることになったのだが、サモコフ滞在中にはそこでも社会主義を広めるためのグループを組織していた。

1904年7月、ディミトロフはブルガリア労働者社会民主党（狭義派）によって組織された一般労働者労働組合に参加し、翌年には同組合委員会の事務員として働くようになった。その後数年間、ディミトロフはブルガリア各地を周り、組合組織の拡大に尽力した。1906年夏、ブルガリア史上最大規模のストライキと言われるペルニクのストライキを主導し、一躍有名になった。この一連のストライキ後、ディミトロフは逮捕され、強制的にソフィアに戻された。

ディミトロフの結婚 [4]

ディミトロフは1906年9月にセルビア人のリューバ・イヴォシェヴィッチ（Люба Ивошевич-Димитрова：セルビア語ではリュービッツァ・イヴォシェヴィッチ（Љубица Ивошевић-Димитров）。本文ではリューバと記す）と結婚した。ディミトロフは2度結婚しているが、最初の妻リューバは中々に興味深い人物であるため、少しここで紹介したい。

リューバ [5] は1884年7月17日、セルビア中央にあるラチャ（Рача）近郊の村、サラノヴォ（Сараново）で生まれた。初等教育を受けた後、洋裁を習いお針

ディミトロフの妻リューバ ソ連で自殺してしまう 出典 Wikipedia

子となった。クラグイェヴァツ（Крагујевац）で職を得て、労働運動にも参加するようになった。彼女はセルビア社会民主党のメンバーにもなった。また、セルビアで初の労働組合の創設にも参加した。

リューバは1902年にブルガリアに移住し、ソフィアでブルガリア王室御用達の高級衣料品店で働き、後にそこのマネージャーにまでなった。そこでも彼女は労働運動に積極的に参加し、ブルガリア労働者社会民主党に参加した。1903年、リューバは1度目の結婚をするが、その結婚生活は1年弱で終わりを迎えたようである。その頃にディミトロフと出会い、2人は1906年に結婚した。

手に職のあるリューバは家計を支えただけでなく、初等教育さえ満足に受けなかったディミトロフに勉強を教えた。ディミトロフにドイツ語を教えたのはリューバであった[6]。しかし、いわゆる当時の「キャリアウーマン」であったリューバにはディミトロフの共産主義活動家としての成功に対してある種の嫉妬心のようなものがあったのかもしれない。またタイミングが合わずに子供ができなかった事もリューバを悩ませたようであった。

リューバは縫製労働者の新聞の編集者となり、1914年からはブルガリア労働者社会民主党の中央女性委員会のメンバーとなった。また、1920年にはブルガリア労働者社会民主党を代表してヴコヴァル（Вуковар：現在のクロアチア東部の街）で開催された第二回ユーゴスラヴィア社会労働者党（のちにユーゴスラヴィア共産党となる）大会に出席している。

1923年、ディミトロフがモスクワに移るとリューバもディミトロフと共にモスクワに移住した。モスクワでは全連邦共産党（ボリシェヴィキ）及びソビエト作家連合で活動した。リューバは詩人としても活躍した人物であったのである。彼女は主にセルビア語とブルガリア語で創作活動を行っており、彼女の作品は出版されている。

このように才能溢れる人物であったが、慣れないモスクワ生活に加えてコミンテルンの寮ホテル・リュクスに住むこととなり、リュー

バはとうとう鬱病を患ってしまった。コミンテルンの仕事の関係でディミトロフが留守にしがちであった事、また、ソ連の政界が絶えず緊張を帯びていた事実もリューバの精神に悪影響を及ぼしていたのであろう。彼女は精神病院への入退院を繰り返すようになってしまった。1933年ドイツでディミトロフが逮捕されたというニュースを聞くと、1933年5月27日、モスクワのアパートから飛び降り、自ら命を絶ってしまった。彼女の遺体はモスクワのノヴォデヴィッチ墓地に埋葬された。

デミィトロフ、頭角を現す

さて、ディミトロフに話を戻そう。彼らの組合は1912年までに全国で8千人以上の人が参加する組合になっていた。ディミトロフは1909年にはブルガリア労働者社会民主党の中央委員会のメンバーに選出されるなど、順調にキャリアを積んでいった。ディミトロフの活動はブルガリア国内に留まらず、国際舞台へも移行していった。同年、彼はベオグラードで開催された第一回バルカン社会民主党会議に参加し、セルビアの労働組合との協力に関する協定に署名した。また1911年にはブダペストで開催された労働組合会議にも参加している。翌年の1912年には、ブカレストで開催されたルーマニア社会民主党の会議にも出席した。

この頃、ディミトロフはイデオロギーについての議論に積極的に参加している。彼の立場は労働組合の政治的中立を批判するものであった。この考えはブルガリアの労働組合を分断してしまうものであったが、ディミトロフはこの立場を貫いた。

1913年11月に行われた第十六回普通人民議会選挙では、2つの社会民主主義政党が20％の得票率を獲得した。そしてディミトロフはその時弱冠31歳で最年少の国会議員に選ばれたのである。彼はバルカン半島においては労働者階級出身の最初の国会議員であると言われている。1914年3月にはソフィアの市議会議員にも選出された。

ブルガリア

第一次世界大戦においては、ブルガリアの2つの社会民主主義政党は確固たる平和主義の立場を取ると宣言した。1915年10月にブルガリアが参戦することが分かると、彼らは反戦を呼びかけた。ディミトロフはこの時動員妨害の疑いで拘束されたが、すぐに保釈されている。

　第一次世界大戦中は多くの人が動員されたため、労働組合と党の活動は下火であった。そのため、ディミトロフは主にソフィア市議会の活動に専念していた。1917年8月、ディミトロフは将校と口論になり、戦時中の規律に違反した罪で起訴され、翌1918年6月に軍事法廷で有罪判決を受けた。彼は3年の懲役を宣告され、同年8月に議会の免責特権を剥奪された後、ソフィア中央刑務所に投獄された。同年12月に恩赦によって釈放された。

　釈放後ディミトロフはペルニク（Перник：ブルガリア南西部の街）で演説を行い、ロシア革命を熱心に支持した。その数日後、レーニンの特使であるチェルケゾフ（Сотир Черкезов：ブルガリア人。十月革命に参加した人物）と会った。1919年2月、ディミトロフは再び逮捕され、ペルニクからソフィアに強制送還された。その後ディミトロフら社会主義者（狭義派）とボリシェヴィキとの結びつきが強まり、1919年3月、ブルガリアの社会主義者（狭義派）は共産主義インターナショナル（コミンテルン）の創設に関わることとなった。1919年5月の議会で、党がブルガリア共産党（狭義派）に改名された。

　同年8月、ディミトロフは国会代表として再選され、ブルガリア共産党は20.7%の得票率と47の議席を獲得し、国内で2番目の政治勢力となった。また、ディミトロフはソフィア地区評議会メンバーとしても選出された。翌1920年1月、市議会議員として再選された。

　1920年6月、ディミトロフは第二回コミンテルン議会にブルガリア共産党代表として黒海経由でロシアに不法出国しようとしたがルーマニア沿岸で捕らえられ、3週間拘留された後、ブルガリアに強制送還された。同年11月、ディミトロフは、ロシアの十月革命記念日にソフィアで行われた集会で演説を行い、扇動と公務員殺人未遂の罪で

第2章

新たに起訴された。

ディミトロフの逃亡

　今度こそ本当に逮捕されるという脅威に直面し、ディミトロフはブルガリアを離れた。各地を転々とし、1921 年 3 月、ヘルシンキからペトログラードに入った。コミンテルンの労働組合支部設立会議に参加するためであった。その準備期間中、ディミトロフは積極的にそれに関わり、記事を発表したり、コミンテルンの執行委員会の会議に出席したりもした。その積極性はウラジーミル・レーニンから良い評価を得た。この頃、ブルガリアで開催されたブルガリア共産党第三回大会では、ディミトロフが中央委員会の委員に再選され、コミンテルン大会でブルガリア共産党を代表した。当時、ディミトロフはロシア語を話せず、スピーチはブルガリア語で行っていた。

　1921 年 8 月末、ディミトロフはベルリンに向けて出発し、赤色労働組合インターナショナル（プロフィンテルン）の中央ヨーロッパ支部を組織した。10 月の初め、ディミトロフはウィーンにいたが、ブルガリア当局は彼のパスポートの更新を拒否した。11 月にソフィアに戻ったディミトロフは翌日逮捕され、数時間後に国会の要請により釈放された。翌年 11 月、彼は第二回プロフィンテルン会議のためにモスクワに滞在した際は執行局に再選され、バルカン半島のプロフィンテルンの公式代表者となった。

　1923 年 4 月の選挙ではブルガリア共産党が約 19% の票を獲得したが、選挙制度の変更により、共産党からの議員はわずか 16 人であった。そのうちの 1 人がディミトロフである。

武装蜂起の画策とディミトロフ

　コミンテルンの使節であるアレクサンドル・アブラモビッチ（Александр Емельянович Абрамович：1888 〜 1972）がソフィアに到着した。アブラモビッチはディミトロフらに武装蜂起の重要性を説

き、準備を始めさせた。ディミトロフ自身は他の組織と接触を図る任務を負っていたようである。

しかし数週間のうちに、共産主義者が蜂起を準備しているという噂が広まり、9月12日、国に戒厳令が敷かれ、約2千人の共産主義活動家が逮捕されてしまった。この時ディミトロフは身を潜めることを余儀なくされた。

ブルガリア共産党は危機的状況ではあったが、コミンテルンからの圧力もあり、ディミトロフらは9月22日に蜂起を起こすことを決定し、ディミトロフ含む4人の主要委員会が結成された。この蜂起自体は政府当局に鎮圧されてしまい、失敗に終わった。ディミトロフはユーゴスラヴィア当局によって匿われ、ユーゴスラヴィアのニシュ（Ниш）に10日間滞在した後は偽のユーゴスラヴィアパスポートを受け取り、ウィーンに向かった。

ディミトロフのウィーンにおける活動

ブルガリアにおける武装蜂起の熱も冷めやらない10月、ディミトロフは、バルカン半島方面のコミンテルンの調整機関があるウィーンに到着した。そこで新しく作成されたブルガリア共産党在外委員会を率いることとなった。この委員会は、コミンテルンと国内の党指導部との間を結ぶ役割を果たしていた。ディミトロフはウィーンに滞在することを決め、レーニンの葬式やプロフィンテルンの会議、コミンテルンの会議の時はモスクワを訪れた。

ディミトロフのモスクワ滞在

1925年6月、1923年の九月蜂起を組織したとしてブルガリア共産党指導部に対する裁判がソフィアで行われ、ディミトロフは欠席裁判で死刑を宣告された。その後のブルガリア共産党指導部内に激しい対立が生じ、ディミトロフらは九月蜂起の失敗により反逆者の汚名を着せられ告発された。党執行局は、ウィーンに移された中央委員会から

第2章

ディミトロフを解任しようとさえ試みたが、コミンテルンによって任命された職員を解任する権利はないとの決定が下された。しかし、コミンテルンはブルガリア共産党の仕事からディミトロフを解任することを決定し、彼はその後の約3年間モスクワに留まることとなった。

モスクワでディミトロフはコミンテルンの様々な役職を歴任した。彼は事務局の組織部門で働き、各国共産党の違法行為を取り締まったり、会議の準備に参加したり、プロフィンテルンの仕事に参加したりした。また、雑誌『共産主義インターナショナル』の編集の仕事もしている。

1926年8月、ディミトロフはコミンテルンの執行委員会のメンバー候補となり、バルカン事務局のメンバーであり続けながら、ポーランド、フィンランド、バルト諸国を担当する地域事務局の1つを任されることになった。1926年12月、ディミトロフはスターリンと初めての会合の場を持ち、ブルガリア共産党の政策に関する指示を受けた。

ディミトロフは1927年12月から1928年1月、ベルリンで開催されたブルガリア共産党第二回会議の準備に積極的に参加し、そこで彼に対する告発に関する名誉回復がされることを望んだ。しかしそれは叶わず、逆に若い活動家のグループがディミトロフらを「日和見主義者」として鋭く批判した。ディミトロフらと若い活動家のグループの対立は、この後起こるライプツィヒ裁判まで続いた。

ブルガリア共産党第二回会議の後、ディミトロフはウィーンに赴いた。コミンテルンは彼にブルガリアとは直接関係のない仕事を割り当てた。

1928年夏の第六回コミンテルン会議の場ではディミトロフはブルガリア共産党代表として演説した。それと並行して、農民国際会議とバルカン共産党連盟の会議にも参加し、その議長に選出された。また、1929年には国際反ファシスト会議などにも参加した。彼はヨーロッパの至る所で積極的に活動していたが、1930年以降4年間の彼の活動に関する情報はほとんど知られてはいない。おそらくこの時期は諜

ブルガリア

報活動で複数の名前を使って活動していたため、その史料が残っていない（もしくは発見されていない）からだと思われる。

ディミトロフは 1932 年 6 月にドイツに戻った。翌月の選挙では、国民社会主義ドイツ労働者党が最大の得票数を獲得した（議会の過半数ではなかったのだが）。1933 年 1 月 30 日、国民社会主義ドイツ労働者党の指導者であるアドルフ・ヒトラーが議会で過半数を獲得することなく首相に就任した。このような状況の中、同年 2 月 27 日にドイツ国会議事堂放火事件が起こるのである。この事件の結果、ヒトラーは非常事態を発令し、結果的に多くの野党議員を解任し抵抗力を奪うことに成功した。ディミトロフ他 2 人のブルガリア人がこの放火事件の犯人として逮捕された（後に主犯とされたのは同じく逮捕されたオランダ人）。

ライプツィヒ裁判

捜査官によると、ディミトロフ他 2 人のブルガリア人の逮捕はレストランのウェイターからの情報であったということである。3 人がロシア語を話していると判断したから通報を受けたのだとされた。しかし、近年の研究によると、ディミトロフはこの時すでに警察に知られた存在であり、彼の逮捕はコミンテルンと放火を結びつけようとしてのことであったのではないかということである。しかしディミトロフには、放火事件があった夜は知人とミュンヘンからベルリンへの電車に乗っていたというアリバイがあることが分かっている。

3 月末、ディミトロフはベルリンのモアビット刑務所に収監された。ディミトロフは手錠をかけられていたが、彼はそのことについて行政に繰り返し抗議の手紙を書いている。また、彼は勾留中には刑務所図書館に行ったり、日記をつけたり、親しい仲間と文通したりもした。先にも述べたが、ディミトロフがここに収監されている間、妻のリューバがモスクワの建物から飛び降り自殺した。

放火事件の捜査は約半年間続き、1933 年 9 月、被告人は裁判が行

第 2 章

ライプツィヒ裁判のディミトロフ　出典　История.py/
https://www.istoriia.ru/xx-vek/leyptsigskiy-protsess.html

われるライプツィヒに移された。法廷審問は9月21日に始まった。3月の時点でディミトロフには弁護士が決まっていたが、その後に拒否し、最終的に彼は自分自身を弁護することにした。この行動は、ディミトロフがメディアと大衆の注目を集めることとなった。

　ドイツの法律に巧みに言及したり、ゲーテの詩を引用したりと、ディミトロフは法廷で反抗的に振る舞い、逆に検察側の証人を積極的に尋問した。また、プロパガンダ演説も行い、彼は自らの発言のために法廷から追い出されることもあった。証人として現れた国民社会主義ドイツ労働者党の高官ヘルマン・ゲーリングはディミトロフの尋問の間に癇癪を起こしたと言われている。共産主義とコミンテルンを支持するプロパガンダを法廷で語ることで、ディミトロフは世界中のマスコミの注目を集めることに成功した。彼は最後の「演説」において、ブルガリアの人々を擁護し、ブルガリアの歴史と自らがブルガリア人であることの誇りを強調した[7]。

　ソ連とコミンテルンはこの裁判に関して初めは消極的で日和見的な

立場を取ったが、裁判が始まると積極的に対応するようになった。ブルガリア共産党の指導部は、九月蜂起の際のディミトロフの行動を批判した。同時にブルガリア皇帝ボリス三世は、ブルガリア人の被告人たちが無罪となるまでドイツへの訪問を拒否した。

判決は12月23日に下され、1人が死刑を宣告され、他のブルガリア人の被告たちは無罪となった。それにもかかわらず、3人のブルガリア人は、通常の市民権の書類を所持しておらず法的地位が不明確であったために拘留され続けた。彼らは後にベルリンのゲシュタポ刑務所に移送され、1934年2月に約25日間留置された。

裁判の終了後、ディミトロフはドイツ当局に自分をチェコスロヴァキアまたはフランスに出国させるよう求めた。同時に彼はブルガリア政府に帰国の意思を示してもいた。ドイツ当局の中でも無罪判決を受けたブルガリア人3人に対する処遇について意見が分かれていたようであった。ブルガリア政府は公開裁判の政治的影響を恐れてか、彼らのブルガリアへの入国を拒否し、2月13日についに3人のブルガリア市民を保護しない決定を下した。そしてその3日後、彼らはソ連の市民権を取得し、2月27日にドイツから引き渡され、モスクワに向かうことになった。

ディミトロフは1934年2月27日、母親、妹と共にモスクワに到着した（母親と妹はその後ブルガリアに戻った）。大勢の群衆とコミンテルンの指導者たちに出迎えられたと言われてい

スターリンとディミトロフ　赤の広場にて。1936年　出典　Wikipedia

る。ソ連に到着してから最初の数か月は主に医師の診察と医療機関での滞在に費やした。ディミトロフは、それまでモスクワ滞在に使っていたコミンテルンの寮ホテル・リュクスを出て、アパートを与えられた。ディミトロフは慢性の胃炎や循環器の機能不全を持っていたということであり、しばしばソビエト連邦で静養することがあったようである。

　ディミトロフはソビエト連邦に来てから、スターリンなどのソ連の指導者にコミンテルンを率いる様促された。

ディミトロフの再婚[8]

　最初の妻を自殺で亡くしたディミトロフであったが、彼はいろいろな場所で浮名を流していたようである。ディミトロフはドイツからソ連に戻ってすぐ、同じくソ連に亡命していたローザ・フライシュマン（Roza Yulievna Fleishmann：1898 ～ 1958）と結婚した。フライシュマンはウィーン生まれのユダヤ系の女性であった。2 人は 1927 年にウィーンで出会った。フライシュマンの家族はチェコスロヴァキアに住んでいたという。ディミトロフとフライシュマンは、1934 年 11 月からディミトロフが亡くなるまで一緒にいた。彼らには、1936 年 4 月に生まれたディミタールという息子がいる。フライシュマンはディミトロフの死の 9 年後の 1958 年に亡くなった。

ディミトロフのコミンテルンでの活動

　1935 年 7 月 25 日に開かれたコミンテルン第七回大会が共産主義インターナショナル運動におけるディミトロフの頂点であったと言える。ディミトロフは、「ファシズムの猛攻撃と、ファシズムに対する労働者階級団結のための闘争における共産主義インターナショナルの任務」と題された 4 つの報告を議会に提出し、コミンテルンの新しい協力ラインを設定した。これは、ディミトロフが九月蜂起前夜から続けて提唱してきた戦術であった。コミンテルン第七回大会は、コミン

ブルガリア

テルンの組織構造も変えた。ディミトロフはこの時コミンテルン執行委員会書記長に選出された。ディミトロフがコミンテルンの書記長就任後、ブルガリア共産党の指導者から彼に反対する者を次々に排除していった。この目的を遂行するため、ソ連の政治警察に関係する３人の忠実な人物、ゲオルギ・ダミャノフ（Георги Първанов Дамянов：1892 ～ 1958）、スタンケ・ディミトロフ（Станке Димитров：1889 ～ 1944）、トライチョ・コストフ（Трайчо Костов Джунев）が派遣された。彼らは国内の党組織を変え、人事異動させた。これらの措置に続いて、ディミトロフは党内でのライバルを排除してゆき（ソ連においてブルガリアからの亡命者たちの間でもこれは行われていた）最終的にブルガリア共産党党首としての彼の地位とソ連への忠誠が確固たるものとなった。

　ディミトロフは、1936 年の夏に始まったコミンテルンの元長官ジノヴィエフ（Гриорий Евсеевич Зиновьев：1883 ～ 1936）に対する見世物裁判を支持するプロパガンダ・キャンペーンに積極的に関与した。この共産主義の高官に対する予期せぬ告発は海外の左翼の間で混

コミンテルン執行委員会　中央右から３人目がディミトロフ　その左隣がゴットワルト　出典　Wikipedia

乱を引き起こした。

　ディミトロフはスターリンと良好な関係を保っていたのだが、それは長くは続かなかった。その主な理由は、それまでは主にコミンテルンを通じて行われていた外交にスターリンが積極的に関与するようになってきたからである。ソ連政府は各国とより積極的に繋がるようになり、スターリンはソ連の政策の道具と見做していたコミンテルンではあるが、疎ましく思うこともあった。スターリンはディミトロフの仕事を批判することが増えていった。

大粛清

　ディミトロフはコミンテルン指導部内の粛清を行った。そのきっかけとなったのは、ソ連内務大臣であったニコライ・エジョフ（Николай Иванович Ежов：1895～1940）がコミンテルンの指導部にスパイがいると発言したことあった。ディミトロフは、組織のメンバーの忠誠心を試すための特別委員会を作った。その調査の結果、中央委員会メンバーの半数以上が解雇され、逮捕された。粛清は個々の共産

コミンテルンのメンバー　中央がディミトロフ　出典　Wikipedia

党でも続き、ディミトロフはブルガリアやポーランドなどの共産党内の粛清にも積極的に関与した。

　1937 年の夏、ディミトロフの直接の指導の下、ポーランド共産党の指導者のほとんどがモスクワに連行され、逮捕され処刑された。秋には、党内の完全な粛清が決定されたが、スターリンの要請によりその事実は秘密にされていた。ディミトロフはまた、ライプツィヒ裁判時の弁護に積極的に参加したドイツの共産主義者ウィリー・ミュンツェンベルクを誘い込もうとしたが、彼はその誘いを拒否し、後にフランスで粛清された。1937 年 11 月、スターリンは、ヴィルヘルム・クノーリン（Вильгельм Георгиевич Кнорин：1890 ～ 1938）、フリスチャン・ラコフスキー（Христиан Георгиевич Раковский：1873 ～ 1941）、オシップ・ピャトニツキー（Осип Пятницки：1882 ～ 1938）、クン・ベーラ（Kun Bela：1886 ～ 1938）などの多くのコミンテルン高官たちが外国のスパイであり、共産主義の敵であると見なし粛清した。

　1937 年 12 月、ディミトロフは最高ソビエト連邦評議会の議員にヤロスラヴリ地方から選出され、第二次世界大戦後までこの地位に留まった。

　何百人ものブルガリアの政治亡命者たちも粛清の対象となっていた。 ディミトロフは、この機会にブルガリア共産党内の長年のライバルたちを弾圧している。また、逮捕された人々の中にはライプツィヒ裁判において共犯者とされたブラゴイ・ポポフ（Благой Попов：1902 ～ 1968）とヴァシル・タネフ（Васил Танев：1897 ～ 1941）もいた。しかし、ディミトロフが仲間を庇って釈放させることに成功した例もある。例えば、義理の弟であり、後に「ミニスターリン」として頭角を現すヴルコ・チェルヴェンコフを自宅に匿い、粛清の魔の手から救ったと言われている。また、ディミトロフの尽力により粛清から逃れた人物の一人にユーゴスラヴィアの独裁者、ヨシップ・ブロズ・チトーがいる。チトーも当時スターリンの粛清に対しては協力的立場

であったが、粛清の対象から除外されてはいなかった。チトーが粛清を逃れたのはディミトロフのおかげであると語っている。スターリンへの忠誠心を示していたディミトロフではあったが、ディミトロフ自身も大粛清の脅威にさらされている。また、ディミトロフだけではなく、後に世界各国で共産党の指導的立場となった人物たちでさえも大粛清の対象になり得た。つまり、毛沢東、ヴァルター・ウルブリヒト、パルミロ・トリアッティ、クレメント・ゴットワルトなどもその対象であったということである[9]。

第二次世界大戦とコミンテルン

第二次世界大戦前夜、ソ連の政治体制におけるコミンテルンとその指導者の地位はますます不安定になっていた。1941年初頭、ディミトロフは長年務めてきた名誉職の一部を解任された。ディミトロフはコミンテルンの解散について他の秘書とも話し合った。

ドイツとの戦争が始まった直後の1941年6月22日の朝、ディミトロフはスターリンから、新しい状況下でのコミンテルンの活動について指示を受けた。スターリンは、革命的なスローガンを控え、戦争を国民国家とファシズムとの対立として示すよう指示したのである。

同年7月コミンテルンとその委員会はモスクワからクイビシェフ（Куйбышев：現在のサマーラ）に移され、ディミトロフも10月にそこへ移動した。公式には、コミンテルンの本部はウファ（Уфа）に移されたが、ディミトロフはソ連の中央執行機関の多くが移されたクイビシェフでより多くの時間を過ごした。

第二次世界大戦が進行するにつれて、コミンテルンは益々ソ連とその同盟国との関係における障害となっていった。1943年4月、アメリカ大統領フランクリン・ルーズベルトは、ソ連との同盟関係の条件として、コミンテルンの解体を提起した。連合国間の外交危機のさなか、ディミトロフは5月にモロトフに呼ばれ、モロトフはその場でコミンテルンの解散を命じた。スターリンと合意した後、5月22日、

ブルガリア

コミンテルンの解散が公に発表された。これを受けてコミンテルンの指導者たちは、コミンテルンがその役割を全うしたと宣言した。

コミンテルンの解散は1943年6月10日に発効し、その2日後に全連邦共産党（ボリシェヴィキ）の中央委員会に国際情報局が設置された。中央委員会国際情報局とコミンテルンとの関係を隠すために、政治局のメンバー候補であったアレクサンドル・シェルバコフ（Александр Сергеевич Щербаков：1901～1945）が議長を務めたが、彼の代理人はスターリンに近くコミンテルンの書記長としての経験があるディミトロフらが務めることになった。

戦後のブルガリア統治に向けた動き

1944年9月5日、ソ連はブルガリアに宣戦布告した。ソ連軍がブルガリアに進撃した直後の9月9日、首都ソフィアでクーデターが起こり、ゲオルギエフ（Кимон Стоянов Георгиев：1882～1969）を首班とする祖国戦線政府が誕生した。クーデターは起こったが、ディミトロフはこの後しばらくはモスクワに留まっている。ディミトロフはブルガリア共産党政治局メンバーおよび中央委員会委員長に選出された。名目上はコストフが党首ではあったが、実質上数々の指示を出していたのはディミトロフであった。ディミトロフは「人民民主主義」という新たな概念で戦後のブルガリア統治を目指しており、それを実践する目的があった。それと同時に、ディミトロフは人民法廷や特別

国家保安局
Държавна сигурност：ДС

この機関は1944年9月9日のクーデター後の激しい弾圧に関与した機関である。人民裁判所の設置や野党、共産党内の粛清をした。また、当時建設された強制収容所も管轄していたのである。ディミトロフの共産主義政権の下、ソ連のモデルを忠実に踏襲した。諜報活動や監視活動を行い、国内外の「反革命分子」と闘った。この機関は1990年まで存在した。

第2章

労働収容所の創設も指示している。

　本書、ブルガリアのグラーグの項でも少し触れるが、この 1944 年 9 月から翌 1945 年初頭まで酷い粛清の嵐が吹き荒れた。この期間に 2 万人を超える犠牲者がいたと言われている。また、多数の元閣僚や議員が直接モスクワに連行された例もあった（このことについてのソ連の介入をディミトロフは快く思っていなかった）。この時の粛清は第二次世界大戦中の「非人道的行為」を行った人々を裁くという意味よりも、ブルガリアの伝統的な階級や知識層など、共産主義の邪魔となりうる潜在的な「敵」を一掃するという目的が強かった[10]。

　また、ディミトロフは自らの政治家としてのキャリアの初めから「バルカン連邦」建設を支持していた。戦前の長い間は「バルカン連邦」の建設は理想の域を超えていなかったが、ほとんどのバルカン諸国で共産主義体制が実現しつつある第二次世界大戦の終盤には、再び議題

ディミトロフと子供達　1945 年頃　出典　Magyar Nemzeti Múzeum/ https://gyujtemenyek.mnm.hu/hu/record/-/record/MNMMUSEUM1404151

に上るようになっていた。ディミトロフとユーゴスラヴィアの共産党指導者チトーは 1944 年 9 月の時点で、既に長期的視点で見て連邦国家となりうるブルガリアとユーゴスラヴィア間の連合を創設することについて基本的に合意している。

　1945 年の夏、ディミトロフらのブルガリアへの帰国の準備が始まった。8 月末、ディミトロフはソ連におけるすべての公職を辞して、正式にソ連国籍を放棄した [11]。そして 1945 年 11 月初頭、ディミトロフはブルガリアに帰国した。

ディミトロフの帰国と戦後のブルガリア

　ディミトロフは、1945 年 11 月、22 年ぶりにブルガリアに戻った。彼は 11 月 6 日に初めて公の場に姿を現し、演説を行った。帰国後すぐに行われた国民議会選挙ではディミトロフは代表に選出されたが、西側の同盟国は政府を正統なものとして認めず、ブルガリアと連合国との間の平和条約交渉に影響を及ぼした。スターリンはディミトロフが野党へ譲歩することに同意したが、ディミトロフの努力とソ連の外務次官の個人的な介入にもかかわらず、野党は協力を拒否した。これに対して、ディミトロフは野党活動家に対する弾圧措置を強化し、1946 年 4 月に報道検閲が導入された。

　1946 年夏、モスクワでスターリン、チトー、ディミトロフの間で会議が開かれた。ブルガリア・ユーゴスラヴィア連合の設立は平和条約調印後しばらく延期された。

　同じ頃ディミトロフはスターリンにモスクワに再度招待され、バルヴィーハのサナトリウムでしばらく過ごしている。スターリンはブルガリア共産党をより広い社会基盤を持ち得る「労働者党」に再編成することを望んだが、その後これが実現することはなかった。10 月 27 日、ブルガリア共産党は国民会議選挙で過半数を獲得し、11 月にはディミトロフがブルガリア首相に選出された。そして、ディミトロフは元々ブルガリアの王族が住んでいたヴラナ宮殿に移り、そこで暮ら

すようになった。

　新しい議会の場で、ディミトロフは野党議員に対し非常に攻撃的な行動を取るようになる。1947年夏、実際に野党議員たちが議会から解任され、彼らの指導者ニコラ・ペトコフは見世物裁判にかけられた。ディミトロフは実際にこの裁判の起訴状準備に関わっている。またペトコフ処刑後、ディミトロフは大規模なプロパガンダキャンペーンを布いた。

　1948年夏、ディミトロフはユーゴスラヴィアを公式訪問し、そこでチトーとブレッド協定に署名した。しかし、これはスターリンのお気に召さなかった。実際にモスクワを訪れスターリンの負の感情を肌で感じたディミトロフは、スターリンの機嫌を損ねる事を恐れ、すぐさまチトーにブレッド協定を無効にするという連絡をした。ディミトロフがモスクワからソフィアに戻った後チトーはディミトロフを公式訪問し、2人は協定の改訂版に署名した。

　議会野党の粛清から始まる一連の出来事はブルガリアにおける全体主義体制の始まりであったと言える。1947年12月、「ディミトロフ憲法」と呼ばれる新しいソ連型の憲法が採択された。

　1948年初頭、ディミトロフは将来のバルカン諸国および東欧の「人民民主主義」諸国の連合について発言した。ソ連の新聞『プラウダ』誌は社説でこれを批判し、スターリンは個人的にディミトロフへの電報で自分の感情を表した。1948年1月末、

ディミトロフと女の子
出典　Министерството на културата Република България/
https://mc.government.bg/newsn.php?n=3593&i=1

ディミトロフとチトーはモスクワに召喚されたが、チトーは実際には行かずに代理人だけを送った。

この頃ユーゴスラヴィアとソ連の関係は急速に悪化していった。同年3月18日、ディミトロフは相互扶助条約の調印のために再びモスクワを訪れた。その時、スターリンはユーゴスラヴィア政府のソ連の政策に対する批判的な態度についてディミトロフに伝えた。 同月、スターリンはチトーに批判の手紙を送り、それは東ヨーロッパの他の政党指導者にも送られた。彼らはすぐにユーゴスラヴィア政府を非難した。ブルガリア共産党の態度は他の国の共産党より穏やかであった。ディミトロフは共産党陣営で唯一、チトーの誕生日のお祝いの言葉を贈っている。ディミトロフはしばらくの間日和見的な態度でいたのだが、7月に入りこれについて公に自己批判を行うことを余儀なくされた。

ディミトロフは1948年9月から12月の間、断続的にソ連に滞在した。この間、スターリンと和解したと見られる。そして12月のブルガリア共産党の第五回大会の場でディミトロフは初めてチトーを個人的に批判した。これにより、ブルガリアは最終的にコミンフォルムの路線に加わり、「バルカン連邦」の考えを放棄したことになったのである。

ディミトロフは長い間病気を患っており、これまでにもしばしばソ連のサナトリウムで療養していた。第五回大会の後、ディミトロフの健康状態は急激に悪化していった。1949年3月、ディミトロフにモスクワで治療を受けさせることが決定し、モスクワに移送された。そしてソ連政府の病院でその後2か月間過ごし、バルヴィーハのサナトリウムに移された。しかし治療の甲斐もな

ディミトロフ廟　出典　Wikipedia

く、ディミトロフは肝硬変により肝出血を起こし、7月2日の朝バルヴィーハのサナトリウムで息を引き取った。ソ連の医師の診断により死因は公式に確定しているが、スターリンの指示によるディミトロフの暗殺説は現在でも囁かれている。

ディミトロフの遺体はモスクワの労働組合の家に安置された。ブルガリアでは、7月3日に閣僚評議会が遺体を防腐処理して霊廟に安置することを決定した。すぐに霊廟が建てられ、7月10日にブルガリアに戻ってきたディミトロフの遺体が安置

ディミトロフを追悼する国民　出典 Wikipedia

された。ディミトロフの死後から体制転換の1989年まではこの霊廟への巡礼は国家行事の一部であり続けた[12]。

ディミトロフに対する個人崇拝、そして現在

全体主義国家の特徴である個人崇拝であるが、ディミトロフに対しても個人崇拝は行われていた。一例を挙げると、いくつかの村が合併し、ディミトロフの名にちなんでディミトロフグラードという名の新しい街がつくられた。また、他の国にもディミトロフにちなんで名付けられた都市がいくつか存在している。

ブルガリアの公式報道機関は常にゲオルギ・ディミトロフの名の前に「国民の最愛の息子」「指導者であり教師」「党の賢明で輝かしい指導者」などの飾り言葉を添えていた[13]。そしてディミトロフに対する公の批判は厳しく処罰された。

生前に形成されたディミトロフへの個人崇拝は、彼の死後に最高潮に達した。ブルガリア政府はディミトロフの死直後にディミトロフを「共産党とブルガリア国民全体の最愛の指導者であり教師」であり「レーニンとスターリンの忠実な学生」であると宣言したのである[14]。これは、ディミトロフの義理の弟が次に権力の座に就いたことである程度説明がつく。コヴァチェフツィのディミトロフの生家は博物館になり、村の中心に記念館が建てられている。また、ディミトロフの肖像は、ブルガリアの紙幣に採用されていた。

ディミトロフのポスター 「いつでもどこでもディミトロフと共に、新たな勝利のため」　出典 Министерството на културата Република България/ https://mc.government.bg/newsn.php?n=3593&i=1

　長い間ディミトロフの霊廟はブルガリアにおける全体主義の象徴であったが、1990年7月、ディミトロフの親族からの要請によりディミトロフの遺体は霊廟から取り除かれ、火葬された。遺灰はソフィア中央墓地に再埋葬された。

参考文献

1. *Димитров Г*. Дневник Георгия Димитрова (1941–1945). Отв. сост. Т.Г. Зазерская. Москва, 2020.

2. *Фосколо М*. Георги Димитров: една критическа биография. София, Просвета, 2013.

3. *Огнянов Л*. Политическата система в България 1949 – 1956. София, Стандарт, 2008.

4. Ljubica Ivošević Dimitrov https://web.archive.org/web/20171224042356/http:// knjizenstvo.etf.bg.ac.rs/sr-lat/authors/ljubica-ivosevic-dimitrov（2024 年 5 月 31 日　最終閲覧）

脚注

1. *Димитров Г*. с. 7

2. *Фосколо М*. с. 18

3. *Димитров Г*. с. 12–13

4. *Фосколо М*. с. 28

5. Ljubica Ivošević Dimitrov https://web.archive.org/web/20171224042356/http:// knjizenstvo.etf.bg.ac.rs/sr-lat/authors/ljubica-ivosevic-dimitrov

6. *Димитров Г*. с. 8

7. *Фосколо М*. с. 152–154

8. Фосколо М. с. 168–170

9. Фосколо М. с. 212–214

10. *Огнянов Л*. с. 262–263

11. Огнянов Л. с. 269

12. *Фосколо М*. с. 28

13. *Огнянов Л*. с 22

14. Огнянов Л. с. 22

「チトー主義者」粛清でスターリンのお気に入り、その死と共に失脚

ヴルコ・チェルヴェンコフ

Вълко Вельов Червенков

1900年9月6日生（ズラティツァ／ブルガリア公国）
1980年10月21日没（ソフィア／ブルガリア人民共和国）

　1900年9月6日にソフィアの東にある街・ズラティツァ（Златица）で一人の男の子が誕生した。後にブルガリアを代表するミニスターリンとなるヴルコ・チェルヴェンコフである。

　チェルヴェンコフの一家は農民出身であったが、父は兵士になった。チェルヴェンコフは幼い頃に両親と共にソフィアに移り、そこで教育を受けた。ソフィアの第三高等学校を1919年に卒業し、同年ソフィア大学の哲学部に入学している[1]。この頃よりブルガリア共産党（Българската комунистическа партия）の党員となり、主にその青年組織であるブルガリア共産主義青年同盟（Българският комунистически младежки съюз）で活動した。ブルガリア共産主義青年同盟では地域組織の書記、中央委員会のメンバー、

宣伝部門などの仕事をした。また、新聞『未来（Бъдеще）』紙、『兵士の声（Войнишки глас）』紙の編集者としても働いた[2]。

1923年6月、ブルガリアでは当時の反政府勢力であった民族主義者たちがクーデターを起こした。それに対してブルガリア共産党中央委員会は、ディミトロフらの主導の下に武装蜂起を行うことを決定し着々と準備を進めていたが、政府にその計画が漏れ、9月末に暴動を起こすも鎮圧されてしまった。この後、政府は反政府暴動に関与した者に対して厳しい弾圧、いわゆる「白色テロ」を行い、多くの共産党員が犠牲になった。1924年4月、共産党は非合法化された（この後1927年に合法的な党としてブルガリア労働者党が作られ、実質上共産主義者達がこの党で活動した）。

ブルガリアに残っていたチェルヴェンコフは、1924年の秋にブルガリア共産党中央委員会の決定を執行するための組織に入った。その組織は、党の軍事部門のテロ活動を調整する役割を果たしていたのである。しかしその頃にはすでに白色テロの魔の手はチェルヴェンコフにも迫っていた。1925年、チェルヴェンコフはブルガリア共産党およびコミンテルンの指示で複数の殺人を計画したとして、不在裁判で死刑を宣告されたのである。1925年の秋、チェルヴェンコフはソ連に亡命した。

ソ連での亡命生活

モスクワに着くと、軍事学校、そして国際レーニン学校で学んだ。国際レーニン学校では博士論文を書き（1928年に卒業している）、マルクス・レーニン主義についての授業を受け持ったりもした。また、マルフレフスキ西方少数民族共産主義大学でも授業を持っている。チェルヴェンコフはコミンテルンで働き、全連邦共産党（ボリシェヴィキ）にも入党している。それと同時にブルガリア共産党の国外局の中央委員会のメンバーでもあった。

チェルヴェンコフの私生活では、ソ連に亡命してすぐの1926年、

チェルヴェンコフの妻エレーナ
出典 *Ирина Червенкова*. За Елена Димитрова Червенкова. София. 2004 の表紙

ブルガリアを代表する共産主義者、ゲオルギ・ディミトロフの妹エレナと結婚している。このことは、後のチェルヴェンコフのキャリアに大きな影響を及ぼした。彼らはソ連で結婚し、ブルガリアの役所で正式に婚姻届にサインすることはなかった様だが、生涯連れ添った。彼らには息子ヴラジーミルと娘イリーナがいる。イリーナはロシア文学者で、後にソフィア大学（Софийски университет „Св. Климент Охридски") スラヴ語学部でロシア文学の教授となった。

話は逸れるが、ここで少し息子ヴラジーミルと娘イリーナのことに触れよう。イリーナの言うことには、一般市民と特権階級の違いは「もの」に対する制限の有無であるという。第二次世界大戦後、ブルガリアでは家族の人数に応じて住居の大きさが制限されていたが、政治家と党幹部はその範疇ではなかった。また、彼らには買い物できる専用の店があり、そこでは外国製の上質な物（衣類や雑貨など）を買うことができた。イリーナはソフィア大学に職を得ることができたが、彼女は後に同じポストにいた人物が解雇されていたことを知ったという。イリーナには2人の息子がいる。チェルヴェンコフの息子ヴラジーミルは36歳の若さで突然死した。事故死だったと言われている。ヴラジーミルはソ連で電気工学の高等教育を受け、ブルガリアでもその分野で働いていた。彼は1965年9月、ソフィアのスラヴェイ

コフ広場にあったアパートメントの4階から転落、死亡したということであったが、彼の死にはいろいろな噂がありその事故原因は明らかになっていない。チェルヴェンコフ自身、自らの死の間際に「息子は殺された」と言ったと語られている[3]。

　さて、チェルヴェンコフに話を戻そう。1941年4月、ブルガリア国内とナチスに占領されたブルガリアの近隣諸国の為に、ブルガリアのラジオ局「ラジオ・ソフィア」と同じ周波数でブルガリアに向けて放送することが決定された。そのラジオ局、「フリスト・ボテフ」はソ連領土内に作られた。チェルヴェンコフはディミトロフらと共にそのラジオ局の仕事にも従事することになった。ラジオでは第二次世界大戦の前線に関する情報やプロパガンダを流した。また、ソ連やファシズムと戦う人々との協力関係を確立すること、親ヒトラーのブルガリア政府を打倒することの重要性をブルガリア国民に向けて流した。このラジオ局からの放送は1944年9月末まで続いた。

　チェルヴェンコフはソ連の内務人民委員部（НКВД）に「スパルタク」というコードネームでシークレット・サービス・エージェント、いわゆるスパイとして採用されていた[4]。ソ連内務人民委員部は、秘密警察として反革命分子と見なされた人物を逮捕・尋問・処刑していた部署であり、強制収容所もその管轄であった。ここでの活動経験及びソ連での教育を受けたこと（特にコミンテルン付属の教育機関、国際レーニン学校での教育）が、チェルヴェンコフが第二次世界大戦後のブルガリアで行ったことの基礎となっていたと言える。

　ソ連でスターリンによる大粛清の嵐が吹き荒れている時期は誰もが粛清の犠牲になる危険性があった。それはチェルヴェンコフら外国人でも例外ではなく、チェルヴェンコフはソ連秘密警察による逮捕を恐れ、義理の兄であるディミトロフの家に数日間身を隠していたこともあったということであった。

「祖国戦線」の結成

　ここで少しブルガリア国内のことを見ていきたい。第二次世界大戦ではブルガリアは枢軸国側として戦った。初めのうちは中立を宣言していたブルガリアであったが、1941年3月に日独伊三国同盟への加盟に同意した。これを受けて、ブルガリア労働者党（ブルガリア共産党）などの左翼政党は「祖国戦線」を結成し、パルチザンによる反ファシズム闘争が繰り広げられていったのである。

　祖国戦線は1942年の夏、反ファシスト勢力の連合としてブルガリア労働者党のイニシアチブにより結成された政治団体である。祖国戦線には、人民連盟「ズヴェノ」（Звено）、ブルガリア労働者党、ブルガリア農耕人民連盟の一つの派閥、ブルガリア統一労働者社会民主党などが含まれた。

　1942年7月17日、ソ連に亡命していたブルガリア共産党の指導者、ディミトロフ、チェルヴェンコフ、コラロフ、ダミャノフらがラジオ局「フリスト・ボテフ」の放送で「祖国戦線」の構想を発表する。「祖国戦線」の課題として、ブルガリアの三国同盟からの脱退、ソ連およびファシズムと戦う人々との友好関係の確立、ブルガリア国民の信頼のおける政府の樹立などが発表された。この構想では、ブルガリア国内全ての街に委員会を設置することを規定していた。この「祖国戦線」の活動は徐々にブルガリア国内に広まり、全国に委員会が設置され、1943年8月には「祖国戦線」の全国委員会が結成された。

　ソ連軍は1944年9月5日にブルガリアに宣戦布告した。ソ連軍がブルガリアに入る2日前の9月6日（ソ連軍がブルガリア領内に進撃するのは9月8日）、首都ソフィアで「祖国戦線」が率いるストライキとデモが始まった。人民解放軍総司令部からの命令により、反乱軍が山から下りてきて戦略的ポイントを占領していった。そして多くの街で「祖国戦線」の影響力が高まっていったのである。ソ連軍のブルガリアへの進撃に呼応する形で、9月9日、ソフィアで「祖国戦線」の武装蜂起が始まった。その結果、当時のムラヴィエフ

第2章

（Константин Муравиев：1893 〜 1965）政府は倒され、新たにゲオルギエフ（Кимон Георгиев：1882 〜 1969）を首班とする新政権、祖国戦線政府が樹立した。

モスクワ派の帰還

9月9日のクーデター成功後、チェルヴェンコフは9月末にブルガリアに戻り、ブルガリア労働者党の指導的立場に加わった。早くも同年10月初頭からブルガリア労働者党（ブルガリア共産党）中央委員会政治局のメンバーとなり、1964年11月までその地位にいた。また、プロパガンダ部でも活躍し、『スィヴレメンニク（Съвременник）』誌の編集長を勤めた[5]。

1945年11月、ディミトロフがモスクワから帰還すると、ブルガリアでは「個人崇拝」政策が推し進められていった。ディミトロフの義理の弟にあたるチェルヴェンコフは、党の指導者の路線に従った。1946年10月の選挙では「祖国戦線」が勝利し、ブルガリア労働者党を中心にしたディミトロフ政権が誕生した。

1947年10月のコミンフォルム設立時には、その会議（第一回会議はポーランドのシュクラルスカ・ポレンバで開かれた）にブルガリア労働者党代表として参加し、ブルガリアの現状とブルガリアにおける全体主義体制を広げるための政策、そして

「五カ年計画を四年で」ポスター
出典　Министерството на културата Република България/
https://mc.government.bg/newsn.php?n=3593&i=1

レーニン、スターリン、ディミトロフと並ぶチェルヴェンコフ　出典　БЛИЦ/
https://blitz.bg/article/15507/#google_vignette

党の課題について発表した[6]。チェルヴェンコフはこの後ブルガリアで大規模な国有化政策を推し進めていく。

　1947年10月、チェルヴェンコフはディミトロフが提唱していた「人民民主主義」の概念を批判し、ディミトロフ憲法をよりソ連のモデルに近づけることを主張した。同年12月には人民共和国憲法が採択され、社会主義への道を本格的に歩み始めた。また、チェルヴェンコフ自身は1947年12月から1949年8月まで、科学芸術文化委員会の委員長の役にも就いていた。

ユーゴスラヴィアのコミンフォルム追放とチェルヴェンコフ

　1948年6月に起きたユーゴスラヴィアのコミンフォルム追放を受け、スターリンは各国の指導者達に指示したのと同様、チェルヴェンコフにもブルガリア労働者党への締め付けを強めるよう指示した。1948年12月18日から25日に開かれた第五回党大会で、ブルガリア労働者党は社会民主党を吸収してブルガリア共産党に改称した。この頃には既に党内の粛清は始まっていた。

この様な状況の中、ブルガリアを代表する古参の共産主義者であり、コミンテルンでも長く働いた、そしてチェルヴェンコフの義理の兄であったディミトロフが急死した。1949年7月2日のことだった。ディミトロフは病気のためモスクワ郊外のバルヴィーハで療養していたが、突然心不全を起こし亡くなったということであった。公式の死因は心不全であったが、ディミトロフの体内から水銀が検出されたとの記録もあり、毒殺された可能性は捨てきれない。

　ディミトロフは病気のため、1949年の春頃には実質上政治にはあまり関与しなくなってはいた。この時チトー主義と戦うというスローガンの下で実行された党の粛清を担っていたのは、チェルヴェンコフであった。そしてブルガリアでのチトー主義裁判の「生贄」として白羽の矢が立ったのは、トライチョ・コストフであった。

コストフ事件

　コストフ事件については、本書トライチョ・コストフの項で詳しく取り上げたので、ここでは触れない。コストフが裁判にかけられ処刑された後、1950年4月までに9万2500人がブルガリア共産党から除名された。1949年から1953年までに約10万人の共産主義者達が除名、粛清にあっている。また、1953年3月のスターリンの死までに、約1万2千人がベレネ強制労働収容所（ソフィアの北東、ルーマニアとの国境、ドナウ川の中にある島ペルジン島にあった強制収容所）で死亡した。この強制収容所はソ連の強制収容所をモデルに作

麦畑のチェルヴェンコフ　出典　24 часа/ https://www.24chasa.bg/ozhivlenie/article/2379159

ブルガリア

られたものであった。この一連の粛清にはチェルヴェンコフが関わっていたのである。

チェルヴェンコフ時代

　ディミトロフの死後、そのブルガリア共産党第一書記の後継者候補にはヴァシル・コラロフ（Васил Коларов：1877 〜 1950）、アントン・ユーゴフ（Антон Югов：1904 〜 1991）、ゲオルギ・チャンコフ（Георги Чанков：1909 〜 2004）そしてチェルヴェンコフがいた。最初はコラロフが有力かと思われていたが、最終的にスターリンから信頼の厚かったチェルヴェンコフがブルガリア共産党第一書記になった。そして、コラロフが首相の座に就いた。しかし、コラロフは体調が悪化し、実質上チェルヴェンコフが首相の仕事にも従事していた。コラロフは首相の座に就いた約半年後の 1950 年 1 月に死亡した。この日からチェルヴェンコフが正式に首相の座にも就き、実権を握るようになった。

　チェルヴェンコフは権力を掌握すると、スターリン主義モデルで

チェルヴェンコフのポスター　出典　Министерството на културата Република България/ https://mc.government.bg/newsn.php?n=3593&i=1

統治を進めていった。先に述べた通り、チェルヴェンコフの政敵、又は嫌疑がかけられた人物は逮捕され、ベレネ強制労働収容所に送られていった。また、宗教弾圧も加速し、ブルガリア正教の総主教は修道院に軟禁された。国民に対してはチェルヴェンコフへの個人崇拝を強要し、その一例としては、当時ソフィアの医学アカデミーとソフィアのある一つの地区に、彼に因んだ名前が付けられたことが挙げられる。

ブルガリアの切手　チェルヴェンコフとディミトロフ　出典　Wikipedia

ソフィアのポスター　出典　Из София - вчера и днес/ http://izsofia.blogspot.com/2016/03/blog-post_26.html

農業は集団化され、農民が所有する土地の量に関係なく、土地の私的所有権を廃止するように強い圧力がかけられた。

　また、1950 年代からブルガリアでは工業化が一気に進んでいった。全国で重工業企業の大量建設が始まり、ソフィアの街は急速に整備され、大きく様変わりした。1955 年までには国立競技場、国立図書館、オペラハウス、閣僚会議の建物、大統領府、中央博物館、ホテル「バルカン」、印刷所などが整備されていった。また、1952 年には首都ソフィアの暖房システムも整備された。ブルガリア中に数十個のダムが建設された。その他に、化学工場、冶金工場、抗生物質工場、造船工場、亜鉛工場、靴工場や綿織物工場などが全国に建設されていった。

1953 年スターリンの死：その後のチェルヴェンコフ

　1953 年 3 月のスターリンの死は、言うまでもなくブルガリアにも大きなショックを与えた。ブルガリアにおけるスターリンの「お気に入り」であったチェルヴェンコフだが、ブルガリア共産党内における彼の基盤は脆弱であり、スターリンの死後は後ろ盾がないまま政権を維持していくのは不可能であった。チェルヴェンコフは 1953 年 7 月にブルガリア共産党中央委員会が行った死刑判決や強制収容所のことなどを批判し、8 月にはソ連に続き、ブルガリアでも刑務所や強制労働収容所に収容されていた多くの囚人が恩赦を受け、約 2 万 6 千人の人々が釈放された。同時期に、強制労働収容所であったベレネ強制労働収容所は閉鎖された。

　1954 年 初 頭 に チ ェ ル ヴ ェ ン コ フ、 ダ ミ ヤ ノ フ（Райко Дамянов Райков：1904 ～ 1986)、チャンコフがモスクワを訪問した際、彼らはソ連指導部から厳しい批判を受けた[7]。ソ連ではスターリンの死後すでに政治路線の変更に舵を切っていたのである。それ以降、チェルヴェンコフのブルガリア共産党内における影響力は徐々に弱まってゆき、1954 年 3 月にブルガリア共産党第一書記の座を追われ、新たにトドル・ジフコフが第一書記の座に就いた。党内で第一書記の座は

第 2 章

失ったが、チェルヴェンコフは首相の座に辛うじて留まり続け、政治局の活動には関わりながら、指導者としての立場を固持した。

1956年4月、ブルガリア共産党の中央委員会はチェルヴェンコフの過去の「個人崇拝」の強要や弾圧、スターリン主義を広めた責任など、チェルヴェンコフ政権の過ちに関して批判した。チェルヴェンコフはその批判内容を認め、実質上ブルガリア共産党内で失脚した形となったのである。4月18日、チェルヴェンコフは首相を解任された。このチェルヴェンコフの失脚にはジフコフが関わっていると見られている。

首相の職を解任された後は副首相、民族教育文化大臣のポストに就いた。チェルヴェンコフは淡々と職務をこなしていた様である。チェルヴェンコフの尽力で1959年、国営テレビが開設された。しかし1961年末、チェルヴェンコフは新たな批判を受け、副首相などの政府の役職も解かれた(辛うじてブルガリア共産党中央委員会には留まった)。そして1962年11月、チェルヴェンコフが国家の指導者であった時代に行った独裁的行為が元でブルガリア共産党から追放された(しかし、1968年の「プラハの春」に際しての党への忠誠心が再評価され、1969年5月にブルガリア共産党員としての資格は復活した)。

チェルヴェンコフは1980年10月21日、ソフィアで亡くなった。

チェルヴェンコフの人となりについて、娘イリーナはこう語っている。

「父は規律正しい人だった。若い頃から自分の人生一部であった共産主義の考えに無条件で奉仕していた。党の名において、父は全てを飲み込んでいた」[8]

時代が変わり、スターリン主義者と批判を受けたとしても、それが党の考えなのならとその批判を受け入れたチェルヴェンコフ。権力の座にいた時は、最も残忍な方法で国を統治してきたという面がある一方、民族教育文化大臣の立場であったチェルヴェンコフは、

ブルガリア文化の発展、首都ソフィアの発展にも大きく貢献した。彼の時代には多くの傑作映画が世に出た。また、発禁になった本や映画はなかったと言われている。彼の民族教育文化大臣としての仕事ぶりは穏やかで、伝統を重んじていたように見えたとのことであった[9]。チェルヴェンコフは自らの自叙伝を書いていた。『ヴルコ・チェルヴェンコフ：自らについて、そして自分の時代について（"Вълко Червенков за себе си и своето време"）』という書名の本が、チェルヴェンコフの死から20年後に出版された。

参考文献

1. *Огнянов Л.* Политическата система в България 1949 – 1956. София: Стандарт, 2008.

2. *Новиченко И.Ю. (отв. редактор) и др.* Совещания Комминформа, 1947, 1948, 1949. Документы и материалы. Москва, 1998.

3. *Ахчиев М.* Вълко Червенков бил чувствителен и обичал децата си. https://retro.bg/ aktualno/vlko-chervenkov-bil-chuvstvitelen-i-obichal-detsatasinbspbr-nbsp_2419.html （2024 年 5 月 31 日　最終閲覧）

4. Паметник на Вълко Червенков. https://zlatitsa.com/portfolio-item/паметник-на-вълко-червенков/（2024 年 5 月 31 日　最終閲覧）

5. *Борислав Г.* Памет за Вълко Червенков. https://liternet.bg/publish4/bgyrdev/istoria/ vylko-chervenkov.htm （2024 年 5 月 31 日　最終閲覧）

脚注

1. Паметник на Вълко Червенков. https://zlatitsa.com/portfolio-item/паметник-на-вълко-червенков/

2. Огнянов Л. с. 66.

3. *Ахчиев М.* Вълко Червенков бил чувствителен и обичал децата си. https://retro.bg/ aktualno/vlko-chervenkov-bil-chuvstvitelen-i-obichal-detsatasinbspbr-nbsp_2419.html

4. *Борислав Г.* Памет за Вълко Червенков. https://liternet.bg/publish4/bgyrdev/istoria/ vylko-chervenkov.htm

5. *Огнянов Л.* С. Р. 67.

6. *Новиченко И.Ю. (отв. редактор) и др.* С. 85–95.

7. *Огнянов Л.* С. 75.

8. *Ахчиев М.* Вълко Червенков бил чувствителен и обичал децата си. https://retro.bg/ aktualno/vlko-chervenkov-bil-chuvstvitelen-i-obichal-detsatasinbspbr-nbsp_2419.html

9. *Борислав Г.* Памет за Вълко Червенков. https://liternet.bg/publish4/bgyrdev/istoria/ vylko-chervenkov.htm

ブルガリアにおける反チトー・キャンペーンで粛清された

トライチョ・コストフ

Трайчо Костов Джунев

1897年6月17日生（ソフィア／ブルガリア王国）
1949年12月17日没（ソフィア／ブルガリア人民共和国）

1949年6月10日、ブルガリア共産党幹部であったトライチョ・コストフが逮捕された。逮捕されたコストフは翌日にはブルガリア共産党中央委員会から追放された。この時コストフと共に約200人が逮捕され、彼らは後に「チトー主義」を糾弾する為の見せしめ裁判の舞台に上げられたのである。

コストフはブルガリアの古参の共産主義者、スターリン主義者の一人であり、第二次世界大戦後には一貫してチトーの政策に対して反対していた事実があったにも関わらず、チトー派として裁判にかけられ、粛清の犠牲者となってしまった。この項ではそんなコストフの生涯、そしてコストフ事件についてみていこう。

コストフの生い立ち [1]

　トライチョ・コストフは 1897 年 6 月 17 日、ブルガリア王国のソフィアで生を受けた。父は機関車車両基地の消防士の仕事をしていた。コストフは当時ブルガリア王国のエリート校の一つであった第一ソフィア男子高等学校（Първа софийска мъжка гимназия „Св. Ив. Рилски"）を優秀な成績で卒業した。コストフのクラスメイトには、後に皇帝ボリス三世の秘書となった人物や、有名な警察署長になった人物もいた。

　コストフはソフィア大学法学部に入学し法律を勉強したが、第一次世界大戦の勃発により学業は一時中断された。コストフは予備役士官学校で学ぶと、1916 年より前線に送られた。第一次世界大戦が終わった後はソフィアに戻り、国会の速記者としての働き口を見つけた。その傍ら大学に復学した（しかし、次第に共産党の活動に傾倒していったことから、大学を修了することはできなかった）。

共産主義者コストフの誕生

　コストフは次第に労働運動に関心を示す様になり、1920 年頃からブルガリア共産党の活動に参加する様になる。ツァンコフ（Александър Цанков：1879 ～ 1959）政権下であった 1924 年、共産主義者の新聞『労働者新聞（Работнически вестник）』の発行と配布に関与したとして逮捕され、拷問を受けた。あまりに酷い拷問であったため、耐えきれずに拘置所のビルから飛び降りて自殺を図るが、隣のカフェの屋根に落下して命を落とすことはなかった。コストフはこの時懲役 8 年の実刑判決を受け、投獄された [2]。

　1929 年、コストフは次のアンドレイ・リャプチェフ（Андрей Ляпчев: 1866 ～ 1933）政府から恩赦を受けて釈放された。そしてソ連へ向けて出国し、そこで全連邦共産党（ボリシェヴィキ）の党員となり、コミンテルンの組織で働くようになった。また、この時ソ連ではクリミアの保養所で治療を受けている。コストフはこれ以降 1938 年までの間、党・コミンテルンの任務でブルガリアへの出入国を繰り

返している。最終的にブルガリアに戻ったのは 1938 年であった。

　コストフは 1930 年にリューバ（Люба Евтимова Костова：1899 ～ 1959）とソフィアで結婚している。翌年 1931 年には息子ボイコ（Бойко Трайчов Костов：1931 ～ 2002）が生まれた。元々インテリであったコストフは、小さな息子の教育にも熱心であったようで、離れている時も手紙でどのような本を読めばいいかアドバイスを送っている[3]。

　1931 年より、コストフはブルガリア共産党中央委員会のメンバーを務めた。コストフはこの頃からブルガリア共産党党内でゲオルギ・ディミトロフに次ぐ第二番目の人物とみなされるようになっていく。ソ連ではコミンテルンのバルカン事務局で活動し、マルフレフスキ西方少数民族共産大学（КУНМЗ）のブルガリア・セクション（課）で講義を担当したりもしている。コストフはブルガリア共産党の出版物『労働者と農民の旗（Работническо-селско знаме）』、『労働者新聞（Работнически вестник）』（後に『労働者の功績（Работническо дело）』になる）などの編集の仕事をした。1937 年よりブルガリア共産党の政治局員や中央委員会書記、党新聞の編集者などを兼任する様になる。

第二次世界大戦とコストフ

　第二次世界大戦が勃発すると、コストフは地下レジスタンス活動を行い、ブルガリア共産党派分遣隊を組織した。コストフは 5 人の仲間と共に 1942 年に逮捕され、裁判にかけられた。この時コストフは終身刑を宣告された。コストフと 5 人の仲間は死刑が求刑される予定であったが、皇帝ボリス三世の秘書となっていた旧学友がとりなし、コストフだけは死刑は免れたとのことであった。コストフはプレヴェン刑務所に投獄され、そこで第二次世界大戦の終わりを迎えるのである。1944 年 9 月にクーデターが起き、祖国戦線の親共産主義政府が政権を握った後にコストフはようやく釈放された。

第 2 章

第二次世界大戦後のコストフ

　第二次世界大戦後、コストフはブルガリア共産党内で重要な役割を果たすようになる。1944年9月、コストフはブルガリア共産党中央委員会政治局の書記となった。1945年2月から1948年2月まではブルガリア共産党中央委員会第一書記の職に就いた。この頃モスクワにいたディミトロフとは常に連絡を取り合いながら職務をこなした。ブルガリア共産党の党首はあくまでディミトロフであったが、実際の機関の運営・管理はコストフが行った。また、コストフは政治的弾圧と反対派の粛清を組織し、人民法廷を設置に携わった人物の一人でもある。コストフは、1944年9月のクーデター直後、数千人の無実のブルガリア人が粛清されたことにも関与していたのである。

　1946年3月、コストフはブルガリア共産党中央委員会政治書記のポストを解任され、その代わりに閣僚評議会副議長、大臣、経済閣僚会議議長の職に就いた。

コストフのソ連との対立

　コストフは政府の反対者に対する政治的弾圧や粛清に関与していたが、皮肉なことに次第にその矛先はコストフにも向くことになる。

　1948年始め、コストフはモスクワでの会議の場でソ連・ブルガリア経済協定の不平等条項を指摘し、それに対して遺憾の意を述べた。その上で、ブルガリアの経済的利益を守るための措置を講じたのである。このことはスターリンの激しい反感を買った[4]。これによりコストフのその後の運命は決まったと言っても過言でないかもしれない。

　その一方で、コストフはディミトロフとチトーが進めていたブルガリア・ユーゴスラヴィア連合の設立にも激しく反対している（これに関してはチトーの反感を買った）。この頃すでに水面下ではソ連とユーゴスラヴィアの関係は険悪であったが、コミンフォルム第二回大会においてチトーが公式の場で非難され、ユーゴスラヴィアがコミンフォルムから除名された。この時の大会に、コストフはチェルヴェンコフ

ブルガリア

135

と共に出席している[5]。

ユーゴスラヴィアのコミンフォルム追放とコストフの運命[6]

1948年6月にユーゴスラヴィアがコミンフォルムから追放されると、東欧の「人民民主主義」諸国の政治的雰囲気は一変した。東欧の「人民民主主義」諸国の共産主義を掲げる政党はユーゴスラヴィアのチトー政権を一斉に非難し始めた。メディアプロパガンダを展開してチトー政権を批判したのである。また、東欧の「人民民主主義」諸国では国内でユーゴスラヴィア派とレッテルを貼られた人々が次々に逮捕され、公の場でチトーの「罪」を批判するための公開裁判にかけられた。ブルガリアで反チトー・プロパガンダキャンペーンの立役者として白羽の矢が立ったのは、本項の主人公、コストフであった。

1948年頃ディミトロフは病気を患っており、断続的にソ連のサナトリウムで治療を受けていた。重病であるディミトロフに代わり、ブルガリア共産党第五回大会の準備や開催などではコストフが主導役割を果たし、ディミトロフの後継者候補としても一目置かれるようになっていた。しかし同時に上記で述べたような、スターリンからの反感を買うような発言をしたことで、コストフは次第に攻撃の対象となっていくのであった。

コストフに対する公然の場での攻撃は1948年末頃より始まった。スターリンはディミトロフ、コストフ、チェルヴェンコフが出席している会議の場で、ブルガリアの通商政策に関する機密情報をコストフがソ連の代表者に提出しなかったとして厳しく批判した。この時はさすがのコストフも自身の行いを謝罪し、今後ソ連に全面的に協力することを約束した。しかしこの問題はブルガリア共産党で重大に受け止められ、この会議直後にブルガリア共産党政治局内でも議論された。コストフはその場でも自己批判に迫られた。

1949年に入ってもスターリンの怒りは収まらず、再びコストフを公然と批判した。この時はディミトロフが取り持ち、コストフは「休

第2章

養」の名目でモスクワ郊外にあるサナトリウム、バルヴィーハに送られた。そしてコストフはそこからソ連の指導部に謝罪の手紙を送ったのである。

　ブルガリア共産党内ではコストフの他にもディミトロフの次の書記長の座を狙う権力争いが繰り広げられており、ディミトロフの義理の弟であるチェルヴェンコフやコラロフ、チャンコフはコストフを排除しようと躍起になった。1949年2月、この時コストフはまだモスクワにいたが、コストフ不在で行われたブルガリア共産党政治局の会議の場でコストフは厳しく批判された。この時、コストフを政治局から追放するという意見がでたのであった。

　1949年3月、ディミトロフの容体が悪く、モスクワで治療を受けることが決定した。ディミトロフがモスクワへ発った直後の3月27日、ブルガリア共産党中央委員会総会が開かれ、「反ソ活動」を行ったとしてコストフは激しく批判された（しかし実際にはコストフはスターリン主義者であり、チトーとは対立していた事実があるということは先にも述べた通りである）。この時総会は全会一致でコストフのブルガリア共産党中央委員会政治局からの追放を決定した。それと同時にコストフは閣僚評議会副議長および経済財政問題委員会委員長の職からも外され、政治的に影響力の低い聖キリル・聖メトディウス国立図書館（Националната библиотека "Св. св. Кирил и Методий"）の館長の職を与えられたのである。

　コストフは6月10日に逮捕された（翌日ブルガリア共産党中央委員会から除名された）。コストフと同時に約200人が逮捕され、その中からコストフの見せしめ裁判の「役者」が選ばれたのである。

コストフ裁判[7]
　コストフ（およびその仲間）に対する起訴状は1949年11月28日に主任検察官によって署名され、新聞に掲載された。主な罪状は、「イギリスとユーゴスラヴィアと協力し、「民主国家制度」を転覆する陰

ブルガリア

謀に加担したこと」である。この時、コストフと共に 10 人の「仲間」
が告発された。コストフの裁判が開かれる前にはコストフを糾弾する
メディア・キャンペーンが繰り広げられ、コストフの「罪」を「暴く」
ことで、チトーを公の場で批判した。

　1949 年 12 月 7 日、コストフに対する裁判がソフィアの中心にある
多目的施設、中央軍事クラブ（Централният военен клуб）にて始まった。

　コストフに対する捜査は内務大臣ルーシ・フリストゾフ
（Руси Христозов：1914 ～ 1990）とその部下が行い、裁判を指導し
たのは、当時政治局員を務めていたミンチョ・ネイチェフ（Минчо
Нейчев：1887 ～ 1956）であった。また、首相であったコラロフもこ
の件に介入している。もちろんこの裁判が効果的かつ円滑に進められ
る様、ソ連国家保安人民委員部（МГБ СССР）から「インストラクター」
たちが派遣されている。主要な検察側の証人としては、コストフの元
同僚たちが出廷している。

　コストフは、「反党活動」「チトーとの秘密の関係」「イギリス諜報
機関のスパイ活動」「資本主義勢力を支持する工作員活動」の容疑で
告発された。また「1942 年に逮捕された時に死刑判決を免れた」こ
ともここで引っ張り出され、告発された（この時減刑されたのは、旧
学友であったバランの取り成しによるものであったという事実は考慮
されず、バランが証人として法廷に呼ばれることはなかった）。これ
ら全ての「罪」により、コストフは死刑を求刑されたのである。

　しかし、ここからがライク裁判の時とは異なっていた。ライクは裁
判の場で自分の「罪」を認めたが、コストフは裁判の場で自分の「罪」
を否認したのである。コストフは自白は拷問によって得られたものだ
ということを主張し、法廷の場で頑なに無実を訴え続けた。しかし、
もちろんコストフの陳述は受け入れられることなく、他の被告人たち
や証人全員が告発内容を認めたのである。コストフは最終的に法廷を
強制退場させられた。

　12 月 14 日、コストフ裁判の判決が下った。もちろん、この判決は

第 2 章

すでにモスクワとの相談のもと裁判開始前から描かれていたシナリオ通りであったことは言うまでもない。全ての起訴内容は受理され、コストフは死刑、5人が終身刑、残りの被告人たちは最長15年の懲役刑が言い渡された。

ライクと同様、死刑は異例の早さで執行された。判決が下った2日後の1949年12月17日の早朝2時半、コストフはソフィアの中央刑務所で検察官、最高裁判所の代理人、刑務所長そして医師の立ち会いのもと絞首刑に処せられたのである。52歳であった。

このコストフ裁判はハンガリーのライク裁判の衝撃冷めやらぬうちに行われた裁判であり、その反チトー・プロパガンダの効果が期待されてはいたが、コストフが法廷で罪を否認したことで、その効果は薄れてしまった結果となった。しかし、東欧の「人民民主主義」国家はこれ以降も自分たちの「ライク」を見つけ、裁いていったのである。

その後：名誉回復

コストフと共に裁判にかけられた「仲間」たちは刑務所に入れられた。彼らの多くはスターリンの死後の1953年以降に減刑された。

スターリンの死後、1956年にチェルヴェンコフが失脚しトドル・ジフコフの治世が始まると、チェルヴェンコフ時代の個人崇拝は否定され、非スターリン化と抑圧された人々の社会復帰のプロセスが始められたとともに、コストフ裁判に関しても見直しが始まった。1956年、ブルガリア共産党中央委員会の4月の総会の後、バランは政治局に呼び出され、クラスメートについての真実と、1942年に死刑判決を受けなかった理由を語った。そして、同年11月の最高裁判所でコストフ裁判は証拠が不足しているという理由からこの裁判の判決を覆したのである。コストフは処刑されてから7年経った1956年に名誉回復された形となった。そして、1963年1月に社会主義労働英雄勲章を授与された[8]。

コストフに対しては、裁判で告発された罪、つまり「陰謀とスパイ

の容疑」は取り下げられたが、これは決してコストフの全ての「罪」を帳消しにするものではない。現代のブルガリアでは、コストフはブルガリアを代表するスターリン主義者の一人であり、第二次世界大戦後の共産主義政治を積極的に推進していった人物、また、粛清を組織した人物として評価されているのである。

参考文献

1. *Огнянов Л.* Политическата система в България 1949 – 1956. София, Стандарт, 2008.

2. *Новиченко И.Ю. (отв. редактор) и др.* Совещания Коминформа, 1947, 1948, 1949.

3. *Мурашко Г.П. (отв. ред.) и др.* Восточная Европа в документах Российских архивов.1944-1953 гг. Т. 2. 1949-1953 гг. Москва; Новосибирск, 1998.

4. *Чорбаджийски М.* Съдбата на Трайчо Костов – от висшия ешелон на властта до смъртната присъда. https://bulgarianhistory.org/sadbata-natraicho-kostov/（2024 年 5 月 31 日　最終閲覧）

5. Трайчо Костов. https://web.archive.org/web/20070929194636/http://www.letopis.info/when/20/kostov.php （2024 年 5 月 31 日　最終閲覧）

6. *Душков Ж.* Русе. "Мили сине..." - как Трайчо Костов възпитава сина си. https://revcultbg.blogspot.com/2016/06/blog-post_27.html （2024 年 5 月 31 日　最終閲覧）

脚注

1. *Чорбаджийски М.* Съдбата на Трайчо Костов – от висшия ешелон на властта до смъртната присъда https://bulgarianhistory.org/sadbata-natraicho-kostov/

2. Трайчо Костов. https://web.archive.org/web/20070929194636/http://www.letopis.info/when/20/kostov.php : *Чорбаджийски М.* Съдбата на Трайчо Костов – от висшия ешелон на властта до смъртната присъда. https://bulgarianhistory.org/sadbata-na-traicho-kostov/

3. *Душков Ж.* Русе. "Мили сине..." - как Трайчо Костов възпитава сина си. https://revcultbg.blogspot.com/2016/06/blog-post_27.html

4. Трайчо Костов. https://web.archive.org/web/20070929194636/http://www.letopis.info/when/20/kostov.php

5. *Новиченко И.Ю. (отв. редактор) и др.* с. 399–505.

6. *Огнянов Л.* С. 36–62: *Мурашко Г.П. (отв. ред.) и др.* С. 514–519.

7. *Огнянов Л.* С. 36–62: *Мурашко Г.П. (отв. ред.) и др.* С. 495–541.

8. *Огнянов Л.* С. 26.

ブルガリア

スターリン死後から 35 年の長期に渡り権力の座に君臨

トドル・ジフコフ

Тодор Христов Живков

1911 年 9 月 7 日生（ブルガリア王国 / プラヴェツ）
1998 年 8 月 5 日没（ブルガリア / ソフィア）

　トドル・ジフコフ。スターリンの死後の 1954 年以来、ブルガリアの最高指導者として 35 年に渡り権力の座に君臨した人物である。農業国であったブルガリアの経済発展に大きく貢献した人物である一方で、縁故主義やトルコ系ブルガリア人を国外追放に追い込んだ政策は批判の的となった。スターリンの死後、どのように独裁政権を保ったのか、みていこう。

　トドル・ジフコフは 1911 年 9 月 7 日、首都ソフィアから約 60km の距離にある小さな村、プラヴェツ（Правец）の近郊で生を受けた。当時の多くのブルガリア国民同様、ジフコフの両親もとても貧しく、父は仕立て屋として働いていた[1]。トドル少年は良い成績で中等教育

を修了し、その後、職を求めてソフィアに移った。この頃には既に共産主義活動に興味を示していたトドル少年であったが、両親は息子が共産主義者として政治に関わることを懸念していたようであった[2]。

当時のブルガリア王国の社会状況は深刻であった（この辺りの状況はディミトロフの項で詳しく述べている）。ジフコフは1929年、ソフィアで国立印刷工場付属の印刷学校に入学し、ウェイターとして働きながら学んだ[3]。そしてブルガリア共産主義青年同盟に入り、本格的に共産主義者として活動していくことを決めたのである。1932年、ブルガリア共産党に入党した。当時、急進的な活動家であったディミトロフはドイツにいたが、1933年ベルリンで起こったドイツ国会議事堂放火事件に関与した容疑で逮捕されていた。その裁判の様子を追っていたジフコフは、自身が共産主義者として正しい選択をしたのだと確信したという[4]。またこの時、ソフィアにおいてディミトロフを支援するためのデモが組織され、その活動にも加わった。

ドイツ国会議事堂放火事件の裁判におけるディミトロフの演説を聞いたジフコフは、この時共産主義者には良い教育と理論的に話す能力が必要であると感じ、ソフィア大学の法学部に入学することを決意した（しかし、この後は活動に明け暮れ、実際にソフィア大学に入学したのは1940年のことである）[5]。

1936年、共産主義活動を行っている時、後の妻となるマーラ・マレエヴァ（Мара Малеева：1911～1971）と出会った。マーラは当時ソフィア大学の医学生であり、マーラが医学部を卒業し、農村の医師として地方に派遣されるとジフコフも彼女について行った。そして、彼らは1939年に正式に結婚した。二人の間には後に娘リュドミラ（1942～1981）とヴラジーミル（1951～

ジフコフ夫妻の写真　出典　Малко известно: Жената до Тодор Живков./ https://www.nabore.bg/statia/jenata-do-todor-jivkov-1314-14

2021) が生まれる。妻マーラは第二次世界大戦後に夫ジフコフが党の仕事に就くと献身的に支え、時には助言した。マーラは1971年に胃癌で死去するが、ジフコフはその後再婚することはなかった。「恋人は常にいるが、妻は一人だ」という言葉を残している[6]。娘リュドミラはジフコフの時代、ブルガリア文化の発展に貢献した人物であった[7]。

　1940年、ジフコフ夫妻はソフィアに移った。ジフコフはこの年ソフィア大学の法学部に入学している。しかし翌年にドイツがソ連に侵攻すると学業を中断し、レジスタンス活動を始めた。ジフコフはチェルダル（Чавдар）というパルチザン部隊を指導した。1944年9月9日のクーデターの際、チェルダルはソフィアに入城した。この時ジフコフがブルガリアの解放に貢献したチェルダルを歓待している映像が残っている[8]。

第二次世界大戦後のジフコフ

　1945年3月、ブルガリア共産党中央委員会総会でジフコフはブルガリア共産党中央委員会委員候補者に選出された。また、同年には国会議員に選ばれた。1948年にはブルガリア共産党中央委員会の委員に選出されるなど、着実に自身のキャリアを積んでいった。このジフコフの昇進は、当時首都ソフィアの党組織の責任者であったチェルヴェンコフのおかげであった。チェルヴェンコフは1949年に権力の座に就くと、ジフコフを自身の右腕として重用した。ジフコフは1950年1月にはブルガリア共産党中央委員会書記の座に就き、同年11月には中央委員会政治局員候補に選出された（翌1951年には中央委員会政治局員になる）。

ジフコフの時代

　スターリンの死後の1954年3月、チェルヴェンコフはブルガリア共産党第一書記を解任された。そしてジフコフが新たにブルガリア共

産党第一書記の座に就いたのである。しかしチェルヴェンコフはこの後も首相の座にとどまった。

フルシチョフのスターリン批判直後の1956年4月、ブルガリア共産党中央委員会総会でジフコフはチェルヴェンコフの個人崇拝を批判した。その結果、チェルヴェンコフは首相を解任され、ジフコフが、実質上最高権力者となった（チェルヴェンコフの後に首相の座に就いたのはアントン・ユーゴフであった）。ジフコフはこの時、ブルガリアで権力を掌握するためにはモスクワのやり方に従うのが最善の策だと確信したということであった[9]。

フルシチョフとジフコフは近しい関係にあり、ジフコフは1995年のインタビューで「フルシチョフの名は歴史に刻まれるだろう」とフルシチョフの政治手腕を称えている。また1964年、ソ連でフルシチョフが失脚しブレジネフが第一書記の座に就くと、ジフコフは真っ先に祝電を送り、ブレジネフもジフコフのソ連に対する忠誠を称えている。1968年、ワルシャワ条約機構軍がチェコスロヴァキアに侵攻した時もブルガリアはどこの国よりも先にモスクワの決定に支持を表明し、ブルガリア軍を派遣している[10]。この様にソ連との友好関係を保つことは、ブルガリアが経済発展を遂げるのに一役買ったのである。ソ連からの経済的支援を得ることで、1970年代以降には重工業も発展させていったのである。

1962年、ジフコフはブルガリア人民共和国閣僚評議会議長（首相）の座に就いたことで、国家元首としての地位を確立した。ジフコフが権力の座に就いた後に行ったことの一つに、1959年に閉鎖されていたベレネ強制労働収容所の再稼働があった（ベレネ強制労働収容所は1989年までに断続的に使用されることがあった）。1956年のハンガリー「革命」に代表される様な民主化を求める動きを恐れてのことであった。またこの時期にはジフコフに反対する人たちを排除していった。

1971年、新憲法が採択された。新たにブルガリア人民共和国国家

ブルガリア

評議会議長（国家元首）が設置され、その職にジフコフが就いた。

ジフコフは同時代に国家元首の座にいたルーマニアのチャウシェスクやアルバニアのホッジャと比較すると個人崇拝の度合いは低かった。それでもジフコフがモデルになった映画や物語は作成された。

マルコフ事件

もちろんジフコフ政権に反対する者はいた。その一人がゲオルギー・マルコフ（Георги Марков：1929 ～ 1978）である。マルコフは1969 年にイギリスに亡命し、その後、ラジオ・フリー・ヨーロッパやBBCワールドニュースなどのアナウンサーとして働いた。頻繁にブルガリア政権を批判する発言を発信していたマルコフは、1972 年ブルガリア裁判所において欠席裁判で有罪判決を受けていた。

そんなマルコフであったが、1978 年 9 月に何者かによって暗殺されたのである。イギリス当局の調査によると、マルコフは毒殺されたと断定された。ブルガリア内務省の関与が疑われるが、実行犯を含めその真実は明らかになっていない。

トルコ系住民に対する民族同化政策

ブルガリアは多民族国家であり、当時のブルガリアで二番目に多いのはトルコ系民族であった（全人口の約 10％を占めていた）。1984 年ジフコフ政権はそんなブルガリア国籍のトルコ系民族に対し、ブルガリア風の名前に改名することを要求したのである（この強制改名は先祖の墓石の書き換えまでも要求した）。モスク、トルコ民族学校は閉鎖され、トルコ語の新聞も禁止となった。これは 1984 年に始まり、最終的に 1989 年のトルコ系ブルガリア人のトルコへの大量移住に繋がってしまった。ジフコフはそれまで長年に渡るブルガリア国内の民族問題を解決するために、最高権力者の名の下にこの政策を行ったが、トルコ系住民からは強い反発を招いた。ジフコフはトルコの諜報機関の破壊活動に対抗するための措置であったと後に語っている（も

ちろんこのことでブルガリアの民族問題が解決することはなかった)。

 1989年5月、トルコ政府に出国を望むトルコ系住民が出国できるよう国境開放を求め、その結果、数十万人がトルコへ出国した。このことは労働力の低下をもたらし、ブルガリア経済に大きな影響を及ぼす結果となったのである[11]。

ジフコフの終焉

 1985年、ソ連でゴルバチョフがペレストロイカを発表すると、ジフコフはブルガリアでも改革を行うと表明することで忠誠心を示した。当初ジフコフとゴルバチョフの関係は良好であった。1985年6月、ジフコフはモスクワを訪問し、そこでゴルバチョフからレーニン勲章を授与された。しかしその直後、ソ連国内の経済危機に起因するソ連からの援助を制限するというゴルバチョフの政策は、ジフコフに緊張と経済的影響に対する不安を引き起こした。

 実際に改革を行わないジフコフに対し、ゴルバチョフは冷淡な態度を取るようになっていった。ブルガリア共産党内からもジフコフに対して不満が募っていった。このような状況に危機感を覚えた外務大臣ペトゥル・ムラデノフ（Петър Младенов：1936～2000）がジフコフの独裁政治体制を批判する文書を発表して辞任した。これをきっかけに党内ではジフコフに退陣を迫る動きが始まったのである。

 1989年11月9日、奇しくもベルリンの壁崩壊と同日、ジフコフはブルガリア共産党書記長の座から退く表明をした（その後任には、ムラデノフが就いた）。また同月17日、国家評議会議長の職も辞した。この時ジフコフの権威主義的な指導と縁故主義が批判され、それに続き12月にはブルガリア共産党からも追放された。

 翌1990年1月、ジフコフは起訴され、1992年に有罪判決を受けた。その後1997年まで自宅軟禁されたが、釈放時はほとんどの容疑で無罪となった（死後に全ての容疑で無罪となった）。ジフコフは釈放された翌年8月5日、ソフィアで肺炎のため死去した。

ブルガリア

参考文献

1. На днешния ден почина Тодор Живков. https://komunistibg.wordpress.com/2018/08/05/1-432/
2. Тодор Живков. https://www.bulgariantimes.co.uk/todor-zhivkov/
3. Малко известно: Жената до Тодор Живков. https://www.nabore.bg/statia/jenata-do-todor-jivkov-1314-14
4. Тодор Живков. Титан ушедшей эпохи (2008). https://www.youtube.com/watch?v=e94scWfeUFk
5. Другаря Живков поздравява партизаните на 9 септември. https://www.youtube.com/watch?v=XhAzLz9NVS8

脚注

1. Тодор Живков. Титан ушедшей эпохи (2008) https://www.youtube.com/watch?v=e94scWfeUFk
2. Ibid
3. Тодор Живков. https://www.bulgariantimes.co.uk/todor-zhivkov/
4. Тодор Живков. Титан ушедшей эпохи (2008) https://www.youtube.com/watch?v=e94scWfeUFk
5. Ibid
6. Малко известно: Жената до Тодор Живков https://www.nabore.bg/statia/jenata-do-todor-jivkov-1314-14
7. Тодор Живков. Титан ушедшей эпохи (2008) https://www.youtube.com/watch?v=e94scWfeUFk
8. Другаря Живков поздравява партизаните на 9 септември https://www.youtube.com/watch?v=XhAzLz9NVS8
9. Тодор Живков. Титан ушедшей эпохи (2008) https://www.youtube.com/watch?v=e94scWfeUFk
10. Тодор Живков. Титан ушедшей эпохи (2008) https://www.youtube.com/watch?v=e94scWfeUFk
11. Тодор Живков. Титан ушедшей эпохи (2008) https://www.youtube.com/watch?v=e94scWfeUFk

ブルガリアのグラーグ

ベレネ強制収容所

　ブルガリアにおける国家政策としては、1920年代には既に強制労働収容所は導入されている。ブルガリアの研究者の見解によると、1945年以前と以後の強制労働収容所には大きな違いがある。ブルガリア王国時代、強制労働収容所は君主制に反対する人々を一時的に隔離する役割を果たした。それに対し共産党政権下の強制労働収容所は「国家・国民の敵」と見なされた人物を物理的に破壊する目的で、困難で無意味な強制労働を意図的にさせる場所であったということである[1]。ここでは第二次世界大戦後の1944年秋以降のブルガリアの強制労働収容所に関して触れる。

　体制転換後に設置された調査委員会による調べ（1990年）では、1944年から1962年の間、ブルガリア国内に約100箇所の強制収容所があったとされている（人口800万人）。1944年から1953年の間に約1万2千人、1956年から1962年の間には5千人がこれらの強制収容所に収容されたとみられている。また、この10倍以上の数字を唱える研究者もおり、ここに収容された正確な人数を知ることは非常に困難である[2]。

　1944年9月にソ連軍がブルガリアに侵攻するとすぐに弾圧は開始された。ブルガリアにおける強制労働収容所の本当の悲劇はここに始まる。9月9日のクーデター以降、その年の年末までの数ヶ月の間に多くの人が殺害、行方不明になっている。その数は数万人に及ぶ。これらの人々の失踪にはディミトロフが関わっていると考えられている[3]。同年10月に人民法廷が設けられた。この機関はいわゆる粛清をするための機関であった[4]。

　ブルガリア初の強制労働収容所は1944年11月にブルガリアの西、北マケドニアにほど近い村ゼレンドル（Зелендол）に建設され

コラム

た。そこにはドイツとその同盟国の市民約 200 人が収監されたということである[5]。また 12 月 20 日、新内閣が「政治的に危険な人物のための労働教育寮に関する法」を採択した[6]。これはいわば強制労働収容所を合法化するための法律であり、疑わしい市民の自由を裁判なしに剥奪できる、つまり、市民を円滑に強制収容所送りできる様にするための法律であった。新しい独裁政権は、ナチスとソ連の死の収容所の例を既に見知っていたのである。ソ連の強制労働収容所に関する「専門家」たちが、ブルガリアの同志たちに重労働、病気、疲労によりプロレタリアートの敵を最も効果的に精算する方法について助言したという記録が残っている[7]。この様に、ブルガリアを「ソビエト化」する動きは第二次世界大戦後すぐに着々と進められていったのである。

　ブルガリアの強制収容所の歴史は 6 つの段階に分けることができる[8]。

1. 1945 年〜 1949 年：ブルガリア全土の作業場で強制労働が行われた。収容者たちはダム建設や炭鉱の仕事をさせられていた。
2. 1949 年〜 1953 年：政治犯がルーマニアとの国境のドナウ川の島に作られたベレネ強制収容所に集められる。
3. 1954 年〜 1956 年：スターリンの死後、強制収容所への移送は減少していく。ベレネ強制収容所は稼働している。
4. 1956 年〜 1959 年：ハンガリーで起こった「革命」をきっかけとして民主化を求める人々がブルガリアにも出てくるが、その人たちが新たにベレネ強制収容所に入れられた。
5. 1959 年〜 1962 年：ベレネ強制収容所で起こった囚人たちによるハンガー・ストライキの後、1959 年にここは閉鎖された。この時に解放されなかった囚人たちは、採石場に隣接したロヴェチ（Ловеч：ソフィアから北西に 150 キロの場所にある街）近郊に新たに設置された通称「サニービーチ」強制収容所（Слънчев бряг）

第 2 章

に移送された。

6. 1962 年から 1989 年：この期間に収容された人々は、「倫理の乱れ」などで行政から告発された人が多かった。また、1980 年代にはブルガリアに住むトルコ系少数民族が送られてくることもあった。

ソ連型モデルの強制労働収容所は、1945 年 1 月に内務大臣アントン・ユーゴフの提案により設置された。この決定は、祖国戦線のすべての政党に承認されたということである。囚人には売春斡旋業者、恐喝者、乞食なども含む、国家の安定と安全に対する政治的脅威と見做される全ての人がここに収容された[9]。

政権の敵を収容するための最初の強制労働収容所は、1945 年 1 月にスヴェティ・ヴラチ（Свети Врач：現在のサンダンスキ）に建設された。クルプニク−クラタ（Крупник–Кулата）間の鉄道線で働いていた約 800 人がそこに収容された。後に、彼らは鉄道線のドゥプニツァ：ボボフドル（Дупница-Бобов дол）の強制労働収容所に移された。収容所は 9 月まで運営され、そこの囚人の数は 1600 人以上に上った。10 月、ペルニク（Перник）にあるクツィアン鉱山（Куциян）に新しい強制労働収容所が建てられた。1945 年末までにここに収容された人々の数は約 3 千 300 人にも上った。

好ましくない人物として認定されたすべての人が強制労働収容所に送られるわけではなかった。国外退去させられる、もしくは遠く離れた地方へ強制移住させられることもあったのである。1948 年から1953 年の間には約 2 万 5 千人がこの強制移送の対象となった[10]。

第二次世界大戦後数年間で、ブルガリアの強制労働収容所の数は急激に増大している。1947 年の初め、ノジャレヴォ（Ножарево）に新たな強制労働収容所が建設された。この施設は、1949 年には約 2千人が収容されており、ブルガリア国内では最大であった。タルノヴォ（Търново：現在のヴェリコ・タルノヴォ）近くに位置する修道院に女性のための特別収容所が設置されていたが、それは 1947 年にボス

コラム

ナ村（Босна）に移された。また、1949年にはルーマニアとの国境、ドナウ河の中にある島であるベレネ島（Белене）にも強制労働収容所が完成し、1950年から稼働している。女性の「好ましくない人物」はシュトゥルチェト島（Щурчето）に収容された。

ベレネ強制収容所

強制労働収容所に関しては1948年3月25日に採択された法によって規制されていた。この法律によると、裁判なしで人々を強制労働収容所に収容することができたのである。1949年5月から7月の間、約4千人が強制労働収容所に収監された（しかしそのうちのほとんどは10月に釈放されている）。その年の終わりまでに、強制労働収容所の収容者人数は4千5百人ほどであった。

最初のこの島に送られてきた囚人たちは、まず収容所の建物を作らされた。その後この強制労働収容所には多くの囚人が送られてくるようになり、一時期はブルガリアの強制収容所のうち最も多くの囚人がいた。このベレネ強制収容所は1959年に閉鎖されるが、1989年まで断続的に稼働していた。

元収容者が書いたベレネ強制収容所の絵　出典　https://desebg.com/index.php?option=com_content&view=article&id=1413

第2章

参考文献

1. Tzvetan Todorov, *Voices from the Gulag: Life and Death in Communist Bulgaria*, (Translated by Robert Zaretsky), University Park: PA: Penn State Press, 1999.

2. *Шарланов Д.* История на комунизма в България. Том I. Комунизирането на България. София: Сиела, 2009.

3. Българският ГУЛАГ. https://www.dw.com/bg/българският-гулаг/a-16061298 （2024 年 5 月 31 日　最終閲覧）

4. Наредба-закон за трудововъзпитателните общежития за политически опасните лица. https://www.decommunization.org/Communism/Bulgaria/Documents/TVO2.htm （2024 年 5 月 31 日　最終閲覧）

脚注

1. Българският ГУЛАГ. https://www.dw.com/bg/българският-гулаг/a-16061298

2. Tzvetan Todorov. p. 40.

3. Ibid. p. 38–39.

4. Ibid. p. 39.

5. Шарланов Д. p. 187.

6. 12 月 20 日に採択された法律。https://www.decommunization.org/Communism/Bulgaria/Documents/TVO2.htm

7. Българският ГУЛАГ. https://www.dw.com/bg/българският-гулаг/a-16061298

8. Tzvetan Todorov. p. 39-40.

9. Ibid. p. 39.

10. Ibid. p. 41.

国際レーニン学校校舎　現在の様子　出典　Wikipedia

ミニスターリン養成所だったコミンテルン付属のエリート学校

国際レーニン学校

Международная Ленинская школа: МЛШ

「……　当時、モスクワには4つの共産主義大学があった。第一番目の大学は国際レーニン学校であった。この学校は、すでに多く実践経験を積んではいるが、学ぶ機会を奪われた同志を対象としていた。各国の共産党の将来の指導者はこの大学で学んだ。当時チトーはそこで勉強していた。第二番目の大学、これは私が勉強するために派遣された大学であるが、その初代学長を務めたポーランドの共産主義者、ユリアン・マルフレフスキに因んで名付けられた、マルフレフスキ西方少数民族共産大学（Коммунистический университет национальных меньшинств Запада имени Ю. Мархлевского:

КУНМЗ）であった。この大学はヨーロッパの少数民族のために特別に創られた大学であったが、実際には、ポーランド語、ドイツ語、ハンガリー語、ブルガリア語など、約20のセクション（課）があった。それぞれのセクション（課）には特別なグループ、つまり、それらの国の少数民族から編成されるグループが含まれていたのである。たとえば、ユーゴスラヴィアのセクション（課）には、セルビア人とクロアチア人のグループがあった。ユダヤ人のセクション（課）に関しては、すべての国の共産主義のユダヤ人に加えて、党員であるソ連のユダヤ人が含まれていた。そのソ連出身のユダヤ人の内何人かは夏休みの間故郷に帰省するので、彼らを通じて私たちは広大なソ連邦で起こっていることの全てを知ることができた。第三番目の大学は、東方勤労者共産大学（Коммунистический университет трудящихся Востока имени И. В. Сталина: КУТВ）と呼ばれていた。そこでは東アジア・中央アジア諸国からの学生が勉強していた。そして最後に中山大学である。これは中国人のために特別に創られた大学であった。これらの四つの大学合わせて、厳選された 2000 人から 3000 人の学生が学んでいたのである」[1]

（レオポルド・トレッペルの回想録『The Great Game：Story of the Red Orchestra』より抜粋・翻訳）

　ドイツのゲシュタポから「赤いオーケストラ」と呼ばれたグループに属していたソ連のスパイ、レオポルド・トレッペル（Leopold Trepper）の回想録には、彼がモスクワに滞在した当時のことが描かれている。彼の細かな描写により、1930 年代初頭のモスクワで学ぶ理想に燃えた若き共産主義者たちの様子が目に浮かぶ。トレッペルの言葉を信じるならば、後にユーゴスラヴィアの指導者となるチトーはトレッペルのモスクワ滞在と同じ時期に国際レーニン学校で学んでいたということである（チトーのモスクワでの活動及び彼のいた期間は明らかになっていない部分が多いのだが、チトーには国際レーニン学

諸民族友好のポスター　出典　Cultural Construction in the Soviet Empire (HIS315 D20)/ https://culturalconstructioninthesovietempiref20.theleahgoldman.com/

校で学んだ期間があるというのは定説となっている。国際レーニン学校の学生の年齢に関しては後述するが、チトーは 1892 年生まれであり、1935 年に国際レーニン学校で学生として学ぶには少し年齢が高い気もする。近年の研究では、どうやらチトーが学んでいたのはコミンテルン直属の諜報学校であったのではとする報告もある[2])。

1926 年から 1938 年にかけて、モスクワに存在した国際レーニン学校。これはコミンテルン直属の教育機関であり、数多くの「エリート」共産主義者たちがここで育っていった。卒業生たちの多くは卒業後には自国に戻り、各国の共産党で活躍した。本書で取り上げるミニスターリンたちの多くもこの教育機関で学び、その実践的手法を身につけ、自国で「理想的な」共産党を創り上げていったのだ。本項では、その国際レーニン学校がどのような教育機関であったのかを見ていきたい。

トレッペルの言葉通り、国際レーニン学校は、世界各国の共産党幹部を養成するために創られた共産主義インターナショナル（コミンテルン）の最も重要で権威のある学校と見做されており、世界各地の「兄

弟の党（共産主義政党）」のボリシェヴィキ化の手段の一つとして機能していた。その設立は、コミンテルン第五回大会の決議によって決定され、各国の共産党、特に資本主義諸国の共産党のボリシェヴィキ化が主な目的であると定められた。そしてその時より、この国際レーニン学校がマルクス主義を教える最高の教育機関になることを目指していったのである[3]。

国際色豊かな国際レーニン学校の学生たち

国際レーニン学校では1926年5月から1938年に閉校になるまでの間に59の国と地域から約3500人の学生たちが学んだとされている。国際レーニン学校の学生の出身地で最も人数が多かったのはドイツ（370人）で、次いでチェコスロヴァキア（320人）であった[4]。以下に学生たちの出身国と人数を表にしてまとめた（158ページ）。

国際レーニン学校のカリキュラム

国際レーニン学校設立以前には、世界各国の共産党員を育成する目的で先述の東方勤労者共産大学（КУТВ 1921年設立）や西方少数民族共産大学（КУНМЗ 1922年設立）、中国労働者共産大学（КУТК 1925年設立）などがすでに存在していた。本書で取り上げているヨーロッパの共産主義者たちは、西方少数民族共産大学で教育を受けた者もいた。西方少数民族共産大学には、主に第一次世界大戦の捕虜たち、または、共産党が非合法化されたハンガリーやポーランドなどの国々からソ連に亡命した人たちが入学し、それぞれの母語で教育を受けた。国際レーニン学校はこれらの学校の上部教育機関として設立されたのである。国際レーニン学校に送る学生は各国の共産党によって厳選された。しかし、国際レーニン学校が創られた後でも一部の国の共産党は前述の教育機関に留学生を送り続けた。その理由は、設立当初は国際レーニン学校にはドイツ語、英語、フランス語、ロシア語でのコースしかなかったからであった。

コラム

	出身国	人数
1	ドイツ	370人
2	チェコスロヴァキア	320人
3	フランス、ポーランド、イタリア、アメリカ、中国	200人から225人
4	オーストリア	180人
5	イギリス	150人
6	スペイン、フィンランド	135人
7	ソ連、ルーマニア、ブルガリア、ギリシャ、カナダ	60人から75人
8	ユーゴスラヴィア、リトアニア、スウェーデン、ベルギー、ノルウェー、ハンガリー	40人から50人
9	デンマーク、エストニア、メキシコ、オランダ、ラトビア、アイルランド	20人から30人
10	スイス、アルゼンチン、オーストラリア、コロンビア、キューバ、ブラジル、アイスランド	10人から15人
11	ポルトガル、アルバニア、日本、南アフリカ、ベネズエラ	5人から9人
12	インド、トルコ、コスタリカ、朝鮮、モンゴル、ニュージーランド、パレスチナ、ペルシャ、プエルトリコ、シリア、キプロス	3人から4人
13	イラク、パナマ、ペルー、ウルグアイ、インドネシア、ルクセンブルク	1人から2人

　国際レーニン学校の講師には、コミンテルンおよびソ連の高名な知識人たちが迎えられた。ソ連のイデオロギー教育者育成のために作られた赤色教授職大学（ИКП 1921年設立）や共産主義アカデミー（Комакадемия 1918年設立）では、国際レーニン学校に派遣する講師も育成していた[5]。また、ドイツやイタリア、ハンガリーからソ連に亡命し、モスクワに滞在している経験豊富な共産主義者たちも指導に加わった。国際レーニン学校の最初の学長はニコライ・ブハーリン（Николай Иванович Бухарин 在任期間1926年から1930年まで）であった。1930年からは学長の座には共産党の理論

家であったエメリャン・ヤロスラフスキー（Емельян Михайлович Ярославский）の妻、クラウディア・キルサーノヴァ（Клавдия Ивановна Кирсанова）が就いた（キルサーノヴァは1931年に理論的思考の問題で一時解任されるが、1933年に再任され、1937年11月まで国際レーニン学校の学長を務めた）。また、この学校にはヴィルヘルム・ピーク（Friedrich Wilhelm Reinhold Pieck：1876～1960）も関わっていた。キルサーノヴァが1937年11月に「政治的警戒心の欠如」で解任されると、ブルガリアの共産主義者・ディミトロフの義理の弟であり、本書でも取り上げているブルガリアのミニスターリン、チェルヴェンコフがその職を引き継いだ。チェルヴェンコフはこの学校の初代卒業生であり、1933年より講師として働いていた。また、1935年からはブルガリアセクション（課）の責任者を任されている立場であった。

　国際レーニン学校のカリキュラムには、経済学、哲学、政治学、歴史学、軍事学、マルクス主義理論、労働組合組織について、党組織について、世界共産主義運動によって用いられてきた戦術を学ぶ教科などがあった。全連邦共産党（ボリシェヴィキ）の歴史は特に重点が置かれ、全連邦共産党の政策、組織構造などが細かく指導された。また、インターナショナルスクールという側面から、帝国主義、世界経済、第二インターナショナルの歴史、各国の労働運動の歴史、そしてロシア語などの教科も重要視された。学生は学期ごとに自分が選んだテーマで論文を書き、その主題に対する理解度を示す必要があった。カリキュラムは基本的には先述の共産主義教育機関のカリキュラムを元に作成されたが、それらの教育機関では3年から4年でこなすカリキュラムを国際レーニン学校では2年でこなす必要があったため、それがカリキュラム作成の最大の問題点であった。

　国際レーニン学校の入学条件は、3年以上共産党員であること（この条件は1933年に2年に変更された。更にいくつかの例外が認められた例もあったようである）、23歳から35歳までの信頼できる党

員であること、労働者、農業労働者であることなどであった。また、少なくともマルクス・レーニン主義の主要な文献の基礎知識が必要とされた。

1926年5月、国際レーニン学校の最初の授業が始まった。学校のあった場所はモスクワの中心街、ヴォローフスキー通り（現在のポヴァルスカヤ通り）25番地であった。初年度のグループは、ドイツ、イタリア、フランス、アメリカなど各国から集まった70名で構成されていた。この時の一番の問題はやはり生徒たちの言語であった。様々な国から集められたため、通訳が必要であったのである。

アメリカの共産主義者でアメリカ共産党を設立メンバーの一人であるジョセフ・ザック・コーンフェダー（Joseph Zack Kornfeder）は初年度に国際レーニン学校に入学した。厳格な共産主義者であったが、後に共産主義との決別を宣言し、1948年にアメリカで彼のソ連での体験を証言している。彼の証言の中には国際レーニン学校のことも含まれており、大変興味深い。また、1927年9月30日に発行された雑誌『The Communist International』には、国際レーニン学校の初年度の活動と問題点、今後の課題についてまとめられている。

国際レーニン学校の初年度

国際レーニン学校の初年度のカリキュラムには、政治経済学、ロシア共産主義の歴史、世界労働運動の歴史、共産党建設の手法、そしてロシア語が含まれていた。指導の仕方は、主に指定された文献を読み、講師たちとディスカッションするという手法であった。しかし最初の年は十分にイデオロギー教育の仕方を訓練されている指導者が不足していたこと、また、派遣されてくる学生たちも事前に十分な理論教育を受けたわけではなかったため、カリキュラムを進めるのも手探り状態であった。そのため、開始当初は1年で全てのプログラムが終了すると見込まれていたが、それが2年に延長された。その後教育の手法は徐々に改善されてゆき、各機関のニーズに合わせた短期コース

なども作られるようになっていった。

　共産党がどのように国家、政府、産業を指導するかは、学外での実践で学んでいった。学生たちは革命博物館を訪れ、革命とはどのようなものかを学んだ。また、ソ連の労働者たちの仕事を理解する為のインターンもカリキュラムには含まれていた。学生たちは3人から5人のグループに分けられ、モスクワ県のオレーホヴォ＝ズーエヴォ（Орехово-Зуево）にあった繊維工場やモスクワ県のコロムナ（Коломна）にあったディーゼル機関車工場で実際に労働体験をした。多くの学生はロシア語を習得してはいなかったが、労働者と直接接し、通訳を通じて産業や技術、工場の組織構造について学んだ。また、工場の会議や労働者たちの組織にも参加した。このような工場労働実習は週に約8時間あったということである。夏季には学生は3人から5人のグループに分けられ、ソ連各地（例えば、レニングラード、シベリア、タシケントなど）に派遣された。研修期間が終わると、学生は各地で学んだことや研修地の問題点などを報告し合った。学校内においても党組織が作られ、学生たちは積極的にプロパガンダや宣伝活動に従事した。その他にも、十月革命やメーデー、赤軍などを讃える記念式典にも参加した。

　1937年以降になると、国際レーニン学校は出身国で共産党が非合法になっている国からの留学生だけを受け入れるようになった（チェコスロヴァキアセクション（課）だけは例外的に1937年以降も存在し続けた）。そのため、1937/1938年度の学期にはセクションの数が減少した。共産党が合法的に認められている国では、その国の共産党が国際レーニン学校のカリキュラム同様のコースを組織することを義務付け、国際レーニン学校ではそれらのコースの指導員として適切な人材を育成していくことも課題の1つとなった。

国際レーニン学校生の日常生活と卒業後

　国際レーニン学校で学ぶ人たちは、寮、食事、余暇など、日常生活

コラム

クラス(課)	国	存在年
A	ドイツ語セクション：ドイツ、スイス、オランダ、オーストリア（1936年に"Я"セクションとして分けられる）	1926-1937
Б	チェコスロヴァキア	1930-1938
Д	アメリカセクション：アメリカ合衆国、カナダ	1934-1936
Е	英語セクション：イングランド、アイルランド、オーストラリア、ニュージーランド	1926-1937
Г	ハンガリー	1930-1936
И	フランス語セクション：フランス、ベルギー	1926-1937
K	イタリア	1930-1938
Л	スペイン語セクション：スペイン、ポルトガル、中南米	1930-1938
M	ブルガリア	1933-1938
Н	ルーマニア	1931-1937
O	ギリシャ語セクション：ギリシャ、キプロス	1933-1937
P	フィンランド	1930-1937
C	ポーランド	1931-1936
T	リトアニア、エストニア	1933-1937
X	ラトビア	1934-1936
Ф	スカンジナビア諸国	1931-1937
Ц	中国	1930-1938
Ш	ユーゴスラヴィア	1934-1936
Я	オーストリア	1936-1938
	この他、ロシア語の短期コースも設けられた。	

に必要なものは全て支給されていたため、生活困難に陥ることはなかった。しかし、学生たちを厳しく管理する為の規則が存在した。その一例を挙げると、「家族、知人、友人に国際レーニン学校で学んでいることを秘密にする」「学校による郵便の管理（自由に家族や知人

第2章

ホテル・リュクス　コミンテルンの外国人用の寮として使われていた　出典 Мемориал/ https://old.topos.memo.ru/gostinica-lyuks

と連絡を取ることは不可能であった)」「出自、本名を明かさない（国際レーニン学校で学ぶ時には、各自それぞれ偽名が使われた）」「人前で目立たない行動をとる」「学外の人々、特に外国人との接触を避ける」などがあった。チトーは後のインタビューで、モスクワ滞在中はコミンテルン本部とコミンテルンの寮であったホテル・リュクスを行き来するだけの生活であったと語ったが（チトーは1935年にフリードリッヒ・ワルターの名でソ連に入り、コミンテルンで仕事をしている）、このことは当時のモスクワにおける外国人の生活を言い表している。また、トレッペルの回想録にも彼のマルフレフスキ西方少数民族共産大学での学校生活の描写があり、とても興味深い。その部分を少し引用する。

「……1932年の学生生活は決して楽なものではなかった。私たちの多くは、大学から遠く離れた場所に住み、通学に片道1時間以上を費やした。1934年になって初めて、私たちの大学の隣に1200人の学生が入れる大きな寮の建設が始まった。食料は全く同じものが

与えられた。一週間キャベツだけ、次の一週間は米だけというようなこともよくあった。そのような「週替わりメニュー」をネタに、私たちは小噺を考え出した。その小噺はこの様なものだった『ここで我々の中の1人が外科手術を受けなければならないとする。そうしたら、外科医はその人の胃の中に、米の層、キャベツの層、じゃがいもの層などを見ることになるのだろうね』。

学生の服も大学から支給された。服の担当者は同じズボンを一度に700本購入した。そのためモスクワの街で私たちを見かけたモスクワっ子達が「ほら見て、マルフレフスキ大学の学生だ」とささやいていたのをよく聞いたものだった。私たちの存在は「秘密」と見做されていたはずなのに……。

私は現在まで、マルフレフスキ大学での最後の成績表を保管している。当時それにはすでにレーニンとスターリンの写真が印刷されており、次のページにはマルフレフスキ学長の写真が印刷されていた。レーニンの写真の下には「あなたの前には（国家・党）建設の仕事が待ち受けており、それは現代の知識をすべて習得することによってのみ解決しうる」と書かれていた。スターリンの写真の下には、「理論というものは革命的実践と切り離さずに形成されるならば、労働者運動の最大の力に変わりうる」と書かれていた。スターリンはある瞬間に、この美しいモットーを忘れてしまった様だ。

プログラムは3つの学習系統があった。一つ目は社会経済学。これは、ソ連の人々の歴史、ボリシェヴィキ党の歴史、コミンテルン、そしてレーニン主義の研究と結びついていた。二つ目は、学生の出身国について、特に国民労働運動の歴史、国民共産党、そしてその国の様々な国民的特徴の研究であった。三つ目は、言語であった。それまで勉強する機会がなかった人は、数学、物理、化学、生物の基礎も学ぶこともできた。私は極度のストレスを抱えて勉強しなければならず、1日平均12時間から14時間勉強していた」

（レオポルド・トレッペルの回想録『The Great Game：Story of

the Red Orchestra』より抜粋・翻訳）

　ソ連のエリート学校と見做されていた国際レーニン学校に通うことは、各国の共産党内では政治的信頼の証であり、将来のキャリアを約束された様なものであった。優秀な学生は、指導者またはそれに準じる地位に就くために自国に帰国する、もしくは他の国に派遣され、共産主義インターナショナルのために働く事が暗黙の了解であった。特に1920年代後半に国際レーニン学校を卒業した人たちの中には、その後自国で共産党のリーダーになった人が多くいた。すでに先にも触れたが、本書に登場するユーゴスラヴィアのチトー、ブルガリアのチェルヴェンコフ、ポーランドのビェルトとゴムウカ、東ドイツのウルブリヒトとホーネッカーなど、第二次世界大戦後のヨーロッパ諸国で共産主義政権のリーダーとして重要な責任を果たした人物たちもこの国際レーニン学校の卒業生（もしくは関わりのある立場にあった人物）であった。先述の表で日本人も5名から9名程度いたと書いたが、日本人では武装時代の日本共産党の指導部にいた佐野博や水平運動・労働運動の先駆者として知られる高橋貞樹、また、アメリカ共産党を通じて国際レーニン学校に留学した日系アメリカ人の木元伝一などがいたということである。

国際レーニン学校の終焉

　この国際レーニン学校が存在したのは1926年から1938年、つまり、スターリンの大粛清の嵐が吹き荒れている時期であった。ソ連国内にいた外国人共産党員も粛清の対象となり、一例を挙げると1919年のハンガリー・ソビエト共和国の指導者であり、コミンテルンで活躍したクン・ベーラがモスクワで逮捕され処刑された。その他、イタリア人共産党員、ユーゴスラヴィア人共産党員、ポーランドの共産党指導者たちなども処刑された。コミンテルンは1942年に解体されるが、その幹部はほぼ全員が粛清されたのである。

コラム

もちろん、世界各国から集まっていた国際レーニン学校の生徒たちも例外なくスターリンの大粛清のターゲットとなっていた。1936年12月には400人以上いた学生も、1937年末には150人程度に激減した。そして1938年夏にはこの国際レーニン学校は閉校になった。先述の東方勤労者共産大学や西方少数民族共産大学、中国労働者共産大学もこの頃までには全て閉校になっている。

参考文献

1. A.F. Canwell, et al., *First Report, Un-American Activities in Washington State,* 1948. Olympia, WA: Joint Legislative Fact-Finding Committee on Un-American Activities,1948. p. 446–498.

2. J.T. Murphy, *The First Year of the Lenin School*// In; *"The Communist International"*, vol. 4, no. 14 (Sept.30, 1927), p. 267–269.

3. J. Köstenberger, *Die Internationale Lenin-Schule (1926–1938)*// In; M. Buckmiller; K. Meschkat (eds.) (2007): *„Biographisches Handbuch zur Geschichte der Kommunistischen Internationale. Ein deutsch-russisches Forschungsprojekt"*, Berlin: Akademie Verlag. p. 287–309.

4. *Бондарев* Н.В. Русские тайны Иосипа Броза Тито. Архивы свидетельствуют. Москва, 2019.

5. *Треппер Л.* Большая игра. Москва, 1990. http://militera.lib.ru/memo/russian/trepper_lz01/1-5.html// сайт "Военная литерпткра" http://militera.lib.ru/ （2024 年 5 月 31 日最終閲覧）本書は英語で出版されており、L. Trepper, *Great Game: Story of the Red Orchestra*, London: Sphere Books, 1977.

6. ロシア国立社会・政治史公文書館の史料 РГАСПИ.Ф. 531.Оп. 1.

脚注

1. *Треппер Л.* http://militera.lib.ru/memo/russian/trepper_lz01/1-5.html

2. *Бондарев Н.В.* с. 254.

3. J.T. Murphy. p. 267.

4. J. Köstenberger. p.287 カステンベルガーは自身の論文の注釈でロシア国立社会・政治史公文書館の史料から引用している RGASPI. F. 531. Op. 1. D. 29, 39, 47, 56, 62, 84, 103, 106.

5. J. Köstenberger. p.289.

6. Ibid. p.293.

7. Ibid. p 299.

8. Ibid. p. 296 カステンベルガーは自身の論文の注釈でロシア国立社会・政治史公文書館の史料から引用している RGASPI. F. 495. Op. 4. D. 36. L. 33–35.

9. Ibid. p.290 カステンベルガーは自身の論文の注釈でロシア国立社会・政治史公文書館の史料から引用している RGASPI. F. 531. Op. 3. D. 2–5.

10. J.T. Murphy. p. 267.

11. Ibid. p. 269.

12. J. Köstenberger. p. 292 また、セクション（課）の記号に関しては、筆者がロシア
    国立社会政治史公文書館での調査ノートを元にした。РГАСПИ.Ф. 531.Оп. 1.

13. J. Köstenberger. p. 297–298.

14. *Треппер Л.* http://militera.lib.ru/memo/russian/trepper_lz01/1-5.html

15. J. Köstenberger. p. 292–293.

第3章

チェコスロヴァキア

年	月	出来事
1944	4	ソ連軍の最初の部隊がチェコスロヴァキアとの国境を越える
	8	スロヴァキア蜂起（～10月）
1945	4	ベネシュがロンドンからモスクワ経由でコシツェに入り、臨時政府を立てる（社会主義者のズデニェク・フェリンガーを首相、ヤン・マサリクを外相、共産主義者のヴァーツラフ・ノシェクを大臣とする） ソ連軍、ブラチスラヴァを占領
	5	プラハ蜂起　ソ連軍プラハに入城　臨時政府がプラハに入る
	6	第一次土地改革が始まる ザカルパート・ウクライナをソ連に割譲
	10	基幹産業の国有化が行われる
1946	5	憲法制定国民議会選挙でチェコスロヴァキア共産党が第一党となる
	7	ゴットワルトが首相となる
1947	9	チェコスロヴァキア共産党がコミンフォルムに参加する
1948	2	二月クーデターが起きる
	3	ヤン・マサリク外相がプラハ市内で遺体で発見される
	5	人民民主主義憲法が採択される
	6	総選挙で共産党主導の国民戦線が圧勝する ベネシュが大統領を辞任し、ゴットワルトが大統領となる ゴットワルト大統領が人民民主主義憲法に署名する
1949	1	社会主義諸国相互経済援助評議会（SMEA）の設立（ブルガリア、ハンガリー、ポーランド、ルーマニア、ソ連、チェコスロヴァキアの代表による経済会議を経て） 最初の五カ年計画が発表される
	8	教会との紛争が始まる 共産主義者の破門に関する教会令が発布される
	12	第一次五カ年計画の法律が制定される
1950	4	ソ連のモデルに従い、独立した国家安全省が創設される
	5	大学に関する法律が国会で採択される（大学を含むあらゆる社会層に共産主義のイデオロギーを組み込むのが目的） ミラディ・ホラーコヴァ博士らグループの裁判が始まる（5月31日から6月8日まで。チェコスロヴァキアにおける最大のでっち上げ裁判とされている）

1952	2	住宅国有化のための法令が制定される
	11	スラーンスキー裁判が開かれる（翌12月死刑執行）
1953	3	ソ連でスターリンが死去する ゴットワルトが死去する ノヴォトニーがチェコスロヴァキア共産党第一書記となる
1960	7	新憲法を発布する 国名をチェコスロヴァキア社会主義共和国に改称する
1968	1	ノヴォトニーに代わりドゥプチェクがチェコスロヴァキア共産党の第一書記になる
1969	4	ドゥプチェクはチェコスロヴァキア共産党第一書記を解任され、フサークが第一書記の座に就く
1977	1	反体制派知識人たちが「憲章77」を西側の新聞数紙に発表する
1989	11	「ビロード革命」が起こる
1993	1	チェコとスロヴァキア両共和国が連邦を解消する

スターリン葬儀参列直後に急死し、スターリン批判を免れる

クレメント・ゴットワルト

Klement Gottwald

1896 年 11 月 23 日生（デーディツェ（一部にはヘロルティツとの
　記述もある）/ オーストリア・ハンガリー二重君主国）
1953 年 3 月 14 日没（プラハ / チェコスロヴァキア）

　クレメント・ゴットワルト（以下、ゴットワルトと記す）は、現在のチェコの南モラヴィア地方のヴィシコフ(Vyškov)近郊の村デーディツェ(Dědice)で生まれたとされている。ゴットワルトの母マリア・ゴットワルトヴァは未婚の母であり、ゴットワルトの父親は公式には登録されていないが、ヘロルティツ（Heroltic）出身の裕福な農家の息子であり、貧しい農家の出身であるマリアとの結婚は望まなかった様である。また、望まない妊娠でできた息子に関心を示すことはなかった。
　当時、宗教色が濃かったオーストリア・ハンガリー二重君主国、その中でも特に田舎では、婚外子を持つことは恥ずべきことであると考えられていた。それに加えて、ゴットワルトの母親の生家は貧しい農

チェコスロヴァキア

家であり、ゴットワルトの母マリアは幼い息子を残し看護師としてブルノ（Brno）に働きに出て、ゴットワルトの元に帰ってくることはほとんどなかった。そのため、実質上祖父や叔母がゴットワルトを育てた。ゴットワルトの幼少期は幸せであったとは言い難いものであった。このような環境で生まれ育った青年が後に国の指導者になるとは周りは予想しなかったであろう。

　ゴットワルト少年が9歳の時、母マリアは幼い息子を連れて結婚し、ヘロルティツに移り住んだ（生物学的父親とされる人と同じ街であるが、母マリアは違う人物と結婚した）。継父とゴットワルト少年の関係は上手くいかず、ゴットワルトは初等教育を終えると、1908年、ウィーンに住む叔父と叔母に引き取られた。叔父はウィーンで大工の棟梁として働いており、ゴットワルト少年はウィーンでは学校に通いながら叔父の仕事を手伝い、大工としての技術を身につけていった。芸術の都であったウィーンでゴットワルト少年はよく学び、美術館や博物館にもしばしば訪れるなど、色々なことを吸収したようであった。またゴットワルト自身、元来本好きであり、大工の仕事を手伝う傍ら、本をよく読んだということである。ゴットワルト少年とウィーンの叔父・叔母との関係は良好であり、叔父もゴットワルトの大工としての技術を認めていたようである。ゴットワルトはウィーンには1914年まで住んでいた。ゴットワルトはウィーンで社会主義運動に興味を持ち始め、ソコル（Sokol）などのチェコスロヴァキア社会民主青年組織の活動にも積極的に参加した[1]。

　1914年、17歳のゴットワルトはウィーンでの学校教育を修了し、

> **ソコル**
> **Sokol**
> プラハで創設された民族的体育協会。現在のチェコの国民性形成に重要な役割を果たしたとされている。「自由、平等、友愛、愛国」の元、民族意識の高揚による民族解放を目指した団体。

第3章

地元のモラヴィア地方に戻るが、母と継父のいるヘロルティツには戻らず、リプニク・ナド・ベチェヴォウ（Lipník nad Bečvou）で職を見つけそちらに移った。この頃には既に第一次世界大戦は始まっており、ゴットワルトは1915年4月にオーストリア軍に入隊し、前線に出た。

　共産主義者としてのゴットワルトの根幹は、この第一次世界大戦中に固められたと言っても過言ではないのかもしれない。後に「強制されたように皇帝一家の為に戦った」と語ったゴットワルトは、弱冠18歳で従軍した当時には既に高い政治意識を持っており、ハプスブルク家の君主制にある種の敵意を持っていた様である[2]。しかし、ゴットワルトはこの1916年と1917年に2回勲章を授与されたり、軍の中で昇進するなど、戦闘における勇敢さを讃えられており、決して与えられた任務を疎かにする人物ではなく、その点ではオーストリア軍から高く評価されていた[3]。

　しかし戦況が長引くにつれ、チェコでは反オーストリア感情が高まっていった。チェコの政治家や知識人たちはチェコスロヴァキアの国家としての独立を強く訴える様になっていった。そんな中、ロシアでは帝政が崩壊し、レーニンの指導の元に労働者・農民・兵士中心のソビエト権力が確立され、ボリシェヴィキ政権が早々にオーストリア・ハンガリー二重君主国およびドイツと停戦したのを目の当たりにしたゴットワルトは、軍に留まることに対して疑問に感じていたようである。ゴットワルトは1918年7月に短期間の休暇を取るが、その後、軍には戻らず、モラヴィア地方に身を隠した。少し話が逸れるが、ゴットワルトの様に当時軍から脱走する兵士は数多く、彼らは人里離れた森や林に身を隠した。脱走は軍においては重罪であり、捕らえられれば射殺又は絞首刑に処されたということである[4]。

　1918年10月28日、チェコスロヴァキアの独立が宣言された。独立国家宣言が発布されるとゴットワルトはすぐにプラハで新たに編成されたチェコスロヴァキア軍に入隊した。この時点ではまだ戦争は終

チェコスロヴァキア

わってはおらず、チェコスロヴァキアの領土保全がチェコスロヴァキア軍の主な任務であった。

　ゴットワルトは第一次世界大戦が終わっても軍に残った。1919 年 5 月、同年 3 月にハンガリーで誕生したクン・ベーラ（Kun Béla：1886 ～ 1938）の共産主義政府が、独立を宣言して間もないチェコスロヴァキアに対し攻撃を仕掛けてきた。クンの狙いは元々ハンガリーの一部であったスロヴァキア（上ハンガリー）に革命を伝染させ、ゆくゆくは国土を回復することであった。1919 年 6 月 16 日、スロヴァキア・ソビエト共和国がスロヴァキア東部の街プレショフ（Prešov）で宣言された。この政権は 3 週間後の 7 月 7 日には崩壊し、その後スロヴァキアは再びチェコスロヴァキアに統合されるが、ゴットワルトはこのスロヴァキアを回復する為の作戦に参加し、この時の働きが評価され軍で昇進している[5]。ゴットワルトはその後 1920 年末まで軍に勤務した。

　ゴットワルトは軍にいる時もよく本を読み、語学の勉強をしたと伝えられている。ウィーンで教育を受けた為、ドイツ語の読み書きはもちろん、流暢に話せる様になっていたが、そのほかにフランス語、英語そしてロシア語も独学で学んでいたということであった[6]。

ゴットワルトのロマンス

　1919年末、ゴットワルトは将来の妻となるマルタ・ホルボヴァ（Marta Holubová（後に正式に結婚し Gottwaldová となる）：1899 ～ 1953）と出会った。知り合った経緯など詳しいことは分かっていないが、ゴットワルトは美しいマルタに一目惚れしたと言われている。マルタもゴットワルトと同じく私生児であり、貧しい家庭で育った。マルタはゴットワルトと出会った翌年、女の子を産んでいる（この娘もマルタと名付けられた）。しかし、ゴットワルトとマルタには共通の話題がなく、ゴットワルトはすぐに冷めてしまった。彼らはすぐには結婚せず（ゴットワルトには「教養のない」と感じられたマルタと結婚する

第 3 章

ことを渋っていたとの事である）彼らが一緒に住み始め、正式に結婚したのはずっと後の 1928 年春のことであった。マルタはゴットワルトの妻となっても、生涯共産党の党員になることはなかったようである。マルタと娘は後にゴットワルトがソ連に渡った時には同伴し、娘マルタはそこで教育を受け、モスクワ大学歴史学部を卒業している。娘マルタは新聞記者になり、共産党員にもなっている。娘マルタはユーゴスラヴィア人の共産主義者と結婚し子供を一人儲けているが、彼らの結婚生活は上手くいかなかった。2 度目の結婚はゴットワルトが信頼を置いていた部下であるアレクセイ・チェピチカで、彼らには 2 人の子供がいる。

ゴットワルトのキャリアの始まり

　1920 年当時、少ない給与で過酷な軍生活を続けていくことに不安を感じる一方、チェコスロヴァキアの経済状況もまた不安定であり、ゴットワルトは自分の将来について悩んでいた。そんな時、建具職人として働き口を見つけることができ、軍を除隊した。それと同時に労働組合の代表も務め、寝る間も惜しむように沢山の本を読み、勉強した。1921 年プラハでチェコスロヴァキア共産党が結党すると、ゴットワルトはそれに参加した。同年 8 月、ゴットワルトはスロヴァキアに移り、大工の仕事に従事した。しかしそれは表向きの顔であり、この時のゴットワルトの本当の任務は共産主義青年労働者を束ねたり、党の新聞編集の仕事をすることであったのである[7]。

　ゴットワルトはスロヴァキアのバンスカー・ビストリッツァ（Banská Bystrica）近郊で共産主義者の青年たちの為のスポーツクラブを組織した。そして、彼らのために雑誌を発行し始めたのである。元々本が好きであったゴットワルトは、編集の仕事を好んだ。

　ゴットワルトは 1922 年党指導部の命令によりヴルートキィ（Vrútky）に移った。ゴットワルトと共にスロヴァキア地域の主要な新聞『プラウダ・ホドビィ（Pravda chudoby）』の編集局もこの街に移

チェコスロヴァキア

転した。ゴットワルトはこの頃にはスロヴァキア共産主義者の中央紙にも連載記事を掲載するようになっており、彼の名前が頻繁に新聞記事に登場するようになっていた。この頃のゴットワルトは、レーニン主義に傾倒する情熱的な共産主義イデオローグとしての立場を確立していた[8]。1923年始めにジリナ（Žilina）で開催されたチェコスロヴァキア共産党の地域会議の場において、ゴットワルトは新聞『プラウダ・ホドビィ』の週ごとの発行回数を増やすことを提案し、それが承認された。それと同時にゴットワルトはこの会議の場でスロヴァキア地域における共産党報道部のメンバーとして採用されたのである。その後、同年末には新聞『プラウダ・ホドビィ』の編集者となり、スロヴァキア地域の共産主義者の指導を行い、自らの立場をより固めることとなったのである。1924年になるとスロヴァキアでは共産主義の検閲が厳しくなり、新聞の発行が困難になっていった。そのため、編集部はチェコのモラフスカ・オストラヴァ（Moravská Ostrava）に移転し、ゴットワルトもそこに移った[9]。

　ゴットワルトのスロヴァキア滞在時代、マルタ・ホルボヴァは度々娘マルタを連れてゴットワルトを訪ねていた。ゴットワルトはこの時まだ忙しく、マルタとの結婚を考えられなかった様ではあるが、娘マルタが自分と同じ未婚のカップルの間に生まれた子供であるということが心に引っかかっており、マルタと完全に連絡を絶つことはしなかった[10]。ゴットワルトがオストラヴァに移ると、マルタも娘を連れて引っ越してきて（この時はまだ正式に結婚はしていなかったが）親子3人で暮らすようになった。1926年にゴットワルトがプラハに移った時もマルタと娘は一緒にプラハに引っ越している[11]。

　このオストラヴァでゴットワルトは幾人かの重要な共産主義者との出会いがあった。当時チェコスロヴァキア共産党オストラヴァ支部の書記であったルドルフ・スラーンスキーと出会ったのもこの時であった。また、スロヴァキア共産主義者の代表的存在であったヴィリアム・シロキィ（Viliam Široký：1902 ～ 1971）ともこのオストラヴァで出会っ

ている。彼らとゴットワルトはこの後、親交を深めていくことになる。

1925年頃、チェコスロヴァキア共産党内でイデオロギー的対立が表立ってきた。ゴットワルトは一貫して共産党のボリシェヴィキ化の重要性を集会などの場で演説しており、コミンテルンの路線に忠実に従うことの重要性を訴えた。それに対する反対派は右翼日和見主義者として非難され、その後共産党から追放されることとなった。ゴットワルトは1925年9月のチェコスロヴァキア共産党第三回大会において新しいスロヴァキア地域の共産党機関紙『プラウダ』の編集長に選ばれたと同時に、青年労働者幹部委員長にも選出された。同年11月に行われたチェコスロヴァキア議会選挙では共産党は農民政党に僅差で敗れたが、第二位であった共産党の政治的重要性は高まっていった。

ゴットワルト、チェコスロヴァキア共産党中央委員会へ

その後ゴットワルトはチェコスロヴァキア共産党の中央委員会、政治局のメンバーにも選出され、プロパガンダ委員会を任されるようになった。そのためゴットワルトは1926年春にプラハに移ることになった。この時ゴットワルトは遂にチェコスロヴァキア共産党の中央組織の指導的立場になったのである。

ゴットワルトはオストラヴァで親交を深めた共産主義者、ヤン・シュヴェルマ（Jan Šverma：1901～1944）、スラーンスキー、ヴァツラフ・コペツキー（Václav Kopecký：1897～1961）らをプラハに呼び寄せ、徐々にゴットワルトに献身的な協力者で周りを固めていった。彼らはゴットワルト同様、コミンテルンの路線に従い、共産党のボリシェヴィキ化が重要と考える共産主義者であった。コミンテルンにとってゴットワルトは、コミンテルンの指令に忠実に従い、チェコスロヴァキア共産党をボリシェヴィキ化させることができる人物であったのである。ゴットワルトの周囲に集まったグループは、当時ゴットワルトが勤務していたプラハのカルリン地区にあったチェコスロヴァキア共産党プラハ書記局本部の住所[12]に因んで「カルリンシュティ・クルチ（Karlínští

チェコスロヴァキア

kluci）」と呼ばれた。

　ゴットワルトは 1928 年には共産主義インターナショナル（コミンテルン）の執行委員会のメンバーになり、積極的にコミンテルンとの繋がりを強めていった。1929 年 2 月の第五回チェコスロヴァキア共産党大会においてゴットワルトらのボリシェヴィキ化路線は支持され、勝利を収めた。同時にゴットワルトはチェコスロヴァキア共産党中央委員会書記長に就任した。しかし、同年 9 月に行われた議会選挙では、チェコスロヴァキア共産党は 10.20％の得票率で第四位となり、勝利したとは言えない結果に終わったのである。ゴットワルトはこの時国民議会議員の職に就いた。この後、ゴットワルトは 12 月の議会の場で「ボリシェヴィキに倣い、チェコスロヴァキアの共産主義者は民主主義者とブルジョワジーの首を締め上げるだろう」という趣旨の演説を行い、スキャンダルを巻き起こした。事実、2 月の第五回党大会以降、急進派であるゴットワルトらがその指導的地位に就いたことで、彼らの路線に反対する者たちの党からの流出が相次いだ。1929 年末の時点で、それまで約 14 万人いた共産党員が 3 万人にまで激減したのである。ゴットワルトのモスクワに忠実な路線により、チェコスロヴァキアでは共産党の人気が落ちてゆき、党員の数は減少していった。しかしだからと言って共産主義者の影響力がチェコスロヴァキアで急速に低下したとは一概には言えない。チェコスロヴァキアも世界恐慌の影響を強く受け、労働者の賃金カットや大量解雇が行われた。その結果失業者が増加し、人々の社会に対する不満が高まっていたのである。そんな中、チェコスロヴァキア共産党は国内各地でストライキを指導し、全国にストライキが拡大していった。共産主義者は不満を抱く労働者の先頭に立つことで、労働者層の支持者を獲得していったのである。

　1934 年、大統領トマーシュ・マサリク（Tomáš Masaryk：1850 〜1937）の第三期目の終わり頃、ゴットワルトが次の候補者の一人に指名されたことで世間の注目が集まった。老齢のマサリクであった健康

1935年頃、モスクワ郊外クンツェヴォでのゴットワルト一家　左が妻マルタで中央が娘　出典　Novinky.cz/ https://www.novinky.cz/clanek/zena-styl-marta-gottwaldova-sluzebna-ktera-to-dotahla-az-na-prvni-damu-347375

状態は良好とは言えなかったが、この年の大統領選挙ではマサリクが再選した。この大統領選挙ではゴットワルトが勝つ見込みは最初から無かったに等しいが、選挙キャンペーンでは「マサリクではなく、レーニン！」という挑発的なスローガンを掲げたことで、選挙後ゴットワルトらの議員特権が剥奪され、共和国保護法違反の罪で起訴され、逮捕状が出されてしまった。そのためゴットワルトらは地下に潜ることを余儀なくされた。

　身の危険が迫っていたゴットワルトは、この時共産党指導部の命令で家族（マルタと娘）と共にソ連に亡命した。そこでコミンテルンの活動に加わり、1935年にはコミンテルン執行部の書記に選出された[13]。

　その少し前の1933年、アドルフ・ヒトラーがドイツで権力の座に就くと、チェコスロヴァキアの国内にも緊張が高まってきた。ゴットワルト不在のチェコスロヴァキア共産党では実質的にシュヴェルマと

スラーンスキーがその指導的立場にいたが、彼らは社会民主党やその他の反ナチ党や反ドイツ政党と協力し始めたのだった。この政策はコミンテルンの批判を引き起こすものではあった。ゴットワルトにとってもチェコスロヴァキア共産党内のこのような動きは好ましいものではなかった。

　1935年マサリクが健康上の理由から大統領の職を辞任すると、エドヴァルド・ベネシュを後継者に指名した。共産党はこの時、ベネシュを支持する代わりとしてゴットワルトらの逮捕状を取り消すことを要求した。12月にベネシュが大統領に選出されると、ゴットワルトらは恩赦を与えられ、刑事追訴されないことが決定した。その結果1936年2月にゴットワルトは亡命先のソ連から帰国したのである。

　ゴットワルトがソ連に滞在した間は、ソ連ではスターリンの大粛清の嵐が吹き荒れている時期であった。ゴットワルト自身はそれを直接体験することはなかったが、目の当たりにする場面はあった。スターリンによる捏造裁判、秘密裏の処刑、強制収容所など、自分にとって危ういと思われる人物をどのように排除していくかを注視していたのである。ゴットワルトはスターリンの独裁政治を社会主義構築に必要な犠牲として認識し、それと同時にソ連における社会主義建設プロセスを加速する方法であると捉えていたようである。ゴットワルトは全連邦共産党（ボリシェヴィキ）の政治路線に何の疑いを持たず共感し、第二次世界大戦後、国の指導者となった時、このスターリンの独裁体制を手本とした。ゴットワルトの急進的なボリシェヴィキ的信念はこの時のソ連滞在で確立されたと言える。

　1938年9月のミュンヘン会議の決定の結果、ズデーテン地方がドイツに割譲された。同年10月にはチェコスロヴァキアで共産党の活動が禁止され、共産党所属の議員たちはその職を解かれた。この後、ゴットワルトやスラーンスキー、シュヴェルマなど主要な共産主義者たちはソ連に亡命した。そして、彼らは第二次世界大戦が終わるまでそこに留まることとなる。

ソ連の亡命時代：第二次世界大戦中のゴットワルト

モスクワに到着したチェコスロヴァキアの共産主義者たちは、コミンテルンの寮として使われていたモスクワのホテル・リュクス、もしくは郊外のコミンテルン所有の施設に滞在した。

モスクワにおけるチェコスロヴァキアの共産主義者たちの立場は複雑であった。1939年3月にはチェコの残りの領土がドイツに占領され、同年8月にはソ連がドイツと不可侵条約を結んだのである。このことは、チェコスロヴァキアの共産主義者にとってはソ連が旧チェコスロヴァキアを解体し占領した国を承認したと捉えることができた。この時ソ連以外に亡命していたチェコスロヴァキアの共産主義者、例えばウラジーミル・クレメンティス（Vladimír Clementis：1902～1952）はこのソ連のドイツと協定を結ぶという選択を批判したが、そのことが影響してか、後にクレメンティスは共産党を追放され、最終的には1952年にスラーンスキーと共に処刑されている。ゴットワルトはこの件に関しても批判せず、ソ連の決定を無条件に受け入れた。

ゴットワルトは第二次世界大戦中、ラジオ・モスクワのチェコ（この時すでにチェコはドイツの占領下に置かれている）に向けたラジオ放送で領内の状況を知らせたり、プロパガンダ活動を行うなどをした。このラジオ放送は、占領下のチェコにおいて反ナチス抵抗運動の地下活動を続けていた共産主義者たちを鼓舞していた。

1941年に入るとドイツ軍がモスクワに迫ってきていたため、ラジオ局はソ連中央部に位置するウファ（Ufa）に移された。チェコスロヴァキアの共産党員たちの多くもそこに移り、彼らは1943年までそこに滞在した。

この時期、ゴットワルトはスラーンスキーと家族ぐるみの親しい付き合いをしていた。ゴットワルトの妻マルタは、困難な亡命生活で子供を出産したスラーンスキーの妻に、赤ちゃんのための物や食料を分けたりなどして助け合って暮らしていた（この時生まれたスラーンスキーの娘ナジェージダは、生後すぐに誘拐され、行方が分からなくなっ

チェコスロヴァキア

てしまう。本書スラーンスキーの項参照)。

　イギリスにあったエドヴァルド・ベネシュ（Edvard Beneš：1884〜1948）の亡命政権がスターリンに認められると、ゴットワルトらソ連に滞在する亡命共産主義者たちの重要度が上がった。そしてベネシュの亡命政権とソ連の亡命共産主義者たちは戦後の人民戦線政府の樹立について合意に至った。

　1943年から1944年になると、旧チェコスロヴァキア領内でパルチザン活動が勢いを増し、ソ連、モスクワにいるチェコスロヴァキアの共産主義者たちもそれを支援していった。1945年5月5日からのプラハ蜂起の時は、ドイツ軍は戦闘するだけの力を持っていたが、5月8日にナチスが降伏すると、プラハでも休戦協定が結ばれ、ドイツ軍は撤退した。

　1945年に入るとゴットワルトはロンドンの亡命政府と戦後の政治構造に関する交渉を始めていた。共産主義者たちは戦後の共和国において基盤となる全国委員会の設立、経済・社会改革の実施（国有化、土地改革など）、ナチスおよび反逆者の財産没収、ナチスおよびナチス支援者たちの処罰などを戦後の復興計画に盛り込んだ。

ゴットワルトの第二次世界大戦後のキャリア

　ゴットワルトは第二次世界大戦後チェコスロヴァキアで最も権力のある政治家の一人となった。彼は副首相、共産党中央委員会委員長だけでなく、国民戦線の委員長も務めていた。そして1946年の選挙の結果、ゴットワルトは首相の座に就き、更に権力を強めたのである。

　1945年、ゴットワルトはチェコスロヴァキアに帰国した。4月、ソ連占領下にあったスロヴァキア東部の街・コシツェ（Košice）でチェコスロヴァキア共産党がコシツェ宣言を発表し、亡命政府の帰還と共産党の連立政権参加を提示した。翌月イギリスにあったベネシュのチェコスロヴァキア亡命政府もコシツェに移り、両者合意の国民戦線政府が発足した。ゴットワルトはその副首相を務めた。そして翌

国家保安局
Státní bezpečnost：StB

チェコスロヴァキアの秘密警察は StB と呼ばれていた。1945 年に設置され、1990 年まで存在した。チェコスロヴァキア共産党が権力を掌握した後、チェコスロヴァキア共産党および国家に反すると見做された人々を取り締まったのである。

StB はチェコスロヴァキア共産党によって管理され、共産党はこの機関を権力行使と抑圧の手段として利用した。国家保安局は党に対する政敵を脅迫したり、彼らの偽の犯罪証拠を偽造し、1948 年、共産党の権力掌握のために機能した。その後、この機関も更に強権的になっていった。ソ連の顧問の指導の下、若い世代が新たにこの機関の職務に就くと、スターリン主義のイデオロギーを採用し、脅迫、誘拐、拷問などの手段を用いて自白を強要するようになった。もちろん、他の「人民民主主義」諸国同様、電話の盗聴や家宅捜索、市民の監視などは当たり前に行われていた。

1946 年の総選挙を経て正式に連立政権が樹立した。

　この 1946 年の総選挙では共産党が第一党となり、共産党は首相や内務大臣などのポストを獲得することができた。もちろんこの時の政権は当初から共産主義の影響下にあったことは言うまでもない。アメリカ・イギリスとソ連との間で中立的政策を指向する大統領ベネシュや外務大臣ヤン・マサリク（Jan Garrigue Masaryk：1886 ～ 1948 トマーシュ・マサリクの息子）と、ソ連を後ろ盾に影響力拡大を目指す共産党議長ゴットワルト（首相）との間の対立は徐々に深まっていった。

　ゴットワルトが首相の座に就いたことで、共産主義者たちは政府内での影響力を強めていった。新たに選出された憲法制定国民議会では社会民主党と協力して強力な左翼ブロックを形成した。各省庁のトップも共産党員で固めることに成功し、国防大臣の座も共産党員が就くことになった。新政府は二カ年計画を発表し、その期間中に税制改革と行政の再編を図るつもりであった。その他に土地改革や産業、銀行、通貨などの再編等、様々な計画が盛り込まれた。1947 年初頭にはチェコスロヴァキア共産党には既に 150 万人（その 2 年後には約 250 万人）の党員がおり、国内最大の政党になっていた[14]。

ゴットワルトの周りの「カルリンシュティ・クルチ」達は政権内で力を持っていった。特にその中でもチェコスロヴァキア共産党書記長スラーンスキー、内務大臣ヴァーツラフ・ノセク（Václav Nosek：1892 ～ 1955)、労働組合委員長アントニーン・ザーポトツキー（Antonín Zápotocký：1884 ～ 1957) は最も近い腹心と呼べる存在であった。スラーンスキーとノセクはチェコスロヴァキアの安全保障政策を担当しており、彼らは国内の事柄を全て把握していた。

　1948 年に入るとチェコスロヴァキア共産党がソ連の圧力でマーシャル・プランの受け入れを阻止するなど、議会における論争の火種は増えていった。共産党と非共産党の対立が深まる中、1948 年 2 月、共産党出身のヴァーツラフ・ノセク内務大臣が警察や治安部門において非共産党員を追放していった。政府内の非共産党員の閣僚たちはこれに抗議したが、ゴットワルトは武力行使を匂わせて抗議を封じ込めた。しかし、ノセクが追放された職員たちの復帰を拒否すると、これに抗議した 12 人の非共産党の閣僚たちがベネシュ大統領に辞表を提出した。彼らはベネシュが辞表を受理するとは考えていなかったのである。ゴットワルトら共産党勢力はこれを逆手に取り、首都プラハなど全国各地で大規模なデモを組織した。その結果、ベネシュは閣僚たちの辞表を受理せざるを得なくなった。そして、共産党とそれに同調する党による新政府を指名した。この時、その閣僚の大半は共産党員で占められていたが、外務大臣には非共産党系出身であり、前マサリク大統領の息子であるヤン・マサリクが指名された。ゴットワルトがチェコスロヴァキア国民に人気のあったヤン・マサリクを政権に入れることには、国民に「共産主義者の下でも民主的である」ことをアピールする狙いもあったのではないかと推測される。

　しかし、このヤン・マサリクの入閣は悲劇に終わった。ヤン・マサリクはその 2 週間後の 3 月 10 日、外務省のビルから転落死している姿で発見された。公式には自殺とされているが、共産党員に暗殺されたという説、また一部ではヤン・マサリクの入閣を好まなかったスター

1949年頃のゴットワルドフ（Zlin）　出典 Fortepan / Lőrinczi Ákos

リンの命令でソ連のエージェントに殺害されたのではという説が根強く残っているが、未だに明らかにはなっていない。

　5月に行われた総選挙では共産党とそれに同調する党からなる国民戦線が89％以上の票を獲得した。この結果を受けて6月7日にベネシュが大統領を辞任し、同月14日にゴットワルトが大統領の座に就いた。

チェコスロヴァキア大統領・ゴットワルト

　ついにチェコスロヴァキアの大統領となったゴットワルトは、スターリン主義のソ連型モデルに基づいて、産業、商業を国有化し、農業を集団化していった。もちろん国内にはチェコスロヴァキアの政治

チェコスロヴァキア

に対するソ連の影響を危惧する声もあったが、ゴットワルトはこれを封じ込めていったのである。

例えば、農業の集団化に反対する者は「人民の敵」のレッテルを貼られ人民裁判にかけられた。多くの場合、でっち上げられた様々な理由を元に死刑判決を言い渡されることもあった。このことは多くの農民にとって圧力となり、最終的には彼らは自らの財産を手放して共同組合に参加することを選んだ。しかし、このことは共産主義者が期待していたような経済的結果を生むことはなく、他の問題をも引き起こす原因となったのである。

また、ソ連型モデルを元に国家による経済計画も遂行されていった。大規模な工業計画（例えば、石炭、ウラン産業など）が実施され、発電所やダムも作られた。しかしこのことは深刻な環境問題を引き起こしたことは言うまでもない。

教育面においては、1948年の時点で既に高校や大学でマルクス・レーニン主義に基づく教育が義務付けられており、両親が共産党員、もしくは労働者階級出身の子供が優先的に学校に受け入れられるという傾向があった。また、外国語の授業はロシア語が主流となった。

妻マルタとゴットワルト　出典　Novinky.cz/ https://www.novinky.cz/clanek/zena-styl-marta-gottwaldova-sluzebna-ktera-to-dotahla-az-na-prvni-damu-347375

第3章

1948年夏、チェコスロヴァキア共産党書記長スラーンスキーは反動的な学生を教育制度から追放するという発表を出した。その結果、1948年には約4500人の学生が退学となり、大学教員の13％が解雇された[15]。

また、芸術分野においても国家からの介入が行われた。美術系の大学でもマルクス・レーニン主義教育が行われるようになっていった。また、「ブルジョワ文学」とされた文学作品は図書館から撤去され、出版社はマルクス、エンゲルス、レーニンそして、スターリン、ゴットワルトの著作が多数出版された。全てのメディアは検閲され、イデオロギー的プロパガンダが行われていった。それと同時に、スターリン主義における「抑圧」を階級闘争において必要な形態と位置づけ正当化した。

ソ連ではスターリンの個人崇拝がされていたが、チェコスロヴァキアにおけるそれは1948年以降広がっていった。チェコスロヴァキアの学校にはスターリン、ゴットワルトの肖像画が掲げられ、共産主義の式典の場にはそれらは欠かせないものになった。メディアはスター

スターリンとゴットワルトの肖像が並べられている　出典　Wikipedia

「チェコスロヴァキア・ソ連友好月間1950年11月7日～12月5日」のポスター
スターリンとゴットワルトが並んで描かれている　出典　Poster Plakat, Posters from the Soviet Union and its Satellite Nations/ https://www.posterplakat.com/the-collection/posters/with-the-soviet-union-forever-pp-156

リン、ゴットワルトそして一時期はチェコスロヴァキア共産党書記長であるスラーンスキーを賞賛するプロパガンダをこぞって流したのである。

　ゴットワルト政権の最も恐ろしい犯罪行為は、やはり「政治犯罪者」を裁く捏造裁判と強制労働収容所送りであろう。ゴットワルト時代には230人以上が裁判にかけられ死刑の判決を下された。国内に数カ所

の強制労働収容所が設置され、ここにはゴットワルトが権力の座にいた時期を通して約20万人の政治犯が送られていったと言われている。このスターリン主義のテロとも言える政策を担っていたのは、スラーンスキーやノセク、ザーポトツキーといったチェコスロヴァキア共産党幹部であったが、粛清の魔の手は

裁判でのスラーンスキー　出典　Denik https://denikn.cz/1025002/mam-co-jsem-si-zaslouzil-pronesl-pred-70-lety-rudolf-slansky-v-cem-byl-proces-s-jeho-vlastizradnou-skupinou-zlomovy/

次第に非共産党員だけでなく共産党員にまで及ぶようになっていった。その犠牲となった人たちにはルドルフ・スラーンスキー、外務大臣ヴラディミール・クレメンティス、グスターフ・フサーク（Gustáv Husák：1913〜1991 フサークは1960年代に名誉回復され、1969年にチェコスロヴァキア共産党第一書記となり、1975年には大統領に就任している）もいたのである。

スラーンスキー事件

1949年以降、東欧の各地でミニスターリンたちがチトー主義者を断罪するためのでっち上げ公開裁判を開いたが、チェコスロヴァキアでもそれは例外ではかった。チェコスロヴァキアではゴットワルトの右腕と言われたルドルフ・スラーンスキーがその標的となった。本書ではスラーンスキーの項で詳しく述べるので、ここでは詳しく触れ

チトーを批判するカリカチュア　出典 Československý voják

チェコスロヴァキア

ない。スラーンスキー裁判が開かれたのは 1952 年であり、他の国で行われた反チトー主義断罪目的の裁判よりも少し時期が遅い。スラーンスキー裁判は、反チトー裁判というよりは反ユダヤ主義的性格が際立っている。

この裁判では、11 人が死刑、3 人が終身刑を言い渡されたが、終身刑に処せられた 3 人は数年後に釈放され、その後、回顧録を書いている。その著書の中で、彼らがどのように虚偽の証言を強要されたかを詳細に語っている。1963 年 4 月、このスラーンスキー事件の犠牲者は刑法の下無罪であると確定した。そして 1968 年のプラハの春の間、ルドヴィーク・スヴォボダ大統領（Ludvík Svoboda：1895 ～ 1979）は、スラーンスキー裁判の犠牲者に国家賞を与え、犠牲者たちは正式に名誉回復がなされたことになったのである。この一連のスラーンスキー事件は、ゴットワルト時代の抑圧的な政策の負の象徴の一つとされている。

ゴットワルトの死

多くのミニスターリンたちにとって「師」であるスターリンの死は致命的な出来事であったが、幸か不幸かゴットワルトはそのスターリンの死から起こりうる失脚の恐怖を感じることは無かった様であった。言葉を換えれば、この時それを感じる余裕がゴットワルトには無かったのである。

ゴットワルトはチェコスロヴァキアの独裁者として多くの人々を粛清してきたが、それはゴットワルト本人だけの意思ではなく、モスクワの手引きがあったことは言うまでもない。つまり、スターリンの意思次第では自分もそのターゲットになり得るということであり、ゴットワルトは常に恐怖に苛まれていた。また、第二次世界大戦直後にはうつ病との診断も下っており、ゴットワルトはアルコールで気を紛らわせていたのである。ゴットワルトは重度のアルコール依存症と若い頃に患い、治療を受けていなかった梅毒に起因する心臓病に長年苦し

第 3 章

ゴットワルトの葬儀　出典
Československý voják

ゴットワルトの死を悼む子供達　　　　出典
Československý voják

んでいた（国家元首が重病を患っているという事実は国家のトップシークレットであり、スラーンスキーなどの腹心や医師たちなど数名の近しい者たちしか知らないことであった）。1952年の時点でゴットワルトの健康状態は芳しくなかったのである。この頃には既に大動脈瘤の破裂を危惧されていたようであった。

　1953年3月5日スターリンが死去すると、ゴットワルトはスターリンの葬儀に出席するためにモスクワに赴いた。このモスクワ行きが彼の運命を左右することとなった。ゴットワルトの弱った心臓の血管の壁の破裂を危惧した医師たちはモスクワへの移動には列車を勧めたが、ゴットワルトは飛行機での移動を選んだ。3月初めの極寒のモスクワの気候もゴットワルトの体には厳しかったのであろう。ゴットワルトはこの時モスクワでインフルエンザを患ってしまった。体調を崩したもののどうにかスターリンの葬儀に参列することはできた。しかしその後帰国した直後に大動脈瘤が破裂し、3月14日帰らぬ人となった。56歳の若さであった。

　亡きゴットワルトを悼み、チェコスロヴァキアの全ての主要都市では葬儀が行われた。また全国の工場や学校でも葬儀が行われたとのことであった。

チェコスロヴァキア

ゴットワルト廟があった場所からの眺め　ゴットワルト廟　この場所は今は博物
プラハの街が一望できる　筆者撮影　　館・記念館として使われている　筆者撮
　　　　　　　　　　　　　　　　　　影

　レーニンやスターリン同様、ゴットワルトの遺体は防腐処理され、プラハ中心部近くにそびえ立つヴィトコフの丘（Vítkov）の霊廟に納められた。しかし、1962年にそれは撤去され、遺体は火葬された。彼の遺灰は再度同じヴィトコフの丘に納められたが、1990年代にプラハにあるオルシャンスケ墓地（Olšanské hřbitovy）の共同墓地に安置された。

　妻マルタもゴットワルトの後を追う様に同年10月に死去している。死因は癌であったとのことである。ゴットワルトの妻マルタは、決して優美ではなく国民から好かれるファーストレディではなかった様であるが、スラーンスキーの妻は、マルタが彼女にしたことを語っている。マルタは、スラーンスキー裁判の後、スラーンスキーの妻に対し食料品や服を渡していたとのことである[16]。

ゴットワルトの記憶

現在チェコの人々の間では人気の低いゴットワルトであるが、共産時代には彼の名を冠した地名は至る所で見受けられた。例えば、現在のチェコの東部に位置するズリーン（Zlín）という街は、1949年から1989年まではゴットワルドフ（Gottwaldov）という名で呼ばれていた。またウクライナのハルキウ州ズミーウ（Зміїв）もまた、1976年から1990年までゴットワルドフと名付けられていた。

現スロヴァキアの首都・ブラチスラヴァの主要な広場は、ゴットワルトに因んでゴットワルト広場と名付けられていた（ビロード革命後に自由広場と改名された）。しかし、地元の市民はこの広場を昔のままの愛称で「ゴットコ」と呼んでいたりもする。また、現在のヌセルスキー橋と呼ばれるプラハの橋は、かつてはゴットワルト橋と呼ばれ、隣接する地下鉄駅もゴットワルドヴァと呼ばれていた。

1989年10月に発行されたチェコスロヴァキアの100コルナ紙幣には、ゴットワルトの肖像画が描かれていた（しかし、この紙幣の肖像画はチェコスロヴァキアではあまり人気がなく、1990年12月31日に廃止された）。ゴットワルトがチェコの国民に人気がないという事実は確かであり、2016年夏にはオルシャンスケ墓地のゴットワルトの名が刻んである墓標に赤いペンキがかけられたという事件があっ

1989年の紙幣　出典　Wikipedia

ゴットワルトの墓地　筆者撮影

1929年にゴットワルトがチェコスロヴァキア共産党の代表になった場所。「人殺し（Varh）」と落書きがされている。　筆者撮影

た[17]。また、1929年にゴットワルトがチェコスロヴァキア共産党中央委員会書記長に当選した時の建物（Domovina）がプラハのホロショヴィッツェ地区に残っており記念プレートが掲げられているが、2023年6月にはそのプレートに赤いスプレーで「Vrah（殺人者）」と落書きがされている。

参考文献

1. PhDr. R.Kroll, *Gottwald a jeho doba*, Praha: Albatros Media, 2019.
2. H.G. Skilling, *Gottwald and the Bolshevization of the Communist Party of Czechoslovakia (1929–1939)*// In: *Slavic Review*. 20 (4). 1961. p. 641–655.
3. *February 1948 in Prague.* https://www.muzeumprahy.cz/en/education-museum-onlineon-line-exhibitions-february-1948-in-prague/ （2024 年 5 月 31 日　最終閲覧）
4. *Gottwaldův hrob na Olšanech někdo polil červenou barvou. Vandalovi hrozí až roční vězení.* https://zpravy.aktualne.cz/domaci/gottwalduv-hrob-na-olsanech-nekdo-polilcervenou-barvou/r~fde563e078e511e682470025900fea04/ （2024 年 5 月 31 日　最終閲覧）
5. J. Mrákotová, *Marta Gottwaldová: První dáma, která vkusem a noblesou rozhodně neoplývala, ale výborně mastila karty.* https://g.cz/marta-gottwaldova-prvni-dama-kteravkusem-a-noblesou-rozhodne-neoplyvala-ale-vyborne-mastila-karty/ （2024 年 5 月 31 日　最終閲覧）

脚注

1. ゴットワルトの少年から青年時代に関しては主に、PhDr. R.Kroll. p. 18–24 を参照。
2. PhDr. R.Kroll. p. 29.
3. Ibid. p. 28–30.
4. Ibid. p. 32.
5. Ibid. p. 38.
6. Ibid. p. 35.
7. Ibid. p. 42–43.
8. Ibid. p. 53.
9. Ibid. p. 53–54.
10. Ibid. p. 48–49.
11. Ibid. p. 54, 60.
12. 現在の Praha 8, Sokolovské ul. 13。フローレンス・バスターミナルの向かいで、現在はオフィスビルになっている。
13. PhDr. R.Kroll. p. 85–86.
14. Ibid. p. 159.
15. Ibid. p. 230.
16. J. Mrákotová. https://g.cz/marta-gottwaldova-prvni-dama-ktera-vkusem-a-

noblesourozhodne-neoplyvala-ale-vyborne-mastila-karty/

17. *Gottwaldův hrob na Olšanech někdo polil červenou barvou. Vandalovi hrozí až roční vězení.* https://zpravy.aktualne.cz/domaci/gottwalduv-hrob-na-olsanech-nekdo-polilcervenou-barvou/r~fde563e078e511e682470025900fea04/

チトー主義ではなく、反ユダヤ主義が影響して粛清された

ルドルフ・スラーンスキー

Rudolf Slánský

1901 年 7 月 31 日生
(ネズヴェスチッツェ / オーストリア・ハンガリー二重帝国)
1952 年 12 月 3 日没 (プラハ / チェコスロヴァキア)

　ルドルフ・スラーンスキー(以降、スラーンスキーと記す)は、現在のチェコ共和国プレゼニ地方にある小さな村、ネズヴェスチッツェ村(Nezvěsticích)に生まれた。

　スラーンスキー一家はユダヤ教徒であり、スラーンスキーの父シモン(Šimon)は、彼の父の代から始めた商業を営んでいた。ユダヤ人ではあったが、17 世紀からスラーンスキーの姓を名乗っており、チェコ語を話していたということである[1]。

　スラーンスキーには 3 人の兄弟がいた。スラーンスキーの兄ヨーゼフ(Josef)は 1899 年に生まれ、その 2 年後に本項の主人公、ルドルフ・

スラーンスキーが誕生する。スラーンスキー一家にはこの後もう一人の男の子リハルト（Richard）が誕生するが、1904年に兄弟の母ヘルミーナが亡くなってしまった。そのため、父シモンは亡き妻のいとこであったユンドリシュカと再婚し、もう一人異母弟ズデニャク（Zdeněk）が生まれる。スラーンスキーの兄とすぐ下の弟は共産主義者として活動した。スラーンスキー自身、4歳から育ててくれたユンドリシュカを本当の母のように思っていた様である[2]。

スラーンスキーは初等教育を受けた後、プレゼニのギムナジウムで学んだ。決して優秀な生徒ではなかったようである。スラーンスキーはギムナジウムで留年してしまい、その後商業学校に移り、1920年に無事に修了した。

スラーンスキーが教育を受けていた時期は第一次世界大戦中であった。プレゼニの学校でスラーンスキーは学生運動の活動をしていた。1918年には初めてデモに参加し、商業学校から処分を受けている。

ソコルの訓練風景　1908年　Wikipedia

スラーンスキーは後に「この時、学校の教授たちの大多数は反オーストリア的であったため、軽い処罰で済んだ」と述べている[3]。

1919年、スラーンスキーは兄のヨーゼフと共にソコル（Sokol）に入って活動した。スラーンスキーによると、兄ヨーゼフはウィーンで学んでおり、政治的意識が強かったとのことであった。スラーンスキーはこの時期に強く兄ヨーゼフの影響を受けたようである。兄ヨーゼフは政治的観点の違いからソコルを追放されると、弟のスラーンスキーも次第にこの団体からは遠ざかっていった[4]。

スラーンスキーは商業学校を卒業後プラハに行き、大学で商業を学び始めた。この大学では兄と弟も学んだようである。スラーンスキーはこの頃からマルクス主義に興味を持つようになり、社会主義サークルにも出入りするようになっていく。スラーンスキーが大学を卒業したとの記録はなく、何らかの理由で退学したと思われる。スラーンスキー自身が言うには「プロの革命家になる道を選んだ」とのことであった[5]。スラーンスキーはこの時期ロシア革命とマルクス主義に関する文献を熱心に読んだ。それらの文献は兄ヨーゼフがウィーンから持ってきたものであった。また、1920年にはボリシェヴィキ的傾向のある新聞『スヴァボダ（Svoboda）』がチェコで発行され始めると、スラーンスキーは兄ヨーゼフと共にこれを読んだ。スラーンスキーはこのような形で社会主義運動の基礎を学んでいったのであった[6]。

スラーンスキーの政治的キャリアの始まり

1921年2月、社会主義青年同盟が発足した。スラーンスキーはその創設者の一人であった。スラーンスキーはこの組織でいつくかの役職を兼任している。また、スラーンスキーは共産主義学生団体という、各大学から共産主義の志を持った学生たちが集結した組織にも参加した[7]。

1921年5月、チェコスロヴァキア社会民主労働党から極左が離脱し、チェコスロヴァキア共産党を創ると、スラーンスキーはそこに入

党した。そしてそこでチェコスロヴァキア共産党創設者の 1 人である
クレメント・ゴットワルト（Klement Gottwald：詳しくは本書ゴット
ワルトの項を参照）と知り合い、以降 2 人は親交を深めていった。

スラーンスキーはこの頃デモで演説を行うなど、精力的に活動して
いたが、例えば 1924 年 10 月にプラハで行われたデモでは警察に拘
束されている（すぐに釈放された）。また、党内の政治的議論の場で
は積極的に発言し、自分の共産主義の理想を述べている。1924 年の
時点でスラーンスキーはプラハ地方委員会のメンバーであったが、11
月には『ルデ・プラヴォ（Rudé právo）』の編集者にもなり、コラム
を掲載している[8]。

オストラヴァ時代のスラーンスキー

スラーンスキーは 1925 年半ばから 1928 年 1 月までオストラヴァ
（Ostrava）で活動した。彼がプラハからポーランドやスロヴァキア
との国境に近い街、オストラヴァに移動させられた理由は党からの懲
罰、つまり左遷であったとされている。スラーンスキーは党の若手急
進派の人たちと共に党の指導部を激しく批判したことが理由で『ルデ・プラヴォ』誌の編集者の地位を降ろされたと考えられる[9]。

オストラヴァではまずチェコスロヴァキア共産党オストラヴァ支部
の刊行物『デルニツク・デニク（Dělnický deník）』の編集部で働いた。
同時期にゴットワルトはオストラヴァの新聞『プラヴダ・チュドヴィ
（Pravda chudoby）』の編集として働いており、スラーンスキーと個人
的に連絡を取り合っていた。スラーンスキーはこの他に農村地域向け
の週間紙『スヴォルノスト（Svornost）』の編集にも携わった。

スラーンスキーはオストラヴァには 1928 年 1 月まで滞在していた
が、その期間中にはこの地域の執行委員会メンバーに選出され、プロ
パガンダ委員会の委員長としても活動した。また、ゴットワルトの推
薦で 1926 年にはこのチェコスロヴァキア共産党オストラヴァ支部の
指導者となった。このオストラヴァ時代は、スラーンスキーの党内

における政治的キャリアにとって重要な期間であった[10]。スラーンスキーは1928年1月にオストラヴァを去るが、この地域の指導的立場にあったこと、そしてゴットワルトとの個人的な交流がこの後のスラーンスキーのキャリアに大きな影響を及ぼした。

1928年1月、チェコスロヴァキア共産党は再びスラーンスキーを異動させ、プラハからそう遠くない鉱山の街クラドノ（Kladno）の地区委員会の書記という役職に就かせた。スラーンスキーはこの地区のボリシェヴィキ化を推進することを期待されていたのである。

スラーンスキー、再びプラハへ

1928年までに、チェコスロヴァキア共産党には約13万8千人のメンバーがいた。これは、全連邦共産党（ボリシェヴィキ）に次いで二番目に大きな共産党であり、コミンテルンのメンバーでもあった。1929年、75万3千人の有権者が議会選挙でチェコスロヴァキア共産党に投票し、国民議会で共産主義者30人が代表となった。

その様な状況にあった1929年2月、チェコスロヴァキア共産党第五回大会が開かれた。スラーンスキーは代議員に選出されていた。この大会で、ゴットワルトを中心とするいわゆるスターリン主義中核派が権力を獲得し、多くの「日和見主義」と言われた党指導者グループが中央委員会から追放された（チェコスロヴァキア共産党創設メンバーの大半がこの時党を離れた）。この大会の結果、クレメント・ゴットワルトがチェコスロヴァキア共産党書記長に選出され、彼を支持したスラーンスキーは中央委員会のメンバーになった。また、新中央委員会創立の総会で政治局のメンバーにも選ばれた。これ以来、スラーンスキーはチェコスロヴァキア共産党の中央機関で働くようになるのである[11]。

1934年、ゴットワルトがモスクワのコミンテルン本部に移ると、党の指導部をスラーンスキーともう一人のチェコ人ジャーナリスト、ヤン・シュヴェルマ（Jan Šverma：1901～1944）に任せた。1935年、

チェコスロヴァキア

スラーンスキーとシュヴェルマは他の共産主義者と共に国民議会選挙に立候補し、その代議員になった。ゴットワルトがプラハを離れてから1年が過ぎた頃、チェコスロヴァキア共産党指導部でスラーンスキーとシュヴェルマに対する反対派勢力が出てきた。そして、1935年12月、その反対派たちはコミンテルンにスラーンスキーとシュヴェルマが「日和見主義である」と報告したのである。スラーンスキーとシュヴェルマはモスクワのコミンテルンの執行委員会の会議に召喚され、自己批判を強要され、その結果として2人共全ての党の役職から外された。しかしこの事はその半年後モスクワで再審査され、スラーンスキーとシュヴェルマは党の役職に戻された。

スラーンスキーの結婚[12]

ここでスラーンスキーが家族のことを紹介しておきたい。スラーンスキーは20代後半の頃、後に妻となるヨーゼファ・ハシュコヴァー（Josefa Hašková：1913 ～ 1995）と出会った。ヨーゼファは1913年2月25日、プラハの貧しい家に生まれた。兄弟がいたが、父と兄たちは失業しており、母の副収入でなんとか家族は支えられている状況であった。そんなヨーゼファは子供の頃から親に連れられ労働運動に関わり始めている。ヨーゼファは1927年にはすでにチェコスロヴァキアのコムソモール、そして1929年には共産党の党員になった。

1929年、ヨーゼファはルドルフ・スラーンスキーやゴットワルトなど、チェコスロヴァキア共産党の主要メンバーと知り合った。スラーンスキーとは12歳年が離れていたが、ヨーゼファは一目惚れであったという。貧しい家庭に生まれたが故に高校を卒業していないヨーゼファではあったが、1931年には外国労働者出版社のタイピストとしてソ連に赴き、1935年5月までそこに滞在した。プラハに戻った後は、雑誌『チェルヴァンキ』で働くと同時に、通訳、翻訳者としても働いた。

1937年4月20日にヨーゼファとルドルフ・スラーンスキーはプラハで結婚式を挙げた。その2年前の1935年には息子のルドルフが生

まれている。スラーンスキーの父シモンは、息子たちが共産主義運動に関わっていることを快く思わず彼らの間には確執があったが、孫のルドルフが生まれてからは少し関係が軟化したという。また、スラーンスキーとヨーゼファの間には戦後の1949年には娘マルタが生まれている。

スラーンスキー、モスクワへ

1938年初頭からチェコスロヴァキアの安全保障に暗雲が立ち込めていた。まず、3月にはチェコスロヴァキアの隣国オーストリアがドイツによって併合された（アンシュルス）。それに勢いづいたヒトラーは領土的野心をチェコスロヴァキアに向け始め、9月のミュンヘン会議の結果ミュンヘン協定が結ばれると、ドイツ軍がチェコスロヴァキアのズデーテン地方に進軍していった。チェコスロヴァキア大統領であったベネシュはミュンヘン協定の責任を取り10月に辞任し、イギリスへ亡命した。これを受けてチェコスロヴァキア共産党は10月に実質上活動を停止し、スラーンスキーも他の議員と同様に職務を失った。

亡命チェコスロヴァキア共産党指導部は1938年12月にモスクワに置かれた。スラーンスキーもそのメンバーの一人である。スラーンスキーの妻ヨーゼファの回想録によると、スラーンスキーは当初チェコスロヴァキアに残り、地下活動をする予定であったとのことだった。しかし、スラーンスキーのユダヤ人という出自からチェコスロヴァキアに留まるのは危険と判断され、ソ連へ渡ることが決定したとのことであった。また、スラーンスキーに先立ってゴットワルトがモスクワに到着していたが、1938年11月の時点でゴットワルトがスラーンスキーについて「スラーンスキーとは15年来の知り合いであり、彼の政治的能力と共産党への献身は保証する」とモスクワに報告しており、このこともスラーンスキーのモスクワ渡航が決定した理由の1つであったと推測される[13]。スラーンスキーは1938年12月12日にチェ

チェコスロヴァキア

コスロヴァキアからフランスに渡り、そこでスウェーデンの入国許可を得て、スウェーデン経由で同月 19 日にソ連に入った[14]。

スラーンスキーはモスクワではチェコスロヴァキアに向けたラジオモスクワ放送で働いた。ソ連の国営放送であった為、ラジオの放送内容はドイツに占領されたチェコスロヴァキアの状況ではなく、ソ連の国内情勢に焦点を当てたものが主であった。そのため、放送内容をめぐりソ連の指導者たちと議論を交わすこともあったようである。この問題は特にモロトフ＝リッベントロップ協定締結後に深刻になっていった。

一時期亡命チェコスロヴァキア共産党内の分裂の影響を受け、ラジオの放送局も一部が分裂しクイビシェフ（Куйбышев：現在のサマーラ）に移り、スラーンスキーもそこにいた時期があった（モスクワとクイビシェフ両方から放送していたようである）。しかし 1941 年 11 月にはモスクワの放送局に戻り、翌 1942 年の春にはチェコ語、スロヴァキア語、ハンガリー語、ポーランド語の放送局を含むラジオモスクワ放送中央ヨーロッパ部門の責任者となった。ソ連滞在中スラーンスキーは多くのソ連を初めとする各国の共産党の高官と知り合いになった。

1943 年末ごろからゴットワルトは占領下のチェコスロヴァキアにおけるパルチザン運動を組織するための援助をソ連に求め始めた。そして 1944 年 6 月、スラーンスキーがキエフに置かれていたソ連パルチザン司令部においてチェコスロヴァキア共産党の全権代表となり、チェコスロヴァキアに向けたパルチザンを組織した。この時ゴットワルトが上層部にスラーンスキーのことを助言し、スラーンスキーがパルチザン運動に協力しやすいようにラジオの仕事を解任したということであった[15]。1944 年 8 月から 10 月にかけて起こったスロヴァキア民衆蜂起の際、スラーンスキーはモスクワからスロヴァキアへ送られ、ヤン・シュヴェルマと共に反乱軍（パルチザン）の参謀の共産主義者代表として働いた。

スラーンスキーの家族の運命

　ここで少し遡って第二次世界大戦中にスラーンスキーの家族に起きた悲劇を見ていきたい。

　スラーンスキーが 1938 年にモスクワに亡命した時、妻ヨーゼファと息子も彼を追ってモスクワに赴いた。スラーンスキーの息子ルドルフは 1939 年 1 月からコミンテルンの幼稚園に通った。実はスラーンスキー夫妻の間には、1943 年 7 月 16 日にモスクワで生まれた娘ナジェージダがいた。しかしナジェージダは生後 3 ヶ月で見知らぬ女に誘拐され、発見されることはなかったのである[16]。誘拐の真相は明らかになっていないが誘拐した状況から推測すると女はヨーゼファの事を知っており、その事から考えると、ロシアの一般庶民の女がただ誘拐しただけだとは考えにくい。また、2012 年に戦後に生まれた末娘のマルタが、「父ルドルフ・スラーンスキーは、裁判の時に与えられたシナリオを丸暗記すれば娘ナジェージダに会わせてやる」と言われたとの証言をしており、モスクワ当局（もしくはチェコスロヴァキア共産党）に関係する人物が誘拐した可能性は否定できない[17]。

　スラーンスキーの故郷ネズヴェスチッツェに残ったスラーンスキーの肉親たちにも魔の手は忍び寄っていた。この第二次世界大戦中、チェコスロヴァキアは解体され、スラーンスキーの故郷はボヘミア・モラヴィア保護領となっていた。ユダヤ人であったスラーンスキーの家族の多くはホロコーストの犠牲になったのである。1942 年 1 月末、スラーンスキー一家はネズヴェスチッツェの街で財産を没収され、ゲットーへの移動を強いられた。1942 年 1 月 26 日、スラーンスキー一家はチェコ北部の小さな街テレジーン（Terezín）にあったテレジーン・ゲットー（Ghetto Theresienstadt）に到着した。父シモン・スラーンスキーは 1943 年 3 月[18]に、義理の母ユンドリシュカはその前年の 1942 年 6 月にそこで亡くなった。スラーンスキーの叔父や叔母もテレジーン・ゲットーで犠牲になっている。異母兄弟のズデニャク（兄弟で唯一共産主義運動には関わらず、地元で父シモンの商売を手伝っていた）は

テレジーン・ゲットーからアウシュビッツ強制収容所へ送られ、その後ダッハウ強制収容所に移動させられ 1945 年始めに亡くなった[19]。スラーンスキーの兄ヨーゼフはドイツ軍の占領地域で共産主義活動をしていたが、1941 年にゲシュタポに逮捕され、ダッハウ強制収容所に送られた。そこからバイエルン東部に連行させられ死亡している。

スラーンスキーの弟リハルトは、ルドルフ・スラーンスキーの他に唯一ホロコーストから逃れることができた人物であった。リハルトは 1922 年には共産党に入党し、1930 年代にはコミンテルンの仕事にも従事した。スラーンスキー同様、ソ連に行くことになっていてもおかしくはないが、彼は 1939 年 7 月にイギリスに亡命している。イギリスではチェコスロヴァキア・ソ連関係に関する出版物を出し、第二次世界大戦後はチェコスロヴァキアに戻り外交分野で働いた[20]。

第二次世界大戦後のスラーンスキー

第二次世界大戦の終わりに近づくにつれ、モスクワの亡命チェコスロヴァキア共産党指導部はベネシュの亡命政府ではなく、チェコスロヴァキア共産党の代表から成る新政府樹立を主張するようになる。ロンドンの亡命政府とモスクワのチェコスロヴァキア共産党代表は 1945 年 3 月にモスクワで会い、チェコスロヴァキアの戦後機構について交渉することになった。スラーンスキーも他の党指導者らとともにこの交渉に参加している。

1945 年 4 月、スラーンスキーは祖国の解放地域に戻った。スラーンスキーはこれ以降、6 年間でゴットワルトに次ぐチェコスロヴァキア共産党の最も有力な人物となっていったのである。1945 年 4 月の時点でスラーンスキーはチェコスロヴァキア共産党中央委員会の書記長（ゴットワルトは議長であり、実質的な党首はゴットワルトであった。スラーンスキーは書記長として党運営の事務的な役割を担った。1951 年 9 月、共産党中央委員会は書記長の職を廃止し、その役割は組織事務局が引き継いだのである）に選出された（その後の 1946 年

第 3 章

1948年 左から2番目がスラーンスキーでその右隣がゴットワルト 出典 Wikipedia

3月、チェコスロヴァキア共産党第八回大会の場で投票によってこの党における地位が確定した）。ざっとスラーンスキーの役職をここに挙げる：1945年4月から1951年11月まで、チェコスロヴァキア共産党中央委員会幹部会委員；1945年から1951年9月まで、チェコスロヴァキア共産党中央委員会書記局委員；1949年5月から1951年9月まで、チェコスロヴァキア共産党中央委員会の組織事務局委員；1948年からは1951年9月まで、チェコ共産党中央委員会幹部会の政治委員会委員。

スラーンスキーは1945年10月、臨時国民議会の議員になった。1946年5月に彼は立憲国民議会議員に選出された。1947年9月にはコミンフォルムの創立大会にはチェコスロヴァキア共産党を代表し出席した。

1948年2月のクーデター中、チェコスロヴァキア共産党は国の全権力を掌握し反対派を排除していった。スラーンスキー自身もこの時共産主義テロの主な実行役の一人として活動した。

1948年6月のユーゴスラヴィアのコミンフォルム追放はチェコス

ロヴァキア共産党にも大きな影響を及ぼした。チェコスロヴァキア共産党は他の東欧の「人民民主主義」諸国の共産党同様、コミンフォルム側に付いた。スラーンスキーはこの問題に関する各国共産党間の交渉の場でチェコスロヴァキア共産党を代表したのであった。この事が後にスラーンスキーが親チトー派であるとの嫌疑をかけられ、起訴されることの1つの根拠になってしまったのは皮肉である。1948年11月、スラーンスキーはブダペストで行われたコミンフォルム第三回会議に出席した。その会議の場では、同年9月にラーコシ政権によって裁かれ処刑されたハンガリー外務大臣ライク・ラースローらの一連の事件からの教訓が議論された。この時スラーンスキーは2年後にこのライクと同じ立場に置かれるということは予想していなかったであろう。

　1950年1月、スラーンスキーは1949年秋に設立された社会主義国家の経済同盟である相互経済援助評議会の活動を組織化するための交渉を行うため、モスクワに向けて出発した。スラーンスキーはこの時スターリンに直接迎えられ、チェコスロヴァキア経済における社会主義の拡大の見通しについて話した。そしてその1年後の1951年1月、スラーンスキーは再びモスクワを訪問し、今度はソ連とチェコスロヴァキア間の軍事協力の発展についての交渉も行っている。このようにスラーンスキーはソ連との交渉の場においてチェコスロヴァキアの代表を務めることが多かったのである。

　スラーンスキーは党内では共産主義者としては「正統派」であった。1950年5月、スロヴァキア共産党大会（スロヴァキア共産党は1939年のチェコスロヴァキア解体の時にチェコスロヴァキア共産党からスロヴァキア支部として独立したが、1948年9月にチェコスロヴァキア共産党に再合流し、スロヴァキア地域の共産党支部組織として存続した）で演説したスラーンスキーは、スロヴァキア地域の共産主義者たちに「ブルジョワ民族主義者のグループ」との戦いを呼びかけた[21]。1951年7月末、チェコスロヴァキア共産党と州機関は、スラー

ンスキーの50歳を祝う祝賀会を開催した。この時スラーンスキーの著作集が出版され、多くの工場にスラーンスキーの名が付けられた。また、ゴットワルト大統領は、この日の英雄のために新しく設立された社会主義勲章第一号をスラーンスキーに授与した。新聞には、公的機関、各国の共産党指導者らからスラーンスキーに宛てた祝電が掲載されたのであった。この時がスラーンスキーのキャリアにとっては最盛期であったのではないだろうか。その後、スラーンスキーのキャリアは急激に低下していったのである。

スラーンスキー事件

1950年代初頭、東欧のソ連圏の国々では、反チトー・キャンペーンの嵐が吹き荒れていた。各国のリーダー達は自国の「ライク(詳しくは本書、ライク・ラースローの項参照)」を探すのに躍起になっていた。そしてチェコスロヴァキアでそのターゲットとなったのは、チェコスロヴァキア共産党中央委員会書記長であり、ゴットワルトのライバルであったルドルフ・スラーンスキーとその他の13名の党・政府高官(そのうち11人はユダヤ人)であった。

スラーンスキー事件の背景とその特徴

1949年にはブルガリアのトライチョ・コストフ、アルバニアのコチ・ジョゼ、そしてハンガリーのライク・ラースローがユーゴスラヴィアのスパイであったとして逮捕され、処刑された。他の国の指導者達もこれに倣い、反チトー・プロパガンダキャンペーンに使える人材を探した。それに加え、1948年秋以降、ソ連ではスターリンの下で反コスモポリタニズム・キャンペーンが始まっていた。ユダヤ人の反ファシスト委員会の指導者が殺害されるなどの事件もあり、反ユダヤ主義の粛清がソ連や東側諸国に広がっていったのもこの頃であった。スラーンスキー裁判はこのうちの反ユダヤ主義的要素が強く、その点において、これ以前に行われたチトー主義を断罪する裁判とは性格が異

チェコスロヴァキア

なる。チェコスロヴァキア大統領であり、チェコスロヴァキア共産党党首のクレメント・ゴットワルトにとっては、共産党の二番目の人物であったスラーンスキーはでっち上げ裁判の生贄とするには全ての条件に当てはまった人物であったのである。

スラーンスキーの逮捕に至る経緯

　スラーンスキーの逮捕に至るまで、実は何人もの共産党員が逮捕されていた。ハンガリーのライク裁判の時に有罪判決を受けた人物はチェコスロヴァキアの共産党員と繋がっていたと「自白」し、このことをきっかけにゴットワルトはチェコスロヴァキア共産党を一掃しようと考えたのである。

　最初の逮捕者は、貿易副大臣エフゲン・リュブルであった。彼は1949年秋に投獄され、取り調べを受けた。一連の逮捕劇は1951年になっても止まらず、1月には外務大臣ウラジーミル・クレメンティスと外務副大臣アルトゥール・ロンドンが逮捕され、2月には国家安全保障副大臣カレル・シュヴァブが逮捕された。この時、党内ではスラーンスキーの地位は一応安定しているかのように見えた。実際1951年7月のスラーンスキーの50歳の誕生日は公の場で盛大に祝われた。

　しかし、そんな空気も長くは続かなかった。スラーンスキー誕生日の直後に自らが党の指導部内で攻撃の対象になり始めたのである。1951年9月、スラーンスキーは党内で自己批判を強要された後、将軍の地位を剥奪された。

　もちろんこのスラーンスキー裁判にもモスクワからの助言者がいてシナリオが作られた。1951年11月、スラーンスキーを逮捕するようスターリンからの指示を受けたミコヤンがお忍びでプラハに到着した。ゴットワルトは、彼自身が陰謀に巻き込まれるのではとの脅迫観念の下、スラーンスキーを生贄に捧げることに同意したのである[22]。

第3章

スラーンスキーの逮捕から裁判

スラーンスキーは 1951 年 11 月 23 日の深夜、突然拘束された。刑務所に送られ、数ヶ月に渡り拷問を受けた。ゴットワルトとの面会も認められず、何度か自殺も試みた。そして翌 1952 年 11 月、プラハの法廷で「トロツキスト・シオニスト・チトー主義者」として起訴され、「大逆罪」「軍事秘密の漏洩」「破壊活動」「経済的妨害行為」と「破壊工作」「党と国家の指導者の命を脅かす為の準備」などの罪で告発された。

チトー主義を批判するカリカチュア
出典　Československý voják

裁判は 1952 年 11 月 20 日から 27 日まで行われた。被告は、「供述」を暗記しなければならず、裁判の前に数回それが確認されたという。この裁判はチェコスロヴァキア国内で大きな反響を呼んだ。8500 を超える判決を支持するとの嘆願書が届き、そのほとんどが被告全員の死刑を求めたものであった[23]。スラーンスキーと共に法廷で裁かれたのは以下の人々であった。

氏名	逮捕時の役職	刑
ウラジミール・クレメンティス (Vladimír Clementis)	外務大臣	処刑
オットー・フィシェル (Otto Fischl)	財務副大臣	処刑

ヨーゼフ・フランク (Josef Frank)	チェコスロヴァキア共産党副書記長	処刑
ルドヴィク・フレイカ (Ludvík Frejka)	共和国大統領府国家経済局長	処刑
ベドルジフ・ゲミンデル (Bedřich Geminder)	チェコスロヴァキア共産党中央委員会国際部会長	処刑
ルドルフ・マルゴリウス (Rudolf Margolius)	外国貿易副大臣	処刑
ベドルジフ・ライツィン (Bedřich Reicin)	国防副大臣	処刑
アンドレ・シモン (André Simone 本名はオットー・カッツ)	ルード・プラボ誌（Rudé právo）の編集長	処刑
オットー・シュリング (Otto Šling)	ブルノのチェコスロヴァキア共産党地域員会書記長	処刑
カレル・シュヴァブ (Karel Šváb)	国家安全保障副大臣	処刑
ヴァヴロ・ハイドゥ (Vavro Hajdů)	副外務大臣	終身刑 （1956年釈放）
エフゲン・リュブル (Eugen Löbl)	貿易副大臣	終身刑 （1956年釈放）
アルトゥール・ロンドン (Artur London)	外務副大臣	終身刑 （1956年釈放）

＊被告人の内、クレメンティス、フランク、シュヴァブ以外は全員ユダヤ人であった。

裁判では 11 人が死刑を宣告され、3 人が終身刑を宣告された。これは当時の東欧諸国において一回の裁判でこのような厳しい判決が下された稀な例であった。当然のことではあるが、彼らの罪状と刑は、プラハの法廷ではなく、チェコスロヴァキア共産党中央委員会とモスクワの合意のもとで決定された。彼らは死刑が下されるまでの間、家族に手紙を書くことが許された[24]。ゴットワルトは有罪判決を受けた者に対する恩赦を却下し、彼らは 1952 年 12 月 3 日の真夜中にパンクラッツ刑務所（Vazební věznice Praha Pankrác）で処刑された。処刑された人たちは火葬され、遺灰はプラハ郊外のどこかに捨てられたと言われている[25]。

スラーンスキー裁判の反響、その後、そしてスラーンスキーへの評価

　スラーンスキー裁判は、裁判としては前例のない反ユダヤ主義的性格を持っていた。被告人に対する尋問の中、検察官と裁判官はチェコスロヴァキアの労働者の利益は、まさにユダヤ人としての彼らの利益に反するという旨の「自白」を要求した。裁判では、イスラエル国が国際スパイセンターとして、新しい世界大戦の扇動者の道具であることが示された。 また被告の「自白」から、イスラエル政府が自国にとって有益であり、チェコスロヴァキアにとっては不利益となる貿易協定を求めていたことが「明らかに」なった。チェコスロヴァキアの国益に反して、イスラエル軍のために国から武器を輸出を企てたとされた（しかし実際には、スラーンスキーはチェコスロヴァキアからイスラエルへの武器供給に対する唯一の反対者であったとの記録も残っている）。

　終身刑を宣告された 3 人は 1956 年までに釈放された。そして 1963 年に名誉回復がなされた。1968 年 4 月、就任したてのルドヴィーク・スヴォボダ（Ludvík Svoboda）大統領は、スラーンスキー裁判の 9 人の犠牲者に国家から賞を授与した[26]。

裁判でのスラーンスキー　出典 Wikipedia

スラーンスキーは、拷問を受けて「自白」を余儀なくされた一連の事件においては無罪である。しかし、ライクやその他のでっち上げの公開裁判の場で裁かれた東欧各国の共産党政権の政府高官達同様、それ以前のチェコスロヴァキアにおける大量虐殺や強制収容所送りなどの件に関しては罪を負っているという事実は変わることはない。

スラーンスキー裁判に関する資料、ドキュメンタリーフィルム

2018年3月15日、中央ボヘミアの破産した金属工場でフィルム素材が入った20個の保管箱が発見された。これは、スラーンスキーの裁判の記録であった。歴史家や専門家の間では、その存在が長い間推測されてはいたが、約30年の時を経てそれが見つかったという、言わば世紀の大発見であった。チェコの国立フィルムアーカイブがその史料を引き継いだ。発見された保存箱には、映像・音声のネガや複製コピー、チェコスロヴァキア共産党中央委員会の公文書のコピーなど、さまざまな資料が含まれていた。これらの保管箱はビロード革命直後にこの場所に運び込まれ、この場所に隠され忘れ去られていたのではと考えられている。

チェコの映画監督、マルティン・ヴァダス（Martin Vadas）は、この発見された映像を元に2020年に『罠をかけたのは彼だったのか——ルドルフ・スラーンスキー（KDO JINÉMU JÁMU Rudolf Slánský）』というタイトルの ドキュメンタリー映画を作った。（このタイトルは、チェコの諺「Kdo jinemu jamu kopa, sam do ni pada（他人へ落とし穴を掘るものは、自らがそこに落ちる）」の前半部分から取

られている）映像はオンラインで公開されている[27]。また、フランスの映画監督ルース・ズィルベルマン（Ruth Zylberman）は2022年に『裁判――プラハ1952年（Le Procès – Prague 1952）』を公開している。映画の中には、処刑されたスラーンスキーの子孫、そして終身刑を宣告されたロンドンの子孫達の証言もあり、興味深い内容になっている[28]。

スラーンスキーの家族のその後

少し遡るが、最後にスラーンスキーの家族の話をしたい。第二次世界大戦が終わりチェコスロヴァキアへ帰国すると、妻ヨーゼファは中央女性委員会で働いたり、雑誌の編集局に参加したりした。また、モスクワで培ったロシア語を活かし、ロシア文学をチェコ語に翻訳した。

1951年にルドルフ・スラーンスキーが逮捕されると、ヨーゼファは1929年から党員であった共産党から除名された。子供達と共にヴェセリコヴァ（Veselíková）に移され、そこで約1年半を過ごした。その後はブルンタール（Bruntál）近郊のラゾヴァ村（Razová）に強制的に移住させられ、プラハに戻ることができたのは1956年であった。ラゾヴァ村ではヨーゼファは工場で働いた。この時、ヨーゼファは違う姓を名乗ることを強要され、いじめの対象となったとのことであった。ヨーゼファが夫スラーンスキーの正式な死亡診断書を受け取ったのは1955年2月のことであった。夫ルドルフの名誉回復後の1963年、ヨーゼファは党員資格が回復されたが、1969年に再び除名された。しかし、彼女は社会主義への信念を持ち続けたということだった。ビロード革命後は夫ルドルフについての回想録を出版している[29]。

スラーンスキーの弟のリハルトは戦後チェコスロヴァキアで外交官として働いていたが、兄が逮捕されると同時にスパイ容疑で逮捕され、拷問にかけられた。そして終身刑が言い渡されている。1951年から1957年にはレオポルドフ刑務所（Věznice Leopoldov）に投獄され、釈放された後もプラハに住むことを禁じられた。1961年から

チェコスロヴァキア

1964 年にかけてはソコロフ（Sokolov）で教師として働き、外国語を教えた。1963 年に名誉回復され、退職後は静かに暮らした。弟リハルトは故郷ネズベスチツェに埋葬されている[30]。

　スラーンスキーの息子ルドルフ・スラーンスキーはビロード革命後は在ロシアのチェコスロヴァキア大使を務め、2004 年までは在スロヴァキアのチェコ大使を務めた。スラーンスキーの娘マルタは、父の友人ゴットワルトの妻マルタにちなんで名付けられた。父ルドルフが処刑された時、彼女は 3 歳であった。1996 年、マルタは 47 歳の時に不動産会社を設立し成功した。マルタの息子であるデヴィッド・チェルニークは、2022 年にドキュメンタリー映画に出演し家族の思い出を語った。

参考文献

1. J. Chadima, *Rudolf Slánský*, Praha: Vyšehrad, 2022.
2. K. Kaplan, *Report in the murder of the general secretary*, Columbus, OH: Ohio State University Press, 1990. (原文 "Zpráva o zavraždění generálního tajemníka"/ translated from Czech by Karel Kovanda)
3. M. Šiška, *Zpackaná operace Velký metař*. https://www.novinky.cz/clanek/veda-skolyzpackana-operace-velky-metar-40015361（2024 年 5 月 31 日　最終閲覧）
4. I. Margolius, *Praha za zrcadlem: Putování 20. stoletím*, Praha: Argo, 2007.
5. Сланского процесс. https://eleven.co.il/diaspora/judeophobia-anti-semitism/13836/（2024 年 5 月 31 日　最終閲覧）
6. Rudé právo. 20.11.1952. https://archiv.ucl.cas.cz/index.php?path=RudePravo/1952/11/20/3.png（2024 年 5 月 31 日　最終閲覧）
7. Rudé právo. 30.4.1968. https://archiv.ucl.cas.cz/index.php?path=RudePravo/1968/4/30/1.png（2024 年 5 月 31 日　最終閲覧）
8. В Чехии антисемитизма нет. Или почти нет. https://ruski.radio.cz/v-chehiiantisemitizma-net-ili-pochti-net-8588479（2024 年 5 月 31 日　最終閲覧）
9. *Unikátní archivní objev. Stará továrna ukrývala ztracené filmy z procesu se Slánským*. https://www.irozhlas.cz/veda-technologie/historie/proces-se-slanskym-rudof-slanskyfilmove-materialy-nalez_1803201926_dbr（2024 年 5 月 31 日　最終閲覧）
10. M. Vadas. *KDO JINÉMU JÁMU Rudolf Slánský*. Filmový dokument. 2020. https://www.ceskatelevize.cz/porady/12505569593-kdo-jinemu-jamu-rudolf-slansky/（2024 年 5 月 31 日　最終閲覧）
11. R. Zylberman, *Le Procès – Prague 1952*. 2022. https://www.youtube.com/watch?v=VRF_DQrz_-I（2024 年 5 月 31 日　最終閲覧）
12. 70 лет назад вынесением 11 смертных приговоров завершилось сфабрикованное «Дело Сланского». https://ruski.radio.cz/70-let-nazad-vyneseniem-11-smertnyhprigovorov-zavershilos-sfabrikovannoe-delo-8768025（2024 年 5 月 31 日　最終閲覧）
13. *Rudolf Slánský – Nezvěstický rodák*. https://www.nezvestice.cz/rudolf-slanskynezvesticky-rodak/（2024 年 5 月 31 日　最終閲覧）
14. ズデニャク・スラーンスキーのデータ https://www.holocaust.cz/databaze-obeti/obet/124481-zdenek-slansky/（2024 年 5 月 31 日　最終閲覧）
15. シモン・スラーンスキーのデータ https://www.holocaust.cz/databaze-obeti/obet/124479-simon-slansky/（2024 年 5 月 31 日　最終閲覧

脚注

1. J. Chadima. p. 23.

2. Ibid. p. 23.

3. Ibid. p. 26−27.

4. Ibid. p. 27−28.

5. Ibid. p. 28.

6. Ibid. p. 26−31.

7. Ibid. p. 52−53.

8. Ibid. p. 59.

9. Ibid. p. 61.

10. Ibid. p. 61-80.

11. K. Kaplan. p. 285-286, 323.

12. J. Chadima. p.167-173.

13. Ibid. p.182-183.

14. Ibid. p.183: RGASPI. f. 495.op. 272. d.51. fol.145-147.

15. Ibid. p.193.

16. Ibid.p.214-216.

17. Ibid. p. 216.

18. シモン・スラーンスキーのデータ https://www.holocaust.cz/databaze-obeti/ obet/124479-simon-slansky/

19. ズデニャク・スラーンスキーのデータ https://www.holocaust.cz/databaze-obeti/ obet/124481-zdenek-slansky/

20. J. Chadima. p.167-173, 211-213: *Rudolf Slánský – Nezvěstický rodák*. https://www. nezvestice.cz/rudolf-slansky-nezvesticky-rodak/

21. K. Kaplan, p. 285-286.

22. M. Vadas. *KDO JINÉMU JÁMU Rudolf Slánský.* Filmový dokument. 2020. https://www. ceskatelevize.cz/porady/12505569593-kdo-jinemu-jamu-rudolf-slansky/

23. Сланского процесс. https://eleven.co.il/diaspora/judeophobia-anti-semitism/13836/

24. 例えば、R. Zylberman, *Le Procès – Prague 1952*. 2022. https://www.youtube.com/ watch?v=VRF_DQrz_-I

25. 例えば、70 лет назад вынесением 11 смертных приговоров завершилось сфабрикованное «Дело Сланского». https://ruski.radio.cz/70-let-nazad-vyneseniem-11-smertnyh-prigovorov-zavershilos-sfabrikovannoe-delo-8768025

26. Rudé právo. 30.4.1968.

第 3 章

27. M. Vadas. *KDO JINÉMU JÁMU Rudolf Slánský*. Filmový dokument. 2020. https://www.ceskatelevize.cz/porady/12505569593-kdo-jinemu-jamu-rudolf-slansky/ また、同じ映像を YouTube でも観ることができる https://www.youtube.com/watch?v=m5Ee5fVZ3ao

28. R. Zylberman, *Le Procès* – Prague 1952. 2022. https://www.youtube.com/watch?v=VRF_DQrz_-I

29. J. Chadima. p. 377- 378.

30. Ibid. 379- 380.

「反帝国主義・反戦・平和・親善・連帯」スローガンに掲げられた

世界青年学生フェスティバル

World Festival of Youth and Students

　1947年7月、チェコスロヴァキアの首都プラハに世界中から大勢の若者が集まった。第一回世界青年（学生）フェスティバルが開催されたのである。この大会には世界71か国から1万7千人が参加した。最初の世界青少年学生フェスティバルは6週間続き、これは現在まででも歴代最長のフェスティバルである。

　このフェスティバルが開催された背景は、第二次世界大戦終結直後に遡る。第二次世界大戦が終わるとロンドンで世界青少年平和会議が開かれた。その場で世界民主青年連盟を創設し、数年おきに青年および学生が文化交流を図るためのフェスティバルを開催することが決定したのである。

　プラハの第一回大会は世界民主青年連盟（WFYD）主催で開催された（第二回大会より国際学生連合も主催者に加わる）。スポーツ、芸術、文化プログラムがあり、世界の国々の文化交流の場としては非常に充実したものとなっていた。長期にわたる戦争による傷跡の癒えないヨーロッパの街で開催された第一回大会は未来への希望に満ちあふれていた[1]。

世界青年学生フェスティバル　出典　世界青年フェスティバルのパンフレット

第3章

多くの若者が参加した　出典　世界青年フェスティバルのパンフレット

「反帝国主義・反戦・平和・親善・連帯」などがスローガンに掲げられているが、もちろん全く政治性がないフェスティバルであるとは言えない。プラハ大会当時のパンフレットを見ても、所々に「アメリカの帝国主義」を批判する言葉が置かれているのである。プラハ大会の次にこの大会が開かれたのはハンガリーの首都ブダペスト、1949年であった。1949年と言えば、前年のユーゴスラヴィアのコミンフォルム追放があり、そのせいで、ユーゴスラヴィアの青年代表たちには参加のためのビザが下りなかった。そしてその大会にはコミンフォルムの決議に賛成の意を表し、各国に亡命していたユーゴスラヴィアの青年たちをその代表として参加させようとしたのである。そして大会中も反チトーのプロパガンダが連日ブダペストの街中で吹き荒れていた[2]。

　少し話が逸れるが、2024年2月29日から3月7日にかけて、ロシアのソチで国際青少年祭典が開かれた。この祭典には、公式には2万人以上が参加したとされている。この2024年にソチで開催されたこの祭典はロシア連邦政府が主催しており、1947年にプラハで第一回大会が開かれた世界青年（学生）フェスティバルとは全く関連がない。このソチで開催された祭典ではロシアの文化の素晴らしさ、若者同士の交流の素晴らしさが強調された。祭典に参加した各国からの参加者たちはロシアの30都市を訪れるプログラムにも参加している。青年同士の交流が新しい未来を創りあげるという理想の下に開催される祭典は美しいが、それと同時進行でウクライナへの攻撃の手を緩め

なかったロシア政府には矛盾を感じずにはいられない。流麗な文句を並べ文化をアピールする裏側で暗躍するという手法に、ソ連的なものを垣間見た一件ではあった。

世界青年学生フェスティバルは、1947年のプラハ大会に続いて、1949年にブダペスト、1951年にベルリン、1953年にブカレスト、1955年にワルシャワなど、ミニスターリンたちが活躍するソ連の影響下にある国々の首都で開催された。回を重ねるごとに参加国、参加人数は増え、1950年代には100カ国以上の国から参加者が集まるようになった。この青年と学生のフェスティバルは現在でも不定期で開催されている。

世界青年フェスティバル第七回大会のポスター　1959年7月〜8月にかけてウィーンで開かれた　出典 Magyar Nemzeti Múzeum/ https://gyujtemenyek.mnm.hu/hu/record/-/record/MNMMUSEUM769483

参考文献

1. *Кимура К.* Под знаком дунайского содружества. Венгерско-югославские культурные связи в 1945–1948 гг.// Славяноведение. 2010. №5. С. 53–64.

2. Kimura K., *Yugoslav political émigrés-students in the USSR and the countries of People's Democracy during the period of Stalin-Tito split (1948–1954) – their roles in anti-Yugoslav (anti-Tito) propaganda campaign in The World Federation of Democratic Youth, International Union of Students, and II World Festival of Youth and Students in Budapest 1949.// In; The Student Milieu in the Soviet Bloc Countries 1945-1990*, Wroclaw, 2020. p. 51–73.

3. Всемирный фестиваль молодежи и студентов в Праге（大会のパンフレット）

脚注

1. Всемирный фестиваль молодежи и студентов в Праге.（大会のパンフレット）

2. *Кимура К.* Под знаком дунайского содружества. Венгерско-югославские культурные связи в 1945–1948 гг. С. 63: Kimura K. *Yugoslav political émigrésstudents in the USSR and the countries of People's Democracy during the period of Stalin-Tito split (1948–1954) – their roles in anti-Yugoslav (anti-Tito) propaganda campaign in The World Federation of Democratic Youth, International Union of Students, and II World Festival of Youth and Students in Budapest* 1949. p. 52–73.

時代に逆行する保守的政策打ち出し、プラハの春の引き金を引く

アントニーン・ノヴォトニー

Antonín Novotný

1904年12月10日生（レトニャニィ
/ オーストリア・ハンガリー二重君主国）
1975年1月28日没（プラハ / チェコスロヴァキア）

　アントニーン・ノヴォトニー。彼は厳格な共産主義者として、大統領ゴットワルトの影響下のチェコスロヴァキアで活躍した人物の一人である。ゴットワルトの死後、チェコスロヴァキア共産党第一書記の座に就き、アントニーン・ザーポトツキー（Antonín Zápotocký：1884〜1957）大統領と権力を二分する形ではあったが、実質的にチェコスロヴァキア共産党内において権力を持ち、指導していった。1957年にザーポトツキーが死去すると、チェコスロヴァキア大統領の地位に就き、更に大きな権力を握ることに成功した。そしてそれ以降はモスクワの政治路線に忠実にチェコスロヴァキアを支配していった。しかし1960年代中盤以降、チェコスロヴァキア内で激化していった民

第3章　　224

主化の波に飲まれていくことになる。

アントニーン・ノヴォトニーは 1904 年 12 月 10 日、当時のオーストリア・ハンガリー二重君主国領内（現在はチェコ共和国プラハ 18 区）のレトニャニィ（Letňany）で生を受けた。労働者階級の家系であった。

ノヴォトニーは初等教育を終えると職業訓練を受け、金属労働者として働き始めた。若い頃から労働者運動に興味を持ち、社会民主党の活動に加わっていた。1921 年に党が分裂しチェコスロヴァキア共産党が結党した時には既にそのメンバーとして参加していた。この後、ノヴォトニーは共産主義者として熱心に活動に参加するようになっていったのである。

ノヴォトニーは共産党のために精力的に働き、1935 年にはコミンテルンの第七回世界大会の代表に選ばれるまでに成長した。1938 年にチェコスロヴァキアで共産党が非合法化されると、ノヴォトニーは仲間と共に非合法の共産党地下活動に従事し始めた。

第二次世界大戦が勃発すると 1941 年にナチス軍に捕らえられ、オーストリアのオーバーエスターライヒ州、マウントハウゼン（Mauthausen）にあった強制収容所に収監された。マウントハウゼン強制収容所は、主に「反社会分子」とされた囚人が収容される場所であり、囚人たちは採石場や鉱山などで過酷な労働を強要された。多くの犠牲者を出した悪名高い強制労働収容所ではあったが、ノヴォトニーはそこで生き延び、アメリカ軍によってマウントハウゼン強制収容所が解放された時に自由の身となった。

第二次世界大戦後のノヴォトニー

第二次世界大戦が終わるとノヴォトニーはプラハに戻り、チェコスロヴァキア共産党の党組織で働き始めた。1945 年、ノヴォトニーはチェコスロヴァキア共産党プラハ市支部の第一書記となった（1951 年まで）。1946 年にはチェコスロヴァキア共産党中央委員会のメン

225

チェコスロヴァキア

バーに初めて選出され、1968年5月までその地位に留まった。ノヴォトニーは戦後すぐの時期から首都プラハにおける共産党組織の指導的役割を担った人物の一人だったのである。

1948年6月、ゴットワルトがチェコスロヴァキア大統領の座に就くとノヴォトニーも権力の中枢への階段を上っていく。1951年9月、ノヴォトニーは新たに設置された組織書記局のメンバーに選出され、同年12月にはチェコスロヴァキア中央委員会政治局の幹部委員となった。1952年のスラーンスキー事件に代表されるチェコスロヴァキア共産党内で吹き荒れた粛清の嵐の中、ノヴォトニーは自らの権力を確立した人物の一人であった。1953年3月、スターリンが死去した直後にゴットワルトも死去した。そして同年9月、ノヴォトニーはチェコスロヴァキア共産党第一書記に選出されたのであった。

ゴットワルト死後のチェコスロヴァキア

ゴットワルトが首相から大統領になった1948年、首相の座に就いたのはアントニーン・ザーポトツキーであった。ゴットワルトが死去すると、大統領の座にはザーポトツキーが就いた。1953年から1957年まではゴットワルト時代の様にチェコスロヴァキア共産党第一書記が大統領を兼任するという形ではなかったが、実質上共産党内で権力を振るったのはこの時、第一書記であったノヴォトニーであった。

ノヴォトニーは根本的にはスターリン主義者であり、スターリンの死後もソ連の政治路線に忠実に従おうとした。ノヴォトニーはスターリン時代にミニスターリンとしてチェコスロヴァキアで権力を振るった当事者ではなかった（もちろん、それに加担してはいたが）ためであろうか、1956年2月にモスクワで第二十回共産党大会の場においてフルシチョフがスターリンを批判した時、自国でゴットワルトの個人崇拝を批判した。スターリン批判に起因する政治体制の動揺を最小限に食い止めようとしたようである。

1957年11月13日にザーポトツキーが死去すると、同月フルシチョ

フの推薦もあり、ノヴォトニーが大統領の座に就いた。チェコスロヴァキア共産党第一書記であり、大統領になったノヴォトニーは1960年に大規模な恩赦を発表した。それに伴い、1950年代に行われた政治裁判で有罪判決を受け、拘留されていた多数の囚人が釈放された。しかしそれと並行して1960年1月、チェコスロヴァキア共産党中央委員会の会議で、ノヴォトニーは当時の憲法に代わる社会主義憲法草案の承認を推進したのである。同年7月、国会はこの新しいいわゆる社会主義憲法を承認した。これにより、チェコスロヴァキア共和国という国名がチェコスロヴァキア社会主義共和国に変更された。

ノヴォトニーの時代にはスロヴァキア民族問題が先鋭化していた。1960年に新しい社会主義憲法が承認されチェコスロヴァキアが自らを社会主義国と謳い始めた当時、チェコスロヴァキアという国は本質的にプラハによって中央集権的に統治されていた。ノヴォトニーを筆頭とするプラハ政府はこの「民主的中央集権」的統治を強固に守っており、スロヴァキア民族団体に政治的にも文化的にもスロヴァキア民族としての主張をする余地を与えなかったのである。

1960年には大規模な恩赦を実施したが、ノヴォトニーはゴットワルト時代の弾圧に関与していた事実があるため、その時犠牲になった政治家たちの名誉回復には難色を示していた。このこともあって、1960年後半にはスラーンスキー事件や一貫性のない経済改革実施の責任問題などに関連し、政治の見直しを遅らせたとして国民から批判の的となった。デモや集会の解散、独裁的な統治体制を変えることに消極的であること、国家の連邦構造を導入するというスロヴァキア人の要求を無視したことにより、チェコスロヴァキア共産党中央委員会の中にもノヴォトニーに反対する派が現れ始めた。

1967年に入り、保守派であったノヴォトニーはより厳しい政治路線を再開していきたいと考えていたが、すでに緩和プロセスが進行していたため、現実的に不可能であった。ノヴォトニーは、1967年10月末にプラハのストラホフ（Strahov）から起こった学生のデモ事

チェコスロヴァキア

1967年10月31日のストラホフの寮学生デモ事件

プラハのストラホフ（Strahov）にあった学生寮から起こった事件。1967年10月31日、寮の学生たちが頻繁に起こる停電に抗議し、「我々は光が欲しい、我々はもっと光が欲しい（Chceme světlo, chceme více světla）」のスローガンの下、約2000人の学生がプラハの街でデモ行進を行った。この抗議活動は国家保安隊（Sbor národní bezpečnosti）によって鎮圧され、負傷したり退学を余儀なくされた学生もいた。この事件は当時メディアに取り上げられ、この介入は国民から非難された。この事件はノヴォトニー政権の弱体化と、翌年に始まる1968年の「プラハの春」を引き起こすきっかけの一つとなった。

件を受けて、彼らの不満を解決しようと試みるがそれは失敗に終わった。また同時期、ノヴォトニーは国民に人気のあったリベラル文学小説の出版を停止したり、人気の映画の上映を禁止するなど、時代と逆行した自由化の制限をしようとしていた。ノヴォトニーと同じ保守派であった人たちの中にも反対派がでてきた。当時の自由化を求める社会的風潮の中、時代に合った任務をこなすにはノヴォトニーの能力では不十分であったのである。ノヴォトニーはチェコスロヴァキア共産党の指導部によるに絶対的な統制が緩むことを常に恐れていた。

1967年末から翌年1月にかけて、チェコスロヴァキア共産党中央委員会総会では2つ以上の職を兼任することに関する合法性が討議された。そしてその結果、1968年1月4日、ノヴォトニーはチェコスロヴァキア共産党中央委員会第一書記の職を解任されたのである。そしてその後任としてアレクサンデル・ドゥプチェク（Alexander Dubček：1921–1992）が選出されたのであった。

ノヴォトニーはチェコスロヴァキア社会主義共和国の大統領、チェコスロヴァキア共産党中央委員会委員の座には留まったが、チェコスロヴァキア共産党の保守派として力を及ぼすことはできなかった。労働者たちに「ブルジョア」改革に対する反抗の精神を喚起することでなんとか民主化を食い止めようとするが、反対に国民にはノヴォトニー自身が民主化への障害であると見なされ、文化人や若者たちはノ

第3章

ヴォトニーの辞任を要求した。自由を求めるチェコスロヴァキア国民の前にはノヴォトニーの保守的な政治的手法はすでに受け入れられないものとなっていたのである。

1968年3月28日、ノヴォトニーは全ての役職から解任され、共産党員としての資格も停止された。ノヴォトニーの後任には、有名な軍事指導者で第一次世界大戦と第二次世界大戦の退役軍人であるルドヴィーク・スヴォボダ（Ludvik Svoboda：1895〜1979）が、チェコスロヴァキアの新大統領に就任した。このノヴォトニーの辞任は、いわゆる「プラハの春」の始まりとなったのである。

ノヴォトニーのその後

1971年、ソ連軍による「プラハの春」の鎮圧、そしてその後の国内「正常化」プロセスが開始されると、ノヴォトニーは再びチェコスロヴァキア共産党中央委員会のメンバーとなった。しかし、彼はもはやチェコスロヴァキア共産党においても何の影響力も持つことはなかった。

1975年1月28日、ノヴォトニーはプラハにおいて死去した。遺体は火葬され、プラハの5区にあるマルヴァジンキィ墓地（Hřbitově Malvazinky）に埋葬された。

プラハにあるノヴォトニーの墓　筆者撮影

参考文献

1.K. Kaplan, *Kronika komunistického Československa. Antonín Novotný – vzestup a pád „lidového" aparátčíka*, Brno: Barrister & Principal, 2011.

2.Old.hrad.cz http://old.hrad.cz/president/novotnyp.html

3.INTERNET ARCHIVE Wayback Machine https://web.archive.org/web/20180423102058/ http://old.ustrcr.cz/cs/antonin-novotny

4.TOTALITA.CZ Antonín NOVOTNÝ https://www.totalita.cz/vysvetlivky/o_novotnya.php

チェコスロヴァキアのグラーグ
ヴォイナ強制労働収容所

チェコ共和国プジィブラム（Příbram）という街にほど近い林の中を進んだ所にヴォイナ・レシェティツェ記念碑と名付けられた場所がある。ここは現在、チェコスロヴァキアにおける共産主義の犠牲者を追悼する博物館となっている。しかし以前はヴォイナ強制労働収容所として稼働していた施設であった。

この施設に収容されていた囚人たちがさせられていた主な労働は、近くの鉱山でのウラン鉱石採掘であった。チェコスロヴァキア領内では19世紀には既にウラン鉱石の採掘がされ始めていたが、それが特に重要な産業になるのは第二次世界大戦後のことであった。第二次世界大戦末期、日本に原子爆弾が投下され、世界はその威力を目の当たりにした。それを見たソ連は戦後原子爆弾を完成させることに躍起になった。そのため、

ヴィオナ強制収容所に続く道　筆者撮影

ヴォイナ強制収容所への道　のどかな場所である　筆者撮影

コラム

ヴィオナ強制収容所趾　現在は博物館になっている　筆者撮影

ソ連では質の良いウラン鉱石獲得の重要性が高まっていったのである。チェコスロヴァキア領内では良質なウラン鉱石が採れるということは知られており、これよりチェコスロヴァキア全土でウラン鉱石産業が盛んになっていった。第二次世界大戦前から元々ウラン鉱石を採掘していた場所でも常に人手が足りない状況であった。そのため戦後すぐは主に東部戦線からのドイツ人戦争捕虜が労働力として使われるようになった。彼らは劣悪な環境の中、ソ連の原子力計画のためのウラン鉱石の採掘に従事した。

　ウラン鉱石採掘のための労働者を収容する強制労働収容所はチェコスロヴァキア国内に何か所かあったが、ヤヒモフ（Jachymov）地区、ホルノスラフ（Hornoslav）地区そしてプジィプラム地区が主な3ヶ所であった。本項ではプジィプラム地区のヴォイナ強制労働収容所に着目する。ちなみに、強制労働収容所はチェコスロヴァキア内に数多く存在していたが、このヴォイナ強制労働収容所はその中でも劣悪な

環境であったということである[1]。

ヴォイナ強制収容所

プジィブラム地区を始めとするウラン鉱石採掘のための強制労働収容所の大半は、第二次世界大戦後にドイツ人戦争捕虜によって建設された。このヴォイナ強制労働収容所も1947年から1949年にかけて、ドイツ人捕虜たちが建てたものであった。もちろん強制労働収容所の施設を作っている間にもドイツ人戦争捕虜たちはウラン鉱石の採掘にも駆り出された。しかし、国際法に基づき、1949年半ばからドイツ人戦争捕虜たちが少しずつドイツに帰還していくようになる。そんな時、チェコスロヴァキアの権力の座に就いたのが、ゴットワルトを始めとする共産主義者たちであった。

1945年11月の時点で、ソ連政府とチェコスロヴァキア政府の間ではチェコスロヴァキアにおけるラジウムやその他の放射性物質含む鉱物採掘拡大に関する協定が結ばれた。その結果、チェコスロヴァキアでは共産主義政権独裁体制が確立する1948年以前には既に放射線物質を含む鉱石採掘は国家事業となった。これは、国がソ連に放射線物質を含む鉱石を供給することに同意したことを意味しているのである。チェコスロヴァキアのウラン産業は第二次世界大戦後はチェコスロヴァキアのみならずソ連によって管理されていった。

ウラン鉱石採掘の危険性はもちろん知られていた。しかし、チェコスロヴァキア政府は最大限の利益を追求したため、最も基本的な安全措置でさえ省略されることがあった。そのため、強制労働収容所に収容されていた人たちは健康被害を訴えることが多かった。

共産主義政権が権力を掌握すると、国家指導部はこの施設を共産主義政権にとって好ましくないとされた政治犯を収容し強制労働させるための施設として使うことを決定した。1949年11月22日、内務省より正式決定がなされ、強制労働収容所として稼働し始めた[2]。囚人は政治的理由により裁判も受けず、抑留された。彼らを強制労働収

ウランを採掘していた場所であった　筆者撮影

容所に送るのに彼らが犯罪を犯している必要はなかった。ただ疑いがあるだけでよかったのである。チェコスロヴァキアのあらゆる分野のエリート層がここで刑を宣告され、強制労働に従事させられることになった。この時の目的は体制に反対する者たちを隔離し再教育することも含まれていた。そのため、労働の傍、イデオロギー教育がされた。ヴォイナ強制労働収容所の環境は非常に劣悪であり、当時の様子を報告した文書は公文書館に残っている（一説には、嘘か誠かナチスの強制収容所の方が生活環境が良かったとの証言があったくらいである）[3]。彼らは劣悪な労働環境、生活環境下にあり、それと同時に拷問や暴

強制収容所では思想教育も行われていた
筆者撮影

第3章

囚人が収容されていた部屋　筆者撮影

力にも耐えなければならなかった。1949年12月に収容所内で暴動が起きた記録も残っている[4]。

　1951年頃より、この強制労働収容所は刑務所の施設としての役割も担うようになっていった。この施設にはドイツ人捕虜、連れて来られた「政治犯」(でっち上げの「罪」で裁判を経る事なく連れて来られた人々)の他に、裁判を経て国家にとって最も危険な人物、国家安全保障に関する犯罪者とされた者も収容されるようになった。彼らの罪は反逆罪、スパイ罪、チェコスロヴァキアからの脱出を試みた罪、人民民主主義に対する破壊活動をした罪などに問われる人々であった。彼らはプジィブラムのウラン鉱山での作業をすると同時に、プジィブラムの街の拡張工事にも携わった。この収容所は少しずつ拡張されてゆき、次第にその規模を広げていった。

　1960年代に入ると大規模な恩赦が出され、収容されていた囚人の数は減少した。それに伴い、このヴォイナ強制労働収容所(刑務所施

懲罰房の入り口　筆者撮影　　　　　　鉄条網が張り巡らされていた　筆者撮影

設）は1961年6月に刑務所としての機能を停止することになり、残った囚人の一部は近くの施設に移された。この施設は1961年から2000年まで軍の施設として使われていた。

　この施設に収容されていた人の中には、チェコスロヴァキアの歴史にその名を残す人々も多くいた。その中には、高名な科学者、芸術家、聖職者、政治家、スポーツ選手なども含まれていた。また、第二次世界大戦の戦争犯罪人、「ファシスト」とされた人物たちと共に、反ファシスト抵抗運動の英雄たちの多くもここに収容されてしまったという現実は皮肉である。

　自由を求め脱獄を試みた囚人も多くいたが、その大半は失敗に終わり、射殺されている。収容所内での抵抗運動は度々行われていた。ヴォイナ強制労働収容所では1955年7月に大規模なハンガーストライキが行われた。ハンガーストライキから始まった一連の行動は、労働ストライキにまで発展したが、その結果は成功したとは言えなかった。参加した者たちは反逆罪と扇動罪がかけられ、4年から12年の

懲役が言い渡された。

　チェコスロヴァキアという国がなくなり、民主化が進んでいくと、チェコ共和国に存在するこのヴォイナ強制労働収容所の施設を含むプジィブラム周辺が共産主義者政権当時の姿が残る最後の地域となった。そのためチェコ共和国政府は1999年6月、共産主義の犠牲者を追悼する場所としてここに記念碑を建てることを提案し、翌2000年3月この案が採択された。プジィブラム鉱山博物館、旧ヴォイナ強制労働収容所跡が博物館として整備されていった。そして、旧ヴォイナ強制労働収容所には収容所本部の建物、矯正施設、地下壕（懲罰房）、文化センター施設、旧刑務所診療所などが再現された。2001年1月、この地域は文化記念物に指定され、2005年に一般公開が開始された。

思想教育のための本も揃っている　筆者撮影

当時の施設の模型　筆者撮影

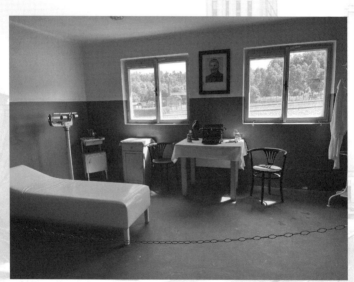

強制収容所の診療所　筆者撮影

第3章

参考文献

1. F. Bartik, *Nad krajinou slz a radiace*, Praha, 2017.

2. J. Padevět, *Komunistické lágry. Tábory nucené práce, nápravně pracovní tábory, pracovní útvary vězňů a internační místa duchovních 1948–1962*, Praha: Academia, 2019.

3. *Památník Vojna Lešetice - Z historie vězeňského zařízení Vojna*. https://web.archive.org/web/20140619172527/http://www.muzeum-pribram.cz/cz/pamatnik-vojna-lesetice/z-historie/（2024 年 5 月 31 日　最終閲覧）

4. *Památník Vojna Lešetice*. https://www.muzeum-pribram.cz/pamatnik-vojna（2024 年 5 月 31 日　最終閲覧）

脚注

1. J. Padevět. p. 6-7, 189-198.

2. Ibid. p. 189.

3. F. Bartik. p16-17.

4. J. Padevět. p. 190.

第3章

第4章

ポーランド

年	月	出来事
1944	7	モスクワでポーランド国民解放委員会（ルブリン委員会）が作られる
	10	ワルシャワ蜂起
1945	6	ロンドン亡命政府とルブリン委員会が合同し、挙国一致臨時政府が発足する
1947	2	ビェルトがポーランド共和国の大統領となる
1948	12	ポーランド労働者党とポーランド社会党左派が合同し、ポーランド統一労働者党が発足する。書記長の座には、ポーランド労働者党の書記長であったビェルトが就く
1949	1	ゴムウカがすべての政府のポストから外される
1951	8	ゴムウカが休暇中に逮捕される
1952	7	新憲法を制定する。国名をポーランド人民共和国に改称する
1954	12	ゴムウカが釈放される
1955	5	ワルシャワ条約機構に加盟する
1956	3	ビェルトがモスクワで客死する
	8	ゴムウカの名誉回復がなされ、党に復帰する
	6	ポズナン暴動が起きる。軍により鎮圧される
	10	ゴムウカが第一書記に選出される。非スターリン化路線を打ち出す
1970	12	食料品が値上げされる。暴動が全国各地で起きる。政府が戒厳令を出す。ゴムウカが健康上の理由から第一書記の座を退く。後任にはギェレクが就く
1980	7	政府が食品の値上げを発表する。全国でストライキが起きる
	9	ギェレクは失脚し、後任にカニャが就く。グダンスクで独立自主管理労働組合「連帯」が結成される
1981	10	カニャが失脚し、後任にヤルゼルスキが就く
	12	ヤルゼルスキを中心とした救国軍事会議が発足する。政府が戒厳令を発令する（1983年まで）「連帯」の活動家、旧政権指導者が拘束される
1980年代		多くのポーランド国民が国外に亡命する
1989	2～4	円卓会議が行われる
	6	議会選挙が実施され、ポーランド統一労働者党は敗北する
	9	非共産党政権の誕生
	12	新憲法が施行される。ポーランド人民共和国は消滅する。一党独裁体制の廃止
1990	1	ポーランド統一労働者党が解散する

ソ連のスパイ故、内向的でカリスマ性乏しく個人崇拝うまくいかず

ボレスワフ・ビェルト

Bolesław Bierut

1892年4月18日生（ルブリン／ロシア帝国）
1956年3月12日没（モスクワ／ソビエト連邦）

ビェルトの誕生

　ポーランドのミニスターリン、ボレスワフ・ビェルトは1892年4月18日、ロシア帝国統治下のルブリン近郊で生まれた。家は貧しい農家であった。1899年（1890年の説もある）、ビェルトは地元の教会付属学校で学んだ。1905年の初めに事件が起きる。ビェルトは学校の授業においてロシア語を強制させられることに反対するストライキに参加したことで学校を退学させられてしまったのだ。それ以降、ビェルトは独学で知識を深めていった。1906年からルブリンでレンガ職人の助手を務めた。1912年から印刷所で植字工として働くようになった[1]。

　1910年、ビェルトはヤン・ヘンペル（Jan Hieronim Hempel：1877

〜 1937）の労働者サークルに入った。このことがその後のビェルトの思想に大きな影響を与えたことは言うまでもない。ビェルトはその影響で宗教と決別し無神論者となった。1912 年、ビェルトはポーランド社会党左派に入党した。彼はまた、ルブリンの社会教育協会の読書部門でも熱心に活動した。

活動家としてのビェルトの始まり

　第一次世界大戦が勃発した時、ビェルトはルブリンにいた。オーストリア・ハンガリー二重君主国による占領が始まると、ビェルトは兵役を避け「イェルツィー・ボレスワフ・ビエラク」という名を用いて身を隠した[2]。ビェルトは 1915 年からルブリンの消費者協同組合で働いた。

　1917 年、ビェルトはルブリン市議会の統一選挙委員会でポーランド社会党左派の代表メンバーになった。しかし身を隠すことを余儀なくされたビェルトは、1918 年半ばにはワルシャワに向かった。1918 年 11 月、彼はルブリン食品協同組合を統率した。また、協同組合の代表としてルブリンの労働者代表評議会のメンバーにもなった。1918 年からワルシャワの商業学校に入り学んだ[3]。その少し前の 1918 年 2 月、ポーランド社会党左派がポーランド・リトアニア王国社会民主党と合同してポーランド共産主義労働者党（1925 年よりポーランド共産党）が結成されると、ビェルトはそのメンバーとなった。第一次世界大戦後のビェルトは 1921 年になるとポーランド共産主義労働者党で積極的に活動を始めた。同年、彼は委員会のメンバーとなった。また、1923 年 8 月からは労働者食料品協同組合で働いた。それと同時にビェルトは「トマーシュ・ビアウィ（Tomasz Biały）」の名で、ザグウェンビエ・ドンブロフスキエ地区（ポーランド南西部）のポーランド共産主義労働者党地区委員会幹部も務めていた。ビェルトは 1923 年 10 月から 1924 年 5 月までの間に数回逮捕・釈放を繰り返している。その後再度逮捕されそうになったタイミングでワルシャワへ

ポーランド

逃れ、党の組織で本格的に働き始めた[4]。

ビェルトのモスクワ滞在とコミンテルンの活動

1924年から翌1925年まで、共産党員としての訓練のためにモスクワで設けられていた党の訓練コースに参加した。モスクワのこのコースでビェルトは「諜報活動」「妨害活動」などに関する訓練を受けた。

ビェルトはこの後、ポーランドに戻ってすぐにポーランド共産党の特筆すべき役職に就いたわけではなかったようだが、1927年にポーランド共産党付けの中央印刷工場の責任者となった。1927年11月、彼は「ワーグネル」の偽名で再びモスクワに派遣された。その目的は前年に設置されたコミンテルンの共産党員養成機関、国際レーニン学校で学ぶことであった[5]。1930年代始め、ビェルトはコミンテルンの任務をヨーロッパ各地で遂行する活動家に成長していた。ビェルトはオーストリア、チェコスロヴァキア、ブルガリアなどの国々で偽名を使い活動していた[6]。

ビェルトの帰国：ポーランドでの活動と逮捕[7]

1932年、ビェルトはポーランドに戻った。1932年10月から1933年1月まで、彼はウッチでポーランド共産党委員会の書記を務め、その後ポーランド共産党中央委員会の軍事部門に参加し、ソ連と協力関係を築いていった。1933年1月から12月まで、ビェルトは国際赤色救援会（Международная организация помощи борцам революции）の中央委員会事務局のメンバーとして活動した[8]。

国際赤色救援会のポスター　出典 Wikipedia

1933年12月、ビェルトは逮捕され、同月に7年の禁固刑を宣告された（しかしビェルトはこれを不服として控訴し、最終

第4章

1933年逮捕時のビェルト　出典　Wikipedia

的に刑は1935年2月に確定した)。ビェルトは投獄され、1938年まで刑務所に収監されていた。この時期、ポーランド共産党員たちにもスターリンの「大粛清」の嵐が吹き荒れ、多くのポーランド共産党の同志たちが処刑されているなか、ビェルトは「幸いにも」ポーランドで投獄されていたことによりそれを回避することができた。1936年、ビェルトは刑務所にいたが、ポーランド共産党中央委員会の検証委員会は、ビェルトに関する調査結果と裁判中に彼が示した「共産主義者にふさわしくない行動」を元に、ビェルトを党から除名する決定を下した。ビェルトが刑に服している間の1938年8月、ポーランド共産党は解散させられ、その指導者のほとんどはソ連の内務人民委員部（NKVD）によってソ連で処刑された。1938年、ポーランドで恩赦が発表されると同年12月末にビェルトは刑務所を出ることができた。そしてその後はドイツがポーランドに侵攻してくるまで、ワルシャワで会計士として働いた。

第二次世界大戦とビェルト

　第二次世界大戦開始直後の 1939 年 10 月、ビェルトは赤軍占領地に逃れ、その後はソ連占領地域に留まった。この頃ビェルトはソ連の市民権を取得している[9]。1939 年 10 月からはコーヴェリ（Ковель：現ウクライナ領）で働き、その後、ソ連の人民通信委員会（1939 年 11 月から 1940 年 6 月）によって組織された建設現場で働いた。ドイツがソ連に侵攻した 1941 年夏からは、ソ連ミンスク（現、ベラルーシ領）市庁舎（当時はドイツの管理下に置かれていた）の食品部門の責任者としてミンスクに留まり、ソ連諜報機関のエージェントとしての仕事が与えられた[10]。

　1943 年 7 月、ビェルトは特殊任務を与えられ、ワルシャワに移された。そこで「ボレスワフ・ビルコフスキー」という名を使ってポーランド労働者党中央委員会に参加した[11]。1944 年 1 月からは全国国民評議会（Krajowa Rada Narodowa）の議長を務めた[12]。ビェルトが全国国民評議会の指導者に就任した後、ビェルトと当時のポーランド労働者党党首であったヴワディスワフ・ゴムウカ（Władysław Gomułka：1905 ～ 1982）との間で対立が生じた。ゴムウカは、段階的に共産主義システムを導入していき、その後徐々に反動勢力の粛清をしていくという手法を目指していたのに対し、ビェルトはソ連の内務人民委員部と赤軍の助けを借りることを前提に、暴力的かつ残忍な手法でポーランドで共産主義を構築したいと考えていたのである。その結果、1944 年 6 月、ビェルトは当時モスクワで全連邦共産党（ボリシェヴィキ）の国際情報部長をしていたゲオルギ・ディミトロフに告発状を送り、ゴムウカを始めとするポーランド労働者党の指導者たちを非難した。これを受けてスターリンは、仲違いをするポーランド労働者党の指導者たちを信用することができず、ポーランド労働者党の指導部に対する自らの直接的影響力を強めていった。

　1944 年 8 月、ビェルトはスターリンにモスクワに召喚され、ロンドンのポーランド亡命政府首相のスタニスワフ・ミコワイチク

第 4 章

(Stanisław Mikołajczyk:1901〜1966)との会談に参加した。この時は、共産主義者たちがポーランド亡命政府首相のミコワイチクに対し不可能な条件を提示したため、交渉は成立しなかった。ビェルトは1944年7月に樹立したポーランド国民解放委員会（ルブリン委員会）の代表として、1944年10月にモスクワで再度ミコワイチクと交渉した。ポーランド亡命政府は、ポーランドの存在理由に反するとして、共産主義者が提示した条件を受け入れることができなかった（ポーランドの東の国境としてカーゾン線を採用することを含む）。ビェルトはポーランドの東部領土の放棄を宣言した。

　1944年9月末から10月初めにかけて、ポーランド国民解放委員会の代表団がモスクワに滞在した。ビェルトもそのメンバーの一人であった。ベリヤ、モロトフ、ミコヤンも同席するスターリンの邸宅での夕食会の席で、スターリンはビェルトに、ポーランド国民解放委員会が支配するポーランドの政治方針を過激化するという決定を伝えた。ポーランド労働者党は、国軍とロンドンのポーランド亡命政府に対する姿勢を硬化した。また、「反動的な地下組織」に対する弾圧を強化し、地主階級の家族をその土地や家から立ち退かせることを行った。また、1944年9月には農業改革に関する決定も下した。

　代表団がルブリンに戻ると、ポーランド社会と既存の地下組織に対するポーランド労働者党治安機関による弾圧が激化していった。1944年10月、ビェルトはルブリンのポーランド労働者党中央委員会にス

公安省
Ministerstwo Bezpieczeństwa Publicznego：MBP

第二次世界大戦後のポーランドには公安省という、国内の治安維持や諜報活動を担当する省が設置された。1944年に作られ、ポーランドで非スターリン化が始まる1954年まで活動した。この組織はソ連のNKVDの直属であった。ビェルトが指導者だった時期は特に市民に対する厳しい締め付けをする懲罰・諜報機関であった。

ポーランド

ターリンの要求を伝え、それらは承認された。その結果、農業改革省の副議長が解任されるなどした。ポーランド労働者党の手法は突然、暴力的に変わっていった。1944年10月30日にポーランド国民解放委員会によって発行された「国家の保護に関する法令」[13]では死刑が導入された[14]。

第二次世界大戦後のビェルト

1945年1月、ワルシャワが解放された。同年2月、ヤルタ会談から戻ったスターリンはビェルトをモスクワに召喚した。スターリンはビェルトにヤルタ協定について知らせ、「新しいポーランド」の基礎として、この会議の合意をポーランドで促進することをビェルトに求めた(もちろんヤルタ協定はポーランドが第二次世界大戦後のソ連の影響下に置かれることを定めており、ポーランド社会にとってはこれは受け入れがたいことであった)。

ビェルトは1945年4月にポーランド代表団の団長として再びモスクワに滞在した。そしてこの時、スターリンと首相であったエドヴァルト・オスプカ＝モラフスキ (Edward Bolesław Osóbka-Morawski：1909 ～ 1997) はビェルトの前で「友好、相互扶助、および戦後のポーランドとソ連の協力に関する条約」に署名した。実はこの時、ソ連の内務人民委員部は、1945年3月末に逮捕されたポーラン

ポーランドとソ連の友好を宣伝するポスター　出典 Przystanek Historia/ https://przystanekhistoria.pl/pa2/tematy/boleslaw-bierut/97455,Zewnetrzna-prowincja-sowieckiego-imperium.html

第4章

ドの地下組織の指導者16名を刑務所に収容していたが、ポーランドの共産主義者たちはこれを知らされていなかった[15]。

1945年6月、ミコワイチクに近い政治家を参加させる形で挙国一致臨時政府が誕生し、ポーランド労働者党とその衛星グループの代表者が多数そのメンバーを占めることになった。ポーランド労働者党第一回大会後の1945年12月、ビェルトはポーランド労働者党政治局の秘密のメンバーとして参加した。そして、そこで親モスクワ的傾向を示したのである。1946年1月、ビェルトはワルシャワ解放一周年を記念して、ワルシャワ勲章を授与された。

「世界平和を守るために、国の幸福のために、新しい文化を」ポスター
出典　Polityka Pomocnik - Historyczny 201206/ https://www.scribd.com/document/190794525/polityka-pomocnik-historyczny-201206

ビェルトは1945年からワルシャワにあるベルヴェデル宮殿（Belweder）に住んだ（1952年まで）。ビェルトはそこでプロパガンダに使うために子供や少年・少女、女性の写真を撮った。また、ビェルトは狩りを好んだようであり、郊外のヴィラに滞在することも多かったという。ビェルトの周りにはいつも護衛が付いていたということである[16]。

1947年2月、ビェルトは立法院によってポーランド共和国の大統領に選出された。ビェルトは1952年11月20日まで大統領職に就いていた（1952年7月22日に採択されたポーランド人民共和国の憲法では、大統領の地位が規定されていなかった。そのため、憲法採択後最初の選挙までビェルトはこの地位に留まったのである）。

ワルシャワの文化科学宮殿　スターリンからのプレゼントという形でワルシャワに作られた　1955年に完成　出典　Wikipedia

一党独裁の確立とビェルト

　1948年6月、ユーゴスラヴィアのチトーとスターリンの対立が表面化すると、ポーランド労働者党の指導者間でも意見の食い違いがでてきた。ゴムウカは、集団化計画とユーゴスラヴィア共産党に対する制裁に消極的な姿勢を見せた。一方でビェルトは、極度のスターリン主義的傾向を支持したのである。1948年8月、ビェルトはクレムリンを訪問したが、その時にスターリンからビェルトの政敵でもあるゴムウカを政界から排除する許可を与えられた。8月31日のポーランド労働党中央委員会本会議で、ビェルトはゴムウカを強く批判し、辞職に追いこんだ。そして1948年12月の統一会議の場でポーランド社

ビェルトとポーランド政治家の写真　ワルシャワ　出典 Polityka Pomocnik - Historyczny 201206/ https://www.scribd.com/document/190794525/polityka-pomocnik-historyczny-201206

会党とポーランド労働者党が合併し、ポーランド統一労働者党（PZPR）が誕生した。ビェルトは 12 月 22 日、その書記長の座に就いた。ポーランドで実質上の一党独裁制が誕生したのである。

　ビェルトは自らの立場を使い、ポーランド統一労働者党の党組織内の人物を（特にゴムウカと関係があった人たち）の粛清を主導し、厳格なスターリン派だけの党の支配を固めていった。ビェルトはまたポーランド軍および民兵組織内におけるソ連の軍事顧問の数を増やした。また、ソ連のコンスタンチン・ロコソフスキー元帥（Константин Константинович Рокоссовский：1896 〜 1968）をポー

ポーランド人民憲法に関するパレード　出典　Przystanek Historia/ https://przystanekhistoria.pl/pa2/tematy/boleslaw-bierut/97455,Zewnetrzna-prowincja-sowieckiego-imperium.html

ランドの国防大臣および元帥としてポーランドに派遣するようスターリンに要請し、1949年11月、派遣されてきたロコソフスキーをそれらの地位に任命した。

ビェルトは1951年8月のゴムウカ逮捕にも関与した（ゴムウカは投獄され、1954年に釈放されるまで刑務所で過ごした）。1952年7月22日、ビェルトが議長を務める特別委員会によって制定されたポーランド人民共和国憲法が採択され（1936年のスターリン憲法に則って作られたものである）、共産主義法と権力行使の方法を合法化した（民主主義国家の基本である権力分立の原則を廃止することを含む）。ビェルトは1949年11月に設置されたスターリン生誕七十周年記念を祝うための全国委員会の委員長に就任した。

　1952年11月20日、ポーランドの大統領ではなくなったビェルトではあったが、この日から1954年3月18日まで閣僚評議会の議長を務めた（実際には1950年から非公式に閣僚評議会の議長を務めていたが）。ビェルトはその権力の座にいる間、ポーランドにおけるソ連の利益を追求し、ソビエト化のプロセスを主導した。ビェルトは、ポーランドの共産主義体制が犯した数々の「犯罪」に関わっていた。ビェルトの政敵および政府に反対する者に対しては、テロと弾圧の手法を用いて容赦なく戦った。ビェルトはポーランド統一労働者党中央委員会の安全保障委員会委員長として、ポーランドの独立活動家を弾圧・迫害し、ポーランド軍の兵士に対する調査の指揮をとり、その調査内容および判決を承認をした。一説によると、ビェルトが政権に就いていた時代には約2500人の人々が処刑されたということである。またビェルトの時代、政治的理由で逮捕され投獄された人数は約40万人、

「社会主義的労働規律」に違反したとして懲戒処分を受けた労働者の数は、約100万人以上にものぼったとされている。さらに、1948年から1955年までの間、毎年150万人の農民に対して、強制出産の義務を果たさなかったとして罰金が科せられた。もちろん聖職者も弾圧の対象となっており、1951年末の時点で約900人の司祭が拘留されていた[17]。

ビェルトと若者たち　1955年　出典 Wikipedia

　ビェルトの時代は些細な犯罪に対する処罰も厳しかった。政治的なジョークを言う事、政治体制や共産主義の指導者について批判的に話すことも犯罪と見做されており、このような「犯罪」に対する刑事責任は、5年から10年の懲役刑に処せられた。このような罪により何千人もの人々が数年の懲役刑を宣告されたが、その半数以上は農民と労働者であった。

ビェルトの個人崇拝[18]

　ビェルトの個人崇拝は、他の国のミニスターリンたちと比べると控えめではあったように見受けられる。もちろんポーランド各地にビェルトの銅像が建てられたり（これらの銅像は1989年にはほとんどが撤去された）、ビェルトの名を冠した大学やビェルトに敬意を表してつけられた街や通りの名なども多く存在したし、スターリン主義を掲げるポーランドにおいて、ソ連で行われてきた手法が採られないわけがない。しかし、ビェルト自身基本的に内向的な性格で、当時のポーランドの共産主義政権の「顔」となる様なカリスマ性やリーダーとしての素質が低く、それが故にビェルトへの個人崇拝を発展させるのが

難しかったのではないかと指摘されている。当時のビェルトは、ロシア人のボディーガードに囲まれ、プロパガンダ目的でのみで民衆と接触したということである。

また、第二次世界大戦におけるポーランドの悲劇的な状況も、ビェルトを国家の英雄として祭り上げることができなかった要因ではある。ビェルト自身、第二次世界大戦中にポーランド市民権を放棄しソ連の市民権を取得したことも、ポーランド国民から人気を得ることができなかった要因の一つではないだろうか。

ポーランド共産党のプロパガンダは虚構のビェルト像を作り上げていた。一例を挙げると、1940年代のビェルトの伝記を美化し、第二次世界大戦中にはコミンテルンの活動でキエフ近郊において大規模な国際戦争難民を率いていたとの逸話を作りあげた。また、1952年のビェルト還暦の式典のために長い時間をかけて準備され、新聞は連日ビェルトの「功績」を讃える記事を並べた。ラジオ放送でもビェルト

スターリンとビェルトの写真が第一面に飾られた新聞　出典　Wikipedia

1951年子供達と写るビェルト　出典 Wikipedia

を賞賛する番組が放送されたということである。ヴロツワフ大学や工場がビェルトの名を冠するようになったのはこの時期であり、ワルシャワの一つの広場にビェルトの名が付けられることになっていた（これは工事の関係で遅れ、結局最終的に「憲法広場」と名付けられた）。しかしこれらのことが功を奏し、ビェルトの誕生日前後には大統領府には熱狂的な手紙や祝辞が殺到したということである。

　ビェルトの還暦祝いの式典には数多くの各界の著名人や市民代表が参加し、スターリン自身からの電報が読み上げられると熱狂的な群衆は「スターリン！」「ビェルト！」と叫んだということである。ビェルトに対する「新しく統一され、独立した人民のための民主的ポーランドの偉大な建設者であり、管理者」としての指導者像を作ることに一応は成功した形となった。

　またもう一つ興味深い話がある。無神論者であったビェルトであるが、国家元首であった期間中に1500人の子供たちのゴッドファザーになったということであった。ビェルトは無神論者であったが、そのことが妨げになることはなかった。ポーランドの国家元首が国民のゴッドファザーになるというのは、第二次世界大戦前の大統領であったイグナ

東ドイツの切手　1951年　出典 Wikipedia

ポーランド

ツ・モシチツキ（Ignacy Mościcki：1867～1946）によって始められたとされている[19]。ビェルトにゴッドファザーになってもらった子供は服などの贈り物という形の支給を与えられた。またその条件は両親がポーランド人であることや、生後6ヶ月以内であることなどがあった[20]。1948年にはカトリック教会に対する政策が強化されたポーランドであったが、ビェルトの在任期間中はこれが続けられたということである。

ビェルトの死

ビェルトは1956年3月12日、ソ連訪問中にモスクワで突然亡くなった。死の1ヶ月前、モスクワでソ連共産党第二十回大会に出席し、フルシチョフのスターリン批判を聞いた。もちろんこのスターリン批判はビェルトを動揺させるものであったのは疑いないであろう。「毛皮のコートを着て出かけ、トランクに入れられて帰って来た("Pojechał w futerku, przyjechał w kuferku")」と囁かれたという。

公式な死因はインフルエンザにより肺炎を起こしていたところに肺動脈の血栓が増えたため循環器障害が起き、心停止したとのことであった。自殺や他殺の噂も囁かれてはいるが、それらは全て噂の域を越えてはいない。1955年頃からすでにビェルトの健康状態は好ましくはなかったため、やはり公式の結果通り、病死という線が濃厚であろうか。

ビェルトの死、その影響

ビェルトの死は、ポーランド人民共和国の歴史におけるスターリン主義の時代を終わらせる結果をもたらした。ビェルトの命令で逮捕された共産主義活動家たちは、ビェルトの死後釈放された。

ポーランド人民共和国ではビェルトの死を悼み、人々は1956年3月13日から16日にかけて全国で喪に服した。1956年3月13日、モスクワの労働組合議院の円柱ホールにビェルトの棺が置かれ、約10

万人が故人に別れを告げるため訪れた。翌日の3月14日遺体はワルシャワに移送され、同日と翌日にポーランド統一労働者党中央委員会の建物で公開された。1956年3月16日、ポウェンツキ軍人墓地（Cmentarz Wojskowy na Powązkach）に埋葬された。

　ビェルトの葬儀ではエドヴァルド・オハブ（Edward Mieczysław Ochab：1909 ～ 1997）が追悼の辞を述べた。オハブは1956年3月20日、フルシチョフが出席したポーランド統一労働者党中央委員会第六回大会の場でポーランド統一労働者党中央委員会の新しい一等書記に選ばれた。カトリック教会でも多くの聖職者たちは亡くなった第一書記のために哀悼の手紙を送り、ミサを捧げたということである（もちろんビェルトに対して敵対的な態度をとる聖職者がいなかったわけではない）[21]。

　今日のビェルトに対する評価としては、やはりポーランドの歴史の中で何千もの人を死に追いやった人物（少なくとも、そのような政権のトップにいた人物）として、「犯罪者」の一人として位置付けられている。

ビェルトの家族

　最後にビェルトの家族に関して少し紹介したい。ビェルトは無口で冷めた人物に見えたが、多くの女性と関係をもっていた。

　最初にビェルトの妻について紹介する。ビェルトは1921年7月、幼稚園の職員をしていたヤニナ・ゴルジンスカ（Janina Górzyńska-Bierut：1890 ～ 1985）とルブリンで結婚した。1923年2月に娘のクリスティナが生まれ、1925年1月には息子のヤンが生まれたが、多忙であるビェルトはこの後、家族と一緒に暮らすことはなかった。しかし、家族とはある程度の良好な関係を保っていたようだ。ヤニナは、ビェルトがポーランドの大統領であった時代は、実質上のファーストレディであった。娘のクリスティーナは建築家として活躍、息子のヤンは後にポーランドの副大臣や在西ドイツ大使などを務めた。

ポーランド

マルゴジャータ　出典 Wikipedia

ビェルトは1930年代からポーランドの労働運動活動家であったマルゴジャータ・フォルナリスカ（Małgorzata Fornalska：1902 ～ 1944）と非公式の関係にあり、一緒に暮らしていた。彼女は熱心な共産主義者であり、コミンテルンの国際レーニン学校で学んだ経験もあった。ビェルトとの間には、後に社会学者になる娘アレクサンドラ・ヤシンスカ=カニャ（Aleksandra Jasińska-Kania：1932年モスクワ生まれ）がいる。マルゴジャータは第二次世界大戦中の1943年、仲間と共にワルシャワでゲシュタポに捕まり、翌年銃殺刑に処せられた。戦後ビェルトがポーランドの大統領になると、マルゴジャータに勲章を贈った。

ビェルトは1944年から共産主義の活動家であるワンダ・ゴールスカ（Wanda Górska：1903 ～ 1983）と暮らすようになった。ワンダはビェルトよりも11歳若かった。ワンダはベルヴェデル宮殿（Belweder）の花と呼ばれていたという。ビェルトが死んだ時、一緒にモスクワにいたのもワンダであった。

ワンダ　出典 Wikipedia

第4章

参考文献

1. Jerzy Eisler, *Siedmiu wspaniałych. Poczet pierwszych sekretarzy KC PZPR*, Warszawa: Czerwone i Czarne. 2014.
2. *Dane osoby z katalogu kierowniczych stanowisk partyjnych i państwowych PRL. Bolesław Bierut*. https://katalog.bip.ipn.gov.pl/informacje/424（2024 年 5 月 31 日　最終閲覧）
3. *5 lutego 1947 r. Bolesław Bierut został prezydentem „ludowej" Polski*. https://ipn.gov.pl/pl/dla-mediow/komunikaty/178362,5-lutego-1947-r-Boleslaw-Bierut-zostal-prezydentemludowej-Polski.html（2024 年 5 月 31 日　最終閲覧）
4. *Dekret Polskiego Komitetu Wyzwolenia Narodowego z dnia 30 października 1944 r. o ochronie Państwa*. https://isap.sejm.gov.pl/isap.nsf/DocDetails.xsp?id=WDU19440100050（2024 年 5 月 31 日　最終閲覧）
5. *Bolesław Bierut. Bezrefleksyjny wykonawca woli Stalina*. https://historia.dorzeczy.pl/prl/576486/boleslaw-bierut-bezrefleksyjny-wykonawca-woli-stalina.html（2024 年 5 月 31 日　最終閲覧）
6. Patryk Pleskot, *Wokół kultu Bieruta*. https://przystanekhistoria.pl/pa2/tematy/boleslaw-bierut/82048,Wokol-kultu-Bieruta.html（2024 年 5 月 31 日　最終閲覧）
7. *Wszyscy chrześniacy Bolesława Bieruta*. https://przystanekhistoria.pl/pa2/tematy/boleslaw-bierut/95500,Wszyscy-chrzesniacy-Boleslawa-Bieruta.html（2024 年 5 月 31 日　最終閲覧）
8. Józef Krzyk, *"Pojechał w futerku, przyjechał w kuferku" - 68 lat temu umarł Bolesław Bierut*. https://dzieje.pl/artykuly-historyczne/pojechal-w-futerku-przyjechal-w-kuferku-68-lat-temu-umarl-boleslaw-bierut（2024 年 5 月 31 日　最終閲覧）

脚注

1. *Bolesław Bierut. Bezrefleksyjny wykonawca woli Stalina*. https://historia.dorzeczy.pl/prl/576486/boleslaw-bierut-bezrefleksyjny-wykonawca-woli-stalina.html
2. *5 lutego 1947 r. Bolesław Bierut został prezydentem „ludowej" Polski*. https://ipn.gov.pl/pl/dla-mediow/komunikaty/178362,5-lutego-1947-r-Boleslaw-Bierut-zostal-prezydentemludowej-Polski.html
3. *Dane osoby z katalogu kierowniczych stanowisk partyjnych i państwowych PRL. Bolesław Bierut*. https://katalog.bip.ipn.gov.pl/informacje/424
4. J. Eisler. p. 41.

ポーランド

5. Ibid. p. 43.

6. *Dane osoby z katalogu kierowniczych stanowisk partyjnych i państwowych PRL. Bolesław Bierut*. https://katalog.bip.ipn.gov.pl/informacje/424

7. J. Eisler. p. 46–48

8. Ibid. p. 46: *Dane osoby z katalogu kierowniczych stanowisk partyjnych i państwowych PRL. Bolesław Bierut*. https://katalog.bip.ipn.gov.pl/informacje/424

9. *5 lutego 1947 r. Bolesław Bierut został prezydentem „ludowej" Polski*. https://ipn.gov.pl/pl/dla-mediow/komunikaty/178362,5-lutego-1947-r-Boleslaw-Bierut-zostal-prezydentemludowej-Polski.html

10. *Ibid.*

11. *Ibid.*

12. *Ibid.*

13. *Dekret Polskiego Komitetu Wyzwolenia Narodowego z dnia 30 października 1944 r. o ochronie Państwa*. https://isap.sejm.gov.pl/isap.nsf/DocDetails.xsp?id=WDU19440100050

14. *5 lutego 1947 r. Bolesław Bierut został prezydentem „ludowej" Polski*. https://ipn.gov.pl/pl/dla-mediow/komunikaty/178362,5-lutego-1947-r-Boleslaw-Bierut-zostalprezydentem-ludowej-Polski.html

15. *Ibid.*

16. *lutego 1947 r. Bolesław Bierut został prezydentem „ludowej" Polski*. https://ipn.gov.pl/pl/dla-mediow/komunikaty/178362,5-lutego-1947-r-Boleslaw-Bierut-zostalprezydentem-ludowej-Polski.html

17. *Bolesław Bierut. Bezrefleksyjny wykonawca woli Stalina*. https://historia.dorzeczy.pl/prl/576486/boleslaw-bierut-bezrefleksyjny-wykonawca-woli-stalina.html

18. *Wszyscy chrześniacy Bolesława Bieruta*. https://przystanekhistoria.pl/pa2/tematy/boleslaw-bierut/82048,Wokol-kultu-Bieruta.html

19. モシチツキ大統領は在任中に約 900 人の子供のゴッドファザーになったということであった。

20. *Wszyscy chrześniacy Bolesława Bieruta*. https://przystanekhistoria.pl/pa2/tematy/boleslaw-bierut/95500,Wszyscy-chrzesniacy-Boleslawa-Bieruta.html

21. Józef Krzyk, *"Pojechał w futerku, przyjechał w kuferku" - 68 lat temu umarł Bolesław Bierut*. https://dzieje.pl/artykuly-historyczne/pojechal-w-futerku-przyjechal-w-kuferku-68-lat-temu-umarl-boleslaw-bierut

第 4 章

第5章

ルーマニア

年	月	出来事
1944	8	ルーマニア国王ミハイ一世がクーデターを起こす。ドイツに宣戦布告する
	9	ソ連との休戦協定が結ばれる。ソ連がルーマニアの大部分を占領する
	10	ゲオルギウ=デジがルーマニア共産党書記長に就任する
1947	12	ミハイ一世が亡命する。人民政府が成立する。ルーマニア人民共和国となる
1948	1	ルーマニア共産党と社会民主党が合同し、ルーマニア労働者党となる
	2	ソ連と友好・協力・相互扶助条約を結ぶ。ルーマニア労働者党第一回大会が開かれる
	8	国家保安省(セクリターテ)が置かれる
1949	3	50ヘクタールの土地を国有化する
	5	ドナウ・国会運河の建設が始まる
1952	5	アナ・パウケルらモスクワ派の党員たちを粛清する
1953	7	ドナウ・国会運河建設プロジェクトが中止される
1954	4	ゲオルギウ=デジ、第一書記の座をアポストルに譲る
1955	5	ワルシャワ条約機構に加盟する
	9	ゲオルギウ=デジ、再び第一書記の座に就く
1958	5	ソ連軍がルーマニアの領土から撤退する
1965	3	ゲオルギウ=デジが死去する。チャウシェスクがルーマニア労働者党中央委員会第一書記に就任する
	7	ルーマニア労働者党第九回党大会で政党名をルーマニア共産党に戻す 第一書記という役職名を書記長とする
	8	国名をルーマニア人民共和国からルーマニア社会主義共和国と改称する
1966	10	堕胎と避妊を禁止する法律が発布される
1971	6	チャウシェスク、中国と北朝鮮を訪問する チャウシェスクの個人崇拝が始まる
	7	チャウシェスク、「七月の主張」の演説を行う
1974	3	憲法が改正される
1977	3	ルーマニアで大地震が起こる
1989	3	「六人による書簡」でチャウシェスクの政策を非難した
	12	ルーマニア革命が起こる。チャウシェスク夫妻、捕らえられて銃殺刑に処される

スターリン死後、西側とも関係良好、ソ連軍撤退まで要求

ゲオルゲ・ゲオルギウ=デジ

Gheorghe Gheorghiu-Dej

1901 年 11 月 8 日生（ブルラド / ルーマニア王国）
1965 年 3 月 16 日没（ブカレスト / ルーマニア社会主義共和国）

　ゲオルギウ＝デジは 1901 年 11 月 8 日、ルーマニア王国の北東部、モルドヴァと国境を接する現在のヴァスルイ県（Județul Vaslui）の街、ブルラド（Bârlad）で生を受けた。家は貧しい労働者の家系であり、父の名はタナセ・ゲオルギウ（Tănase Gheorghiu）と、母の名はアナ・ゲオルギウ（Ana Gheorghiu）である。ゲオルギウ＝デジは 2 歳の時に、叔父の養子となった。元々ゲオルゲ・ゲオルギウであった名前がゲオルゲ・ゲオルギウ＝デジと呼ばれるようになったのはだいぶ先のことであるが、本書では便宜上ゲオルギウ＝デジと初めから記す。

少年時代～青年時代

　ゲオルギウ＝デジは学校で初等教育を受けるが、貧しさのために学

校を中退し、弱冠 11 歳で働き始めた。専門的な訓練を受けていなかったことや年齢が問題となり頻繁に職を変えたが、最終的には電気技師の資格を取ることができた[1]。

ゲオルギウ＝デジはルーマニア北東部、ヴァルスィ県の西に位置するバカウ県（Judeţul Bacău）のコマネシュティ（Comăneşti）にある工場で働いていた時に労働組合に入り、1920 年 10 月に行われた大規模な労働争議に参加した（この労働争議にはルーマニア全土から 40 万人を超える労働者が集まったと言われている）。この労働争議の参加者は全員、後に解雇された。

翌年、ゲオルギウ＝デジはルーマニア東部に位置する街、ガラツィ（Galaţi）にあった路面電車の会社で電気技師としての職を得ることができた[2]。しかし、そこの労働条件も決して良いとは言えず、それが元でゲオルギウ＝デジはますます労働運動に傾倒していく。そのためここでも労働条件改善と賃金引き上げを求める抗議活動を組織したために解雇されてしまった。この後、ゲオルギウ＝デジはガラツィのルーマニア鉄道（CFR）の作業場で職を見つけることができた。

元々ルーマニアの労働者の生活水準は低かったが、1929 年に起こった世界恐慌がルーマニア国民の生活を圧迫していった。1930 年、ゲオルギウ＝デジはルーマニア共産党に入党し、政治的活動により積極的に関わるようになっていった。共産主義活動としては、ゲオルギウ＝デジはモルダヴィア地方のルーマニア鉄道の作業場で扇動（アジテーション）する役割を与えられた。

1931 年 8 月、ゲオルギウ＝デジは共産主義の扇動をした容疑で告発され、ルーマニア北西部トランシルヴァニア地方クルージュ県の街デジ（Dej）に移送された。そしてそこでも労働組合の活動を続けた。1932 年 2 月、組合はルーマニア鉄道に対し労働条件の改善と賃金の引き上げを求める嘆願書を提出した[3]。これを受けてルーマニア鉄道は、デジの工場を閉鎖し、労働者全員を解雇したのであった。

この頃、ゲオルギウという名の他の労働組合活動家と区別するた

ルーマニア

め、シグランツァ（Siguranţa：ルーマニア王国の秘密警察・諜報機関。1947 年にルーマニア人民共和国が成立するまで存在した）からゲオルギウ＝デジと呼ばれるようになった。

ルーマニア鉄道の作業場から解雇された後、ゲオルギウ＝デジは組合の組織化、そしてモルダヴィア地方の労働者を集める活動を積極的に行った。1932 年 7 月、ゲオルギウ＝デジは通りの壁および柱に扇動的ポスターを貼った容疑で逮捕され、ヴァカレシュティ刑務所（Penitenciarul Văcăreşti：ルーマニアの首都ブカレストにある、1865 年に設置された刑務所）に拘留された[4]。弁護士の力もあり、ポスターは 1932 年のルーマニア総選挙の選挙運動に関連するものであったと解釈されたことでゲオルギウ＝デジはこの時は釈放された。ゲオルギウ＝デジは 1932 年 10 月、モルダヴィア地方のヤシ（Iaşi）において、労働者集会の場で資本家階級との戦いに向けた団結を呼び掛けた容疑、そして警察本部長を殴った容疑がかけられ、再び拘束された。しかしこの時は冤罪であったことが判明し、釈放された[5]。また、1932 年末にはベルリンで開かれたコミンテルン主催の国際鉄道労働者組合会議にルーマニア労働者代表の一人として出席しており[6]、国際的にも活動し始めている。

翌 1933 年 1 月、ルーマニア政府は新たな賃金削減を含むさらに厳しい財政政策を発表した。これは労働運動を急進化させることに繋がった。ゲオルギウ＝デジは労働組合の委員長であったコンスタンティン・ドンセア（Constantin Doncea：1904 ～ 1973）と共にブカレストの労働者を率いて、大規模な労働争議を行った。これはルーマニア鉄道グリヴィツァ（Griviţa：首都ブカレストの一地域）労働ストライキとして知られる事件である。このストライキは失敗に終わるが、更なるストライキを恐れたルーマニア政府はブカレストおよび幾つかの都市で戒厳令を敷いた。そんな中、ゲオルギウ＝デジは 1933 年 2 月 15 日未明に逮捕されたのであった[7]。

ゲオルギウ＝デジは軍事法廷で実刑判決を受け、この後 1944 年ま

第 5 章　264

でドフタナ刑務所（Închisoarea Doftana：ブカレストの北プラホヴァ県テレガ（Telega）にあった刑務所であり、ここには多くの政治犯が収監されていた）を始めとするその他の刑務所や強制収容所で服役した。1936年、ゲオルギウ＝デジはルーマニア共産党中央委員会のメンバーに選出され、共産党の獄中派（ルーマニアに投獄されている党員。ソ連に亡命した党員と区別するための呼称。ソ連に亡命した党員はモスクワ派と呼ばれた）の指導的立場となった。ゲオルギウ＝デジはイオン・アントネスク（Ion Antonescu）政権の全期間および第二次世界大戦の期間のほとんどをトゥルグ・ジウ強制収容所（Târgu Jiu：第二次世界大戦中にユダヤ人およびルーマニア共産党員などの政治犯を収容するために稼働していた強制収容所であり、トゥルグ・ジウ近郊にあった）で過ごした。

　ゲオルギウ＝デジはソ連軍がルーマニアを占領した後の1944年にルーマニア共産党の書記長に就任したが、実際に当時党内で権力を握っていたのはモスクワ派を代表する立場にあったアナ・パウケルであった。ゲオルギウ＝デジが実際に権力を握るのは、アナ・パウケルらモスクワ派の共産党員たちを粛清・追放した後のことである。

　ゲオルギウ＝デジは同じ刑務所にいたニコラエ・チャウシェスク（Nicolae Ceaușescu）と出会った[8]。ゲオルギウ＝デジはチャウシェスクにマルクス・レーニン主義の理論を教えた。彼らは1944年8月に釈放された後も近しい間柄であり続けた。

ゲオルギウ＝デジの私生活

　ゲオルギウ＝デジは生涯を通じて女性関係には奔放であったと言われているが、実際に法律上婚姻関係を結んだのは一人であった。ゲオルギウ＝デジは1926年にマリア・アレクセ（Maria Alexe）と結婚している。彼らの間には長女ヴァシリカ（Vasilica Gheorghiu：1928〜1987）と次女コンスタンティーナ（Constantina Gheorghiu：1931〜2000）という2人の娘がいた。長女のヴァシリカはリカ・ゲオルギウ

ルーマニア

（Lica Gheorghiu）という名で映画女優として活躍した。コンスタンティーナは、ブカレスト工科大学の助手として働いた。しかしその後ゲオルギウ＝デジが投獄されたことなども手伝ってか、マリア・アレクセとの関係は破綻し、第二次世界大戦後の 1946 年、彼らは正式に離婚している。ゲオルギウ＝デジはそれ以来結婚はしなかったが、幾人も愛人がいたとの噂は絶えなかった様である[9]。

第二次世界大戦後のゲオルギウ＝デジ

1944 年 8 月 23 日、ルーマニアの君主であったミハイ一世がクーデターを起こし、アントネスクが解任された。それに伴い、ゲオルギウ＝デジら共産党員たちは釈放された。

1946 年から 1947 年にかけて行われたパリ講和会議においてゲオルギウ＝デジはゲオルゲ・タタレスク（Gheorghe Tătărescu：1886 〜 1957 第二次世界大戦前には首相を 2 度務めた人物。パリ講和会議の時は外務大臣であった。1950 年 5 月に逮捕された。1955 年に釈放されるが、そのわずか 2 年後に死去した）率いるルーマニア代表団の一員として同行した。

1947 年 12 月 30 日、国王ミハイ一世（Mihai I：1921 〜 2017：ルーマニア王国最後の国王。在位期間は、1927 年 7 月から 1930 年 6 月と 1940 年 9 月から 1947 年 12 月）が退位した。

親共産党の部隊による包囲の中、ミハイ一世は事前に用意されていた退位文書に署名し、その後は亡命に追い込まれた。一説によれば、ソ連駐留軍司令官のミハイ一世に対する脅迫があったため、彼はやむなく退位したとも言われている。この時ゲオルギウ＝デジと当時の首相ペトル・グローザ（Petru Groza：1884 〜 1958）も国王ミハイ一世に退位を迫った。

国王ミハイ一世が退位文書に署名した直後、その前年 1946 年の総選挙で完全に共産主義者の統制下に置かれることになった議会が君主制を廃止し、ルーマニア人民共和国（Republica Socialistă România）

建国を宣言した。これにより、ゲオルギウ＝デジが実質上ルーマニアで最も権力のある人物となったのである。

ルーマニア人民共和国が建国されると、ゲオルギウ＝デジは最初は閣僚評議会議長（首相）であったペトル・グローザと共に政府を指導していった。その後1952年にグローザは首相を辞任し、ルーマニア大国民議会の議長に就任した。これに伴いゲオルギウ＝デジが首相の座に就いた。

スターリンも強いマルクス・レーニン主義の理念を持った政治家であったゲオルギウ＝デジを支持した。ソ連とルーマニアの経済関係は、「ソヴロム（SovRom：ソ連とルーマニアの商業交流を目的として創設された企業。1956年に解散する）」を設立したことで発展していったが、実質的にこれはソ連の利益が守られる仕組みになっており、ルーマニアに有利に運ぶことはなかった。また、ゲオルギウ＝デジは、集団農場の強化を支持しており、農村部においては大規模な集団農場政策が実施された。

ゲオルギウ＝デジが推し進めた最大の政策の一つは、ドナウ・黒海運河建設事業であった。ドナウ川と黒海を結ぶ運河の建設構想は、19世紀初めから提唱されてきたが、実際に着手されたのは、ゲオルギウ＝デジの時代であった。1948年にゲオルギウ＝デジがモスクワを訪れた際スターリンから提案を受け、ゲオルギウ＝デジがスターリンの機嫌を取るために着手した事業であると言われている。運河建設工事にはルーマニア共産党から排除・粛清された政治犯を始めとする囚人が強制労働させられた。

粛清・強制労働収容所

ゲオルギウ＝デジは、自身に反対する者は容赦なく粛清していった。この点においてゲオルギウ＝デジは冷酷なミニスターリンであると言える。ゲオルギウ＝デジは戦後すぐの時期からすでにルーマニア共産党内の政敵の粛清に着手していた。1945年、前ルーマニア共

ドナウ・黒海運河建設
Canalul Dunăre–Marea Neagră

19世紀初頭からドナウ沿岸と黒海の物流促進を目的に立てられた構想であるが、実際に着手できたのはルーマニアの政治が安定した共産主義時代になってからのことであった。スターリンの支持を受け、ソ連からの支援もあり推し進められた。この運河建設は、裕福な小作農などの「人民の敵」とのレッテルを貼られた人々を排除するための手段でもあった。これがソ連からの支持を得たのは、ソ連拡大戦略の一つでもあったからであるのは言うまでもない。

1949年5月、ゲオルギウ＝デジはルーマニア労働者党中央委員会政治局において地域の経済的・文化的発展を目的とするドナウ・黒海運河建設計画を報告し、閣僚会議において即座に承認された。

1949年10月、建設作業および刑務施設を監督する総司令部が設立された。初代長官には、トゥルチャ県（Judeţul Tulcea：ルーマニア東部、黒海に面している地域）においてルーマニア労働者党第一書記であったゲオルゲ・ホッシュ（Gheorghe Hossu：1919～?）が任命された（しかし、この長官の職は短期間で交代している）。1952年には総司令部は内務省の直接管理下に置かれるようになった。そして、現場においてはセクリターテが直接介入している。

運河建設は難航した。それと言うのも運河建設のための機械設備は整っておらず、ソ連からの援助で送られた機材もあまり使い物にならなかったからである。そのため建設には原始的な作業に頼る場面も多かった。

労働力を提供するための囚人キャンプは、1949年夏より運河の計画ルートに沿って建てられ、そこはルーマニア全土から連れてこられた政治犯で溢れかえっていた。1950年だけで、1万5千人の囚人が収容されていたとされる。1953年までには、囚人の数が約2万人とも10万人であったとも言われている。また、この建設工事が行われている期間全体で関わった囚人の正確な数は分かっていないが、10万人以上に上るとみられている。

囚人は農業の集団化に抵抗を試みた農民、国民農民党、国民自由党、ルーマニア社会民主党の元活動家、ファシスト、シオニスト、キリスト教徒などであった。この運河建設は「ルーマニアのブルジョワジーの墓場」と呼ばれており、望ましくない社会階級を物理的に排除することに使われていたのである。囚人キャンプの状況は劣悪であり、キャンプでも建設現場でも暴力が横行していた。このプロジェクトに関わった政治犯のうち、病気や事故、栄養失調などによる死者は数千人（一部には10万人以上であったとする歴史家もいる）であったと言われている。

この建設には技術を持った労働者も雇われており、政府は彼らに破格の給料をちらつかせ技術者を集めた。技術を持った労働者は最大で約1万5千人が現場で作業していた。

第5章

この運河建設プロジェクトはスターリンの死後の 1953 年 7 月に中止された。この時、工事が失敗に終わった責任を取らされ、死刑判決を受けた技術者たちもいた。彼らはセクリターテの拷問を受け、「自白」し裁判で裁かれたのである（彼らの中には 20 年後にプロジェクトに復帰した者もいた）。ドナウ・黒海運河プロジェクトとして建設工事が再開されるのは、20 年後の 1973 年、チャウシェスクの時代になってからである。結局このドナウ・黒海運河が完成したのは、1984 年 5 月（南側）と 1987 年 10 月（北側）であった。

産党書記長シュテファン・フォリシュ（Ștefan Foriș：1892 〜 1946）を秘密警察セクリターテ（Securitate）に拘束させ、1946 年に殺害した。この時、セクリターテ長官であったゲオルゲ・ピンティリーエ（Gheorghe Pintilie：1902 〜 1985）により撲殺されたと言われている。また 1948 年には当時の法務大臣であったルクレチウ・パトラシュカーヌ（Lucrețiu Pătrășcanu：1900 〜 1954）を逮捕し、1954 年に見せしめの公開裁判の後にジラーヴァの刑務所で処刑している。

　1950 年 1 月、強制労働収容所が合法化された。その目的は、ルー

1951 年　アナ・パウケルとデジ　出典　Wikipedia

マニア人民共和国に敵対する分子を再教育すること、社会主義の構築過程においてこれらの分子を人民民主主義の社会生活に統合することであった。「敵対的な噂を流したり広める、あるいはその話を聞く人物」「帝国主義のプロパガンダを広める人物」「ルーマニア労働者党およびその指導者、またはソ連およびその指導者を中傷する人物」「ルーマニアにおける資本主義国家の図書館や研究所、大使館に頻繁に出入りするルーマニア国民」は全て収容所に入れられる可能性があった。1952年8月、閣僚理事会は刑務所や強制労働収容所で「再教育」を受けなかった人々に対する強制居住または国内追放の刑罰を導入した。そしてそこには、元地主、銀行家、実業家、1944年以前に国外に出た人々の近親者も含まれていた（芸術家や学者は「社会に役立つ者」と見做され、これらの規定からは除外された）。

　1952年5月末、ルーマニア労働者党書記局の委員であり、モスク

セクリターテ
Securitate

ルーマニア社会主義共和国の秘密警察である。内務省の下にある組織であり、正式名称は国家保安局（Departamentul Securității Statului）であった。
ルーマニア人民共和国成立後の1948年8月末、ゲオルゲ・ピンティリーエ（Gheorghe Pintilie：1902～1985：ロシア帝国ティラスポリ出身の共産主義者。ウクライナ系ルーマニア共産主義者であり、ソ連のスパイであった。ゲオルギウ＝デジの下で大量粛清を実行した人物である）を責任者として全国人民保安庁（Direcția Generală a Securității Poporului - DGSP）が発足した。設置当初は共産党に批判的であった者たちを「反革命分子」「外国のスパイ」として摘発・弾圧するのが主な任務であった。
セクリターテの特徴としては、メンバーが主に国営の孤児院出身者から構成されていたことである。一般市民との接触は厳格に制限されていた。「優秀な子供」として選ばれた孤児たちが特殊訓練を受け、セクリターテに育てられた。ルーマニア社会主義共和国では、この組織の下で徹底的な監視社会が構築されていったのである。
セクリターテの主な任務は、防諜、反体制派対策、そしてチャウシェスクが大統領であった時代はその警備もおこなった。また、対外諜報機関も存在してはいたが、セクリターテが国外で活動することもあった。

第5章

ワ派の代表格であったアナ・パウケルらもゲオルギウ＝デジにより書記局から粛清・追放された。特にモスクワ派と称された共産主義者たちはゲオルギウ＝デジ政権下で政治的・経済的失敗の責任を負わされ、悪玉とされた。アナ・パウケルの失脚に関しては、本書の「アナ・パウケル」の項により詳しく書かれているのでそちらを参考にしてほしいが、彼女の失脚はこの時代に吹き荒れていた反ユダヤ主義とゲオルギウ＝デジの政敵を排除したいとの思惑が合わさっ

ソ連で発行されたゲオルギウ＝デジの切手　出典　Wikipedia

て起こったことである。この「モスクワ派」のルーマニア労働者党員たちを粛清したことにより、ゲオルギウ＝デジの党と国家における影響力が益々強くなった。

スターリンの死後のゲオルギウ＝デジ

　スターリンの後ろ盾のおかげでルーマニアにおける絶対的権力を得ることができたゲオルギウ＝デジにとって、他の国のミニスターリン達同様、1953年3月のスターリンの死は衝撃であった。しかし、ゲオルギウ＝デジはスターリンの死後、そして、フルシチョフによるスターリン批判、脱スターリン化政策という新たな風向きの中でも、もちろん初めは動揺したが、その絶対的政治手法を変えることはなかった。特に、自身の基盤を揺るがしかねない脱スターリン化政策を受けて、時としてフルシチョフに対して反対の姿勢を見せており、例えば、1955年にフルシチョフがルーマニアを訪問した際には、ルーマ

ニア国内に駐在しているソ連軍の撤退を要求している（実際、ソ連軍は1958年6月にルーマニアから撤退した）。1950年代後半には、ルーマニアはワルシャワ条約機構と経済相互援助会議において半自主的な外交・経済政策の事業計画立案者となり、ソ連からの指示に背く形でルーマニアにおける重工業の創設を主導した。内政においてイデオロギー的にはソ連的な政策を採っており、東欧の国の中でも最もソ連に近しい国であったと見られがちではあるが、農業国から脱却し工業化を進めていきたかったルーマニアはソ連の言うことを聞いてばかりはいられなかったのである（ゲオルギウ＝デジの時代の外交・経済については後に少し詳しく述べる）。このような価値体系に基づいた措置は、1956年の「ソヴロム」の解体やソ連とルーマニアの間の文化事業の縮小によって目に見えるものになっていた。

1954年4月、ゲオルギウ＝デジはルーマニア労働者党第一書記の座を一時的にゲオルゲ・アポストル（Gheorghe Apostol：1913～2010）に譲った（この時、ゲオルギウ＝デジは首相の座には留まった）。これはソ連との確執が原因であったと言われている。しかし、ゲオルギウ＝デジがルーマニアにおける実質上の最高権力者である事実には変わりなく、1955年9月末には再びルーマニア労働者党書記長の座に返り咲いた。同年10月にルーマニア閣僚評議会議長（首相）の座をキヴ・ストイカ（Chivu Stoica：1908～1975）に渡すが、1961年3月には新たに設立され

工業政策ではソ連の指示に全て従っていたわけではないが、ソ連とは友好関係を保っていた　出典　politică/ https://romania.europalibera.org/a/douazeci-si-trei-august-in-presa-vremii/33075655.html

た国家評議会の議長の座に就き、更に自らの地位を確固たるものにした。

1956年のハンガリー「革命」の時、ルーマニアはソ連側に付き、特にナジ・イムレ拘束時には、数ヶ月間ルーマニアのスナゴフ（Snagov：ルーマニアの首都ブカレストから北に40キロに位置する村）にナジを止め置くなど、積極的にソ連に協力している。また、ゲオルギウ＝デジはナジの処刑も支持した。

ゲオルギウ＝デジの経済政策、西側諸国との関係

ゲオルギウ＝デジは1950年代、東欧の共産主義ブロック全体に対するソ連からの指示に反する形（ソ連はルーマニアを共産圏における穀物地帯としての役割を求めていた）で、ルーマニアにおいて重工業を促進していった。ガラツィ製鉄所や石油化学工場が国内に建てられ、鉄鋼業、石油化学産業、機械製造業がそれぞれ発展していった。原材料の供給はルーマニア国内で十分に賄うことができなかったため、輸入に頼っていた。

ルーマニアは西側諸国との貿易に対して積極的な姿勢を示しており、1950年代中盤には西側の経済紙にもルーマニアとの貿易の可能性を示唆する記事が書かれるようになる。ゲオルギウ＝デジも、西側諸国との貿易は、ルーマニア国民の生活水準を向上させる可能性に繋がることは理解していた。ゲオルギウ＝デジは、西側のジャーナリストたちのルーマニアへの入国を許可した。また中国やユーゴスラヴィアとも比較的良好な関係を保っていた。

言うまでもないが、ルーマニアの西側に対する外交政策は、対ソ連政策とも密接に繋がっていた。ゲオルギウ＝デジはソ連の利益のために従属した関係にいるのではなく、自国の利益を追求する権利があるという趣旨の発言をしている。ルーマニアは、ソ連からの独立を強く主張することにより、西側との貿易関係を築くことを求めた。1956年にはアメリカとの対話のために駐アメリカ合衆国ルーマニア大使に

ルーマニア

1960年 ゲオルギウ=デジとフルシチョフ 後ろにはチャウシェスクも写っている 出典 Wikipedia

当時のアメリカ国務長官と大統領に謁見するよう指示した。その後、アメリカはブカレストに図書館を設置し、アメリカとルーマニアの文化交流を図った。学校教育においてロシア語が必修科目であったが、この頃にそれを廃止している。そのような努力もあってか、1950年代後半にはルーマニアは西ドイツ、イギリス、フランスなどの西側との貿易を大幅に拡大することができた。

ルーマニアでは1960年代前半までに工業化が進み、生産性が向上した。第二次世界大戦後すぐの時点では、ルーマニア国民の80%が農業に従事していたが、1960年代始めにはそれが65%に減少していた（農作業の従事者は減ったが、農業の生産性は向上していた）。このように、独自に工業化を進め、西側との貿易を拡大し、ルーマニアを完全にソ連から独立した形で西側と貿易ができる国にするというゲオルギウ=デジの目標は一応達成できたと言える。

ゲオルギウ＝デジの死

　ゲオルギウ＝デジは1965年3月19日、ブカレストでこの世を去った。肺癌であった。ゲオルギウ＝デジの後継者にはニコラエ・チャウシェスクが就いた。ゲオルギウ＝デジの葬儀には西側の国を含む30カ国以上の外国の代表者が参列した。ゲオルギウ＝デジの遺体は防腐処理がされ、ブカレストの自由公園（Parcul Libertății：現在のカロル一世公園「Parcul Carol I」）の霊廟に埋葬された。その後ルーマニア革命後の1991年、ゲオルギウ＝デジの亡骸はシェルバン・ヴォーダ墓地に再葬された。

　ゲオルギウ＝デジの死後、彼の名を冠した場所が作られた。ブカレスト工科大学はゲオルギウ＝デジの名を取り、1992年まで大学名をゲオルギウ＝デジ名称ブカレスト工科大学（Institutul Politehnic 'Gheorghe Gheorghiu-Dej' București）としていた。ルーマニアの北東バカウ県にあるオネシュティ（Onești）は、1965年3月から1990年までゲオルギウ＝デジという名に改称された。また、ロシアのヴォロネジ州にあるリスキ（Лиски）という街も、1965年から1991年までゲオルギウ＝デジ（Георгиу-Деж）という名で呼ばれていた。

1956年のゲオルギウ＝デジ造船所のメーデーの様子　ハンガリーブダペスト、ドナウ川にあったガンツ造船所は1951年から1962年までゲオルギウ＝デジ造船所と呼ばれていた
出典　Magyar Nemzeti Múzeum/ https://gyujtemenyek.mnm.hu/hu/record/-/record/MNMMUSEUM1824052

参考文献

1. E. Neagoe-Pleşa, *Gheorghe Gheorghiu-Dej şi „procesul ceferiştilor" (1933–1934)// In*;
   A. Cioroianu, *Comuniştii înainte de comunism: procese şi condamnări ale ilegaliştilor din România [Communists before communism: trials and convictions of the illegalists in Romania]*, Bucharest: Editura Universităţii Bucureşti, 2014. p. 77–124.
2. Radio Romania International. *Gheorghe Gheorghiu Dej and Stalinism in Romania*. https://web.archive.org/web/20151011123435/http://www.rri.ro/en_gb/gheorghe_gheorghiu_dej_and_stalinism_in_romania-2536497（2024 年 5 月 31 日　最終閲覧）
3. P. Dobrescu, *Astăzi se împlinesc 46 ani de la moartea lui Gheorghe Gheorghiu-Dej*. https://www.libertatea.ro/stiri/astazi-se-implinesc-46-de-ani-de-la-moartea-lui-gheorghegheorghiu-dej-562057（2024 年 5 月 31 日　最終閲覧）
4. ジョルジュ・カステラン『ルーマニア史』（萩原直訳）白水社、1993 年
5. 月村太郎『バルカンの政治』東京大学出版会、2023 年

脚注

1. E. Neagoe-Pleşa. p. 77.
2. Ibid. p. 78.
3. Ibid. p. 79.
4. Ibid. p. 82.
5. Ibid. p. 84.
6. Ibid. p. 85.
7. Ibid. p. 89.
8. Radio Romania International. *Gheorghe Gheorghiu Dej and Stalinism in Romania*. https://web.archive.org/web/20151011123435/http://www.rri.ro/en_gb/gheorghe_gheorghiu_dej_and_stalinism_in_romania-2536497
9. P. Dobrescu, *Astăzi se împlinesc 46 de ani de la moartea lui Gheorghe Gheorghiu-Dej*. https://www.libertatea.ro/stiri/astazi-se-implinesc-46-de-ani-de-la-moartea-lui-gheorghegheorghiu-dej-562057

「スカートを穿いたスターリン」と呼ばれるも粛清された

アナ・パウケル

Ana Pauker：本名は Hanna Rabinsohn

1893 年 12 月 13 日生（コダエシュティ / ルーマニア王国）
1960 年 6 月 3 日没（ブカレスト / ルーマニア人民共和国）

　ルーマニアを代表する女性活動家であるアナ・パウケル。女性である彼女は「スカートを穿いたスターリン」と呼ばれた。その所以は、戦後のルーマニアにおける共産党政権でコミンテルン仕込みの手法を駆使したことである。実際アナ・パウケルはどんな人物であったのだろうか。彼女の出生時の名はハナ・ラビンソン、ユダヤ人であった。アナ・パウケルはマルチェル・パウケルと結婚した後に苗字がパウケルとなるが、本項では便宜的に結婚前でもアナ・パウケル、また、結婚後でも夫との混乱を避けるためにフルネームで記載する。

誕生〜共産主義者としての目覚め

　アナ・パウケルは 1893 年 12 月 13 日ルーマニア王国のヴァスルイ

県コダエシュティ（Codăeşti）に生まれた。父親はユダヤ教のラビであった。母親は小さい食料品店を経営していた。決して裕福な家庭ではなかったようである。夫婦には4人の子供がいたが、4人のうちの2人は幼くして亡くなっている。アナ・パウケルの弟はシオニストであった。一家はまだアナ・パウケルが幼い頃に首都ブカレストに移った[1]。

アナ・パウケルは若い頃から優秀であったようである。ヘブライ語を身につけ、中等教育を受けた後はブカレストのユダヤ人学校で教師をしていた。教師になる前はブカレストの仕立て工房で働いていた経験もあり、多方面に才能のある女性であったようである。アナ・パウケルは徐々に社会主義に傾倒してゆき、1915年にルーマニア社会民主党に入党した（この党は1918年にルーマニア社会党に改名している）。1918年にブカレストで起きたポグロム時にはユダヤ人たちを守る防衛部隊に参加した[2]。アナ・パウケルは党内のボリシェヴィキ派の一人として主導権を握り、コミンテルンにも参加しアクティブに活躍した。1921年にルーマニア社会党が分裂すると、アナ・パウケルは共産主義グループに加わり、コミンテルンの活動にも従事していく。そして、この後、1920年代1930年代と国内だけでなく国際的な舞台でも地位を確立し、アナ・パウケルは共産主義の闘士として育っていくのである。

この少し前、アナ・パウケルは共産主義活動家であるマルチェル・パウケル（Marcel Pauker：1896～1938）と出会い、1921年に結婚している。アナ・パウケルの夫、マルチェル・パウケルはブカレスト生まれで、スイスのチューリッヒで技師の勉強をした。アナ・パウケルとは共産主義の理想を掲げる同志であった。夫婦は1920年代に数回に渡り逮捕されている。彼らはプラハ、ベルリン、パリなどヨーロッパ各地で亡命生活を送った。1928年、夫婦はモスクワに移り住んだ。アナ・パウケルはこの時モスクワでコミンテルンの学校、国際レーニン学校に入り、ここで数年間学んでいる。

国際レーニン学校で共産主義理論の訓練を受けたアナ・パウケル

第5章

は、コミンテルンにおける立場を強くしていった。アナ・パウケルはコミンテルンの指示でフランスに移り、コミンテルンのインストラクターとしてラテン諸国を担当した。そして、イタリア、フランス、ポルトガルやスペインの共産党の監督をしたり、バルカン諸国でも活動した。1932年から1934年まではモスクワのコミンテルン本部に勤めた。1934年に偽名でルーマニアに戻り、翌年にルーマニア

アナ・パウケルの夫　出典　Wikipedia

共産党中央委員会の事務局に入った。しかし1935年7月、アナ・パウケルは共産主義者の仲間と共に逮捕され、翌年裁判で有罪判決を受け、10年の禁固刑を言い渡された。

アナ・パウケルが投獄されていた1937年3月、夫のマルチェル・パウケルはモスクワでソ連の内務人民委員部（NKVD）にスパイ容疑をかけられ逮捕された。スターリンの大粛清の犠牲者となってしまったのである。実はその後長い間、ソ連でのマルチェルの運命についての公式な知らせはされなかった。アナ・パウケルはずっと夫の処刑を否定し続けた。ソ連の強制収容所に収監され生き延びたとの噂もあったが、ずっと後の1959年、マルチェルは1938年8月16日にモスクワで銃殺刑に処されたということがソ連当局からアナ・パウケルに公式に知らされた（マルチェル・パウケルは1957年に名誉回復がなされている）[3]。

1941年5月、アナ・パウケルはソ連に投獄されていたモルダヴィアの政治家と引き換えにソ連に引き渡された（囚人交換）。モスクワではアナ・パウケルはルーマニアの亡命共産主義者の指導者的存在と

なった。1941年からはコミンテルン執行委員会のルーマニア共産党代表であると同時に、ルーマニア共産党の外国局とソ連のウファに事務局があったラジオ「自由ルーマニア」の代表を務めた。1944年6月からルーマニアに戻るまでの数ヶ月間、モスクワの「マルクス・エンゲルス・レーニン」研究所でも活動した。

アナ・パウケルの私生活[4]

ここで少しアナ・パウケルの私生活について話す。先にも述べた通り、アナ・パウケルは1921年に同じ共産主義活動家であったマルチェル・パウケルと結婚した。マルチェルは後にスターリンの粛清の犠牲者となってしまったが、彼らの間にはターニオ（幼い頃に亡くなる）、ヴラド（1926 〜 2016　ウィーンで生まれた）、タチアーナ（1928 〜 2011　モスクワで生まれた）という3人の子供がいる。コミンテルンからの命令で彼らはソ連の児童養護施設に預けられ、そこで育った。

また、少し後の話になるが、アナ・パウケルは1930年から1932年にかけてパリで活動している際、チェコスロヴァキア出身のユダヤ人共産主義活動家（コミンテルンからフランス共産党に派遣されたインストラクターだった）、オイゲン・フリート（Eugen Fried：1900 〜 1943）との間に娘マーリア（1932 〜 2020）をもうけている。マーリアはモスクワで生まれたがその後はフランスで父フリートとその恋人によって育てられた。オイゲン・フリートは1939年にコミンテルンの仕事でベルギーに移り、ブリュッセルで活動していたが、1943年8月にゲシュタポにより暗殺された（殺害した人物は未だ特定されていない）。1940年代末、アナ・パウケルは5人目の子供としてアレクサンドルを養子にした。

アナ・パウケルのルーマニアへの帰国

1944年にアントネスク政権が倒され赤軍がルーマニアに入ると、アナ・パウケルはルーマニアに戻った。1945年にはルーマニア共産

党の政治局員および中央委員会書記となった。モスクワ帰りのアナ・パウケルは後に党内で「モスクワ派」と呼ばれるようになり、戦後の共産主義政権のルーマニアで大いに活躍した。1947年11月、非共産党党員であった政治家のゲオルゲ・タタレスク外相（Gheorghe Tătărescu：1886〜1957）を排除することに成功し、アナ・パウケルがそれを引き継ぐ形で外務大臣の座に就いた（1947年12月から1952年7月）。また、1948年にルーマニア共産党と社会民主党が結合し、ルーマニア労働者党（1948年から1965年までこの名称）ができると中央委員会の政治局のメンバーとなり、排除される1952年5月まで中央委員会の書記も務めた。

アナ・パウケルは1948年9月20日のタイム誌の表紙をかざり、彼女の特集が組まれた。この時タイム誌には、「生きている最も影響力のある女性」と評された[5]。ルーマニア労働者党においては、厳格なスターリン主義者であり、モスクワ派の中心的人物とみなされていた。アナ・パウケルは戦後すぐのルーマニア共産党（労働者党）においては、実質的な指導者の立場にあったと考えられている。

しかしアナ・パウケルはルーマニア共産党（労働者党）の書記長になることは固辞し、ゲオルギウ＝デジがその座に就いた。彼女は自らゲオルギウ＝デジが書記長になることを提案したという[6]。アナ・パウケルは党の執行部では実質的には第二番目の地位であったのである。アナ・パウケルはルーマニアを共産主義で統治するシステムを構築する過程において、重要な役割を果たした人物であると言える。1945年以降、アナ・

アナ・パウケルとデジ スターリンの写真の前で　出典　Wikipedia

アナ・パウケルとデジ　出典　Wikipedia

パウケルは数万人のルーマニア国民の逮捕および粛清に加担したという事実がある。この時逮捕・粛清の対象となったのは、第二次世界大戦中のファシスト政権であるイオン・アントネスク政権（Ion Victor Antonescu：1882 ～ 1946）と関係があった人々であった。

　しかし、アナ・パウケルはルーマニア共産党指導部の中では比較的穏健な政策も打ち出している。1945年に逮捕されたルーマニアのファシスト政党、鉄衛団（Garda de Fier：1927年に設立された政党「大天使ミハイル軍団」で、のちに「全ては国のために」党と改名するファシスト政党の通称）の党員の中で重大な犯罪を犯していないものには恩赦を与えることを提案した。その上、この鉄衛団の元党員を含めた50万人の人々を、厳密な審査なしに共産党員として採用したのである。また、戦後すぐの段階では、アナ・パウケルは国民農民党（Partidul Național-Țărănesc）と国民自由党（Partidul Național Liberal）との連立を提案した（この案はすぐにスターリンによって却下された）。アナ・パウケルはまた、1950年頃から約10万人のユダヤ人のイスラエルへ

の移住を促進し、モスクワから命令された強制的な農業の集団化にも強く反対した。1948年以降、東欧諸国では共産党政権によるスターリン型の独裁体制が確立されていく中、アナ・パウケルもスターリンとソ連に対して狂信的に忠実な姿勢を取り続けており、本人もスターリン主義者であることを公言していた。しかしその一方で、クレムリンと対立する政策を数多く推進していたのも事実であった[7]。

このようなアナ・パウケルの行動は党内では「社会民主主義型の政治」と評され、批判の的となっていった。ゲオルゲ・ゲオルギウ＝デジは、集団農場の強化を支持し、反対派を見せしめ裁判にかけ、処刑した。アナ・パウケルもゲオルギウ＝デジにとっては邪魔な存在であり、この後彼女も排除されることとなるのである。

アナ・パウケルがソ連を訪問した時の新聞　出典　Wikipedia

アナ・パウケルの失脚

1951年から1952年頃は、ソ連・東欧諸国において反ユダヤ主義が吹き荒れている時期であった。ルーマニアではこの反ユダヤ主義がゲオルギウ＝デジにとってうまく作用した形となった。ゲオルギウ＝デジにとっては、ユダヤ人であり手強い政敵でもあったアナ・パウケルを排除する好機が訪れたのである。1951年8月、ゲオルギウ＝デジは、アナ・パウケル、ヴァシーレ・ルカ（Vasile Luca）、テオハリ・ジョルジェスク（Teohari Georgescu）を粛清するためにスターリンの同意を得ようとモスクワを訪れた。

1952年5月、アナ・パウケル、ヴァシーレ・ルカ、テオハリ・ジョルジェスクはルーマニア労働者党書記局から追放され、7月までには全てのポストから外された。彼らを退けたことで、ゲオルギウ＝デジの支配力は強まった。そして1953年2月18日にアナ・パウケルは逮捕され、見せしめ裁判のために厳しい尋問と拷問を受けた。しかしアナ・パウケルの逮捕から15日後の1953年3月5日、ソ連でスターリンが死去したのである。4月、アナ・パウケルは牢獄から釈放され、自宅軟禁でルーマニア当局の監視下に置かれた。アナ・パウケルは釈放後にスターリンの死を知るとその場で突然泣き崩れたということであった。1954年5月、アナ・パウケルは党から除名された。

　1956年2月のソ連共産党第二十回党大会の後、ルーマニア共産党内ではフルシチョフがアナ・パウケルをルーマニア共産党の新たな指導者に据えるかもしれないとの懸念があった。ゲオルギウ＝デジは、アナ・パウケルやヴァシーレ・ルカ（Vasile Luca：1898～1963）ら数名を、1948年以降スターリン主義に過度に染まっていた容疑で告発した。この時に逮捕された人たちが権力を握っていた第二次世界大戦後すぐの時期は確かに政治的迫害と反対者へ粛清の嵐が吹き荒れていた。この時ゲオルギウ＝デジは自身がこれについての説明責任を負っていたが、アナ・パウケルらを「悪」にすることによりそれを避け、スターリンの死後の自身の足場を固めることに成功した。

　アナ・パウケルは党執行部の委員会に召喚され、尋問を受けた時には自身の無実を主張した。その上で党員に復帰したいと訴えたが、これが受け入れられることはなかった。その後、アナ・パウケルは出版社「エディトゥラ・ポリティカ（Editura Politică）」でフランス語とドイツ語の翻訳家として働くことを許された。しかし、彼女は署名する権利を与えられなかった。

　ルーマニアの政治指導者たちは、党の歴史においてアナ・パウケルを「筋金入りのスターリン主義者」であったと評価し、1950年代のアナ・パウケルの政策を「悪」であったとしている。アナ・パウケル

は「Stalin cu fustă」(「スカートを穿いたスターリン」)と呼ばれることもある。ルーマニア外務省の建物内部にある写真展示室からは、アナ・パウケルの肖像画は削除されている。

アナ・パウケルの死

アナ・パウケルは 1950 年には乳癌を患っていることが分かり、一時期モスクワで療養していたこともあった。1959 年春、癌の再発が見つかり療養したが、1960 年 6 月 3 日、ブカレストで亡くなった。アナ・パウケルは火葬された。

1965 年 3 月、チャウシェスクがルーマニア共産党の書記長の座に就き、権力を掌握した。1968 年アナ・パウケルは名誉回復され、アナ・パウケルの遺灰の入った骨壷は、人民と祖国の自由と祖国の闘争の英雄のための記念碑に置かれた。1991 年にその霊廟が廃止されると、アナ・パウケルの遺灰は遺族によってイスラエルに運ばれた。

参考文献

1. R. Levy, *Ana Pauker: The Rise and Fall of a Jewish Communist*, Berkeley-Los Angeles: University of California Press, 2001.

2. D. Lăcătuşu, *Procesul Anei Pauker de la Bucuresti si Craiova (27 februarie 1936 si 5 iunie 7 iulie 1936)*// In; Cioroianu Adrian. *Comuniştii înainte de comunism: procese şi condamnări ale ilegaliştilor din România* [Communists before communism: trials and *convictions of the illegalists in Romania*]. Bucharest: Editura Universităţii Bucureşti, 2014. 169–256.

3. N.M. Naimark, *Ana Pauker: The Rise and Fall of a Jewish Communist by R. Levy* (Review)// In; *Slavic Review*, Cambridge University Press, 2002. Vol. 61, no. 2. P. 389–390.

4. Peto Andrea, *A zsidó kommunista funkcionáriusno felemelkedése és bukása: Ana Pauker élete*.(Revew. R. Levy: Ana Pauker. The Rise and Fall of a Jewish Communist. Berkeley, London, Los Angeles, University of California Press, 2001.) https://epa.oszk.hu/00800/00861/00029/pdf/peto.pdf（2024 年 5 月 31 日　最終閲覧）

5. R. Levy, *Ana Pauker*. https://jwa.org/encyclopedia/article/pauker-anna（2024 年 5 月 31 日　最終閲覧）

6. Géczi Róbert, *Ana Pauker tündöklése és bukása*. https://veritasintezet.hu/hu/mindennapitortenelem/6766-ana-pauker-tundoklese-es-bukasa（2024 年 5 月 31 日　最終閲覧）

7. *Ana Pauker* (Time. Sep. 20, 1948). https://content.time.com/time/covers/0,16641,19480920,00.html（2024 年 5 月 31 日　最終閲覧）

脚注

1. D. Lăcătuşu. p. 175.

2. R. Levy, Ana Pauker. https://jwa.org/encyclopedia/article/pauker-anna

3. Ibid

4. Ibid

5. Ana Pauker (Time. Sep. 20, 1948). https://content.time.com/time/covers/0,16641,19480920,00.html

6. R. Levy, p. 71–72.

7. R. Levy, Ana Pauker. https://jwa.org/encyclopedia/article/pauker-anna

第 5 章

ネオスターリニズム推進し、妻エレナまで個人崇拝の対象に

ニコラエ・チャウシェスク

Nicolae Ceaușescu

1918年1月26日生
（オルト県スコルニチェシュティ/ルーマニア王国）
1989年12月25日没（ドゥンボヴィツァ郡トゥルゴヴィシュテ/ルーマニア社会主義共和国）

　ニコラエ・チャウシェスクは1918年11月26日、ルーマニア王国南部に位置するオルト県（Județul Olt）の小さな村スコルニチェシュティ（Scornicești）に生を受けた。家は貧しい農家であり、男7人女3人の10人兄妹の3男であった。兄妹もみな抵抗運動に関わるようになっていく。

　父親のアンドゥルツァ（Andruță：1886～1969）は仕立て屋として働いていた。母親アレクサンドリナ（Alexandrina：1888～1977）は敬虔なキリスト教徒であった。家が貧しかったため、チャウシェスクは初等教育を終えると11歳の時に当時ブカレストにいた姉の元

ルーマニア

トゥルゴヴィシュテの警察が撮影したチャウシェスク　1936年　出典　Wikipedia

に移り、靴職人の見習いとして働いた。1933年11月、チャウシェスクはルーマニア共産党の青年組織である共産主義青年同盟（Uniunea Tineretului Comunist）に加わった。そしてすぐにストライキの扇動を行い、逮捕された。チャウシェスクはこの15歳の年には共産党指導の下に多くの抗議やストライキ、デモに参加し、共産主義青年同盟の一員としての立場を確立していくのである。チャウシェスクは1930年代半ばまでに数回逮捕されており、シグランツァには「共産主義を扇動する危険人物」「反ファシズムの宣伝活動をする共産主義者」と見做されていた。

　この様に逮捕と釈放を繰り返していたチャウシェスクであったが、1936年6月には懲役2年の刑が言い渡された。この時収監されたのがドフタナ刑務所（Închisoarea Doftana）であった。当時政府は政治犯をよりよく監視するために共産主義者を含む反ファシストの受刑者を一箇所に集めたのである。チャウシェスクは時期を同じくしてこのドフタナ刑務所に拘留されていたゲオルゲ・ゲオルギウ＝デジやキ

ヴ・ストイカ（Chivu Stoica：1908 〜 1975）ら、第二次世界大戦後にルーマニア社会主義共和国の指導者的立場となる共産主義者たちと出会った。特にゲオルギウ＝デジからはマルクス・レーニン主義理論を教わるなど、関係を深めていった。このように共産主義者たちを一つの刑務所に集めてしまった事は、政府の意図とは反対の結果を生む事になった。看守の監視にも関わらず、活動家たちは監獄内で組織を作り、勉強会を開き、革命闘争に関する議論を行っていたのである。チャウシェスクは 1938 年に釈放された。

　1940 年、チャウシェスクは公序良俗に対して陰謀を企てたという容疑で再逮捕され、有罪判決を受けた。ジラーヴァ（Penitenciarul București–Jilava）、カランセベシュ（Caransebeș）、ヴァカレシュティ（Văcărești）などの刑務所を転々とした。チャウシェスクの正式な拘留期間は終了したが、イオン・アントネスク（Ion Antonescu）は自身の政府を弱体化させる可能性のある共産主義の活動家の釈放を拒んだ。そのためチャウシェスクらはこの時釈放はされず、トクルグ・ジウ（Târgu Jiu）の収容所に移送された。1944 年 8 月末、ミハイ一世が起こした宮廷クーデターに伴い、アントネスクが逮捕された。それに伴い、投獄されていた共産主義者などの政治犯が釈放されたのである。

チャウシェスクの家族[1]

　ここで少しチャウシェスクの家族の話をする。チャウシェスクの妻エレナは 1989 年のルーマニア革命時に夫ニコラエ・チャウシェスクと共に銃殺刑に処されたが、チャウシェスクが後に妻となる女性エレナと出会ったのは 1939 年のことであった。

　エレナ・チャウシェスクの出生時の名前はレヌーツァ・ペトルスク（Lenuța Petrescu）と言った。レヌーツァは 1916 年 1 月 6 日、ルーマニア王国南部に位置するワラキア地方のペトレシュティ村（Petrești）の農家の家に生まれた。家が貧しかったためレヌーツァは初等教育を修了することができず、満足な教育を受けてはいない。

チャウシェスクの妻エレナ　出典 Wikipedia

兄のゲオルゲとともに首都ブカレストに移り住み、初めは薬の実験室の製造助手として働き、のちに化学繊維工場で職を得て、そこで裁縫師として働いた。裁縫は小学校の頃から得意であったという。

1937年レヌーツァはルーマニア共産党に入党した。1939年に将来の夫となるニコラエ・チャウシェスクと出会った。しかし、この時期から1944年まで、チャウシェスクは断続的に投獄されており、その時期も長かったため、2人が結婚して子供をもうけるのは第二次世界大戦後のことであった。1947年12月、レヌーツァとチャウシェスクは結婚し、レヌーツァは自身の名をエレナに改名した。

エレナとチャウシェスクの間にはヴァレンティン（Valentin：1948〜）、ゾヤ（Zoia：1949〜2006）、ニク（Nicu：1951〜1996）の3人の子供がいる。長男ヴァレンティンは政治には関与せず、物理学者として活躍した。娘ゾヤは数学者となり、数理科学部門で貢献した。次男ニクは兄弟では唯一政治に関与し、チャウシェスクの後継者候補と目されたが、周りの人物評価としては勤勉ではなく問題を起こす人物であったようである。1989年のルーマニア革命の際は3人とも逮捕され拘束されるが、ヴァレンティンとゾヤは約9ヶ月後に釈放されている。ニクは実刑を受け投獄された（1992年に病気のため釈放され、1996年に死去している）。3人兄妹とも母エレナの過干渉により恋人と破局させられるなどを経験したようである。

1965年3月にゲオルギウ＝デジが亡くなり、夫チャウシェスクがルーマニア共産党書記長に就任し権力を掌握すると、エレナもこの頃

からルーマニアのファーストレディとして政治的権力を手にしようと考え始めた。後に詳しく述べるが、チャウシェスク夫妻はルーマニアにおいて強い個人崇拝を強要するようになっていったのである。

エレナも夫と共に党の運営に積極的に関与するようになり、高い政治的地位に上り詰めていった。1973年6月、エレナは党執行委員会委員に選出された。また1974年11月の第十一回ルーマニア共産党大会では政治執行委員会委員に選出され、1977年1月には党の最高機関である政治執行委員会常設局委員に選出された。1975年3月にはルーマニア社会主義共和国の立法府であるルーマニア大国民議会（Marea Adunare Națională）の選挙が実施され、エレナはこれに当選した。1980年3月には夫チャウシェスクから閣僚評議会第一副議長に任命された。エレナはこれらの政治的地位を1989年に処刑されるまで保持し続けたのである。1980年代、エレナは「国民の母（Mama Neamului）」と呼ばれ、夫チャウシェスクと共に強い個人崇拝の対象となった。

エレナには知識欲もあったようで、1950年代、ブカレストの工科大学の夜間課程で学び、化学の学士号を取得した。後に化学の博士号も取得しており、エレナ・チャウシェスクの名前で、多くの論文が発表されている。しかし、チャウシェスク夫妻が銃殺された後、エレナ・チャウシェスク名義で論文を書くよう強要されたと主張する科学者が現れ始めた。

1957年、エレナはルーマニア化学研究所（Institutul de Cercetare Chimică）に研究員として雇われた。その後、エレナは研究所の党委員会委員になり、党委員会書記となった。夫チャウシェスクが権力を掌握した後、エレナは同研究所の所長として名前が登録された。1965年12月、エレナは国家科学技術研究評議会の委員に選出され、翌年9月には第一級科学功労勲章を授与された。1974年にはエレナはルーマニア科学協会（Academia Română）の正会員に選出された。1985年夫チャウシェスクもこの協会の正会員に選出され、これの名誉会長と

ルーマニア

なった。1989年のチャウシェスク夫妻処刑後、2人の名前はルーマニア科学協会から除名された。ルーマニア革命後にはルーマニアの科学者団体は、「エレナ・チャウシェスクには科学の知識はほとんど無い」と主張しており、エレナの科学者としての評価を覆そうとしている。

第二次世界大戦後のチャウシェスク

　第二次世界大戦後すぐの1944年8月から1945年6月までチャウシェスクはルーマニア共産主義青年同盟の第一書記を務めていた。

　1947年12月30日、ルーマニア国王ミハイ一世が首相ペトル・グローザ（Petru Groza：1884〜1958）とゲオルギウ＝デジの圧力により退位し、ルーマニア人民共和国が樹立した。ここにルーマニア共産党が政権を掌握したのである。これ以降、ルーマニア人民共和国の実質的権力者はゲオルギウ＝デジであり、ゲオルギウ＝デジはルーマニアのミニスターリンとしてスターリンの政治手法を踏襲する形で国を統治していった。詳細は本書「ゲオルゲ・ゲオルギウ＝デジ」「アナ・パウケル」の項に書かれている。

　1948年5月、チャウシェスクは閣僚評議会議長（首相）のペトル・グローザにより、農業大臣の副官である農業次官に任命された。この後チャウシェスクは政治のキャリアを拡大してゆき、1949年には農業副大臣に任命され、1950年3月には国防副大臣および陸軍高等政治総局長に任命された。チャウシェスクは従軍経験はなかったが、軍の階級としては最終的に中将の地位にまで上り詰めた。チャウシェスクは少し前に、モスクワのフルンゼ陸軍士官学校（Военная академия имени М.В. Фрунзе）において、8ヶ月間の課程を修了していた[2]ため、そのことが軍における階級を上げたのだと推測できる（また、1950年代から1960年代始めまで、チャウシェスクは何度かモスクワを訪問している）。

　1952年、チャウシェスクはゲオルギウ＝デジの推薦を受けて、ルーマニア労働者党中央委員会委員に選出された。1954年には中央委員

会書記になり、1955年には中央委員会政治局委員になった。チャウシェスクは1950年代半ばまでに、ルーマニア労働者党および国政において大きな影響力を及ぼす人物となっており、党内では実質上第二位の権力を持つ人物になっていた。

デジとチャウシェスク　1948年　出典 Wikipedia

アナ・パウケルを始めとする「モスクワ派」への弾圧・粛清はチャウシェスクの党内での地位を上げることにも繋がった。「モスクワ派」を含む党内全体の粛清に関して、チャウシェスクはゲオルギウ＝デジの決定を支持したが、ゲオルギウ＝デジの死後にチャウシェスクが書記長になると、この時粛清された人々は名誉回復された。

少し時期が遡るが、1949年3月、ルーマニア大国民議会常任幹部（Prezidiul Marii Adunari Nationale）によっては50ヘクタールの土地の国有化が決定された。この頃農業大臣の副官を勤めていたチャウシェスクは、農地の国有化のために設立された農業省の特別委員会の指揮を執っていた。チャウシェスクはその後農業副大臣となり、翌年には国防副大臣に任命されるが、集団農場の政策には関わり続けていた。

元々農業国であったルーマニアは、その人口の70%を農民が占め、彼らに共産主義の生活様式を強制するのは非常に難しかった。農場の集団化政策は、ルーマニア労働者党が実行した最も広範な事業であったのである。産業と銀行などの国有化も行ったが、それらは4年で概ね完成した。しかし、農業の集団化は1962年までかかったのである。この間農民による蜂起が勃発しているが、チャウシェスクはこれの鎮圧のため、部隊を率いて現地に赴き、武力で解決している。例えば、1957年12月ルーマニア東部の村ヴァドゥ・ロシュカ（Vadu Roşca）で農民蜂起が勃発したが、チャウシェスクはこの事件を武力で鎮圧、

この時 9 人の農民が射殺され、48 人が負傷した。この後、この事件に関わった 18 人が逮捕され、「反逆」と「社会秩序に対する陰謀」の罪で実刑判決を受けた。1949 年から 1952 年にかけて、8 万人を超える農民が逮捕され、そのうち 3 万人が実刑判決を受けたとされている。この農業の集団化は党と国家のあらゆる機関が関与し、推し進めていった政策であったのである。

ゲオルギウ＝デジの死、そしてチャウシェスク権力掌握

チャウシェスクが権力を手にする瞬間は突然やってきた。1965 年 3 月 19 日、ルーマニア人民共和国の最高権力を握っていたゲオルギウ＝デジが死去したのである。ゲオルギウ＝デジの死因は肺がんであったが、治療を始めた時は既に手遅れであった。彼の死は突然であったため、後継者を指名していなかった[3]。一時期ゲオルギウ＝デジからルーマニア労働者党第一書記の座を譲られたゲオルゲ・アポストル（Gheorghe Apostol：1913 ～ 2010）が自分自身がゲオルギウ＝デジから後継者に指名されていると主張したが、彼の政敵であった閣僚評議会議長のイオン・ゲオルゲ・マオレル（Ion Gheorghe Maurer：1902 ～ 2000）がこれを阻止した。その時に白羽の矢が立ったのが、ゲオルギウ＝デジが信頼を置いていたチャウシェスクであった。

マオレルがチャウシェスクをゲオルギウ＝デジの後継者として立てたのは、チャウシェスクが自分の傀儡になるのではとの思惑があったからのようである。しかし、そうはいかなかった。チャウシェスクは党内で党の新たな指導者として支持を得ることに成功したのである。ゲオルギウ＝デジが亡くなった直後の 1965 年 3 月 22 日、ニコラエ・チャウシェスクは満場一致でルーマニア労働者党中央委員会第一書記に就任した。また、この時イオン・ゲオルゲ・マオレルは閣僚評議会議長、ゲオルゲ・アポストルとエミール・ボドナラーシュ（Emil Bodnăraş：1904 ～ 1976）は閣僚評議会第一副議長の座に留まることになり、キヴ・ストイカは 1965 年 3 月に国家評議会議長に就任した。

クラヨーヴァの発電所を視察するチャウシェスク　出典　Fortepan / Sütő András örökösei

1965年7月に開催されたルーマニア労働者党第九回党大会において、チャウシェスクは政党名をルーマニア共産党（Partidul Comunist Român）に戻すことを提案し、これが可決された。1948年2月以来、党の最高指導者としてのゲオルギウ＝デジの肩書きは「ルーマニア労働者党第一書記」であったが、チャウシェスクはこの役職名を「ルーマニア共産党書記長」に戻した。1965年8月21日、チャウシェスクは新たな憲法の制定を宣言し、国名を「ルーマニア人民共和国」から「ルーマニア社会主義共和国」（Republica Socialistă Română）に変更した。

　チャウシェスクがルーマニア共産党書記長に就任してすぐの頃のルーマニアの社会は、比較的緩やかであったと言える。ルーマニア国内においては、他の共産主義を掲げる国家に比べるとある程度の報道の自由があった。ルーマニア国民は、外国の報道にも触れることが可

能であった。ルーマニアへの出入国は比較的自由であり、政府は住民の移住を妨害したりはしなかった。芸術や文化においても、党のイデオロギーに反しない限り表現の自由があった。また、経済面において西側の国との関係を重視したゲオルギウ＝デジの時代を踏襲した。1967年にはコンスタンツァにペプシの工場が作られた。西側諸国の製品も比較的簡単に手に入れることができた。この傾向は1971年7月のチャウシェスクの演説（「七月の主張」後に説明する）まで続いていった。

チャウシェスクによる粛清

　しかし、チャウシェスクは自分の政敵になる可能性のある人物たちを粛清することを忘れることはなかった。チャウシェスクは権力を掌握すると、対立関係にあった政敵を排除すべく、粛清を始めた。ルーマニア共産党指導部の一人であるアレクサンドル・ドラギーチ（Alexandru Drăghici：1913～1993）とは対立関係にあり、チャウシェスクは彼の粛清に着手した。余談であるが、ドラギーチはゲオルギウ＝デジとトゥルグ・ジウの収容所で出会った。第二次世界大戦後、ゲオルギウ＝デジの下で様々な抑圧・粛清を行った人物である。アナ・パウケルを始めとするモスクワ派の党員たちの粛清やルクレチウ・パトラシュカーヌの見せしめ裁判、宗教団体への弾圧などにも関わっていた。

　チャウシェスクは先ずルクレチウ・パトラシュカーヌ（Lucrețiu Pătrășcanu：1900～1954：ゲオルギウ＝デジ政権の法務大臣。1948年に法務大臣の職を解かれ、逮捕された。1954年に見せしめ裁判にかけられ、処刑される）の処刑にドラギーチがどのように関与したかについて明らかにさせた。その上でドラギーチの悪行が公然と知れ渡ると、チャウシェスクは党の「浄化」を目的にドラギーチを排除するための手はずを整えていった。1968年4月のルーマニア共産党本会議総会の場で、ドラギーチは党の支配権を巡ってチャウシェスクと対立

し、この時権力の座から降ろされた。この本会議総会においてチャウシェスクはゲオルギウ=デジの名前を挙げた上で公然と非難し、1954年に処刑されたルクレチウ・パトラシュカーヌの名誉回復がなされ、ドラギーチは党から完全に排除された。そしてドラギーチは、ルーマニア共産党中央委員会政治局、ルーマニア大国民議会常任幹部会、閣僚評議会からも除名され、さらには軍の階級も将校の地位から予備役の兵卒に降格させられた。そして最終的にはブカレストから南東20キロに位置する街、ブフテア（Buftea）にあった国営工場の責任者として派遣されたということである（その工場で1972年まで働き、それ以降年金生活に入った）。

また、チャウシェスクは他の政敵たちも徐々に排除していった。キヴ・ストイカは1970年代に全役職から解任された。1976年2月、ストイカは頭に銃弾を受けて死んでいるところが発見された。彼の死は公式には「自殺」と発表されたが、ストイカの妻は夫の死について自殺ではないと訴えた。ゲオルゲ・アポストルは、ルーマニア共産党第十回党大会の場で批判され、党指導部を解任された。アポストルは、後に南米の国々で大使を務めることになった。イオン・ゲオルゲ・マオレルは1974年3月に閣僚評議会議長を解任された。

1969年に開催されたルーマニア共産党第十回党大会において、党の規約が改変され、それによると、ルーマニア共産党書記長は中央委員会本会議ではな

8月23日を祝日にすることを祝ったポスター　出典　politică/ https://romania.europalibera.org/a/douazeci-si-trei-august-in-presa-vremii/33075655.html

ルーマニア

く、党大会の場で直接選出されることになった。これにより、チャウシェスクにはさらに強大な権力が集中することになった。この頃までには、政治局の人間の3分の2はチャウシェスクが指名した人物で占められていたのであった。

1967年12月、キヴ・ストイカが国家評議会議長を辞任すると、チャウシェスクはストイカの後任として第三代目国家評議会議長に就任した。チャウシェスクはその後1967年に経済評議会を、1968年に国防評議会を設立し、国家評議会の権限を徐々に拡大させていった。そして1969年3月、チャウシェスクは国防評議会議長に任命され、ルーマニア軍の中でも最高司令官という立ち位置となったのである。

1974年3月28日、ルーマニア社会主義共和国の憲法が改正され、最高行政権が国家評議会から唯一の元首である大統領に移された。そして国家評議会は大統領が引き続き主導する機関として存続することになった。新たな憲法によって、大統領はルーマニア大国民会議から選出され、任期は5年であった。1974年3月29日、チャウシェスクはルーマニア社会主義共和国の大統領に選出された。そしてチャウシェスクは事実上の終身大統領となることを宣言し、名実ともに国家元首となったのであった。

チャウシェスクと妻エレナ　プロパガンダポスター　出典　Maszol.ro/ Huszonöt éve végezték ki a Ceaușescu-házaspárt/ https://maszol.ro/belfold/40536-huszonot-eve-vegeztek-ki-a-ceauescu-hazaspart#google_vignette

チャウシェスクの妻エレナも党幹部の一人となり、政治に深く関わるようになっていった。エレナ・チャウシェスクは1972年7月にルーマニア共産党中央委員会委員に、1973年6月にはルーマニア共産党中央委員会政治局委員に、そしてその後さらに党執行委員会にも選出され

第5章

チャウシェスクのプラカード　出典 Молдавский ведомости

た。1980年3月、チャウシェスクは妻エレナを閣僚評議会第一副議長に任命した。

チャウシェスクの政策：堕胎の禁止

　チャウシェスク政権の政策の中で最も知られている政策の一つが堕胎と避妊を禁止した「法令第770号」（Decretul 770）であろう。チャウシェスクは1966年10月1日にこの法律を制定し、翌日に国家評議会議長キヴ・ストイカに署名させた（実はルーマニアでは1957年に中絶を許可する内容の法令が出ていた）。

　その内容は、子供のいない女性の妊娠中絶を禁止し、子供がいない25歳以上の夫婦に対して30％近くの税金を課した。子供が5人未満の女性へは避妊薬の販売を禁止した。子供を5人以上産んだ女性には国から物資の援助を受ける権利を与え、10人以上産んだ場合は「母親英雄」という勲章を与えた。しかし実際には、望まぬ妊娠をした多くの女性が秘密裏に堕胎しようとして合併症を併発し、死亡すること

があったとのことである。ルーマニア社会主義共和国では役人が女性に対して妊娠を確認しており、性行為の頻度を聞くこともあった。子供がいない場合にはその理由を詳しく説明する義務があり、正当な理由が無い限りさらに税を課された。

この法律によりルーマニアの人口は増加したが、結果的には何千人もの子供たちが孤児院に入れられ、孤児の数が増大した。孤児院は常に過密状態であり、子供達の置かれた状況は決して良いものではなかった。また、HIV感染も増大した。ルーマニア革命後の1990年初頭、約10万人の孤児たちが世間から隠され、孤児院の悲惨な状況下で暮らしていた。この法律は1989年12月26日まで続いた。

チャウシェスクの個人崇拝[4]

チャウシェスクと聞いて最初に連想するのは度を超えた「個人崇拝」という人もいるのではないだろうか。チャウシェスクが権力の座に就いてすぐの頃はルーマニアにも比較的自由な風が吹いていたが、そんな時代も1970年代に入ると終わりを告げた。特にチャウシェスクが中国と北朝鮮を訪問した1971年6月以降に急変したのである。チャウシェスクは北朝鮮で金正日と会談し、そこで国の指導者たちへの強烈な個人崇拝を目の当たりにした。チャウシェスクはルーマニアに戻ると7月6日にルーマニア共産党中央委員会政治執行委員会の会議の場で演説を行った。これは「七月の主張（Tezele din Iulie）」という名で知られている。この後ルーマニアでは厳格な国家主義的イデオロギーが導入されたのである。

チャウシェスクに対する個人崇拝が始まると、チャウシェスクは「祖国の父」（Tatăl

チャウシェスクの個人崇拝　出典 Wikipedia

チャウシェスクによる「七月の主張」
Tezele din iulie

正式名称は、「党員ならびに全労働者のための、政治思想活動とマルクス・レーニン主義教育の改善に向けた措置案（Propuneri de măsuri pentru îmbunătățirea activității politico-ideologice, de educare marxist-leninistă a membrilor de partid, a tuturor oamenilor muncii)」という。この演説では、17の項目が提言されており、党の指導的役割の拡大とイデオロギー・文化・教育活動における党による統制などがその主な内容であった。社会主義的現実主義へ回帰し、それに従おうとしない知識人や文化人たちは、非スターリン化以降にしばしば見受けられるようになったネオ・スターリニズム的手法によって非難、攻撃されていった。人文科学と社会科学においては政治思想との厳格な一致が要求され、文化は共産主義者による政治思想の大々的な宣伝活動の手段へと変わった。チャウシェスクが発表したこの措置案は、中央委員会政治執行委員会で満場一致で承認された。

ルーマニアの子供たちは幼い頃から共産党、指導者、国家を称える詩や歌を学ばされた。その目的は、ルーマニア国民にチャウシェスクへ忠誠心を植え付け、チャウシェスクに対する反抗の芽が出るのを妨げることであった。チャウシェスクは「完全にして無謬の存在」であるとの意識が刷り込まれたのである。

Patriei)という呼び名を徐々に強要していった。この指導者像は、ルーマニア共産党が公式に支持する「新たな歴史的概念」の一部を構成するもので、チャウシェスク自身はこの過程には干渉しなかった。チャウシェスクに対する個人崇拝は組織的に展開され、それは本家本元であるスターリンや毛沢東、そしてチトーに対する個人崇拝も凌駕するほどに強まっていった。チャウシェスクの誕生日は国民の休日とされた。

ルーマニア国内ではチャウシェスクの肖像画が至る所に掲げられるようになった。書店にはチャウシェスクに関する本が数多く取り揃えられ、新聞の一面には毎日のようにチャウシェスクの功績が掲載され、テレビ放送はチャウシェスクの日々の活動を国民に報告した。また、作家、詩人、歌手、作曲家、映画監督、画家などの芸術家には公費が支払われ、彼らはチャウシェスクを讃える作品をつくった。

チャウシェスクと妻エレナ　出典 Wikipedia

夫ニコラエ・チャウシェスクとともに、妻エレナも個人崇拝の対象となった。エレナの名誉欲と虚栄心は、夫のそれを上回っていたとも言われている。エレナは「国民の母（「Mama Neamului」）との称号で呼ばれるようになっていた。チャウシェスク夫妻がルーマニアの国営テレビに映し出される時は、チャウシェスク夫妻の容姿が可能な限り常に美しくなるように細心の注意が払われた。チャウシェスクは「東ヨーロッパにおいて最も独裁的且つ権威主義的な支配者」と表された。

このようなチャウシェスクに対する個人崇拝を批判する者も一定数存在した。1979年11月、ルーマニア共産党第十二回党大会において、古参の共産主義者でありルーマニア共産党の創設者の一人であったコンスタンティン・プルヴレスク（Constantin Pârvulescu：1895～1992）はチャウシェスクへの反対意見を表明した。プルヴレスクは「チャウシェスクは党や国の利益よりも、個人や自分の家族の利益を優先している」との趣旨の発言をし、チャウシェスクのルーマニア共産党書記長への再選に公然と反対した。また、チャウシェスクへの個人崇拝を強要するルーマニア共産党中央委員会に対しても非難した。しかしその結果、プルヴレスクは1980年12月に党から除名され、厳重な監視と自宅軟禁下に置かれた。

チャウシェスク夫妻のプロパガンダポスター　出典　alpha history/ https://alphahistory.com/coldwar/romania-under-ceausescu/

1989年3月、ゲオルゲ・アポストルら6名（ここには除名されたプルヴレスクも含まれていた）が署名した文書が発表された。これはチャウシェスクによる一連の政策を非難するものであった。社会主義の理念そのものがチャウシェスクの政策が原因で信用を失い、ルーマニアがヨーロッパで孤立しつつある現状を憂いての発言であり、これはすぐにBBCテレビおよびラジオ・フリー・ヨーロッパでも取り上げられた。これを受けて

ブカレストの様子　チャウシェスクのポスターが貼られている　出典　Wikipedia

遠くに臨むブカレストの国民の館　どれだけ広大だかがわかる　出典　Wikipedid

1989年3月13日のルーマニア共産党中央委員会政治執行委員会の会議の場でこの書簡が議題に上げられ、チャウシェスクは、ルーマニア国民が外国人との関係を維持できる条件をより厳格にすることを決定した。そして書簡に署名した者たちを「国家に対する裏切り者」と認定し、彼らは逮捕・尋問の後、自宅軟禁下に置かれた。

同1989年10月ごろからチャウシェスクの権力濫用が人々の間で話題に上るようになってきた。同年11月に開催される第十四回党大会でチャウシェスクを再選させてはならないと考える人々もでてきた。しかし、11月に開催されたルーマニア共産党第十四回党大会の場でチャウシェスクは全会一致でルーマニア共産党書記長を含めたすべての役職に再選された。チャウシェスクはこの第十四回党大会の場で、ソ連のミハイル・ゴルバチョフが推進するペレストロイカについて社会主義、共産党の崩壊につながるとして公然と批判した。これ以降、ソ連はチャウシェスクのことを「独裁者」「スターリニスト」と呼び批判するようになっていく。

ルーマニア革命：チャウシェスクの最期

1989年12月25日、チャウシェスクと妻エレナは形式的な裁判にかけられ、その日のうちに死刑に処された。この裁判から処刑に至る経緯は全く法律に則っておらず、今でもチャウシェスク夫妻の処刑に関してはルーマニアの歴史の汚点であると評価する者も多くいる。このチャウシェスクの処刑に至った経緯について簡単に述べる。

事の発端はティミショアラで起こったハンガリー人牧師に対する立ち退き命令であった。1989年12月ルーマニア政府はティミショアラ（Timişoara）に住んでいたハンガリー人牧師トゥーケーシュ・ラースロー（Tőkés László：1952〜）に対し、教区から立ち退くよう命じた。トゥーケーシュは、チャウシェスク政権を批判していた人物であった。トゥーケーシュは、雑誌にルーマニアにおける人権侵害についての記事を寄稿した。記事は匿名であったが、セクリターテがトゥーケー

ルーマニア革命時の様子　戦車と対峙する市民　出典　Wikipedia

シュが寄稿した記事であることを突き止めたのだ。トゥーケーシュはこの他にもルーマニア政府に反対する発言を度々行っており、これらのことが原因で10月の時点で既にティミショアラの裁判所から立ち退き要求がなされていたのである。トゥーケーシュは控訴するも棄却され、立ち退きは12月15日と決定していた。

　トゥーケーシュの立ち退き期限が迫るなか、彼の立ち退きに反対するトゥーケーシュの支持者であるキリスト教徒たちが教会に集まった。日を追うごとにそこに市民も加わってゆき、抗議運動を支持する群衆は拡大していった。これに対してチャウシェスクは非常事態宣言を布告し、ルーマニア共産党中央委員会の建物の内部にあるテレビ放送室でルーマニア国民に向けた演説を行った。

　チャウシェスクは反逆者を撃つように命じたが、国防大臣、内務大臣そしてセクリターテの長官がこの命令に反対した。一悶着の末、チャウシェスクは、ティミショアラの党代表と緊急電話会議を開き、民間人に対する発砲命令を出した。その結果ティミショアラでは、国防省の部隊による発砲が開始され、この後数時間で300人を超える人々が

撃たれる結果となった。

　多くの死傷者が出る中、暴動は収まらないどころか参加者の数は益々増えていった。この暴動を治める事が不可能であると悟った軍は撤退し、20日、ティミショアラ市は共産主義からの解放を宣言し、国の指導的立場にある者たち全員の辞任、自由選挙、ティミショアラでの殺害の責任者を裁判にかけることを要求した。

　元々18日からの日程でイラン訪問が決まっていたチャウシェスクであったが、この時も暴動は武力で収拾がつくだろうと高を括り、予定通りイランへ赴いた。イランにおいてティミショアラの状態を聞かされたチャウシェスクは急遽ブカレストに戻り、現状を目の当たりにすることとなる。チャウシェスクはルーマニア共産党中央委員会の建物の内部にあるテレビ放送室からルーマニア国民に向けて演説を行った。しかしこの時、既に多くの国民の心はチャウシェスクから離れていた。

　12月21日朝、首都ブカレストのルーマニア共産党中央委員会の建物前には抗議の群衆が集まっていた。チャウシェスクがこの場におい

ルーマニア革命時の戦車　オペラハウス前　出典　Wilipedia

て集会を開こうと決めたのである。チャウシェスクはこの時点ではまだ国民から支持されていると思っていたようである。チャウシェスクは集まった労働者たちに向けて演説を行った。その最中、集まった民衆の騒動が発生し、抗議者と、軍隊、治安部隊との間で小競り合いが始まった。時間が経つにつれて膨れ上がる抗議者に対し治安部隊が発砲し始め、次々に逮捕していった。

翌22日の朝にはチャウシェスクに反対する気運の高まりと抗議行動はルーマニア全国の主要都市に拡大していた。国防大臣のヴァシレ・ミリャ（Vasile Milea：1927～1989）が自殺し（この自殺に関しては、チャウシェスクに処刑されたのだと疑う者もいる）、その後チャウシェスクと妻エレナの2人は、ルーマニア共産党中央委員会の建物の屋上からヘリコプターで逃亡した。

ブカレストから脱出したチャウシェスク夫妻はトゥルゴヴィシュテに着陸した。チャウシェスク夫妻はその後すぐに軍隊に捕らえられ、身柄を拘束された。

イオン・イリエスク（Ion Iliescu）はこの日に結成された救国戦線評議会（Consiliului Frontului Salvării Naționale）の議長となり、チャウシェスク夫妻を裁判にかける「特別軍事法廷」を設立する命令に署名した。12月25日、トゥルゴヴィシュテの軍の駐屯地内の兵舎の中で、チャウシェスクと妻エレナに対する特別軍事法廷（人民裁判：Tribunal al Poporului）裁判が開かれた。裁判は事前の犯罪捜査も実

救国戦線評議会

1989年12月22日、ルーマニア革命最中に結成された組織である。ルーマニア共産党から国家権力を奪取し、その後政党となった。多くのルーマニア共産党員がこれに参加した。1990年5月まで政権を掌握していたが、自由選挙が実施できるようになるまでの暫定的な国家運営を担うものとされた。1990年5月20日に行われた自由選挙では圧勝し、結果的に上院と下院の両方で過半数の議席を獲得する結果となった。イオン・イリエスク（Ion Iliescu：1930～）が大統領に就任し、閣僚のほとんどが旧共産党員で占められた。

ルーマニア

施されないまま開始された。被告人は、法律で義務付けられている精神鑑定を受けておらず、自分で弁護士を選ぶことも許されなかった。チャウシェスク夫妻は、国家に対する犯罪、自国民の大量虐殺、外国の銀行に秘密口座を開設したこと、ならびに「国民経済を弱体化させた」容疑で起訴され、夫婦の全財産没収および死刑を宣告された。しかしながら、これらの内容が立証されたことは無い。

　チャウシェスクは、国民会議の承認が無い限りこの裁判は無効であり、自分たちを裁いている軍人たちの言い分には何の根拠も無いと主張するが、既に結果が決まっているスターリン時代の見せしめ裁判と同様の裁判であったため、これは意味をなさなかった。チャウシェスクは、当初から法的な観点に基づいて論議しており、裁判開始から絶命の瞬間まで、ある種の冷静さを保っていた。この裁判は、テレビ映像を通じて世界中に放映された。テレビに映し出された映像では、妻エレナは叫んだりするなど取り乱している様子であったが、それに対しチャウシェスクは落ち着いていた。裁判は1時間20分で終了し、すぐにチャウシェスク夫妻の銃殺刑が執り行われた。この裁判から処刑までの様子は映像に残っており、YouTubeでも見ることができる。ルーマニアでは1990年1月に死刑が廃止となったが、チャウシェスク夫妻がルーマニアで死刑を執行された最後の人物となったのである。

その後

　チャウシェスク夫妻の遺骸はゲンツェア墓地（Cimitirul Ghencea）に埋葬された。チャウシェスク夫妻への裁判および死刑執行への評価は、法律に則っていない恥ずべき行いだったとするものが多い。チャウシェスクの政治家としての評価も分かれている。チャウシェスクの起訴内容の一つに「国民経済を弱体化させた」容疑があったが、実際にはゲオルギウ＝デジ時代からの経済政策を踏襲しており、1970年代も工業化の成功や外国との貿易は増加しており、ルーマニアは経済

第5章

成長を続けていたという事実がある。また、外国に口座を持っていたとの容疑もあるが、これもチャウシェスクは外国に口座を持っていなかったと言われている。しかしチャウシェスクの時代はあらゆる面で抑圧的な体制であった事には変わりなく、チャウシェスクはソ連に依存しない経済を目指し、脱ソ連政策をスターリン的手法で進めていったミニスターリンであると言えるであろう。

参考文献

1. 月村太郎『バルカンの政治』東京大学出版会、2023 年

2. *Волокитина Т. В.* Балканский вариант режима личной власти (Тодор Живков и Николае Чаушеску)// Славяне и Россия. Россия: взгляд на Балканы. XVIII–XXI вв. К 100–летию со дня рождения И.С. Достян. Колл. монография / Отв. ред. С.И. Данченко. Москва, 2021. с. 547–591.

3. *Потапов В. И.* Судьба диктатора Чаушеску// Новая и новейшая история, № 4. Москва. 1990.

4. *Язькова А. А.* Крах «золотой эпохи» Чаушеску// Вопросы истории, № 9–10. Москва. 1991. С. 14–24.

5. *Полунин А.* Живые цветы для Чаушеску// Новая и новейшая история, № 4. Москва. 1999.

6. Mezei M. Katalin. *Jobban Utálták, mint a férjéz – 103 évr született elena Ceauşescu.* https://wmn.hu/wmn-life/50020-jobban-utaltak-mint-a-ferjet--103-eve-szuletett-elenaceauescu（2024 年 5 月 31 日　最終閲覧）

7. David Binder. *The cult of Ceausescu.* https://www.nytimes.com/1986/11/30/magazine/the-cult-of-ceausescu.html?pagewanted=2（2024 年 5 月 31 日　最終閲覧）

8. Энциклопедия. Чаушеску, Николае. https://tass.ru/encyclopedia/person/chausheskunikolae（2024 年 5 月 31 日　最終閲覧）

9. *Diktátorok gyermekei* (2015.03.18). https://m.mult-kor.hu/diktatorok-gyermekei-20150318?pIdx=4（2024 年 5 月 31 日　最終閲覧）

脚注

1. *Язькова А. А.* С. 19: Mezei M. Katalin. *Jobban Utálták, mint a férjéz – 103 évr született elena Ceauşescu.* https://wmn.hu/wmn-life/50020-jobban-utaltak-mint-a-ferjet--103-eve-szuletett-elena-ceauescu: Diktátorok gyermekei (2015.03.18). https://m.mult-kor.hu/diktatorok-gyermekei-20150318?pIdx=4: Энциклопедия. Чаушеску, Николае. https://tass.ru/encyclopedia/person/chausheku-nikolae

2. *Волокитина. Т.В.* С. 552.

3. 月村　118 ページ

4. チャウシェスクの個人崇拝に関しては、1986 年 11 月 30 日のニューヨークタイムズマガジンに掲載された記事に、ジャーナリストが実際に当時のルーマニアを訪

れた時の街の様子が描かれていて興味深いので、リンクを載せておく。David Binder. *The cult of Ceausescu*. https://www.nytimes.com/1986/11/30/magazine/the-cult-ofceausescu. html?pagewanted=2

第 5 章

第6章

東ドイツ

年	月	出来事
1945	5	ナチス・ドイツ降伏
1946	4	ソ連占領地区でドイツ社会民主党とドイツ共産党が合併しドイツ社会主義統一党が成立する
1948	6	イギリス・アメリカ・フランス占領地域で通貨改革。ソ連占領軍によるベルリン封鎖
1949	9	ドイツ連邦共和国（西ドイツ）誕生
	10	ドイツ民主共和国（東ドイツ）誕生。首相グローテヴォール。大統領ピーク
1950	7	ウルブリヒト、ドイツ社会主義統一党の書記長（後に第一書記）となる
1952	5	東ドイツ、東西ドイツ間の国境を封鎖（ベルリン以外）
	7	国家保安省（シュタージ）が設置される
1953	6	東ベルリンでの労働者たちの抗議デモが発端となり、各地で抗議デモが起こる。これをソ連軍が鎮圧
1955	5	ワルシャワ条約機構に加盟する
1958	5	食料の配給制度なくなる
1961	8	ベルリンにある東西国境封鎖。ベルリンの壁建設
1968	4	憲法改正　公式に社会主義国家であると規定される
1971	5	ウルブリヒトが第一書記を退任する。後任にはホーネッカーが就く
1972	12	東西ドイツ基本条約締結
1973	9	東西両ドイツが国連に加盟する
1983	2	ドレスデンで10万人規模のデモが起こる
1989	10	ライプツィヒ月曜デモにソ連軍が介入する。ホーネッカー辞任する。後任にはクレンツが就く
	11	ベルリンの壁が崩壊する
1990	8	通貨統合（東のマルクの廃止）
	10	東西ドイツの統一
	3	憲法が改正される

社会主義陣営の模範国家と自画自賛しブレジネフから疎まれ失脚

ヴァルター・ウルブリヒト

Walter Ernst Paul Ulbricht

1893年6月30日生（ライプツィヒ/ドイツ帝国）
1973年8月1日没（ベルリン/東ドイツ）

　ヴァルター・ウルブリヒトは1893年6月30日、ザクセン州のライプツィヒで貧しい仕立て屋エルンスト・アウグスト・ウルブリヒト（Ernst August Ulbricht）とその妻ポーリン・アイダ・ウルブリヒト（Pauline Ida Ulbricht）との間に生まれた。3人兄弟の長男であった。慎ましい生活を送っていたが、5人家族が食べていくには十分であったようである[1]。

少年時代のウルブリヒト：共産主義者としての目覚め

　ウルブリヒトは1899年からライプツィヒで8年制の学校に通った。ウルブリヒトの家は元々プロテスタントではあったが、両親は共に社会民主主義運動に積極的であり、ドイツ社会民主党（SPD）の活動に

加わっていた。信仰心の薄い両親の元に育ったため、学校では宗教の授業には出なかった。この当時、両親が社会主義活動を行っている子供はあまり多くなかったため、クラスではからかいの対象になったということである。1907年に初等教育を修了すると、ウルブリヒトは両親や祖父母と同じように職人になることを決意し、家具大工の見習いとして訓練を受け始めた[2]。

1907年のウルブリヒト 出典 Wikipedia

仕事を始めてから2年が経った1908年、ウルブリヒトはライプツィヒ労働者青少年協会に入り、大工のストライキに参加した。これがウルブリヒトが参加した初めての政治活動であった（しかしそれ以前にも父親に連れられて行っていた政治イベントで、ビラ配りなどをしていたとのことである）。そして、1910年9月、ウルブリヒトは全ドイツ木工業界の組合であるドイツ木工協会に加入した。ウルブリヒトは大工見習いの仕事と並行して、1907年から1910年まで専門学校に通った。そして1911年4月良い成績で専門学校を修了した[3]。

ウルブリヒトは1912年にはドイツ社会民主党の党員となった。年若かったが、ドイツ社会民主党の青年グループで講義をしたり、ライプツィヒの労働者訓練所や労働者青年運動のボランティア活動を積極的に行った。1913年以来、彼はライプツィヒ・ミッテの「コーポラ（Corpora）」のメンバーとなった。この組織はドイツ社会民主党党員のグループであった。ウルブリヒトはビラの配布やその他の細かい仕事に関わったおかげでこのグループへの参加を認められた[4]。

1914年、第一次世界大戦が勃発すると、ウルブリヒトはカール・リープクネヒト（Karl Liebknecht：1871〜1919）とローザ・ルクセンブ

ルク（Rosa Luxemburg：1871 ～ 1919）が指導するドイツ社会民主党左翼の一員として、戦争終結を求めるビラを多数作成し配布した。1914 年 12 月に開かれたライプツィヒのドイツ社会民主党幹部会議の場で、ウルブリヒトは初めて公の場で発言する機会を得た。ウルブリヒトは志を同じくする仲間と共にドイツ社会民主党ライプツィヒ支部に対し、社会民主党の国会議員が国会の場で戦争への投資に反対票を投じることを訴えた。更にこの時、社会民主党の国会議員が国会の場で「戦争及び帝国主義に対する戦い」を提起し、労働者の真の利益を追求することを求めることを呼びかけた。しかし彼らの案は受け入れられず、会議の場を退場させられた[5]。

第一次世界大戦とウルブリヒト

　第一次世界大戦中の 1915 年から 1918 年にかけて、ウルブリヒトはマケドニアやセルビアなどバルカン半島にドイツ軍兵士として配属された。1917 年 10 月、マラリアに感染し翌年 1 月までマケドニアで軍の病院に入院している。ウルブリヒトは軍の中では党の活動（扇動活動など）には関与しなかったが、軍当局からは政治的に疑わしいと見做され目をつけられていた。1918 年、勤務地変更の命令が下り、西部戦線に送られることになった。その移送時に機会を窺い脱走するが、程なくして見つかり、逮捕されて 2 か月の懲役刑を言い渡された。釈放後は当時ドイツ占領下であったベルギーのブリュッセルで兵士として再配属された。しかし、ブリュッセルでは反戦ビラを所持していたとして再び逮捕されることになる。1918 年 11 月、キール軍港の水平の反乱に端を発した民衆の蜂起が（ドイツ革命）が起きると、ウルブリヒトはこのタイミングで再び脱走を試み、今度は逃亡に成功した[6]。

　ウルビリヒトは元々戦争反対の立場を取っていたのだが、第一次世界大戦中の 1917 年、ドイツ社会民主党の戦争支持の方針に反発して離党した人たちがドイツ独立社会民主党（USPD）を結成し、ウルブ

第 6 章

リヒトもこれに参加した。

ウルブリヒト、戦間期の活動

　1919 年 1 月、ドイツ共産党が結成された。ウルブリヒトはライプツィヒのスパルタクス団に属しており、ドイツ共産党のライプツィヒ支部が形成された 1919 年 1 月の初めにはドイツ共産党の党員になったとの説がある。しかし、ウルブリヒトの党員証には 1920 年 12 月に党員となったと書かれている。この頃までにドイツ独立社会民主党左派とドイツ共産党は合同でドイツ統一共産党を結成していた。ウルブリヒトは 1917 年からドイツ独立社会民主党左派のメンバーであったため、合同後の 1920 年に正式にドイツ統一共産党（Vereinigte Kommunistische Partei Deutschlands：ドイツ独立社会民主党左派がドイツ共産党と合同した 1920 年から約 2 年間の間だけ使われた名称である。1922 年にドイツ共産党という名称に戻る）のメンバーになったというのが本当のところであろう。しかし、ウルブリヒトが 1919 年の初めからドイツ共産党のために働き、ライプツィヒの市議会選挙時にはドイツ共産党の選挙人名簿にも載っていたという事実がある[7]。1921 年から 1923 年にかけてはドイツ共産党のテューリンゲン州地区組織の政治書記も務めた。そして 1923 年にドイツ共産党中央委員会の委員に初めて選出され、党の中央組織の任務もこなすようになっていった。少し遡るが、1922 年にはウルブリヒトはモスクワで開催さ

スパルタクス団

ドイツの急進的マルクス主義を掲げる非合法政治団体。第一次世界大戦中、資本主義、帝国主義、軍国主義を打倒する目的を掲げて発足した。ドイツ社会民主党の分派である。この団体は 1918 年 11 月のドイツ革命を受け、「すべての力をソビエトに」というスローガンを掲げて、ドイツにソビエト共和国の樹立を求めた。スパルタクス団の活動は 1919 年 1 月に発足したドイツ共産党に引き継がれてゆく。

東ドイツ

れたコミンテルン第四回大会にドイツ代表団の一員として参加し、この時にレーニンとも会談している[8]。

　1923 年、ドイツの経済は衰退し、600 万人以上の失業者を出した。このドイツにおいてもはや希望はないと思われた時代、ソ連の全連邦共産党（ボリシェヴィキ）の指導部はドイツにおける革命に最も適した時期であると判断した。

　そして、ドイツ共産党の指導部も同じ考えであったようである。1923 年 7 月、ウルブリヒトはドイツ共産党軍事評議会のメンバーとなり、コミンテルン執行委員会の提案を元にソ連の軍事顧問からの援助を受け、党の指導体制を確立していった。ドイツ共産党政治局はコミンテルンの指示で同年 10 月から 11 月に武力による権力掌握を目指し計画した。しかしこれは失敗に終わり、その結果としてドイツ共産党は活動禁止となった。この時多くの共産党員が逮捕され、党員数が大幅に減少した。ウルブリヒトにはこの時反逆罪で逮捕状が出されていたのだが、なんとか逮捕を逃れ身を隠した。ドイツ共産党に対する活動禁止令自体は 1924 年 3 月の国会選挙時に解除されてはいるが、ウルブリヒトへの逮捕状は無効とはならず、1928 年 10 月の恩赦法が制定されるまでその効力を発揮していた。

　ドイツ共産党指導部はモスクワに呼ばれ、失敗に終わった蜂起の責任を取らされた。そして、その矛先は当時ドイツ共産党の指導的立場にあったハインリッヒ・ブランドラー（Heinrich Brandler：1881 ～ 1967）らに向けられ、ブランドラーはドイツ共産党中央委員会から外された。ドイツ共産党の主導権はウルブリヒトがいた左派に移行していく形となった。

　しかし、この「革命」の失敗以降、ドイツ共産党左派内でもコミンテルンの政治路線に疑問を持つ者たちが増えていった。左派中心の新指導部内でも意見の違いが露わになり、コミンテルンの路線を妄信的に支持していた極左派のウルブリヒト（この頃は無名の一人の共産主義者に過ぎなかった）らは徐々に指導部内で少数派になっていった。

第6章

そんなウルブリヒトは1924年9月からモスクワのコミンテルン本部で働くことになったのである。コミンテルンの急進的な政治路線に批判的であった当時のドイツ共産党指導部から冷遇されていたまだ共産主義者としては年若いウルブリヒトは、コミンテルンにとって「同志」、言葉を換えるとコミンテルンの「駒」として育て上げる格好の人材であったのである。

コミンテルンとウルブリヒト

　1924年4月、ウルブリヒトは偽造パスポートを用い、モスクワに入った。モスクワでは先ず共産主義者を訓練するためのコースで学ぶ必要があった。一部ではこの時ウルブリヒトは国際レーニン学校で学んだとされているが、国際レーニン学校が正式に発足したのは1926年に入ってからのことなので年代が合わない。ウルブリヒトがこの時学んだのは、マルフレフスキ西方少数民族共産大　学（Коммунистический университет национальных меньшинств Запада имени Мархлевского）の可能性もあるが、学んだとされる期間が数ヶ月と短いため、コミンテルンで開かれている共産主義者育成のための特別コースであったという線が濃厚である。ウルブリヒトは授業でイデオロギー、当時の政治問題、不法就労などのテーマを学んだ。その他に、ロシア語の授業もあった。コミンテルンに協力するためにロシア語は必須とされたが、ウルブリヒト自身ロシア語はあまり得意ではなかったと言われている。

　訓練コースを終えたウルブリヒトは、ピャトニツキー（Осип Аронович Пятницкий：1882〜1938 古参の共産主義革命家。コミンテルンの執行委員会メンバー。1938年に反革命罪で逮捕され、粛清された）の部署「組織部（Организационный отдел：Орготдел）」に配属された。そして、コミンテルンの講師としてウィーンに送られたのである[9]。

　コミンテルンの講師は、コミンテルンの政治的路線に基づき、特定

東ドイツ

の活動分野で特定の国の党を指導する任務が与えられた。もちろんパスポートは偽造された物を用い、偽名を名乗った。当時のオーストリア共産党には、急進的な革命手法を用いた共産主義の導入に関して意見が分かれていた。その点において、モスクワで訓練を受けたウルブリヒトは、コミンテルンの講師として適任ではあった。この頃ウルブリヒトの他にも、例えばコミンテルンのバルカン半島責任者であったゲオルギー・ディミトロフなどもウィーンに派遣された[10]。

ウルブリヒトは1924年9月、数名の共産主義者と共にウィーン警察に逮捕された。偽造パスポートを用いていたことが見つかったのである。ウルブリヒトは法廷で政治活動は行っていないことを主張し、その結果、懲役2ヶ月の実刑判決を受けた。1924年12月に刑務所から釈放されると、隣国のチェコスロヴァキアに強制追放された。この時もしドイツへ送り返されていたとしたら、再逮捕され、長期の懲役刑に処されていたであろう[11]。

1925年初頭、ウルブリヒトはモスクワに戻った。モスクワでは他の外国人共産主義者同様ホテル・リュクスに滞在し、コミンテルンのピャトニツキーの部署(「組織部」と呼ばれた)で働き始めた。ウルブリヒトの名がコミンテルンの史料に初めて登場するのは、1925年3月、ウルブリヒトの部署とオーストリア共産党の代表者が行った会議の議事録である。同年に、ウルブリヒトはピャトニツキーの部署の常任となり、残りのメンバーは入れ替わりであった。この「組織部」の常任になったことは管理職として認められ任命されたに過ぎないが、ウルブリヒトにとっては大きな意味があった。この「組織部」はコミンテルンと世界の共産党を結びつける役割を果たしており、コミンテルンの中でも影響力のある非常に重要な部署であったのだ。また、当時のコミンテルンの主要メンバーの一人であったピャトニツキー書記と緊密に連絡を取り合う仕事でもあった。この様な部署で職務を得たことは、ウルブリヒトのキャリアにとって重要であったのである。ここでのウルブリヒトの働き、細心の注意を払って職務に対処する能力

第6章

320

は評価された[12]。

　ウルブリヒトのモスクワ滞在は、彼の将来の政治的キャリアに大きな意味を持っていた。約1年のモスクワ滞在期間中、ウルブリヒトはコミンテルンが追求する政治目標、そしてその手法を徹底的に学ぶことができた。そしてそれはまだ無名であった年若きドイツ人共産主義者であったウルブリヒトの共産主義者としての指針になったのである。

ドイツへの帰国とウルブリヒトの台頭

　ウルブリヒトの名前がコミンテルンの「組織部」の文書に見られるのは、1925年12月7日の日付が最後である[13]。東ドイツのウルブリヒトの伝記には、モスクワには1926年3月まで滞在し、その後ドイツ共産党中央委員会の新たな職に就いたとされている。ウルブリヒトの名がコミンテルンの議事録に最後に登場したほぼ11ヶ月後の1926年10月31日、彼はザクセン自由州議会に国会議員として選出された。国会議員として選出されたことで、ウルブリヒトは訴追からの免除が保証され、ドイツで再び公の場で発言することが許可された。

　ブランドラーの失脚後、1925年秋には新コミンテルン派のエルンスト・テールマン（Ernst Thälmann：1886～1944）がドイツ共産党の党首となった。ウルブリヒトはほぼ3年間ドイツ共産党の指導部周辺から離れていたが、モスクワから戻ると党への復帰を果たした。ドイツ共産党中央委員会事務局のメンバーとなり、それと同時に中央委員会政治局員の候補となった。

エルンスト・テールマン　出典 Wikipedia

東ドイツ

1928年5月20日の国会選挙でドイツ共産党は得票率10.6%、国会で54議席を獲得した[14]。政治家としてはまだ若年ではあったウルブリヒトは国会議員に初当選した。国会議員としてドイツの国政に参加すると同時にドイツ共産党とコミンテルンの関係維持にも努めている。1928年夏（7月から9月）にはモスクワでコミンテルンの第六回大会に参加した。そして12月初めから、彼はコミンテルン執行委員会のドイツ共産党代表団長として再び1年間モスクワに滞在した。

1928年8月、ウルブリヒトは全連邦共産党（ボリシェヴィキ）の党員となった（以前に滞在した時に申請を始めていた）。ウルブリヒトはこのモスクワ滞在期間中にコミンテルン執行委員会の候補者に選出され、1943年6月のコミンテルン解散までその職を務めることになった。これは共産主義権力構造において国際的に重要な役割であり、ドイツ共産党内におけるウルブリヒトの立場よりも上であった[15]。

一方、この頃ドイツ共産党指導部で問題が起きていた。1926年以降、ドイツ共産党はいくつかの派閥に分かれており、激しい派閥抗争が起きていたのである。そんな中、テールマンの義理の息子が党の資金を横領した疑惑が問題になり、テールマンと対立していたドイツ共産党右派と調停派に攻撃されたのである。その結果、ドイツ共産党中央委員会はテールマンの停職を決定した。しかしこの時テールマンの失脚を望んでいないスターリンの考えを受け、コミンテルンがテールマン側に付いた。そして10月6日のコミンテルン執行委員会幹部会の場でテールマンの復帰を決議したのである。これを受けてドイツ共産党中央委員会はモスクワからの圧力に屈しテールマンの停職を解除したが、逆に右派と調停派が攻撃の対象となったのである。結果、右派と調停派であった人たちは中央委員会から排除されていった。国会議員でもあり、コミンテルンとの繋がりも強かったウルブリヒトは派閥の活動に巻き込まれないよう上手く立ち回っていた様であった。

無名であったウルブリヒトが共産主義世界で頭角を現すのは、最初

第6章

322

のモスクワ滞在（1924 ～ 1926）からドイツに戻り、次のモスクワ滞在（1928 ～ 1929）を終えたくらいの時期であった。ウルブリヒトはドイツ共産党からコミンテルン執行委員会のドイツ共産党代表に任命され、そしてソ連到着して間もなく、コミンテルンの中心機関の1つであるコミンテルン執行委員会政治事務局のメンバーになった。そしてその6か月後、1929 年6月に開催されたドイツ共産党党大会で党の最高執行機関であるドイツ共産党政治局のメンバーに選出されたのである。35 歳にしてこの職に就いたのはドイツ共産党史上でウルブリヒトが初めてであった。

ウルブリヒトのベルリンでの活躍

　1929 年末、ドイツに戻ったウルブリヒトは同年 11 月末にドイツ共産党からベルリン市の一区域の共産党指導部に任命された。そしてストライキやデモを組織し、さまざまなイベントにおいて党のスポークスマンとして活躍した。

　ドイツで権力掌握のための蜂起が失敗して7年経ったこの時期、コミンテルンとドイツ共産党はドイツの政治制度をソ連型モデルの社会主義に置き換える機会を窺っていた。ドイツ共産党はコミンテルンの後ろ盾を元に新たな「革命」を起こす準備を整えていった。ウルブリヒトの街頭演説は際立っており、当局に目をつけられてしまった。その影響で 1930 年3月、ウルブリヒトは免責特権が剥奪され、反逆罪で懲役2年9ヶ月の実刑判決を受けた。しかし、1930 年9月の選挙でウルブリヒトは再選を遂げ、国会議員の免責特権が回復した。これに対し検察側は免責取り消しを求めるがそれは失敗した。最終的に1932 年9月の大恩赦の時にウルブリヒトに対する判決は覆された形で終わった。ベルリンにおける政治的優位をめぐる闘争においては、ウルブリヒトはヨーゼフ・ゲッベルス（Paul Joseph Goebbels：1897 ～ 1945 ナチスの宣伝大臣）と容赦なく戦い、時には流血を伴う乱闘が起きることもあった。この時期ドイツ共産党内でウルブリヒトは党首

テールマンやジョン・シェール（John Schehr：1896 ～ 1934）、ヴィルヘルム・ピーク、ヴィルヘルム・フローリン（Wilhelm Florin：1894 ～ 1944）らに次ぐ最も重要な党員の一人になっていた[16]。

1933年1月30日、ヒトラーがヒンデンブルク大統領から首相に任命されると、政治勢力としてのドイツ共産党の排除に着手した。2月にはドイツ共産党の本部である旧カール・リープクネヒト邸が家宅捜索・押収された。また、大統領ヒンデンブルクは、野党の自由（集会の権利や報道の自由など）を厳しく制限する「ドイツ民族保護のための大統領令」を発令し、その数日後にはドイツ共産党系の新聞16紙が発禁処分となった。

2月以来、安全上の理由から、政治局とその事務局の会議は旧カール・リープクネヒト邸ではなく、民間のアパートで行われるようになった。2月27日、本書でも取り上げられているディミトロフも関わった国会議事堂放火事件が起き、ブルガリア人とオランダ人共産党員が犯人として逮捕されると、内相ヘルマン・ゲーリング（Hermann Wilhelm Göring：1893 ～ 1946）はコミンテルンの陰謀であると見做し、「ドイツ国民と国家を保護するための大統領令」が制定された。この大統領令により、多くの共産党の国会議員、共産党員が逮捕され、ドイツ共産党の機能はほぼ停止した。テールマンは国会議事堂放火事件直後にベルリンの自宅で逮捕され、裁判を経ることなく11年間拘束され、1944年8月に処刑されている。この時ウルブリヒトにも逮捕状が出されている[17]。

ウルブリヒトの地下活動

地下活動の経験もあったウルブリヒトは身を隠した。そして地下に潜り、新聞を発行したりビラ配りをするなどの共産主義活動を続けている。翌月にはベルリン近郊でドイツ共産党の秘密の幹部会議を主導した。ドイツ共産党の指導者であったエルンスト・テールマンが逮捕されると、テールマンに次ぐ権力の座を争っていたウルブリヒトを初

第6章

めとする 4 人の間で争いが始まった。しかし、ゲシュタポの脅威が日に日に増大していったため、彼らも徐々にドイツを離れていった。

1933 年 10 月、ウルブリヒトはドイツ共産党中央委員会政治局の決定に従い出国した。そしてその後、妻と娘と共にパリに移り、共産主義抵抗運動を組織し、当時パリにいたドイツ共産党設立メンバーであるヴィルヘルム・ピークやヴィリ・ミュンツェンベルク（Willi Münzenberg：1889 〜 1940）と共に人民戦線形成交渉を主導した。余談ではあるが、このミュンツェンベルクは後にスターリンやコミンテルンの政策を批判し、それが元でコミンテルンと確執が生じた。モスクワへ呼び出されるが、ソ連に行けば粛清されることが目に見えていたため、それを頑なに拒否した（ウルブリヒトはミュンツェンベルクにモスクワへ行くよう再三勧めたと言われている）。ミュンツェンベルクは 1940 年 10 月に森の中で他殺とも自殺とも言い難い縊死体で発見された。そしてドイツ共産党指導部のメンバーで唯一ドイツに残っていたジョン・シェール（John Schehr：1896 〜 1934）は 1933 年 11 月にゲシュタポの手に落ち、処刑された。

ウルブリヒト自身はその後モスクワに移っている。1935 年からドイツ共産党政治局員となり、1938 年からは再びコミンテルン執行委員会のドイツ共産党代表として働いた。1936 年、スペイン内戦が勃発すると、スペインへ送られるが、共和国の敗北後にフランスに渡り、1940 年のフランス占領後は再びモスクワへ逃れた。

1941 年 6 月のドイツのソ連侵攻直後、コミンテルン指導部はラジオ・モスクワのドイツ語放送にウルブリヒトを起用し、それ以降はドイツに向けた番組を担当している。スターリングラードの戦いでは、ウルブリヒトが拡声器を使って建物の陰や塹壕に潜むドイツ兵に降伏とソ連への亡命を呼び掛けた。ソ連の捕虜収容所で、彼はドイツ共産党の精神に基づいたドイツの戦後秩序構築を目指し、ドイツ兵士の説得と共産主義者としての育成に尽力した。1943 年、ウルブリヒトは「自由ドイツ国民委員会」(NKFD) の共同創設者 (設立委員会のメンバー)

東ドイツ

> **自由ドイツ国民委員会**
> **Nationalkomitee Freies Deutschland**
>
> ソ連において、亡命ドイツ人共産党員およびドイツ人捕虜が創った反ナチス運動組織。その設立準備は1942年モスクワ郊外の街クラスノゴルスクにあったドイツ人捕虜収容所で始まった。自由ドイツ国民委員会は1943年7月にソ連軍上層部とソ連邦軍参謀本部情報局（ГРУ）らの指導の下、同じくクラスノゴルスクで誕生し、その委員長にエーリヒ・ヴァイネルトが、アントン・アッカーマン、ヴィルヘルム・フローリン、ヴィルヘルム・ピーク、そしてウルブリヒトら亡命共産党員がその委員を務めた。自由ドイツ国民委員会の機関紙『Freies Deutschland（自由ドイツ）』が週刊で発行され、同盟のラジオ番組の放送も行った。この放送では音楽の他に捕虜になったドイツ人将校の投降を促す声やプロパガンダも流された。

となった[18]。

第二次世界大戦後のドイツとウルブリヒト

1945年4月、ウルブリヒトは仲間と共にソ連から連合国の統治下に置かれたベルリンのソ連統治区域に戻った。そして戦後の共産党独裁政権の基盤を作るため、スターリン主義に基づくドイツ共産党の再建に着手した。スターリンの大粛清を生き延びた共産党員（つまり、彼らはスターリンに忠実であった）がザクセンなどのソ連に統治されたドイツ各地へ送られてゆき、ソ連占領当局の政策を遂行した。その中でも、首都ベルリンに送られたウルブリヒトらのグループは特に重要な存在であった。

ドイツ共産党が再建されると、それに少し遅れてドイツ社会民主党が創設され、そのほかキリスト教的、民主的、社会的政策を支持する、いわゆる「ブルジョア」政党も許可された。しかし、ソ連は共産党を積極的に支援したため、その結果として共産党の勢力ばかりが強まっていった。

この戦後すぐの時期はまだ他の連合国、特にドイツを占領したアメ

リカ・イギリス・フランスとソ連は完全な対立関係には至っていなかった。そのためそれらの国々に対する配慮もあったのであろう、ドイツ共産党の結党宣言は、反ファシズム民主政府の下に国家再建を目指し、幅広い国民戦線を結成すること、そして、私企業の経済活動を奨励することを謳っていた。ソ連の政治システムの導入や共産主義、社会主義という言葉の使用を避けているようであった。「ウルブリヒトは『見た目は民主的でないといけない。しかし、あらゆることを我々が掌握すべきである』と言った」と、ウルブリヒトと共にベルリンに送られたグループの一人であったヴォルフガング・レンハルトが後に証言している[19]。

ソ連との友好のポスター　出典 Wikipedia

　当初はドイツ社会民主党との合同を急いでいなかったドイツ共産党であったが、1945年9月に入るとその政策を変え、早急な合同に向けて動き出していった。そして1946年4月、ドイツ共産党とドイツ社民党の代表団は、ベルリンでドイツ社会主義統一党の設立を決定したのである。新政党において、最初こそ要職は旧共産党、旧社民党両方から同数になるよう分配されたが、ほどなくしてソ連に支持された旧共産党勢力が優位に立った。ウルブリヒトはこの共産社民両党合同の際、共産党優位に事が運ぶよう進めた人物であった。1946年から（1950年まで）にかけて、ドイツ社会主義統一党理事会のメンバー、ドイツ社会主義統一党理事会事務局のメンバー、ドイツ社会主義統一党理事会の副議長およびザクセン＝アンハルト州議会の副議長などの

職を兼任した。

ソ連型モデルへの移行

　1948年に入ると、東西陣営の対立が深まる中でドイツ国内のソ連占領地区ではソ連型のモデルへの移行が始まった。ドイツ社会主義統一党結党当時は両党同等の原則が謳われていたが、1949年にはそれが否定された。特に1948年以降は多くの旧社会民主党員が追放された。例えば1950年に政治局には15人のメンバーがいたが、そのうちたった3人が旧社民党党員であった。また、1950年からは旧共産党員でも追放の対象となり、それを指導していたのが、ウルブリヒトであった。党を追放された党員たちはドイツ国内の刑務所やソ連の強制収容所に送られた。また、この粛清はアメリカ・イギリス・フランスが占領していた地域の住民でも例外ではなく、それらの地域でも多くの人が秘密警察によって拉致された。例えば、ドイツ共産党副党首であり、イギリス占領地域を管轄していた（そしてドイツ連邦議会議員でもあった）クルト・ミュラー（Kurt Müller：1903〜1990）もその一人であった。ミュラーは、1950年東ベルリンでウルブリヒトとの会談後、中央委員会の建物で逮捕され尋問を受けた。1953年2月、ソ連軍事法廷でテロ、スパイ活動を行った罪で懲役25年の判決を受けた。この時すでに3年近く拘留されていたが、刑が確定した後はソ連の強制労働収容

プロパガンダのポスター　出典　Lemo/
https://www.hdg.de/lemo/bestand/
objekt/plakat-schwerindustrie-
grundlage-der-unabhaengigkeit.html

1952年　東ベルリンの様子　メーデーのパレードである　出典　Fortepan / Szekrényesy Réka

所に送られた。このように共産党が社会民主主義系の政党と統合した後、社会民主主義政党出身者を粛清し、実質的に共産党独裁体制を確立する手法は、第二次世界大戦以降の東欧諸国で数多く見受けられた。

ウルブリヒトの台頭

　1949年9月、ドイツ連邦共和国（西ドイツ）が建国が宣言されると、翌月の10月、ソ連占領地域でドイツ民主共和国（東ドイツ）が建国宣言を行った。首相にはオットー・グローテヴォール（Otto Grotewohl：1894〜1964）が、大統領にはヴィルヘルム・ピークが選出された。この時ウルブリヒトはドイツ社会主義統一党中央委員会政治局のメンバーであったが、1950年以降はその書記長となった。また、ドイツに駐留するソ連軍（ソ連管理委員会）の影響力は絶大であった。国家元首はピークであったが、党および国家の実権は書記長となったウルブリヒトが握った。名目上に採られていた複数政党制もこの頃には崩壊しており、ドイツ社会主義統一党以外は実質上同党の衛星政

1946年頃のピーク　出典 Wikipedia

党となっていた。

　農業の集団化、重工業の推進など、ソ連型社会主義モデルに沿った社会主義国家建設が強行的に進められ、それに伴い労働者のノルマが引き上げられていく形となった。ウルブリヒトが追求した過酷で妥協のない社会主義路線は、東ドイツ国民の間で不安を引き起こした。教会の活動は制限され、1953年1月からは学校の建物内で宗教の基礎を教えることが禁止された。西ドイツとの国境は閉鎖され、厳格な国境管理のせいで東西ドイツ間の人の往来は事実上不可能になった。東ドイツからの西側への流出は、1953年には前年の約18万人から約31万人に増加した。また、1953年の最初の4か月間で、人民警察の約8千人、ドイツ社会主義統一党党員5千人以上が西側に逃げていった。

　厳しい労働環境に反発した労働者たちの不満が爆発した結果、1953年6月に東ベルリン暴動が起きた。労働者たちはピーク、グローテヴォール、ウルブリヒトらの解任を要求したが、東ドイツ政府はソ連軍の武力で鎮圧した。

　この暴動はウルブリヒトの立場を弱めるどころか、むしろ強化する結果となった。ウルブリヒトの解任は暴動の正当性を証明してしまうことになるため、ウルブリヒトはそのままの役職に留まり、逆に反対派の幹部の多くを粛清することに成功したのである。駆け引きの上手いウルブリヒトの一面をよく表している事例である。ドイツ社会主義統一党結党時、旧共産党から新党の最高指導部に入ったのは7名であったが、1953年に残っていたのはウルブリヒトを含め3人であった。

1956年のスターリン批判を受け、東欧諸国では動揺が走った。しかし、1953年の時点で東ベルリン暴動を武力を用いて鎮圧していた東ドイツでは民衆による行動は見られなかった。ウルブリヒトは変わらずに権力を維持し、農業集団化などの強硬な社会主義建設に邁進していた。1960年、大統領であり、古参の共産主義者であるピークが死去すると、ウルブリヒトは大統領職を廃し、それに代わる国家評議会を設置した。そして、自らがその議長を務め、実質上国家元首となった。

　ウルブリヒトの社会への締め付けは変わらず続いており、1961年にはストライキが禁止された。このため、東ドイツでは西ドイツへの労働力の流出が深刻な問題となっていた。1961年8月、東ドイツ当局はベルリンで唯一残っている境界を閉鎖し、そこに壁を建設した。ベルリンの壁の設置である。これにより、東西ベルリンの行き来はできなくなり、東ベルリンからの労働力の流出は抑制された。

　1963年1月、ウルブリヒトはドイツ社会主義統一党の第六回会議で新しい経済システムの基本原則を発表し、その結果一部市場経済の原則を導入し実行した。これにより東ドイツの経済は成長し、東欧のソ連の衛星国では最高の経済水準を持つ工業国になった。

　ソ連の指導者レオニード・ブレジネフ（Леонид Ильич Брежнев：1906～1982）はこの政策に対し否定的な評価を下し、支持することはなかった。しかし、東ドイツは東欧のソ連の衛星国内では確かに経済発展をしており、自国の経済発展に自信を高めたウルブリヒトは次第に東ドイツが社会主義国の

1969年発行の切手　出典　Wikipedia

東ドイツ

1958年頃 東ベルリンのピオネールの子供達 出典 Fortepan / Sattler Katalin

モデル国家であると誇るようになった。これは当然ソ連指導部の不興を買った。さらにウルブリヒトは西ドイツとソ連・ポーランドの関係改善にも反対意見を述べたため、ソ連の指導部は次第にウルブリヒトを疎んじるようになっていった。

1968年は憲法を改正した。「労働者階級とマルクス・レーニン主義の指導の下に社会主義が実現される」と明記し、ドイツ社会主義統一党が国家を指導することを憲法に示す形となった。

ウルブリヒトの失脚と最期

1970年にはドイツ社会主義統一党政治局員のエーリッヒ・ホーネッカーらが、権力を明け渡すようウルブリヒトに迫り、実際にソ連のブレジネフにウルブリヒトの退任を要請している。ウルブリヒトは抵抗したがホーネッカーはモスクワと協議して圧力をかけ、結局ウルブリヒトは1971年3月、滞在先であったソ連において辞意を表明し、5月に行われた中央委員会総会でウルブリヒトは老齢と健康上の理由で第一書記から退任した。その代わり、ウルブリヒトは亡くなるまで、ドイツ社会主義統一党会長という名目上の名誉職を務めた。

ウルブリヒトは1973年8月1日、東ベルリンで死去した。大規模な国葬が行われた。ウルブリヒトの名前を冠した道や工場、公共施設は、ウルブリヒトの死後すぐに改名され、社会でウルブリヒトの名を見ることはなくなっていった。

ウルブリヒトの家族[20]

若い頃から熱心な共産主義者として活動してきたウルブリヒトが最後に家族と会ったのは、妹の結婚式だったという（ウルブリヒトはこ

の時20代半ばであった)。父は1943年のライプツィヒの空襲の犠牲になった。母は1926年に既に亡くなっていた。弟はアメリカに移住しており、妹とも全く連絡を取ることはなかったということである。

ウルブリヒトはその生涯で2度結婚している。最初の妻、マルタ・シュメリンスキー（Martha Schmellinsky）とは1920年に結婚している。彼らの間には娘が生まれたが、夫婦は離婚しており、離婚後はウルブリヒトとマルタは一度も会うことはなかったということである。

ウルブリヒトは1920年代後半からローザ・ミシェル（Rosa Michel：本名・Marie Wacziarg：1901～1990）という女性と内縁の関係にあった。フランス共産党党員で青年共産主義インターナショナルの活動もしており、ウルブリヒトと同時期にモスクワに滞在している。第二次世界大戦中は占領下のフランスでレジスタンス活動をした。彼らの間には娘が1人生まれているが、父親の正体は娘には長い間明かさなかったということである。ローザは第二次世界大戦後は東ベルリンで働き、その後パリに戻っている。

ウルブリヒトは1953年にシャルロッテ・キューン（Charlotte Kühn：1903～2002）と再婚している。シャルロッテもウルブリヒト同様に労働者階級の家庭に生まれ、十代の頃には共産主義活動を始めた。1921年にはドイツ共産党に参加している。ウルブリヒトとの関係は1930年代から続いたということであった。第二次世界大戦後はドイツ共産党中央委員会のウルブリヒトの側で働いた。夫をサポートするため、1954年、51歳で社会科学の勉強を始め、1959年に学位を取得している。1959年以降、マルクス・レーニン主義研究所で研究助手を務め、ウルブリヒトの書いたものを出版する作業を務めた。ま

ウルブリヒトとシャルロッテ　出典 Wikipedia

た、社会における女性に関する問題にも取り組んだ。ウルブリヒトと
シャルロッテの間には子供はなく、ソ連から養子を迎え、ベアーテ
（Beate）と名付けた。シャルロッテは権威的な人物であったようで、
娘ベアーテは後のインタビューで育ての母親のことを「冷酷で利己的
な人であった」と評している。

参考文献

1. M. Frank,„*Walter Ulbricht: Eine Deutsche Biographie*", Berlin: Verlag wolf jobst siedler gmbh 2001.

2. *Франк М.* Вальтер Ульбрихт（M. Frank,„Walter Ulbricht: Eine Deutsche Biographie", Berlin: Verlag wolf jobst siedler gmbh, 2001. の一部のロシア語訳）https://spichka. media/mario-frank-ulbricht-2/（2024 年 5 月 31 日　最終閲覧）https://spichka.media/ mario-frank-ulbricht-3-1/（2024 年 5 月 31 日　最終閲覧）https://spichka.media/ mariofrank-4/（2024 年 5 月 31 日　最終閲覧）https://spichka.media/mario-frank- ulbricht-1/（2024 年 5 月 31 日　最終閲覧）

3. Ilko-Sascha Kowalczuk,„*Walter Ulbricht. Der deutsche Kommunist (1893–1945)*", München: C.H.Beck, 2023.

4. ウルリヒ・メーラート『東ドイツ史　1945–1990』（伊豆田俊輔訳）　白水社、 2019 年

5. Interview: *Main Ur-grossvater Walter Ulbricht. Sein Urenkel berichtet: So war Walter Ulbricht wirklich.„Letztlich war Walter Ulbricht ein introvertierter Mensch".* https:// www.mdr.de/geschichte/ddr/politik-gesellschaft/walter-ulbricht-parteichef-staatschef- urgrossvater-100.html（2024 年 5 月 31 日　最終閲覧）

6. K. Taubert.„*Liebhaber und Diktator - Das geheime Dopprlleben Walter Ulbrichts*". https://klaustaubert.wordpress.com/2018/03/04/liebhaber-und-diktator-das-geheime- doppelleben-walter-ulbrichts/（2024 年 5 月 31 日　最終閲覧）

7. *Бетмакаев А.М.* Вальтер Ульбрихт и экономическое соревнование между ГДР и ФРГ в 1960-е гг. http://izvestia.asu.ru/2012/4-2/hist/TheNewsOfASU-2012-4-2-hist-05. pdf（2024 年 5 月 31 日　最終閲覧）

脚注

1. M. Frank. p. 37.

2. Ibid. p. 41.

3. Ibid. p. 41–44.

4. Ibid. p. 50–52: Ilko-Sascha Kowalczuk. p. 88.

5. M. Frank. p. 51–52.

6. Ibid. p. 52–53.

7. Ibid. p. 58.

8. Ibid. p. 59–65.

9. Ibid. p. 70–71.

10. Ibid. p. 70–71.

11. Ibid. p. 70–71.

12. Ibid. p. 70–75.

13. Ibid. p. 75: РГАСПИ, ф. 495, оп. 25, Д. 12, l. 4–5.

14. M. Frank. p. 77.

15. Ibid. p. 79–83.

16. *Франк М.* Вальтер Ульбрихт（M. Frank,„*Walter Ulbricht: Eine Deutsche Biographie*",
Berlin: Verlag wolf jobst siedler gmbh, 2001. の一部のロシア語訳）https://spichka.media/
mario-frank-4/

17. Ibid.

18. *Франк М.* Вальтер Ульбрихт（M. Frank,„Walter Ulbricht: Eine Deutsche Biographie",
Berlin: Verlag wolf jobst siedler gmbh, 2001. の一部のロシア語訳）https://spichka.media/
mario-frank-4/

19. ウルリヒ・メーラート　27 頁

20. M. Frank. p. 275–282: Interview: *Main Ur-grossvater Walter Ulbricht. Sein Urenkel
berichtet: So war Walter Ulbricht wirklich. „Letztlich war Walter Ulbricht ein introvertierter
Mensch*". https://www.mdr.de/geschichte/ddr/politikgesellschaft/walter-ulbricht-parteichef-
staatschef-urgrossvater-100.html: K. *Taubert.,„Liebhaber und Diktator - Das geheime
Dopprlleben Walter Ulbrichts*". https://klaustaubert.wordpress.com/2018/03/04/liebhaber-
und-diktator-das-geheime-doppellebenwalter-ulbrichts/

ゴルバチョフにまで呆れられ、ベルリンの壁崩壊、冷戦終結に寄与

エーリッヒ・ホーネッカー

Erich Honecker

1912 年 8 月 25 日生（ノインキルヒェン / ドイツ帝国）
1994 年 5 月 29 日没（サンティアゴ / チリ）

　エーリッヒ・ホーネッカーは、1912 年 8 月 25 日、ドイツ西端のザール盆地地域に位置するノインキルヒェン（Saarland, Neunkirchen）で鉱山労働者の家庭に生まれた。父ヴィルヘルム・ホーネッカー（Wilhelm Honecker：1881 〜 1969）は炭鉱夫であった。エーリッヒ少年は 6 人兄弟の 3 番目であったが、彼が生まれて間もなく、家族はヴィベルスキルヒェン（Wiebelskirchen）という小さな街にある、祖父から受け継いだ家に引っ越した。当時の労働者階級家庭同様、6 人の子供がいるホーネッカーの家も貧しい生活をしていた[1]。

　1914 年、第一次世界大戦が勃発すると、父は水兵としてキールに派遣された。第一次世界大戦末期の 1918 年 11 月、キール港の水兵たちが反乱を起こした（この事件はドイツ革命へと繋がっていく）。父

東ドイツ

ヴィルヘルムは革命家として他の水兵たちと共にベルリンに渡った。そしてその後、父ヴィルヘルムはドイツ独立社会民主党（Unabhängige Sozialdemokratische Partei Deutschlands：USPD）の党員となり、ヴィベルスキルヒェンに戻った。1918年にドイツ共産党が結党すると、そこに入党し共産主義者となった。

エーリッヒ少年は父親の後を追う様に10歳で既に児童共産主義グループに参加し、熱心に学び、共産主義活動に取り組んだ。まだまだ小さかったエーリッヒ少年は父ヴィルヘルムに連れられて集会に参加したり、党新聞の販売、宣言ビラの配布、ストライキ中の鉱山労働者やソビエト地域の飢えに苦しんでいる人たちの為の寄付金集めをしたりもした。エーリッヒ少年は父ヴィルヘルムと兄ヴィリと共に赤色戦線戦士同盟（Roter Frontkämpferbund）の「音楽小隊」というブラスバンドに参加した[2]。この「音楽小隊」の演奏は集会やデモの場で、労働者の士気を上げる為に演奏した。エーリッヒ少年は1926年にはドイツ共産党の青年同盟に参加した。演説能力に長けていたということである。1928年、地元のコムソモール組織の部長となり、1930年、17歳の時にドイツ共産党に正式に入党した。

ホーネッカーは公立学校を卒業した。当時の不況もあってか就職先が見つからなかったため、ドイツ東北部の田舎ポンメルン地方（Pommern）の農家で働いた。その後地元に戻り、屋根職人の叔父の元で仕事を学んだ。ホーネッカーは共産主義者としての活動にも明け暮れており、ドイツ共産党もホーネッカーの力を評価していた。そしてドイツ共産党はホーネッカーを若い共産主義の闘士に育てる為、1930年にホーネッカーをコミンテルンの教育機関である国際レーニン学校へ派遣したのである[3]。

国際レーニン学校でのホーネッカー

ホーネッカーがモスクワに滞在した期間は1930年8月から1931年8月までの1年であった。年若き共産主義者であるホーネッカーにとっ

ては、この最初のモスクワ滞在は非常に重要であった。ホーネッカーが滞在した1930年は国際レーニン学校ができて4年目であり、教育プログラムも安定してきた頃であった。

ホーネッカーは国際レーニン学校での授業の他に、モスクワでの社会活動に参加し、各国の若い共産主義者達と交流を深めた。そして彼らとは時には議論をし、共産主義の理解を深めていった。国際レーニン学校のプログラムの一環でソ連国内を視察旅行することもできた。ホーネッカーは国際グループの一員として、マグニトゴルスク製鉄所（Магнитогорский металлургический комбинат：ロシアのウラル地方にある製鉄所。ロシア革命後にスターリンによる第一次五カ年計画の一環として1929年から建設が始まった）の建設にも参加している。ホーネッカーは自分の目の前でダイナミックに進んでいく第一次五ヵ年計画を目の当たりにし、マルクス・レーニン主義の正しさを実感したという。もちろんこの時、労働者の貧しさや労働の過酷さも目にしたが、ソ連国内では「未来への道」が開かれており、「毎日歴史が作られている」ことを実感することがホーネッカーにとっては重要であったということである。また、ホーネッカーはモスクワ滞在中にスターリンを間近で見る機会が2度あったという。ホーネッカーはこのモスクワ滞在中に共産主義者として様々なことを吸収した[4]。

モスクワからの帰還

ホーネッカーは1931年国際レーニン学校を良い成績で修了し、地元のザール盆地地方に戻った。モスクワ帰りのホーネッカーはドイツ青年共産主義連盟（Kommunistischer Jugendverband Deutschlands：KJVD）のザールラント地方の指導者に任命され、地域の政治活動に取り組み始めた。ドイツでは経済危機が続き、労働者の不満は増大し、ザールラント地方の地位に関する国家的問題も悪化していた。ドイツ全土同様、ザールラント地方でも闘争はドイツ社会民主党、ドイツ共産党、そして国民社会主義ドイツ労働者党（ナチス：

東ドイツ

Nationalsozialistische Deutsche Arbeiterpartei）の 3 大政党間で繰り広げられていた。ホーネッカーが自身の伝記に記しているように、1930年代初頭にはザールラント地方のファシスト党はまだ目立った役割を果たしていなかったが、共産主義者たちはこの国民社会主義運動がヴァイマル共和国にもたらす危険性を認識していたのであった。

　1933 年、ドイツではナチスが政権を掌握した。それに伴い、ドイツ国内ではヒトラーの独裁体制が強化され、共産主義者は第三帝国の敵であると宣言された。1933 年 3 月以来、数万人の共産主義者が投獄され、そのうち数千人が処刑された。ホーネッカーが活動していたザール盆地の辺りは国際連盟の管理下にあったため、共産党の活動を続けることが可能であった。ホーネッカーはドイツ国中を飛び回り、違法であった共産主義活動を各地で行っていた。1934 年 12 月、モスクワで開催されたドイツ共産党の全ドイツ会議で、ホーネッカーは中央委員に選出された。ザールラントの帰属を決める住民投票が行われる直前、ホーネッカーはザールラント地方でこの住民投票に対するドイツ共産党の立場を説明していた。1935 年 1 月、ザールラント地方のドイツへの復帰が決まると、ホーネッカーは仲間と共に一時フランスに逃れ、そこからドイツ国内を行き来しながら活動を続けた。

　1935 年 8 月、ホーネッカーは偽名を使いベルリンへ入った。彼にはベルリンにおいてドイツ共産党の地下組織を指導するという指令が

ザール盆地地域の帰属問題

1919 年のヴェルサイユ条約により、工業地帯であったザール盆地一帯の地域は向こう 15 年間国際連盟の管理下に置かれることになった。15 年が経過すると、この地方の帰属を決める住民投票が行われることになっていた。この地方におけるこの 15 年間の政治と経済はフランスへの依存が強かった。1933 年にナチスが政権を取ると、多くの反ナチス派のドイツ人達がこの地方へ逃れてきた。1935 年 1 月、住民投票が行われ、ドイツへの帰属が 90％ 以上を占めたため、ドイツへの復帰が国際連盟理事会によって承認された。同年 3 月、ドイツへの復帰を果たした。

第 6 章

出ていたのである。この時、ドイツ共産党員のヘルベルト・ヴェーナー（Herbert Richard Wehner：1906 ～ 1990）と緊密に協力し、地下活動を遂行していった。

1935 年 12 月初め、ホーネッカーはベルリンでゲシュタポに見つかり逮捕された。ホーネッカーはベルリン市内の拘留所に投獄され、そこで約 1 年半拘留された。最終的にホーネッカーに言い渡された判決は、全ての公民権剥奪と労働刑務所における 10 年間の懲役であった。ホーネッカーはブランデンブルク・ゲルデン刑務所（Strafanstalt Brandenburg-Görden）に収容された。

ホーネッカーは懲役期間の大半をブランデンブルク・ゲルデン刑務所で過ごし、そこで修理の仕事なども行った。屋根職人であった叔父の元で働いた経験から屋根の修理技術を持ち合わせていたホーネッカーは、爆撃で被害を受けた建物修復の仕事に従事させられた。ドイツが敗北する直前、ホーネッカーは屋外作業の為に外出した時に隙を見て脱走した[5]。1945 年 4 月末、ソ連軍の進軍がベルリンに入ってきた後も、ホーネッカーはそこに留まった。

第二次世界大戦後のホーネッカー

ホーネッカーは脱走後、更に精力的にドイツ共産党の活動に携わるようになった。ウルブリヒトやピークを始めとするドイツ共産党の指導部は、ホーネッカーを実力のある共産主義の闘士と評価し、信頼していた。第二次世界大戦後すぐの時期、ホーネッカーは青少年問題中央委員会書記の職務を任された。この時期、この「青少年問題」に関する党活動は大変困難であった。ソ連軍当局も「ドイツの若者はファシストのイデオロギーに最も強く染まっていた」と報告書に記しているほどであった[6]。実際に青少年問題に当たっていたホーネッカー自身、第二次世界大戦後すぐのドイツ各地を視察した上で、反ファシストの若者を見つけるのが非常に困難であるという事実を目の当たりにした。このことからホーネッカーは青年組織、レーニンのコムソモー

東ドイツ

五カ年計画のポスター「私たちはよりよく生きます」出典　Lemo/ https://www.hdg.de/lemo/bestand/objekt/plakat-wir-werden-besser-leben.html

ルに似た自由ドイツ青年同団（Freie Deutsche Jugend：FDJ）を創設する必要性を確信したのであった。

1946年3月、ソ連占領地域で自由ドイツ青年団が正式に設立された。この組合はドイツ全土を対象とする単一の青年組織として構想され、14歳から25歳の男女全員の参加を目指していたため、西側地域では占領軍および地方自治体との兼ね合いがなかなか難しかった。ホーネッカーは1946年から（1955年まで）この団体の議長を務め、共産主義青少年育成に力を注いだ。

1946年4月、ベルリンでドイツ共産党とドイツ社会民主党の合同大会が開催され、そこでドイツ社会主義統一党が創設された。この時ホーネッカーは議会議長に選出された。しかし、ベルリンでも共産党員、社会民主党員共に全員が一様に統一を望んでいたわけではなかっ

> **自由ドイツ青年同団**
> **Freie Deutsche Jugend：FDJ**
>
> 第二次世界大戦後の自由ドイツ青年同団の前身は第二次世界大戦前夜、ナチス・ドイツからパリ・プラハ・ロンドンへ逃れたドイツ人共産主義亡命者によって考案された。1939年4月以来、この組織はイギリスを中心にチェコスロヴァキア、フランスで活動している。第二次世界大戦後、組織のメンバーがドイツに帰国したため、1946年の夏に活動停止した。

第6章

た。アメリカ・イギリス・フランス占領地域においては、ドイツ共産党とドイツ社会民主党は独立性を維持した。新党であるドイツ社会主義統一党は直ちに第一の目標である「ドイツにおける社会主義の建設」を発表した。実際の所、ドイツ連邦共和国（西ドイツ）とドイツ民主共和国（東ドイツ）が建国宣言する前でさえ、アメリカ・イギリス・フランス占領地域とソ連占領地域では社会経済関係を伴う政党政治システムが異なっていた。1949年10月7日、社会主義を掲げたドイツ民主共和国が誕生した。ホーネッカーは1950年からドイツ社会主義統一党中央委員会書記局の局員候補となった（正式に局員となるのは1958年）。

　ホーネッカーには組織を束ねる才能があった。彼が自由ドイツ青年団を指導した10年間で、労働組合は東ドイツの社会、政治において正常に機能する組織となった。若者たちは自らパレードを組織し、働き、学び、スポーツをして成長し、立派にドイツ社会主義統一党の党員として成長した。他の社会主義国と比べても、共産主義政党が若い

1958年の党大会で演説するホーネッカー　後ろにウルブリヒトがいる　出典 Wikipedia

世代の育成にこれほど多くの注意を払っている例はほとんど見受けられない[7]。1955 年、ホーネッカーは若い党幹部にこの組織の指導者の座を明け渡した。

1955 年に、ドイツ社会主義統一党はホーネッカーをモスクワに派遣し、ソ連共産党中央委員会傘下の教育機関で研修させた[8]。この時の研究期間はわずか 1 年であったが、共産主義政党の幹部であったホーネッカーにとって、マルクス・レーニン主義の「正しさ」を再確認する重要な機会となった。このモスクワ滞在中にフルシチョフのスターリン批判を経験している。1956 年、ホーネッカーはドイツに戻ると国の安全保障と防衛問題の監督を任せられた。国家人民軍と国防省の創設に参加することで、ホーネッカーは党と国家においてキャリアの階段を上り始めた。

ソ連占領地域のドイツ民主共和国が主権国家を目指す上で大きな課題となっていたのが、国境問題であった。特に、西ベルリン問題はドイツ社会主義統一党およびソ連当局にとって頭の痛い問題であった。東ベルリンから西ベルリンへの逃亡により、1961 年までに東ベルリンの人口は激減している。西ベルリンの市場経済は、社会主義の規制された計画経済よりも魅力的であることは一目瞭然であった。1958 年にソ連は西ベルリンを「自由都市」に変えるという最後通牒を出すが問題の解決には至らず、逆に緊張を高めるだけであった。そして、ドイツ社会主義統一党は最終手段としてベルリンの中心部に「反ファシストの防御城壁」を建設するという手段に出るのであった。

ベルリンの壁建設の提案者、実行者に関する論争は今日まで続いている。ホーネッカーはベルリンの壁の建設に直接関与していたとされている。その首謀者は言うまでもなくウルブリヒトであり、ウルブリヒトは最後の瞬間まで役人たちを完全に無視し、行動の計画と実行の全責任をドイツ共産党の忠実なメンバーであるホーネッカーに負わせた。余談ではあるが、東ドイツに壁を建設するアイディアの元となったのは、1956 年にウルブリヒトが中国を訪問した際、毛沢東に万里

の長城の例を挙げられたことであったと言われている[9]。

1961年8月13日、東ドイツの新しい歴史が始まった。それはベルリンの壁の存在と密接に結びついていた（東ドイツの歴史は、後の1989年11月9日のベルリンの壁の崩壊により実際に終わることになるのである）。ベルリンの壁建設が滞りなく実行されたことで、ホーネッカーはドイツ社会主義統一党における自らの立場を確固たるものにすることに成功した。しかし、最高権力に上り詰めるためには、まだまだここから10年間キャリアを積み上げる必要

1973年にベルリンで開催された、第十回世界青年学生フェスティバルのポスター　出典　Lemo/ https://www.hdg.de/lemo/bestand/objekt/plakat-weltspiele.html

があった。もちろん、ドイツ社会主義統一党中央委員会書記、政治局員、人民会議所副議員としてのホーネッカーの活躍は東ドイツ国民の目にも明らかであった。ホーネッカーは様々な場所に出向き、講演をした。この10年間で国の情勢は安定した。そして、文化、科学、スポーツなどの文化面において向上傾向が見られ、国として充実しているようであった。この時期、東ドイツ国民もこの状況を享受することができた。

ドイツ社会主義統一党第一書記のホーネッカー

1971年5月、ホーネッカーはドイツ社会主義統一党中央委員会の第一書記に選出された。ホーネッカーら政治局員たちがモスクワの力を借りてウルブリヒトの辞任を迫ったのである。ホーネッカーは第一

書記の座に就くと同時に国防評議会議長にも就任した。ホーネッカーは国家と社会主義における自分の責任を認識しており、東ドイツの存在を保証するのはソ連であると考えていた。それと同時にソ連の指導者たちもそのように考えていた。それを証明するかのようにブレジネフは「東ドイツが存在できるのはソ連軍がそこにあるからにすぎない」と発言をしている[10]。

1973年8月ウルブリヒトが死去すると、しばらくの間はドイツ社会主義統一党第一書記ホーネッカー、閣僚評議会議長（首相）ホルスト・ジンダーマン（Horst Sindermann：1915～1990）、国家評議会議長（国家元首）ヴィリー・シュトフ（Willi Stoph：1914～1999）が権力を分ける一応の複数の指導者体制が取られていたが、1976年10月には人民議会によりホーネッカーが国家評議会議長に選出され、名実ともに東ドイツの最高権力者となった。シュトフは閣僚評議会議長に格下げされ、閣僚評議会議長だったジンダーマンは人民議会議長へ格下げされた。一方、ホーネッカーはウルブリヒトの名を冠した街路や工場、公共施設などを改名し、東ドイツからウルブリヒトの影を消していった。

ホーネッカーが権力の座に就いた後、東ドイツの国際的地位は強化された。1973年、東ドイツはドイツ連邦共和国と共に国連に加盟した。ホーネッカーの署名は、1975年のヘルシンキ会議の決定に基づ

シュタージ
Stasi

東ドイツの秘密警察、諜報機関を総括する省庁の名称で、正式には国家保安省（Ministerium für Staatssicherheit）という名前である。1949年のドイツ民主共和国建国後の1950年に創設された。この時、国家保安相にはヴィルヘルム・ツァイサー（Wilhelm Zaisser：1893～1958）、次官にはエーリッヒ・ミールケ（Erich Fritz Emil Mielke：1907～2000）が任命されたが、後の1957年にミールケが国家保安相の座に就いている。東ドイツの治安維持を名目に国民生活を抑圧した悪名高い国家機関である。

第6章

いて、西ドイツのシュミット首相の署名の隣に置かれた。また、これに先立ち、西ベルリンに関する四者協定（1971年）と東ドイツと西ドイツ間関係の基本原則に関する条約（1972年）を調印し、西ドイツとの国交が樹立された。その他にも東ドイツは1975年の初めまでに世界100カ国以上と外交関係を結んだ。

この時期、東ドイツの秘密警察シュタージ（Stasi）による反体制派の取り締まり・弾圧が激しくなっていった。東西ドイツ国境に置かれる対人地雷の数を増やし、国境を越えようとする者は射殺された。

国家元首としてのホーネッカー

1976年11月には東ドイツ国家評議会議長となったホーネッカーは、自ら政策を決定できるようになった。

ホーネッカーは「西側の文化」に目を向けていた点[11]でも他のソ連衛星国の指導者たちと異なっていた。1978年、ホーネッカーの個人的な命令により、100万本のジーンズがアメリカから購入された[12]。1980年代ドイツ社会主義統一党の指導者はロック音楽に興味

党大会の場でのホーネッカー　出典　Wikipedia

1989年。東ドイツ40周年　ベルリン　出典　Wikipedia

を持つようになった。「東ドイツは若者をとても愛している国であり、だから東ドイツはロック音楽もとても愛している」との言葉が残っている。1982年、ベルリンにおいて最初のロック・フォー・ピース・フェスティバルが開催された（西側からの参加はなかった）。そして翌年には西ドイツの人気ミュージシャンたちも招待された。しかし、西側の音楽は挑発的であると思われ、西側のミュージシャンたちは演奏の許可を取り消された（取り消されたミュージシャンの一人がホーネッカーに直談判したため、演奏禁止は解除された）[13]。1988年7月ベルリンで大規模なコンサートが開催され、それにはアメリカ人歌手ブルース・スプリングスティーンも参加した。彼は集まった数千人の人々に向けて、「人々を分断するあらゆる障壁は排除される」と述べた。その1年前の1988年6月、ロナルド・レーガン米国大統領も同様の言葉を発している[14]。

　しかし、ホーネッカーはこのような文化的譲歩はしているが、1985年以降にソ連のゴルバチョフ書記長がペレストロイカを始めた時も、東ドイツはあくまで強硬路線のマルクス・レーニン主義を採るとの姿

勢を崩さなかった。東ドイツには他の東欧のソ連圏の国々とは異なり、分断国家であるという重要で難しい問題があったのである。東ドイツにとっては「社会主義イデオロギー」だけが国家のアイデンティティであり、政治の民主化や市場経済の導入といった改革により西ドイツとの差異を無くすことは、国家の存在理由の消滅、ひいては国家の崩壊を意味していたのである。しかし、この時代の変革は、ドイツ社会主義統一党が拠り所にしていたソ連から始まったのであった。ホーネッカーとゴルバチョフの関係は決して良好であったとは言えない。この時はすでに古参の共産主義者と見做され、経験豊富なマルクス主義者でありスターリン主義者であると自負していたホーネッカーにとって、ソ連共産党書記長の政策、特に新しい方針（グラスノスチと一部民主化）にはある種の懐疑の念を抱いていたことは間違いないだろう。

西ドイツとの関係

　少し時代は遡るが、1981年の時点でブレジネフはクリミアにおいてホーネッカーに対し、東西ドイツ首脳会談実現に関して先延ばしを求めていた。その先延ばし状態は1987年まで続いたが、その年、ついにホーネッカーが西ドイツを訪問した。この1980年代、東西ドイツにおいて独自の関係が構築されはじめていたのである[15]。

　1986年、東ドイツから約100万人の年金受給者が西ドイツを訪問した。翌1987年には、東ドイツから西ドイツへの訪問者数は約500万人に増加し、そのうち約100万人ほどが若者であった。西ドイツのコール首相は「何百万人もの東ドイツのドイツ人たちは個人的な経験に基づいて意見を持ち始めることができる。彼らは自分たちが一つの国に属していることを実際に見て感じることができる」と考えたのである。この流れからホーネッカーの西ドイツ訪問は実現したのだが、長い目でみると、この西ドイツのコール首相の政策が東ドイツの基盤を揺るがし始めていたのである。1987年9月、ホーネッカーは西ド

イツの首都ボンを訪れた。

　ホーネッカーの西ドイツ訪問後、東ドイツでは多くの政治犯に恩赦が与えられ、国境管理が緩和される方向に向かった。また、高速道路の修繕工事が始まったり、都市間のパートナーシップが確立されたりもした。文化、スポーツ、青少年の交流の面においても充実した。ホーネッカーは、東西ドイツ間の根本的問題に関する対話の継続を期待していた。しかし、西ドイツ側は、東西ドイツ問題を解決する鍵はクレムリンにあると理解していたのである。

　1988 年 10 月、ゴルバチョフは西ドイツのコール首相をクレムリンに招き、公式会談を開いた。その場でコール首相とゴルバチョフは東西ドイツ間の問題について話している。この時ゴルバチョフは「歴史が全てを決める」と発言した。ゴルバチョフはホーネッカーがソ連を介さずに西ドイツとの関係を強化することは望んでいなかった。先に述べた様に、コール首相はクレムリンが東西ドイツ問題を解決する鍵であると思っていたが、翌 1989 年 6 月にゴルバチョフが西ドイツを訪問した時、コール首相は同氏と会談しているが、その時にモスクワが東ベルリン指導部から距離を置いていると感じた。

東欧革命とホーネッカーの終焉

　この頃までに東欧のソ連圏の国々の根幹を揺るがす事件が頻繁に起きていた。東欧革命と呼ばれるこれらの事件は、東ドイツにも及んでいくことになる。

　まず 1989 年 5 月、既に改革を進めていたハンガリーのネーメト（Németh Miklós：1948 ～）政権が、ハンガリー・オーストリア国境のフェンスを開き、ハンガリー国内に逃れてきていた東ドイツ人たちをオーストリアへ脱出させた。ホーネッカーは激怒しハンガリー政府に抗議、東ドイツ国民の強制送還を要求するがこれに実効力はなかった。このハンガリー・オーストリア国境開放を知った東ドイツ国民の大量出国の波が止まらなくなっていった。夏には多くの東ドイツ国民

第6章

1986年4月の党大会で。ゴルバチョフとホーネッカー　出典 Wikipedia

が旅行許可が下り易いチェコスロヴァキアやハンガリーへ出国し、休暇が終わってもそこに留まった[16]。

　1989年6月初旬、ホーネッカーはソ連を訪問し、マグニトゴルスクを訪れた。当時のソ連の物不足の現実を目の当たりにしたホーネッカーは落胆したが、同時に東ドイツの国民の逃亡という別の重大な問題が彼の頭を悩ませていた。1989年初頭には既に約4万人の東ドイツ国民が西側に渡っていたのである。そして、その60％が教育を受けた17歳から40歳の国民であった。東ドイツ指導部は状況をコントロールできずに途方に暮れていたのである。そしてホーネッカーがこの時、病を患っていたのも影響している[17]。

　ホーネッカーが病気療養している間、ドイツ社会主義統一党政治局は事実上活動停止していた。病気治療のため政務を離れていたホーネッカーは8月に一時復帰したが、強行的な態度を変えることはなかった。しかし8月19日、ついに恐れていた事態が起こってしまったのである。ハンガリーの民主化勢力は自国内に残る東ドイツ国民をオーストリア経由で西ドイツに逃がしたのである（汎ヨーロッパ・ピクニック）。その数は15万人に上ると言われている。これ以降東ドイ

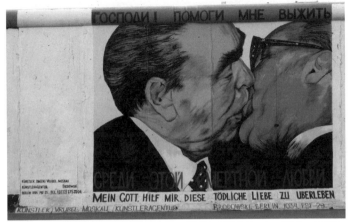

有名なブレジネフとホーネッカーのキス　ベルリンの壁のアート　「神よ、この死に至る愛の中で我を生き延びさせ給え」出典　Fortepan / Urbán Tamás

ツ国民の流出は止まらなくなり、9月に入るとハンガリーはとうとう東ドイツの猛反対を押し切ってオーストリアとの国境を全面開放した[18]。病気療養後政務に復帰したホーネッカーは東ドイツ国民の流出を防ぐため、10月初めに東ドイツとチェコスロヴァキアとの国境を封鎖した。

　この時期になると、東ドイツ各地でデモが行われるようになり、人民警察によるデモ参加者への暴行が激しくなっていった。国家権力も民衆の力を止めることができず、10月16日には12万人も及ぶ市民がデモに参加するようになっていた。

　その少し前の10月7日、東ドイツ建国四十周年を祝うために東ベルリンを訪れていたゴルバチョフは、東ドイツの現実を直視していないかの様なホーネッカーの態度に業を煮やし、直接改革か引退かを迫っていた[19]。この時ホーネッカーとの話はかみ合わなかったが、他の党幹部たちはゴルバチョフの意を汲み取った。そしてその10日後の10月17日のドイツ社会主義統一党政治局会議でホーネッカーの運

命が決定したのである。もちろんソ連の指導部の合意の元に描かれた「シナリオ」通りである。翌日、ドイツ社会主義統一党中央委員会の総会が開かれ、その場でホーネッカー自身が辞任の意向を示した。ホーネッカーは最後の最後は無理に権力にしがみつこうとはしなかった（ホーネッカーに対する解任は全会一致、つまりホーネッカー自身も賛成した形で採択された）。ホーネッカーの後任にはエゴン・クレンツ（Egon Krenz：1937～）が就いた。

ホーネッカーの最期

　ホーネッカーが政治の場から退いた後、癌が見つかった。すぐに手術が必要な状況であったが、1990年1月、ベルリン検察はホーネッカーら東ドイツの元指導者を大反逆、人権侵害、職権乱用の罪で起訴した。その後、ホーネッカーにはベルリンの壁を越えようとする東ドイツ国民の殺害を指示した罪でも告発された。ホーネッカーはその妻と共に短期間ではあるが、牧師に保護された。1990年4月初旬、ホーネッカー夫妻はポツダム近郊のソ連軍病院に極秘に搬送された。ここで彼らはドイツ統一の初日、1990年10月3日を迎えたのである。検察は起訴を再開し、ホーネッカーの引き渡しを要求した。

　1991年3月、ホーネッカーの健康状態が悪化していたため、夫妻は軍用機でソ連へ向かった。ホーネッカー夫妻には、生活保護や治療など必要なものが与えられた。1991年8月、モスクワでクーデターが起きた時、ホーネッカー夫妻は黒海のリゾート地バトゥミにいた。この時すでにホーネッカーはロシア当局にとってはお荷物になっていたのである。1991年10月、妻マルゴットは娘に会いにチリへ飛び、その後、中

ホーネッカーの妻マルゴット　出典 Wikipedia

東ドイツ

国、北朝鮮、キューバといったホーネッカーの亡命先を探し始めた。ロシアの新たな大統領エリツィンは、ホーネッカーが 1991 年 12 月半ばまでにはロシアを離れることを要求した。ホーネッカーはモスクワのチリ大使館に避難し、妻マルゴットもすぐに合流した（この東ドイツの前指導者のモスクワでの迫害劇は広く知られたが、ドイツではホーネッカーに連帯を示す連帯委員会が作られていた）[20]。

ホーネッカーは在モスクワ・チリ大使館に長くいることはできず、1992 年 7 月末にベルリンに移送された。ホーネッカーは警察官に付き添われてモアビット刑務所に連行され、そこで約 170 日間過ごした。ホーネッカーはこの場で 80 歳の誕生日を迎えたが、沢山のお祝いが贈られてきたとのことだった。また、他国の共産主義者が面会に訪れることもあった。同年 12 月、医師らはホーネッカーがこれ以上刑務所に留まることができないことを告げ、釈放された[21]。

1993 年 1 月ホーネッカーは連帯委員会の一人と共にチリへ飛んだ。サンティアゴでは、妻マルゴット、娘、親戚、友人、そしてチリに移住した元東ドイツ国民、チリの共産主義者、ジャーナリストらがホーネッカーを出迎えた。しかし、ホーネッカーの体は着実に病魔に蝕まれていたのである。1994 年 5 月 29 日、エーリッヒ・ホーネッカーはチリのサンティアゴで死去した。遺骨をドイツに埋葬する計画があったが、今でもチリに保管されている。

ホーネッカーの家族

ホーネッカーは生涯で 3 回結婚した。一人目の妻はシャルロッテ・シャヌエル（Charlotte Schanuel：1903 ～ 1947）。彼女はホーネッカーよりも 9 歳年上で、女子刑務所の看守の仕事をしていた。2 人は 1946 年 12 月に結婚している。しかしこの最初の妻は 1947 年 6 月に脳腫瘍により急死した。この結婚についてはホーネッカーの死後かなり時間が経った 2003 年まで明らかにされなかった[22]。

二人目の妻はエディット・バウマン（Edith Baumann：1909 ～

1973）。最初の妻との死別後すぐに彼らは結婚している。2 人の間には 1950 年に娘が生まれている。

1952 年、ホーネッカーはピオネール組織の代表であり、最年少で人民議会の議員になったマルゴット・ファイスト（Margot Feist：1927 ～ 2016）[23] との間に娘をもうけた（この時 2 人は不倫関係であった）。最終的にマルゴットがホーネッカーの妻となる。

当時正妻であったエディットはウルブリヒトに夫の不倫行為を直接手紙で知らせ、ウルブリヒトがホーネッカーにマルゴットとの関係を終わらせるよう圧力をかけることを期待したが、結局 2 人は離婚した。その後、政治局からの圧力を受けてマルゴットと再婚した。マルゴット・ホーネッカーは 1963 年から 20 年以上にわたり国民教育大臣を務めた。夫のホーネッカーが国家元首の座に就くと、マルゴットはファーストレディとなった。ホーネッカーが政界から退きソ連へ向かった時、マルゴットも夫と行動を共にした。その後、ホーネッカーに先立ち、娘の住むチリのサンティアゴに逃れている。ホーネッカーの死後は年金を受けて暮らした。

2000 年、チリの共産党員のインタビューを受け、それを元に東ドイツの歴史について回顧した書籍を出版した。また、2012 年には、夫ホーネッカーがモアビット刑務所で書いた日記を編集・出版した。

東ドイツ

参考文献

1. *Петелин Б.В. Степанов Г.В.* Эрих Хонеккер. Статья// "Вопросы истории". № 9. Сентябрь. Москва, 2013. с. 117–128.
2. M. Sabroe,"*Erich Honecker, Das leben Davor. 1912–1945*", München, 2016.
3. ウルリヒ・メーラート『東ドイツ史 1945–1990』（伊豆田俊輔訳） 白水社、2019 年
4. 木村香織『亡命ハンガリー人列伝』パブリブ、2019 年
5. Ed. Stuhler, „*Margot Honecker. Eine Biografie*". https://www.deutschlandfunk.de/ed-stuhler-margot-honecker-eine-biografie-100.html（2024 年 5 月 31 日　最終閲覧）
6. H. Müller-Enbergs,„*Margot Honecker – Die Frau an seiner Seite*". https://www.bpb.de/themen/deutschlandarchiv/228204/margothonecker-die-frau-an-seiner-seite/（2024 年 5 月 31 日　最終閲覧）

脚注

1. *Петелин Б.В. Степанов Г.В.* C. 117.
2. Там же. C. 118.
3. Там же. C. 118.
4. Там же. C. 118.
5. Там же. C. 119.
6. Там же. C. 119.
7. Там же. C. 120.
8. Там же. C. 120.
9. Там же. C. 120.
10. Там же. C. 121.
11. ウルリヒ・メーラート　117–118 頁
12. *Петелин Б.В. Степанов Г.* C. 121.
13. Там же. C. 121–122.
14. Там же. C. 122.
15. Там же. C. 123.
16. 木村香織　272–273 頁
17. *Петелин Б.В. Степанов Г.* C. 124.
18. 木村香織　272–273 頁
19. Петелин Б.В. Степанов Г. С. 125.
20. Там же. C. 126.

第 6 章

21. Там же. С. 126.

22. Там же. С. 119.

23. Ed. Stuhler, „*Margot Honecker. Eine Biografie*". https://www.deutschlandfunk.de/ed-stuhler-margot-honecker-eine-biografie-100.html: H. Müller-Enbergs,„*Margot Honecker – Die Frau an seiner Seite*". https://www.bpb.de/themen/deutschlandarchiv/228204/margothonecker-die-frau-an-seiner-seite/

第 6 章

第 7 章

アルバニア

年	月	出来事
1944	11	ナチス・ドイツ軍の占領から解放される
1945	6	ホッジャがソ連を訪問する。アルバニアへの援助の約束をとりつける
	8	農地改革が行われる
1946	1	王政が廃止され、アルバニア人民共和国を宣言する
	7	ユーゴスラヴィアと友好協力相互援助条約が結ばれる
1948		アルバニア共産党がアルバニア労働党と改名される
	12	ジョゼが逮捕される（翌年6月に処刑される）
		ユーゴスラヴィアのコミンフォルム追放後、アルバニアはユーゴスラヴィアと国交を断絶する
1956	4	1956年騙された春事件
1960年代		中ソ対立が深まる中、アルバニアはソ連を批判し、中国に接近する
1961	1	北京に経済代表団を派遣する
	2	中国から経済援助を得るための協定にサインする
	4	ソ連からの経済援助停止
	10	ソ連共産党がアルバニア批判をする
	12	ソ連と国交断絶する
1962	12	コメコンとの関係を断絶する
1968	9	ワルシャワ条約機構を脱退する
1976		国号をアルバニア社会主義人民共和国に改称する
1985		ホッジャが死去する　後任にはアリアが就く
1990		1月から大規模な反政府デモが頻発するようになる
	12	複数政党制の導入。アルバニア民主党など、いくつかの政党が誕生する
1991	4	憲法が改正される。国名をアルバニア人民共和国からアルバニア共和国に改称する。市民的、政治的自由が宣言される アリアが大統領に選出される
	6	アルバニア労働党は社会党に改称する。マルクス・レーニン主義を放棄する
1992	3	選挙で民主党が勝利する
	4	アリア大統領が辞任。ベリシャがアルバニアの新大統領になる

スターリン批判以降も堅持、ソ連・ユーゴ・中国とも袂を分かつ

エンヴェル・ホッジャ

Enver Hoxha

1908 年 10 月 16 日生
（ジロカストラ / オスマン帝国（現アルバニア領））
1985 年 4 月 11 日没（ティラナ / アルバニア人民共和国）

　アルバニアを代表するミニスターリン、エンヴェル・ホッジャ。ホッジャ自身が他の多くの「人民民主主義」諸国のミニスターリンたちとは異なる点は、裕福な家庭に育ち、高等教育を受けた指導者であったことである（ハンガリーのラーコシも例外的にそのような家庭に育った）。ホッジャは権力の座に就いてから死ぬまでの 40 年間、アルバニアを統治した。1948 年にソ連とユーゴスラヴィアの関係が悪化した時も、1953 年にスターリンが死去しソ連の政治路線が変更になった時も、ホッジャは頑なに「スターリン主義」を貫き、自国をマルクス・レーニン主義を体現する国と位置づけることで国際社会から切り離し、独自の路線を「ホッジャ主義」として実現した。第二次世界大

戦後のホッジャの人生は共産主義アルバニアの歴史そのものである。

ホッジャの生い立ち

エンヴェル・ホッジャは、アルバニアの南部（当時オスマン帝国領）に位置するジロカストラ（Gjirokastra）のムスリムの家庭に生まれた。ジロカストラ山とドリノ川の間の谷に位置した風光明媚な街である。ホッジャという姓はトルコ語由来であり、アルバニア人にイスラム教を教えようとした祖先に与えられた称号であった。エンヴェルの父・ハリール・ホッジャは布商人（父親の職業については、いくつかの説がある）であり、エンヴェルが幼い頃はヨーロッパ全土を始め、アメリカ大陸まで渡り歩いていていた。そのため、エンヴェル少年は叔父のハイセン・ホッジャ（Hysen Hoxha）の影響を強く受けた。ハイセン・ホッジャはアルバニア独立の為に闘った英雄であった。また、エンヴェルの祖父ベキルもプリズレン同盟のジロカストラ支部に関わっており、エンヴェルの家はアルバニアでは裕福な名家であった。ホッジャには3人の姉妹がいた。

ここで少し叔父のハイセン・ホッジャのことに触れたい。ハイセン・ホッジャはアルバニア独立運動の闘士であった。イスタンブルで神学を学んだ後は故郷に戻り、アルバニア語学校の設立のために尽力した。1912年11月28日、ヴロラ（Vlora）でアルバニア独立宣言が出され、この時ハイセンも代表の一人としてサインしている。しかし、独立後に国を統治した政府は抑圧的な政策を行ったため、ハイセンは闘った。この叔父の姿はエ

ホッジャの生家　出典
ФОТОМАТЕРИАЛЫ, СВЯЗАННЫЕ С ЖИЗНЬЮ И ДЕЯТЕЛЬНОСТЬЮ/
http://www.enverhoxha.ru/enver_hoxha_photogallery_2.htm

ンヴェル少年に強い印象を与えたということである。

1926年、エンヴェル・ホッジャは地元ジロカストラの小学校を卒業後、コルチャ（Korçë：アルバニア南東部の街。この頃共産主義者の地下活動が盛んな街であった）で中等学校に入った。ホッジャは詩を書いたり議論をしたりするのが好きであったようである。ホッジャはここでトルコ語とフランス語を習得し、マルクス、エンゲルス、レーニン、そしてスターリンの論文にも精通するようになっていった。彼の政治的見解はこの時期に形成されたと言われている。

1930年10月、ホッジャは奨学金を得てフランスのモンペリエ大学自然科学学部に入学した。しかし、すぐにホッジャの関心は社会主義思想へ傾き始め、一年ほどで退学した。そして法律や哲学を学ぶためにパリに移った。ホッジャはしばらくの間ソルボンヌ大学で哲学を学んだ。パリでは、ホッジャはフランス共産党に参加し、アルバニア王国政府に関する批判的な記事をフランス共産党の新聞『リュマニテ（L'Humanité)』に発表した。しかしこれらの記事が元で、その後ホッジャの奨学金が打ち切られることになった（公式には共産主義活動が元で退学になったとされているが、一説には成績が芳しくなかったことが原因であったとの説もある[1]）。ホッジャはスターリンと全連邦共産党（ボリシェヴィキ）の活動を賞賛し、アルバニアにも共産党が必要であると考えるようになった。ホッジャはスターリンの演説や全連邦共産党の決議、コミンテルンの指導者たちの演説や論文などをアルバニア語に翻訳している。

1934年から1936年の間、ホッジャは在ブリュッセル・アルバニア領事館の私設秘書を務める傍ら、ブリュッセルの大学で法律を学んだ。また、ブリュッセルでもベルギー共産党の活動に参加している。しかし、ホッジャの共産主義活動が領事館に知れ渡ることとなり、ホッジャは領事館の仕事を辞めることを余儀なくされた。

ホッジャは故郷のアルバニアに戻ると、1937年、コルチャの母校でフランス語の教師として雇われた。ホッジャはこの時までにフラン

ス語の他にイタリア語、セルビア語、英語そしてロシア語も習得していた。語学に長けたホッジャは、後に「東欧で最も雄弁な国家元首」と評されることになる。当時、アルバニアには確立された共産党は存在していなかったが、コルチャは比較的労働運動が盛んな産業の中心地であった。共産主義の活動としては、ホッジャはコルチャとティラナの共産主義グループの指導的立場の一人であり、故郷のジロカストラでも共産主義グループの代表者であった[2]。

1938年3月、ホッジャはモスクワを訪れ、そこに約1年滞在した。ホッジャはモスクワではマルクス・エンゲルス・レーニン研究所と外国語研究所で学び、スターリン、モロトフ、ヴィシンスキーのスピーチや本をアルバニア語に翻訳した。1938年4月にはスターリンとモロトフと会っている[3]。

1939年2月にはコルチャの共産主義者たちの指導者であったアリ・ケルメンディ（Ali Kelmendi：1900～1939）がパリの病院で死去すると、ホッジャはコミンテルン、そしてブルガリアのディミトロフの支持を受け、コルチャの共産主義グループを引き継ぎ、指導者となった。

アルバニアの第二次世界大戦

1939年4月7日、イタリアがアルバニアに侵攻した。数日の戦闘の末、アルバニア王国の国王であったゾグ一世（Ahmed Muhtar Zogolli：1895～1961）は家族と共にイギリスに亡命し、4月12日にアルバニア議会によりゾグ一世の廃位が決定された。それと同時にイタリア王ヴィットーリオ・エマヌエーレ三世（1869～1947）を新たにアルバニア王に選出することが宣言された。アルバニアはイタリア王国と同君連合として扱われることが決定し、移行するまでシュフチェト・ヴェルラツィ（Shefqet Vërlaci：1877～1946）が暫定首相に選ばれた。4月17日、ヴィットーリオ・エマヌエーレ三世がローマのクイリナーレ宮殿で戴冠式を行い、イタリア王にしてアルバニア王となった。実質上イタリア王国の従属国となったアルバニアでは、同

アルバニア

共産主義者たちの地下活動　出典 ФОТОМАТЕРИАЛЫ, СВЯЗАННЫЕ С ЖИЗНЬЮ И ДЕЯТЕЛЬНОСТЬЮ/ http://www.enverhoxha.ru/enver_hoxha_socialist_realism_5.htm

年6月に国家ファシスト党の影響を受けてアルバニア・ファシスト党（PFSh）が結党された。

アルバニアの全て公務員はアルバニア・ファシスト党党員として登録を義務付けられたが、ホッジャはこの時参加を拒否し、それが原因で教師の職を解雇された。ホッジャはティラナに移り、タバコ屋を開いた。それと同時に共産主義の地下活動にも従事した。

1941年11月8日、ヨシップ・ブロズ・チトーらユーゴスラヴィアのパルチザンたちの支持を受け、アルバニア共産党（後の1948年にアルバニア労働党になる）が設立された。この事実は、アルバニア共産党設立の最初の段階において、ユーゴスラヴィアの共産主義者が重要な役割を果たしており、両者はこの時から密接な繋がりがあったということを物語っている。この時ホッジャは暫定中央委員会のメンバーの一人として選ばれた。また、党の機関紙『人民の声（Zëri i Popullit）』の編集者にも選ばれた。そしてこの後アルバニアのレジスタンス運動が本格的に組織化され、展開されていく。1943年3月に開かれた第一回アルバニア共産党大会において、ホッジャは中央委員会の第一書記の座に就いた。

共産党の設立後すぐに、反共産主義者、国家主義者、共和主義者の組織である国民戦線が結成された。国民戦線は、共産主義者をユーゴスラヴィアの仲間とみなし、当初は共産主義者たちにとってもこの国民戦線は最大の反対勢力であった。アルバニアのパルチザンは中隊、大隊、旅団などの部隊に編成され、アルバニア民族解放軍（Ushtria Nacional Çlirimtare）と名付けられた。この組織は、英国の諜報機関か

ら軍事支援を受けていた。

　1943年9月、イタリアが連合国と休戦協定を締結し枢軸国から離脱した。それを受けてアルバニアは、連合国がアルバニアをバルカン半島侵攻の上陸地点として使用することを恐れたドイツに占領されてしまった。共産主義者たちはユーゴスラヴィアとの関係を保ちながらパルチザン運動を展開していった。

大アルバニア構想とホッジャの台頭

　大アルバニアとは、アルバニアの民族主義者たちにより、アルバニア本来の領土として主張されている地域のことである。歴史的、民族的アルバニア人たちの分布がその主張の根拠となっており、隣国の領土にまたがって分布しているアルバニア人の居住地をアルバニアの領土として統一するという構想である。その範囲には、アルバニア、コソヴォ、現在のセルビア領の一部、北マケドニアの西部、モンテネグロの南部などが含まれる。

　第二次世界大戦中、アルバニアを従属国としていたイタリアであったが、イタリアがギリシャに侵攻を開始した1940年10月、その補助戦力としてアルバニア人師団を編成していった。イタリア政府、イタリアの傀儡政府であるアルバニア政府は、アルバニア人たちの心に「大アルバニア主義」を目覚めさせる形で、彼らを軍に組み込んでいった（実際にはアルバニア人兵士たちの士気は低かったようではある）。ドイツの参戦もあり、なんとかイタリアが勝利すると、イタリアが獲得したギリシャ領の一部はアルバニアに編入された。また、その後ユーゴスラヴィアの一部もアルバニア政府の統治下に置かれることとなった（コソヴォ、マケドニア、モンテネグロの一部）。

　先にも述べた通り、イタリア王国が連合国に降伏したのだか、アルバニアはそれに続いてドイツの占領下に置かれてしまった。アルバニアの国家主義者は、少し前の1943年4月にアルバニア・ファシスト党を再編して大アルバニア衛兵（Garda e Shqipërisë së Madhe）を結成

アルバニア

していた。彼らはそこに進駐してきたドイツ軍に加担した。ドイツ軍も大アルバニア構想には協力的であった。特にコソヴォのアルバニア人指導者たちは、ドイツの敗北はユーゴスラヴィアの支配への復帰を意味することを認識しており、より積極的に協力した。1944年に入ると、コソヴォではホッジャを筆頭とするアルバニアの共産主義パルチザン及びユーゴスラヴィアのパルチザンとアルバニアの国家主義者たちが時折小競り合いになることがあった。

　ユーゴスラヴィアをモデルに発足した民族解放のための反ファシスト委員会は、1944年5月にペルメットで会合を開き、ホッジャをその委員長に選出した。そして1944年10月20日、ホッジャを首班とするアルバニア民主政府（暫定政府）が発足した。

　ティラナは1944年11月にパルチザンによって解放された。パルチザンは、同月末にドイツの占領からアルバニアを完全に解放した。また、アルバニアのパルチザンはコソヴォの解放にも貢献した。アルバニアが完全に解放された後は、アルバニアのパルチザンのいくつかの師団が国境を越えドイツ占領下のユーゴスラヴィアに入り、そこでチトーのパルチザンとソ連赤軍と落ち合い、共同作戦でドイツ軍と戦った。このアルバニアのパルチザンがユーゴスラヴィア解放を支援したことについて、後年チトーがホッジャに正式に感謝の意を示している。

　しかし大アルバニア構想に関しては、ユーゴスラヴィアとの関係はうまく進まなかった。ユーゴスラヴィアの共産主義者が大アルバニア構想に同意を示すことはなく、アルバニアの共産主義者に撤回を求めていた。ホッジャによれば、チトーはコソヴォはアルバニアであるとは認めていないとのことであった。そのため、ユーゴスラヴィアとの関係を重視するホッジャらアルバニアの共産主義者は、大アルバニア構想については諦めていた。

第二次世界大戦後のアルバニア：ホッジャの独裁の確立

　アルバニア共産党が支配するアルバニア民主戦線（Fronti

Demokratik i Shqipërisë）は、1945年8月にアルバニア民族解放軍（Ushtria Nacional Çlirimtare）を引き継ぎ、戦後初の選挙が行われた。戦線は、選挙に立候補することを許可された唯一の合法的な政治組織であり、政府はアルバニア人の93％がそれに投票したと報告した。

　1946年1月11日、ゾグ一世は正式に解任され、アルバニアはアルバニア人民共和国として宣言した。党の第一書記官としてホッジャは事実上の国家元首であり、アルバニア人民共和国で最も権力のある人物となった。

　ホッジャは自分自身が熱心なマルクス・レーニン主義者であると宣言し、スターリンを賞賛した。1945年から1950年代始めにかけて、ホッジャの政府は、反共産主義者を標的に排除し、権力の統合を目的とした政策を採った（超法規的な処刑なども含む）。

　1945年8月に農地改革法が可決されると大規模な農地改革が行われた。裕福な大地主から土地を没収し、農民に無償で与えた。この法律が可決される前は、全土地の52％が大地主によって所有されていたが、法律の可決後はそれが16％に減少した。

ソ連との関係 [4]

　1945年6月にホッジャがソ連を訪問した際、スターリンはホッジャにアルバニアへの支持を約束した。そしてソ連の技術的、科学的援助を受ける約束を取り付けた。1945年8月の時点ですでに最初のソ連からの支援物資を運ぶ船が食料、機械、医薬品などを積んでアルバニアに到着していた。

　ソ連から学者、労働者、建築家、教師、医師などがアルバニアに派遣された。また逆に何百人ものアルバニア人学生がソ連の大学で学び始めた。ホッジャは同年、アルバニアは工業化、集団化、「人々の文化的再教育」の面でソ連と同じ道を辿ると述べた。また、第二次世界大戦後のアルバニアでは識字率は格段に上がった。

　ホッジャは1947年の夏、再びソ連を訪れた。スターリンはこの時、

アルバニア

1947年　スターリンと映るホッジャ
出典　ФОТОМАТЕРИАЛЫ, СВЯЗАННЫЕ С ЖИЗНЬЮ И ДЕЯТЕЛЬНОСТЬЮ/ http://www.enverhoxha.ru/enver_hoxha_photogallery_8.htm

ホッジャにスヴォーロフ勲章を贈った。そしてスターリンはアルバニアに資金援助としてのローンを約束した。この時ホッジャはソ連との友好関係に対し謝意を表している。アルバニアは1949年に経済相互援助会議、通称コメコンに加盟し、1955年にはワルシャワ条約機構に加盟した。

ホッジャが党首になった後、アルバニアではホッジャに対する個人崇拝が広まっていった。ソ連の支援を受け、1946年ティラナにアルバニア初の自動トラクター工場が建設されたが、その工場の名前はホッジャにちなんで付けられた。その後、ホッジャにちなんだ名前は、首都ティラナの大学だけでなく、国中の工場、集団農場、通り、学校、山の頂に付けられた。

1948年、アルバニア共産党はアルバニア労働党と改名された。その第一回大会では、ソ連と全連邦共産党（ボリシェヴィキ）の経験を順守することが宣言された。また、アルバニアはコミンフォルム側であること、そしてスターリンに従うことを呼びかけた。ユーゴスラヴィアとの関係はこの後に触れるが、この1948年からは特に悪化の一途を辿り、アルバニアでも積極的に反チトー・プロパガンダキャンペーンが展開されていった。アルバニアでも「チトー派」に対する見せしめ裁判が組織された。その犠牲となったのは、ホッジャのライバルであったコチ・ジョゼである。ジョゼは1948年12月に逮捕され、翌年1949年6月に彼の「仲間」とされた4人と共に裁判にかけられ処刑された。

1952年のアルバニア労働党第二回大会の場でアルバニアの復興と

第7章

計画された開発が完了したことが宣言された。アルバニアの最初の五カ年計画は、ソ連で作成されたものであった。ホッジャはスターリンと話し合い、この計画に多くの調整を加えた。アルバニアは中国、ベトナム、北朝鮮、東ドイツ、およびその他の「人民民主主義国家」諸国との関係を発展させた。1950 年代初頭、スターリンからアルバニアへの贈り物として、モスクワの自動車工場ジス（ZIS：元々はモスクワ自動車という名前で作られた自動車工場であるが、1931 年に「スターリン記念工場」ZIS となった。1956 年のスターリン批判後は先代工場長のリハチョフの名にちなんで「リハチョフ記念工場」ZIL となった）とゴーリキー（現在のニジニ・ノヴゴロド）の自動車工場ジム（ZIM：元々はゴーリキー自動車工場という名であったが、1935 年から 1956 年の間は「モロトフ記念工場」ZIM という名であった）の工場がティラナとドゥラス（Durrës）に建設された。アルバニアはソ連の助けを借りて（後にイタリア、ギリシャ、トルコの援助により）鉄道、学校、新しい都市が建設され、アルバニア軍が組織された。

ホッジャは 1952 年 10 月のソ連共産党第十九回大会に参加し、スピーチを行っている。ホッジャはスターリンの役割、ソ連の成功について賞賛し、西側諸国とユーゴスラヴィアのチトーを批判した。ホッジャはこの時しばらくモスクワに滞在し、1953 年 1 月にティラナに戻った。ホッジャはこの時もモスクワからアルバニア国内での「粛清」の指示を出していたようである。

ホッジャがモスクワからティラナに戻ってすぐの 1953 年 3 月、スターリンが死去した。ホッジャは 3 月 5 日、急病を理由にスターリンの葬儀を欠席した（ホッジャの他には毛沢東もこの葬儀を欠席した）。ホッジャは、スターリンの側近たちがホッジャに対し陰謀を企てているのではないかと疑ったようである。ホッジャはこの後モスクワの新しい指導者に対してより慎重に接するようになった。スターリンの死に際し、アルバニアでは全国的に国民が喪に服した。

アルバニア

第二次世界大戦後のユーゴスラヴィアとの関係

　少し話が遡ってしまうが、ここでアルバニアとユーゴスラヴィアの関係をみていきたい。第二次世界大戦中からユーゴスラヴィア（チトー）と密な関係を保っていたアルバニア（ホッジャら）であったが、第二次世界大戦が終わった直後は両国で同じようなタイプの社会政治プロセスが発展していった。両国の社会・経済の発展の段階は違ってはいたが、彼らはほぼ同時に「民主主義革命」を実行した。共産党が両国の主導的勢力であり、戦時中に確立された軍事的協力体制が戦後の平等な政治経済協力体制に移行することは、両国の正しい相互理解と両国を取り巻く国際関係からの影響に深く関わっていた。

　ユーゴスラヴィアはアルバニアの臨時民主政府を承認した最初の国であり、彼らは 1946 年 7 月の時点で友好と相互協力に関する条約を結んでいる。また、ホッジャがアルバニア政府の代表として初めて訪れた外国がユーゴスラヴィアであった（1946 年 6 月）。ホッジャはそこでユーゴスラヴィア民族英雄勲章を授与されている。これはホッジャが外国で受けた初の勲章であった。

　しかしそんな蜜月時代も長くは続かなかった。アルバニアの経済復興・発展計画がユーゴスラヴィアの思惑とは乖離していたのである。ユーゴスラヴィアとしてはアルバニアの工業を発展させるよりも、それまでのアルバニアの様な農業製品の生産と天然資源の産出に留め、それらの製品をユーゴスラヴィアが買い、その代わりとしてアルバニアはユーゴスラヴィアが加工した工業製品を買うという形にしたかったようである。そのため、ユーゴスラヴィアにとってはある意味で下に見ていたアルバニアが、ユーゴスラヴィアの頭越しにソ連を訪問し工業発展のための資金を得たのだから、チトーにとっては面白くなかったであろう。チトー、ジラス、カルデリの腹の中には、アルバニアをユーゴスラヴィアに組み込むという思惑があったようだ。アルバニア軍とユーゴスラヴィア軍の統合が準備され、1947 年末にはアルバニアとギリシャ国境の不可侵性を確保するという口実で、ユーゴス

第 7 章

ラヴィア軍の二個師団をアルバニアのコルチャ地方に移す計画がベオグラードでなされていた（これはソ連の介入により阻止された）。実際、アルバニア共産党政治局の中にもアルバニアがユーゴスラヴィアの第七番目の共和国になるという考えを支持する者もおり、政治局で論争が繰り返されていた。しかし、ホッジャは断固としてこれを退け、自分に対する反対派を追放していった。

　ホッジャは、ベオグラードがスターリンを始めとする指導部を欺いているとモスクワに警告していた。1948 年 6 月、第二次世界大戦では協力関係にあったユーゴスラヴィアの共産主義者たちがモスクワと決別すると、ホッジャはユーゴスラヴィアとの関係を断ち切った。この時、ユーゴスラヴィアとの緊密な経済交流を求めていたアルバニア側の人物の一人がコチ・ジョゼであった。ホッジャはユーゴスラヴィアとの協定を、アルバニアの主権に対する脅威とみなした。ジョゼはホッジャがユーゴスラヴィアに友好的でないことを非難し、1948 年にホッジャ打倒を画策した。しかし、ホッジャの方が一枚上手だったのである。ホッジャはユーゴスラヴィアとの全ての合意が無効であると宣言し、全てのユーゴスラヴィア人を国から追放、そして先にも述べた通り、政敵ジョゼを粛清しつつ、反チトー・プロパガンダキャンペーンの材料として使ったのである。

スターリン以降のアルバニア

　1953 年のスターリンの死後、フルシチョフはスターリンの呪縛から解放される道を歩み出したが、ホッジャは資本主義との平和的共存、ユーゴスラヴィアとの和解（いわゆる脱スターリン化）というフルシチョフの政策に不信感を示し、頑なにスターリン主義を捨てようとはしなかった。これは、東欧の「人民民主主義」諸国の中での孤立を意味していた。ソ連との関係を重視していたアルバニアと隣国ユーゴスラヴィアとの関係はすでに完全に冷えきっていた。1955 年のソ連とユーゴスラヴィアとの和解は、アルバニアの安全保障に対するソ

連の無関心と解釈された。

　他国のミニスターリンの元で反チトーの汚名を着せられ犠牲となった人々同様、ジョゼの名誉回復も政治的重要性を持つことになった。アルバニア共産党内のフルシチョフの「雪どけ」を元に自由化を提唱した元中央委員会政治局員であったトゥク・ヤコヴァ（Tuk Jakova：1914〜1959）を指導者とする改革派グループは、抑圧されたチトー派の復権とジョゼの名誉回復を求めた。しかしそれはホッジャの政権の終わりを意味していた。

　1956年4月のアルバニア労働党大会で、ホッジャを権力の座から引き摺り下ろす試みがなされた。しかし、それは失敗に終わり、新たな弾圧の波を生んだ結果となった（「1956年騙された春」：アルバニア語で"Pranvera e rrejshme e 56-s"）。「雪どけ」を支持したグループの中の一人はユーゴスラヴィアに逃亡したが、同地でアルバニアの秘密警察・シグリミ（Sigurimi）のエージェントに殺害された。この時のグループのメンバー、女性運動の指導者リリ・ゲガ（Liri Gega：1918〜1959）とダリ・ンドレウ将軍（Dali Ndreu：1912〜1956）もまたシグリミによって逮捕され、「ユーゴスラヴィアとソ連のスパイ」として裁判にかけられ、死刑に処された（彼らの死刑はホッジャ個人の決定によりなされた）。トゥク・ヤコヴァは刑務所で獄中死した。ベドリ・スパヒウ（Bedri Spahiu：

1971年頃のホッジャのオフィス　ソ連とは対立関係にあったが、スターリンの肖像はかけていたようである
出典　ФОТОМАТЕРИАЛЫ, СВЯЗАННЫЕ С ЖИЗНЬЮ И ДЕЯТЕЛЬНОСТЬЮ/ http://www.enverhoxha.ru/enver_hoxha_photogallery_15.htm

> ### シグリミ（国家安全総局）
> ### Alb. Drejtoria e Sigurimit të Shtetit
>
> アルバニアの諜報機関であり、秘密警察であった機関はシグリミと呼ばれていた。党最高指導部に従属した機関であり、政治的弾圧と粛清の手先機関であった。
> 1944 年に共産党がアルバニアで政権を掌握すると、すぐに党内にセキュリティ部門を設置した。そして 1946 年にそれがシグリミと呼ばれるようになったのである。シグリミはソ連の NKVD の他にユーゴスラヴィアの諜報機関である国家安全総局（Управа државне безбедности：Удба）もモデルにしていたということである。

1908 〜 1998）元検事総長・教育文化大臣は 25 年の禁固刑に処され、中央委員会書記であったリリ・ベリショヴァ（Liri Belishova：1926 〜 2018）は抑留された。このようにして完全なホッジャ派の勝利で締めくくられたのである。

　フルシチョフは自身の回想録の中で、アルバニア指導部を「怪物」と呼び、彼らの「民主化への恐れ」がソ連との決別の原因だと結論づけた。アルバニアとソ連との溝が深まる中、1960 年代に入るとソ連と中国の対立も深刻化していった。アルバニアは中ソ対立では中国側につくと、モスクワとの関係はますます悪化していった。アルバニアは 1962 年にコメコンから脱退し、1968 年にはソ連のチェコスロヴァキア侵攻を批判しワルシャワ条約機構から脱退した。そしてかねてより関係を深めてきた中国と接近していった。

中国との接近、そして断絶

　毛沢東はアルバニアを「ヨーロッパにおける社会主義の灯台」であり、大陸における中国の「橋頭堡」であると述べた。ソ連と関係を絶ったホッジャは、中国に接近していった。アルバニア人民軍は中国製の武器を装備するなど、冷戦期のヨーロッパの中では異質な軍隊となった。アルバニアは 1967 年には中国の文化大革命に影響され、世界初

アルバニア

アルバニアと中国の友好関係を表すポスター　出典　CHINESEPOSTERS.NET/
https://chineseposters.net/posters/g2-40

　の無神国家として無神論の国家原則を表明した。それ以降アルバニアでは全ての宗教を完全に禁止し、国内の教会とモスクを閉鎖した。そして、あらゆる信仰の表明は公的にも私的にも違法行為とされた。1972年10月には国連総会の場でアルバニアは他の22カ国と共に「中国代表権問題」に関わる決議を共同提案し（日本ではこれを「アルバニア決議」と呼んでいる）、中国が国際社会の中で確固たる立場を築くのに貢献した。この頃のホッジャは世界各国の毛沢東主義者（マオイスト）たちから一目置かれる存在であったようである。

　しかし、中国が国際的な孤立を解消するために動き出すと、アルバニアと中国の関係は停滞し始めた。特にホッジャは1972年のアメリカのニクソン大統領の中国訪問には批判的であった。ホッジャは1976年の毛沢東の葬儀には出席したが、中国が他国との国交を樹立すると、この事を公に批判した。その結果、アルバニアに対する中

国の経済的および軍事的援助は1976年に大幅に削減された。そして1978年アルバニアと中国の国交は断絶した。

アルバニアの孤立

1970年代、アルバニアは欧州の安全保障の枠組みからも外れ、国際社会から隔離させる鎖国政策を採った。1978年、アルバニアは世界で唯一のマルクス・レーニン主義国家であると宣言し、ホッジャ主義を提唱した。ホッジャはユーゴスラヴィアのチトーだけでなくルーマニアのチャウシェスクや北朝鮮の金日成もマルクス・レーニン主義に反すると批判し、ヨーロッパのみならず、共産圏内でも孤立していった。フランス、イタリアをはじめとする欧州の共産党がユーロコミュニズムを提唱すると、それも「反共産主義」だとして批判した。以降、

ホッジャの像　出典　ФОТОМАТЕРИАЛЫ, СВЯЗАННЫЕ С ЖИЗНЬЮ И ДЕЯТЕЛЬНОСТЬЮ/ http://www.enverhoxha.ru/enver_hoxha_socialist_realism_30.htm

ホッジャの像　出典
ФОТОМАТЕРИАЛЫ, СВЯЗАННЫЕ С ЖИЗНЬЮ И ДЕЯТЕЛЬНОСТЬЮ/
http://www.enverhoxha.ru/enver_hoxha_socialist_realism_30.htm

メフメット・シェフー肖像　出典
Wikipedia

「アルバニア派」と呼ばれる各国の共産主義政党と繋がりを持ち始める。

1981年、ホッジャは新たに党内部で粛清を行った。数名の党および政府高官の処刑を命じ、それが実行された。当時のアルバニアではホッジャに次ぐ「ナンバー2」の存在であったメフメット・シェフー首相（Mehmet Ismail Shehu：1913 〜 1981）は公式には1981年12月にアルバニアの指導者間闘争が原因で自殺したと記録されているが、粛清の犠牲になったのではないかと考えられている。

ホッジャの治世におけるアルバニアの内政

ホッジャの国内政策は、その初めからホッジャ自身が最も受け入れやすいと考えた「スターリン主義モデル」に沿ったものであり、アルバニアにおけるホッジャの個人崇拝は、彼が模範的指導者と見なしていたスターリンの個人崇拝そのものであった。アルバニア軍の軍服と記章は、スターリン時代のソ連

ホッジャのプロパガンダ　出典　Eastern European Scientific Information Agency/
https://eesiag.com/history/enver-hoxha-and-eurostalinism.html

のものと酷似していた。また、1960年代後半に中国との関係が発展すると、ソ連式の制服は廃止され中国式の制服が導入された。

　アルバニアの秘密警察シグリミの力は広範囲に及んでいた。内部の反対派勢力の活動を根絶するために、当局は組織的な粛清を展開していった。政権に反対する者は解雇され、重労働に送られ、さらには処刑された。ホッジャの治世40年の間に政治的理由で処刑された人の数は5千〜7千人と推定され、3万4千人以上の人がさまざまな刑を宣告され、そのうち千人あまりが拘留中に死亡した。5万人が抑留され、強制移送された。アルバニアの人口の3分の1の人が、人生のうちに拘留、尋問、強制労働、秘密警察シグリミの監視を受けた経験があると言われている。また、国民は出張以外の海外渡航は禁止されて

いた。

　第二次世界大戦後すぐに始まった政治弾圧は、ホッジャの死まで止むことはなかった。1945 年の時点ですでに、ホッジャによって描かれたシナリオによる最初の見せしめ裁判が行われていた。例を挙げると、1947 年 5 月、ホッジャは野党グループの国会議員を逮捕する命令を出し、その多くはすぐに処刑された。また、1951 年 2 月にはホッジャの指導の下、22 人の知識人と起業家が殺害された。ホッジャのスターリン主義に則った政策は、反対勢力からの抵抗を引き起こしたが、どれも鎮圧された。

　党内の反対勢力、ホッジャの潜在的なライバルは 1956 年の春の時点ですべて排除され処刑される、もしくは長期的に投獄された。1974年から 1975 年には軍事司令部が弾圧を受けた。国防省と参謀部の数人が銃殺刑に処される、もしくは 25 年の懲役が言い渡された。

　アルバニアでは 1980 年代の終わりまで、スターリンを崇めていた。アルバニアの都市クチョヴァ（Kuçova）は 1950 年から 1990 年までスターリンという名前が付けられていた。また、スターリンの誕生日と命日は、レーニンのそれと同様に公式に祝われていた。ホッジャの死後の話になるが、1986 年のモロトフの死の際はアルバニアでは全国的に喪に服した。

　1960 年代、アルバニア政権のイデオロギー上の敵は「フルシチョフ派」と「チトー派」と呼ばれた。これらのレッテルは、1930 年代のソ連における「トロツキスト」に似ている。

　1970 年代、アルバニア国民の生活は閉鎖的であった。1968 年以降、市民は自動車、別荘を持つこと、ロック音楽を聴くこと、ジャズを聴くこと、ジーンズを着用することなどが禁止されていた。「ブルジョアの文化的妨害行為」に対する闘争は重要な位置を占めていた。1972 年 12 月に開催された音楽祭ではビートミュージックが演奏され、その結果アルバニア教育文化大臣ファディル・パチラミ（Fadil Paçrami：1922 ～ 2008）とアルバニアの国営テレビおよびラジオ放送

局長トーディ・ルボーニャ（Todi Lubonja：1923 ～ 2005）が逮捕され、懲役刑が科せられた。そして、アルバニア労働党中央委員会が特別に招集した特別会議の場で、ホッジャは個人的に彼らに対する政治的告発を行った。アルバニアが史上初の無神論国家であると宣言されるとキリスト教とイスラム教に対する迫害はますます厳しくなった。ホッジャはモスク、教会、僧院、寺院の財産と建物を没収した。これらの建物の多くは解体されたが、工場、倉庫、厩舎、映画館として使われることもあった。親が子供たちに教会名を与えることを禁じていた。1971 年に自宅で子供に洗礼を施したローマカトリックの司祭シュテファン・クルティ（Shtjefën Kurti：1898 ～ 1971）は処刑された。国民全体が、教会やモスクに通うことなく生活した。

　ホッジャは、政治家や共産主義者が特権を持っている場合、その党は共産主義政党と見なすことはできず、国は社会主義国家と見なすことはできないと考えていた。80 年代半ば以降、ホッジャの指示により党員および国家機関の役人の賃金が引き下げられた。これにより、年金と福利厚生の増加、農業の賃金および労働者と従業員の給与を上げることが可能になった。しかし実際には、物を得ることができるアルバニア労働党員や秘密警察の生活水準は、アルバニア全体の平均をはるかに上回っていた。特権階級の存在は 1991 年のアルバニア労働党の最後の大会の場で公式に認められ、これに対する責任はホッジャおよびその側近らにあるとされた。

　独裁者には暗殺（未遂）事件が付きものであるが、ホッジャに対する暗殺未遂事件も、1 件公式に記録されている。1982 年 9 月に起きた「ムスタファ事件」である。シェブデット・ムスタファ（Xhevdet Mustafa：1940 ～ 1982）率いる反共産主義者のグループが、ホッジャを殺害する目的でアルバニアに不法入国した（ムスタファはアルバニア人であったが、国外に住んでいた）。ムスタファは、共産主義政権を打倒し、君主制を回復するという任務を掲げていた。4 人のメンバーであったが、3 人は射殺され、1 人は裁判にかけられ、国外追放となった。

ホッジャの私生活

ホッジャは1945年、ネジミエ・ホッジャ（Nexhmije Hoxha：1921〜2020）と結婚している。ネジミエは戦時中はパルチザンに参加したり、共産主義アルバニア女性同盟に参加するなど、熱心な共産主義活動家であった。エンヴェル・ホッジャの死後も1990年代初めまで政治の場で活躍した。2020年2月、ティラナの自宅で亡くなった。99歳であった。

夫婦には3人の子供、イリル（Ilir）、ソコール（Sokol）、プランヴェーラ（Pranvera）がいる。長男イリルは1995年に父エンヴェルの伝記を書いた。共産主義の活動家としても有名である。次男ソコールは実業家である。娘のプランヴェーラは建築家であり、夫クレメント・コラネチと共にピラミッド型のエンヴェル・ホッジャ博物館の設計グループの一人であった。

ホッジャの妻ネジミエ　出典
Wikipedia

ホッジャと3人の子供たち　出典
ФОТОМАТЕРИАЛЫ, СВЯЗАННЫЕ
С ЖИЗНЬЮ И ДЕЯТЕЛЬНОСТЬЮ/
http://www.enverhoxha.ru/enver_hoxha_photogallery_9.htm

ホッジャの死

ホッジャは1985年4月11日に死去した。死因は脳内出血、76歳であった。ホッジャの死後、アルバニアは9日間喪に服した。

葬儀に際しては、ベトナム、キューバ、ラオス、ニカラグア、イランなどの「真のマルクス・レーニン主義の党」の指導者たちと見做された人のみが参列を許された。ソ連やイタリア、ユーゴスラヴィアからの弔電は受け取りを拒否された。また、外国人ジャーナリストの入国も許可されなかった。告別式は、ティラナのスターリン宮殿で行われた。ホッジャの遺体は、ティラナにある国家戦没者墓地に埋葬された。

ホッジャの死後

　1988 年 10 月 14 日、ホッジャ生誕 80 周年記念にティラナの中心部にピラミッド型のエンヴェル・ホッジャ博物館が建てられた。この建物はしばしばエンヴェル・ホッジャの霊廟と間違われることがあるが、実際にはホッジャはティラナにあるアルバニアの戦没者のための英雄墓地に埋葬された。しかし 1992 年、アルバニアでも徐々に民主化が進む中でホッジャの遺体は新アルバニア政府当局によって秘密裏に掘り起こされ、ティラナ郊外にある公立の墓地に再埋葬された。

　ホッジャの死後、後継者のラミズ・アリア（Ramiz Alia：1925 〜 2011）の下でアルバニアの開放が徐々に進んでいった。公の場で社会

ホッジャの墓地　出典　ФОТОМАТЕРИАЛЫ, СВЯЗАННЫЕ С ЖИЗНЬЮ И ДЕЯТЕЛЬНОСТЬЮ/ http://www.enverhoxha.ru/enver_hoxha_photogallery_28.htm

アルバニア

ティラナのピラミッド　出典　Wikipedia

問題や文化問題について議論することを許したり、恩赦を行い長期の政治犯を釈放したりもした。また、外国との関係も段階的に改善に努めていったのである。東欧の共産主義国家において相次いで民主化が進んでいくと、アルバニアも1990年に一党独裁を放棄し、アルバニア労働党は社会党に改名した。

　民主化の煽りを受け、エンヴェル・ホッジャ博物館は1991年には閉鎖された。その後、この建物は解体計画が持ち上がったり、様々な用途に使われたりしてきたが、長い間廃墟となっていた。このピラミッド型の建物は、長い年月をかけた工事の末、2023年10月にアルバニアの若者のための青年技術教育センターとして再スタートを切った。過去の歴史を残しつつ、若者の学習支援の場として市民に開かれたのである。

参考文献

1. *Никифоров К.В. (отв. редактор) и др.* Центральная и Юго-Восточная Европа. Конец XX – начало XXI вв. Аспекты общественно-политического развития. Историко-политологический справочник. Москва; СПб.: Нестор-История, 2015.

2. *Лешин. А.* Товарищ Энвер. Историко-биографическое эссе. Интернет-издание, 2010. http://www.enverhoxha.ru/Archive_of_books/Archive/aleksei_leshin_comrade_enver.pdf（2024 年 5 月 31 日　最終閲覧）

3. *Карасюк Д.* Энвер Ходжа: албанский Сталин, отстававший на 30 лет. https://diletant.media/articles/45284102/（2024 年 5 月 31 日　最終閲覧）

4. *Смирнова Н.Д.* История Албании в XX веке. Москва, 2003.

5. *Животич А.* "Балканский фронт" холодной войны: СССР и югославско-албанские отношения. 1945–1968 гг. Москва; СПб, 2022.

6. *Нечет Т.* Умерла жена албанского диктатора Ходжи. https://kp.ua/politics/660971-umerla-zhena-albanskoho-dyktatora-khodzha（2024 年 5 月 31 日　最終閲覧）

7. *Емельянов В.* Человек, отменивший религию. https://www.ng.ru/politic/2008-11-19/6_albania.html（2024 年 5 月 31 日　最終閲覧）

8. Фотоматериалы, связанные с жизнью и деятельностью Энвера Ходжа. http://www.enverhoxha.ru/enver_hoxha_photogallery_1.htm（2024 年 5 月 31 日　最終閲覧）

9. Энвер Ходжа. Его жизнь и работа. http://www.enverhoxha.ru（2024 年 5 月 31 日　最終閲覧）

脚注

1. *Никифоров К.В. (отв. редактор) и др.* С. 15.

2. *Лешин. А.* С.7

3. *Карасюк Д.* Энвер Ходжа: албанский Сталин, отстававший на 30 лет. https://diletant.media/articles/45284102/

4. *Смирнова Н.Д.* を参照

5. *Животич А.* を参照

6. *Смирнова Н.Д.* С. 268

7. *Смирнова Н.Д.* С. 329–347: *Емельянов В.* Человек, отменивший религию. https://www.ng.ru/politic/2008-11-19/6_albania.html

8. *Нечет Т.* Умерла жена албанского диктатора Ходжи. https://kp.ua/politics/660971-umerla-zhena-albanskoho-dyktatora-khodzha

9. Фотоматериалы, связанные с жизнью и деятельностью Энвера Ходжа. http://www.enverhoxha.ru/enver_hoxha_photogallery_28.htm

アルバニア共産党内ユーゴスラヴィア派代表として粛清された

コチ・ジョゼ

Koci Xoxe

1911年5月1日生（フロリナ地方ネゴヴァン / ギリシャ）
1949年6月11日没（ティラナ / アルバニア人民共和国）

　コチ・ジョゼはアルバニア共産党の創設者の1人であり、実質上、党内ではエンヴェル・ホッジャに次ぐ第二番目の人物であった。元々アルバニア共産党内で親ユーゴスラヴィア、親チトー派であったため、1948年以降の反チトー・プロパガンダキャンペーンに利用するにはもってこいの人物であった。1948年以降東欧の「人民民主主義」各国で相次いで開かれた、ミニスターリンたちの象徴的事象とも言える見せしめ裁判の最初の犠牲者である、コチ・ジョゼ。ジョゼの逮捕〜裁判〜死刑執行は、ハンガリーのライク裁判やブルガリアのコストフ裁判などに先駆けて行われた。38歳という若さで反チトー・プロパガンダキャンペーンの最初の犠牲者となった政治家コチ・ジョゼの生涯と逮捕・裁判・処刑について少し見ていきたい。

コチ・ジョゼは1911年5月1日、ギリシャ北部フロリナ地方の小さな村ネゴヴァン（Negovan）に生まれた。アルバニア系、マケドニア系の家系であった。ジョゼの生まれた村には多くのアルバニア人が暮らしていた。青年期のジョゼはテッサロニキで教育を受けた。1930年、ジョゼは家族と共にアルバニアに引っ越し、コルチャ（Korça）でブリキ職人と配管工として働いた。

コルチャはオスマン帝国統治下でアルバニア民族覚醒の拠点の一つであった街である。1887年にはコルチャに初のアルバニア語による学校が、1891年にはアルバニアで初の女学校が設立されている。また、戦間期には共産主義者の地下活動が盛んであった。エンヴェル・ホッジャがフランス語の教師として暮らしていたのもこの街である。そんな街の雰囲気が、ジョゼのアルバニア人として、そして共産主義者としての目覚めのきっかけになったのかもしれない。1937年頃にはジョゼはアルバニアの共産主義者として、後に独裁者となるエンヴェル・ホッジャらと共に頭角を現した。ジョゼは1938年には逮捕・投獄されたが、翌年脱獄に成功した。

第二次世界大戦中、ジョゼはアルバニア民族解放軍でイタリアとドイツの占領軍と戦った。ジョゼは主にユーゴスラヴィアとアルバニアのパルチザンを結ぶ連絡役として行動した。1941年11月8日にアルバニア共産党が発足すると、ジョゼは中央委員会のメンバーとなり、共産党内で重要な役割を担うことになる。

第二次世界大戦後、ジョゼはホッジャ政府の内務大臣および政治警察シグリミの長官に就任した。1944年以前の政権のメンバーと公務員たちの粛清は、ジョゼの監督の下で行われていった。ジョゼは懲罰機関において第一番の人物と見なされた。第二次世界大戦後の最初の数年間は、権力と政治的影響力の点で、ジョゼは政権においてホッジャに次ぐ地位にいた。1945年春にジョゼが組織した特別法廷は、元政治エリートたち17人に死刑を宣告し、40人に様々な刑を宣告した。これは、新政府内の反対派に深刻な打撃を与えた。ジョゼが内務

アルバニア

省を率いていた間は、政権の反対派グループは弾圧の対象になっていたのである。

1947年になると、ユーゴスラヴィア指導者チトーがアルバニアへの影響力を強めようと動き出した。チトーはホッジャ政権への軍事的支援を通じて、アルバニアに対する自国の影響力を行使しようとした。ユーゴスラヴィアにはアルバニアを吸収する思惑があったようである。内務省と秘密警察シグリミを率いるジョゼはチトーの支援を受けていた。ジョゼは、経験豊富なユーゴスラヴィアの共産主義者を尊重し、アルバニア共産党組織の問題に対するユーゴスラヴィア共産主義者の意見を共有することがしばしばあった。ジョゼはこの点でホッジャと対立する。ホッジャは自分の政敵として次第にジョゼを邪魔に思うようになっていった。

ジョゼはアルバニア共産党内のユーゴスラヴィア派の代表的存在であり、チトーのイニシアチブによるバルカン連邦構想へのアルバニアの参加を支持していた。ジョゼはアルバニア国家独立を擁護した指導者たちの粛清に加担した。特に、アルバニア銀行の総裁で古参の共産主義者であるコスタンディン・ボスニャク（Kostandin Boshnjaku：1888 ～ 1953）、文化大臣セイフラ・マレショバ（Sejfulla Malëshova：1900 ～ 1971）は逮捕拘留され、経済大臣ナコ・スピル（Nako Spiru：1918 ～ 1947）は射殺体で発見された（自殺だと言われているが、定かではない）。

チトーは、ギリシャの侵略からアルバニアを守るという名目で、アルバニアに二個師団を送る計画を立てたが、これはモスクワの知るところとなり失敗に終わった。その後、チトーはジョゼに中央委員会の会合を招集するよう促し、その場でホッジャの支持者を追放し、アルバニアの経済と軍事をユーゴスラヴィアと統合するよう画策した。これに対しホッジャはソ連の支援を受けて反撃、ユーゴスラヴィアとの協定を破棄し、同国の顧問を追放した。

ジョゼの逮捕と裁判、そして処刑[1]

　ジョゼは、ユーゴスラヴィアの諜報機関の指示でスパイ活動や拷問を行い人々を処刑した「チトー主義者」として告発された。ジョゼがチトーおよびユーゴスラヴィアの共産主義者との緊密な関係を持っていたことは、ジョゼを告発するには充分であった。ジョゼは内務大臣の職を解任され、メフメット・シェフー（Mehmet Shehu：1913～1981）がその職に就いた。1948年11月、ジョゼは党大会の場で自分自身を正当化しようとした。前もってソ連大使ドミトリー・チュヴァキン（Дмитрий Степанович Чувахин：1903～1997）と演説の内容を調整し、ユーゴスラヴィアを鋭く批判し、親ソ連を強調する原稿を用意したが時は既に遅かった。ジョゼは議会によって非難され、中央委員会はジョゼの役職を剥奪し、党から追放した。そしてその後、ジョゼを始めとする親ユーゴスラヴィアの者たちが一斉に逮捕された。

　ジョゼの裁判はチトーの「罪」を裁くことが目的であったのは言うまでもない。ジョゼはチトーとの共謀を「自白」するまで、刑務所で繰り返し拷問を受けた。1949年5月に裁判にかけられ、彼自身がゾグ一世前アルバニア国王と英国の諜報機関によって雇われていたこと、そしてチトーが西側のエージェントであったことを「自白」した。ジョゼは死刑を宣告され、他の被告は長期の懲役刑を言い渡された。そしてその翌月6月11日、ジョゼは絞首刑に処せられた。

その後

　1956年の第二十回ソ連共産党大会後のスターリン批判後のアルバニアでは、ジョゼの裁判および死刑執行が政治的重要性を持つようになった。アルバニア共産党にもフルシチョフの「雪解け」の精神で政権の自由化を提唱したグループはいた。彼らは大衆の抑圧に反対し、工業化と集団化のペースを遅らせること、大衆の生活水準の向上、党の民主化により注意を払うことを訴えた。そして、弾圧の対象になった「チトー派」、主にジョゼの名誉回復を求めたのである。

アルバニア

しかし彼らの要求が通る事はなかった。1956 年 4 月のアルバニア共産党党大会で、ホッジャを権力の座から引きずり下ろす試みがなされたが、それは失敗に終わってしまったのである。アルバニアにおける民主化への動きの状況は他の「人民民主主義」諸国とは大きく異なり、1956 年の時点でホッジャの独裁体制が確固なものになってしまい、民主化の芽は摘まれてしまったのである。これにより、ジョゼの名誉回復はされる事なく、埋葬場所（もしくは埋葬自体がされたかどうか）は今現在も明らかになっていない。

第 7 章

参考文献

1. *Волокитина Т.В. (отв. ред.) и др*. Советский фактор в Восточной Европе. 1944–1953 гг. Документы. Т.2. 1949–1953 гг. Москва, 2002.
2. *Смирнова Н.Д*. История Албании в XX веке. Москва, 2003.
3. G. H. Hodos, *Show trials: Purges in Eastern Europe, 1948–1954*, NY: Greenwood Publishing Group, 1987. https://www.google.hu/books/edition/Show_Trials/znzDEAAAQBAJ?hl=ja&gbpv=1&dq=inauthor:%22George+H.+Hodos%22&printsec=frontcover（2024 年 5 月 31 日　最終閲覧）
4. Дзодзе Кочи. http://hrono.ru/biograf/bio_d/dzodze.php（2024 年 5 月 31 日　最終閲覧）

脚注

1. *Смирнова Н.Д*. С. 295–297; *Волокитина Т.В. (отв. ред.) и др*. С. 121–132; G.H. Hodos. p. 5-12.

第 7 章

第8章

ユーゴスラヴィア

年	月	出来事
1945	3	チトーを首班とする連合政権が成立する（チトーと最も近しい政治家は、カルデリ、ランコヴィッチ、ジラス）
	4	チトー、モスクワを訪問する。ソ連と友好協力相互援助条約を締結する
	8	土地改革が施行される
	11	ユーゴスラヴィア連邦人民共和国の建国が宣言される
1946	1	1936年のスターリン憲法に倣った新憲法が採択される
	6	「経済計画と国家計画化機構に関する法律」が実施され、国の経済が集権的な計画経済へと転換される
	12	企業全てが国有化される
1947	4	第一次五カ年計画が採択される
	10	コミンフォルムの事務局がベオグラードに設置される
1948	6	コミンフォルムがユーゴスラヴィア共産党を除名する
	7	ユーゴスラヴィア共産党第五回大会が開かれる
	12	アメリカ、イギリスと経済協定を結ぶ
1949	9	アメリカから2000万ドルの借款を獲得する
1950	6	「労働集団による国家経済企業と上級経済連合の管理に関する基本法」（労働者自主管理法）が採択される
1951	11	アメリカと軍事援助協定を締結する
1952	10	アメリカ、イギリス、フランスと軍事・経済援助協定を締結する
1953	1	新憲法が採択される　チトーが初代大統領に選出される
	6	ソ連との国交正常化に合意する
1954	1	党の指導者の一人、ジラスが連邦議会議長・副首相の職を解任される
1955	5	フルシチョフらソ連代表団がベオグラードを訪問する。共同声明を出す
1956	6	チトー、ソ連を訪問する
	11	チトー、プーラで演説をし、ソ連のハンガリー介入を非難する
1957	1	第二次五カ年計画が施行される

	2	フルシチョフがユーゴスラヴィアとの関係悪化を公表する
1958	12	アメリカと新経済協定を締結する
1959	9	アルバニアと国交回復する
1960	12	ソ連と文化・科学協力協定を締結する
1961	1	第三次五カ年計画を施行する
	3	ソ連と長期通商協定を締結する
	9	ベオグラードにおいて第一回非同盟諸国首脳会談が開催される
1963	4	新憲法が採択される。国名をユーゴスラヴィア社会主義連邦共和国と改称する
1966	7	指導者の一人であるランコヴィッチが失脚する
1968	1	ベオグラードで党の路線にそぐわない約4000人の党員が追放される
	8	チトー、ソ連・ワルシャワ条約機構軍のチェコスロヴァキア侵入を強く批判する
1971	11	「クロアチアの春」が起こる
1973	7	ユーゴスラヴィア人労働者の大量流出を規制する新法規が制定される
1974	1	新憲法が採択される
	5	連邦議会がチトーを終身大統領に選出する
	9	コミンフォルム主義者30人以上の裁判が行われる 反チトー主義者被告32人に有罪判決が下る
1979	2	指導者の一人、カルデリが死去する
1980	5	チトーが死去する
1980年代		共産主義の道から離れ、市場経済を目指すようになる
1990年代		バルカン半島において旧ユーゴスラヴィア各地で民族紛争が始まる
2001		マケドニア紛争終結。旧ユーゴスラヴィアの民族紛争が一応の終結をみる

反スターリニズムに潜む「スターリニズム」

ヨシップ・ブロズ・チトー

Josip Broz Tito

1892年5月7日生
（クムロヴェツ / オーストリア・ハンガリー二重君主国）生
1980年5月4日没 （リュブリャナ / ユーゴスラヴィア）

　ユーゴスラヴィアの指導者として知られるヨシップ・ブロズ・チトー。スターリンの怒りを買い、ユーゴスラヴィアがコミンフォルムから追放されると、独自の政治路線である自主管理社会主義を実践してゆき、外交面では西側でも東側でもない、非同盟陣営を確立した。第二次世界大戦後からその死までの約35年間、ユーゴスラヴィアのトップに君臨していたチトーであるが、共産主義者としてのチトーの形成過程についてはあまり明らかにされてこなかった。

　第一次世界大戦ではガリツィア地方に送られ、そこでロシア帝国軍の捕虜となり、ウラル地方の捕虜収容所に送られた。そしてその時、革命の熱気溢れるロシアの姿を目の当たりにしたのである。チトーは

ユーゴスラヴィア

帰国すると 1920 年にユーゴスラヴィア共産党員となり共産主義活動を始めた。そしてその中で次第に頭角を現すようになり、1935 年からモスクワのコミンテルンで働くようになったのである。

チトーは 1935 年から 1939 年までの間、コミンテルンの仕事に従事した。しかし、残念ながらこの間のチトーの動きに関しては未だに不明な点が多い[1]。本項は、2019 年にロシアで出版されたニキータ・ボンダレフの著書『ヨシップ・ブロス・チトーのロシアの秘密：公文書は証明している』を元に、特にチトーの幼少期から共産主義者としての「チトー」を形成したであろうこのモスクワ時代に着目し、紹介していきたい。

チトーの本名はヨシップ・ブロズ。実は彼は生涯で 30 以上の偽名を使っていた[2]。「チトー」という名は 1930 年代に彼が共産主義地下活動を遂行する時に用いた名であったが、本項（および本書）では便宜上最初からチトーと記す。

チトーの生い立ちから青年時代[3]

ヨシップ・ブロズ・チトーは 1892 年 5 月 7 日、クロアチア北西部、現在のスロヴェニアとの国境にほど近い山の中のクムロヴェツ村で生まれた。15 人兄弟の 7 番目の子供であった（しかし、その多くは生後すぐに亡くなっている）。父フラニョ・ブロズ（Franjo Broz）はクロアチア人で母マリア（Marija）はスロヴェニア人であった。家は貧しい農民であり、父の家系は代々運搬業に従事していた。

チトーは幼少期母の故郷ポドスレダ村で祖父母と暮らすことが多かったという。その影響で、幼少期はクロアチア語よりもスロヴェニア語の方が得意だった様である。チトーはクロムヴェツで初等教育を受けたが、初等教育は 4 学年しか修了しなかった。

チトーはその後、叔父の元で働いた。1907 年、チトーは故郷を離れ、士官として働いていた親戚を頼りシサク（Sisak：現在のクロアチア中央部に位置する都市。ザグレブから南東約 60km）に向かった。

第 8 章

394

そこでチトーはその親戚にウェイターの仕事を斡旋してもらった。ウェイターはいつも身なりをきちんと整えることから、チトーにはその仕事に対しある種の憧れがあったのである。しかし、チトーはその仕事にすぐに飽きてしまい、錠前師見習いとして働き始めた。そして錠前師見習いとして働きながら、本格的に技術を習得するための訓練学校に通ったのである。チトーはこのシサクで労働運動と出会った。特に、この時期に目にしたクロアチア・スロヴェニア社会民主党の雑誌『言論の自由（Slobodna reč）』や労働者の新聞『我々の強さ（Naša snaga）』はチトーに大きな影響を与えた。また、この時チトーが働いていた錠前工房の師匠がチェコ人で、彼自身がそんなに信心深くなかった為か、弟子たちを強制的に教会に通わせることはしなかった。このこともチトーの共産主義者としての政治的見解に影響を与えたと言える。

1909年9月技術訓練学校を卒業し錠前師として一人前になると、チトーはザグレブに向かい、鍵屋工房で働き始めた。そして翌年の1910年には、金属労働者組合およびクロアチア・スロヴェニア社会民主党の党員となり、その活動に参加した。

まとまったお金が入ると、チトーはそれを持って地元に帰り、両親に渡した。そして、地元のタイル工場で働いていた兄の助手として働き始めたが、技術訓練学校を卒業までしたチトーにはこの仕事は役不足であると気づき、再び大きな都市に仕事を探しに出ることを決めたのであった。

リュブリャナやトリエステでは仕事を見つけることが出来ず、その後ザグレブに戻るとなんとか大手の工房で職を得ることができた。1911年にはゼネストにも参加した。チトーはより良い条件の仕事を求めて、外国に出ることを決意した。

チトーはスロヴェニアのカムニーク（Kamnik：スロヴェニア北部の山に囲まれた風光明媚な街）でウィーンに本社がある工場で仕事を見つけ、1912年5月までそこで働いた。この街には150人の労働者

から成る労働組合が存在していた。また、チトーは仕事の傍、運動協会「ソコル（Sokol）」（元々はプラハで創設された民族的体育運動協会。1908年にはスラヴ・ソコル連盟が設立され、チェコ以外にもスロヴェニアやポーランド、ブルガリアやロシアなどの各連盟がこれに加入し、この時期にはスラヴ民族の団結も示されるようになっていた）の体育館に通い、体を鍛えた。

　チトーが働いていた工場のウィーン本社が倒産すると、この時期労働者が不足していたチェコのチェンコフ（Čenkov：中央ボヘミアに位置する小さな街）に行くよう求められた。チェンコフの新しい職場に到着したチトーは、雇用主が地元のチェコ人労働者に代わって安価な労働力を導入しようとしていることを悟り、他の労働者と共に労働ストライキに参加した。そして雇用主にチェコ人もスロヴェニアからの労働者も同等に仕事と休業補償を与える約束をさせることに成功した。この時のスロヴェニアからの労働者の行動はチェコの労働者からも感謝され、この後チトーはチェンコフからプルゼニ（Plzeň：ドイツ語でピルゼン。ピルスナービールはこの街に由来している。20世紀初頭にはヨーロッパ最大級のグループ会社であったシュコダ社の本拠地である）に行くが、そこの労働組合もチトーが仕事を見つけるのを手助けしてくれた。チトーはプルゼニなどのチェコの都市で短期間働き、ドイツに向かうことを決意した。

　チトーはミュンヘンからマンハイムへ行き、短期間ではあるがそこのベンツの工場で働いた。ベンツは巨大産業の会社であったが、この時の経験もチトーには重要な意味があった様である。1912年10月になると、故郷により近いオーストリアに戻り、ウィーンで少し働いた後、そこから30kmほど離れた工業地帯であるウィンナー・ノイシュタット（Wiener Neustadt：ウィーンから南に位置する街）に移った。この街にはチトーの兄弟が家族と共に暮らしていた。チトーはこのウィンナー・ノイシュタットの自動車工場で職を見つけ、車の試運転や機器テストの仕事に従事した。またこの期間も体力づくりの為にス

第8章

ポーツは欠かさなかったということであった。このウィンナー・ノイシュタットでチトーは第一次世界大戦に巻き込まれていく。

　オーストリア・ハンガリー二重君主国内を転々としながら働いた経験から、チトーはこれまでに母語であるセルボ・クロアチア語とスロヴェニア語のほかにドイツ語も習得した。また、母語と同じスラヴ系の言語であるチェコ語やロシア語も理解し、コミュニケーションを取ることが出来ていた様であった。

　シサクでの錠前師見習いからウィンナー・ノイシュタットまでの約5年間チトーは中央ヨーロッパ各地を転々としながら働いたが、チトーはその間に労働組合の証（バッジ）がいかに意味のある物であるかを知った。そして、チトーは労働者とは単に都市に移住してきた農民ではなく、独自の価値観を持つ異なる階級の寄せ集めであり、そこではプロであるという意識、そして労働者としての証（バッジ）を持つことがいかに意味のあることかを強く認識したのである。また、このチトーのひと所に長く留まることのない流動性は、これ以降のチトーの共産主義者（ひいてはコミンテルンの諜報部員）としてのキャリアを示唆している。

第一次世界大戦とチトー [4]

　1913年5月、チトーはオーストリア・ハンガリー二重君主国軍に入隊した。そしてブダペストの士官学校に送られ、そこで訓練を受けた。チトーは熱心に任務を遂行したのであろう、その後、軍曹に昇進した。チトーは連隊内で最年少の軍曹となったのである。また、チトーはフェンシングにも長けており、1914年5月、自分の連隊の代表としてオーストリア・ハンガリー二重君主国軍のチャンピオン大会に出場するためにブダペストに派遣された。この大会には、オーストリア・ハンガリー二重君主国軍内の最強フェンシング選手と称された精鋭16人がエントリーし、チトーはこの大会で準優勝を果たしたのであった[5]。

第一次世界大戦が勃発すると、チトーの所属する連隊はセルビア国境方面へ向かったが、反戦の考えを持っていたチトーは扇動罪で逮捕され、ノヴィ・サド（Novi Sad：セルビア北部ヴォイヴォディナに位置する街。ベオグラードに次ぐセルビア第二の都市。ハンガリー王国時代には重要な軍事拠点であった）にあるペトロヴァラディン要塞に投獄された。チトーはその後1915年の初めにロシアと戦うためにガリツィア（現在はウクライナの領土となっている地域。19世紀後半にはオーストリア・ハンガリー二重君主国領であったが、第一次世界大戦時にはロシア軍が侵攻し、戦闘が繰り広げられた）の東部戦線に再配属された。

　1915年3月、チトーはブコヴィナ近辺でロシア軍の攻撃により重傷を負い、捕虜となった。捕虜として病院送りになったチトーは、そこで13か月間療養した。病院の衛生環境は悪く、入院している間にチトーは肺炎と発疹チフスを患った（後に回復）。この入院期間中、チトーはロシア語を学んだ。1916年春には体調が回復し、数カ所の捕虜収容所を経て、最終的にペルミ州（Пермский край：ロシアのヴォルガ川中流域に位置する地方。州都のペルミはシベリア鉄道が通り、分岐点でもある）の捕虜収容所に収監された。そして、シベリア鉄道の維持管理の仕事をさせられるようになったのである。

　第一次世界大戦が長期化する中、国民の長く苦しい戦時下生活への不満の矛先がロシア帝国の専制政治へと向き始め、1917年2月（ユリウス暦）、遂にそれが爆発した。首都ペトログラードで発生したデモは次第に拡大してゆき、収束がつかなくなった所に警察隊が発砲した。この事件を受けて、一部の連隊の兵士たちの中には市民側に付く者も出始め、その数は徐々に拡大してゆき収拾がつかない状態になっていった。この流れはモスクワを始めとする他の都市にも波及していった。

　チトーは捕虜収容所で問題を起こし、この時は刑務所に収監されていた。このチトーがいたペルミでも革命の波に乗った暴徒が刑務所を

第8章

398

襲撃した。その影響でチトーは捕虜収容所に戻されたのである。そして、1917年6月チトーは混乱の影響から実質上無防備であった捕虜収容所を逃げ出し、シベリア鉄道の仕事をしている時に出会ったボリシェヴィキを名乗る人物と共にペトログラード行きの列車に乗り込んだ。

ペトログラードで起こった二月革命は皇帝ニコライ二世を退位させ、臨時政府が権力を掌握した。臨時政府は戦争継続の構えを見せ、6月には前線において攻勢を仕掛けた。しかしドイツからの反撃に遭い、これは数日で頓挫した。攻勢が行き詰まると、兵士たちの間で政府に対する不信感が強まり、7月初めにはペトログラードの第一機関銃連隊がソヴィエトの中央執行委員会に全権掌握を求める武装デモを組織し、それに他の部隊や工場労働者も参加する大規模な武装デモが勃発したのであった。

チトーはそんな革命の最中にペトログラードに到着し、この7月のデモに参加した。政府軍から砲撃を受け、チトーはフィンランドへ逃亡しようとしたが、国境で拘束された。そしてペトログラードに戻され、ペトロパブロフスク要塞に投獄されたのである。この頃にはロシア語が堪能になっていたチトーはなんとか脱走捕虜であることをごまかそうとするが、最終的には身元がバレて再び捕虜収容所に送り返されることになった。シベリア方面行きの列車に乗せられるが、エカテリンブルク付近で再び脱走に成功し、オムスク行きの列車に乗り込んだ。

チトーがオムスク（Омск：ロシア中南部のシベリアに位置する街）に到着した頃、ペトログラードでは十月革命が起きた。そのことをオムスクのボリシェヴィキから知らされたチトーは、彼らの仲間に加わることを決め、元捕虜で構成される赤軍分遣隊に入隊した。そして1917年冬、チトーはボリシェヴィキ党の党員候補となった（チトーが初めて共産党に入党した時期に関しては諸説ある）。

1918年、チトーのいた分遣隊は白軍部隊に敗北した。チトーはこ

ユーゴスラヴィア

最初の妻ペラゲヤ　出典　*Бондарев Н*. Русские тайны Иосипа Броза Тито. Архивы. Москва. 2019

の時オムスク近郊のアレクサンドロフスコエ村に逃亡し、そこで約1年間工場の機械工として働いた。

　このチトーを匿い逃亡を助けたのが、当時14歳であった少女ペラゲヤ・ベラウーソヴァ（Пелагея Белоусова）であった。チトーとペラゲヤは翌1920年にオムスクで結婚した。結婚当時チトーは27歳、ペラゲヤは15歳であった[6]。

ユーゴスラヴィアへの帰国：共産主義者への道[7]

　1920年秋、チトーと当時妊娠中であった妻ペラゲヤはチトーの故郷ユーゴスラヴィア（当時の正式な国家名はセルビア人・クロアチア人・スロヴェニア人王国）へ向かった。10月の初めに故郷のクムロヴェッツに到着すると、チトーの母親は既に亡くなり、父親もザグレブ近郊に引っ越していた。

　ユーゴスラヴィアへの帰国後、チトーはクムロヴェッツで職を見つけることができず、妻ペラゲヤと共にザグレブに移り、ウェイターとして働いた。そして、ウェイターのストライキにも参加する機会を得た。この時ザグレブでユーゴスラヴィア共産党（KPJ）に加わった。

　当時、ユーゴスラヴィア共産党は国内で影響力を急速に拡大していた。1920年の選挙ではユーゴスラヴィア共産党が第三番目の政党となった。ユーゴスラヴィア共産党はストライキやデモなどの民衆の運動でその支持を拡大していったのであった。しかし、ボスニアで起こった鉱山労働者のストライキで死者を出してしまったことで、政府

チトーが映る最初の写真　最終列中央がチトー　出典　Wikipedia

はユーゴスラヴィア共産党の非合法化を決定し、1921 年に正式に非合法化された形となった。チトーは共産主義者であると公言していたため、ザグレブでの職を解雇された。そのためチトーは妻と共にヴェリコ・トロイストヴォ（Veliko Trojstvo：ザグレブから北東約 100km に位置する村）に移り、そこでチトーは工場の機械工としての職を見つけた。

　1922 年 1 月、ユーゴスラヴィア共産党指導部のメンバーは一斉に逮捕され、この時に逮捕を免れたチトーは、党のために働くことになった。チトーはビラ配りや工場労働者に対するプロパガンダの仕事を積極的に行った。穏健な政策を望む人々と暴力革命を主張する人々の対立においては、チトーは後者の立場を取った。

　1924 年、チトーはユーゴスラヴィア共産党の地区委員に選出された。チトーはこの頃には共産主義扇動者として警察に目を付けられていた。またこの 1924 年にはチトーの息子ジャルコが生まれている。

チトー夫妻は幾人かの子に恵まれたが、ほとんどが出産直後に亡くなっている。ペラゲヤが産んだ子供のうち、1924年に生まれたジャルコだけが成人することができた[8]。

1925年、チトーは働いていた工場のオーナーに共産主義活動を捨てるか職を失うかの選択を迫られ、チトーは共産主義活動を選んだ。このような経緯でチトーは33歳にして「プロの」革命家になる道を選んだのであった。

共産主義活動家としてのチトー[9]

1925年、チトーはアドリア海沿岸のクラリィエヴィツァ（Kraljevica）に移り、そこの造船所で働き始めた。そしてそこで労働組合を組織し、その代表を務めるようになったのである。チトーは造船所のストライキを主導し、それが原因で解雇されると、1926年10月、ベオグラード近郊のスメデレフスカ・パランカ（Смедеревска Паланка：ベオグラードから南東約80kmに位置する街）にある工場で職を見つけた。翌年3月、工場労働者の搾取を訴える記事を書き、労働者の権利を主張したが、ここもそれが原因で解雇された。チトーの活動は注目を集めるようになり、1927年5月、ザグレブで金属労働者協会の地域委員会書記に選出された。更に同年7月には、ユーゴスラヴィア共産党のザグレブ支部の委員会書記に選出された。

チトーの若い頃　1926年ごろ　出典 Wikipedia

このようにユーゴスラヴィア

共産党のメンバーとして積極的に活動を行っていたチトーであったが、この直後に他の6人の労働者と共に逮捕され、オグリン（Ogulin：クロアチア中央部に位置する街）近郊に投獄された。裁判は秘密裏に行われ、チトーはユーゴスラヴィア共産党のメンバーであったとして有罪判決を受けた。懲役4か月の判決を受け、控訴を保留中に一時釈放されたが、その後、党の命令により法廷に出廷せず、地下に潜り、そこでエンジニア産業の技術者を装いながら、ユーゴスラヴィア共産党のメンバーと共に動いたのである。

　1928年2月にはチトーはユーゴスラヴィア共産党クロアチア支部の32人の代表者の1人になっていた。チトーはその会議の場で党内の派閥主義を非難した（当時ユーゴスラヴィア共産党内は派閥に分かれ、揉めていた）。その中には、長年ユーゴスラヴィア共産党を指導してきたセルビア人共産主義者のシマ・マルコヴィッチ（Сима Марковић：1888〜1939）などがいた。チトーはまた、共産主義インターナショナルの執行委員会が派閥主義を一掃することを提案し、このことはモスクワからの代表団の支持を得た。クロアチア支部の中央委員会全体が解任され、チトーを新しい書記長とする新しい中央委員会が選出された。チトーは同年5月、社会民主党の会議の場を含む多くの場所での暴動を組織し逮捕された。14日間の投獄後釈

1928年　逮捕時のチトー　出典　Wikipedia

放されると、また元の活動に戻った。

1928年8月、チトーはアパートの家宅捜索を受け、その時に無許可の拳銃、手榴弾、弾薬が発見された。この時チトーは共産主義テロリストとして再逮捕された。そして逮捕後に拷問を受け、3か月間拘留された。同年11月、違法な共産主義活動を行った罪で裁判にかけられ、懲役5年の判決を受け、刑務所に収監されたのである。

チトーが刑務所に入れられた後、妻ペラゲヤと息子ジャルコはクムロヴェツに戻ったが、ペラゲヤは突然ソ連に帰国してしまった。まだ年若かったペラゲヤは息子ジャルコを一人で育てることができず、息子ジャルコはこの後、ソ連の児童養護施設で育つことになる。

チトーは始めレポグラヴァ（Lepoglava：クロアチア北部にある街）の刑務所に収監された。そこで電気システム管理の仕事をし、自らの助手にベオグラード出身のユダヤ系であったモシャ・ピヤーデ（Моша Пијаде：1890～1957）を選んだ。ピヤーデもこの時、共産主義活動を行ったことで懲役20年の刑を受けていた。彼らはその仕事柄、刑務所内を移動することが可能であったため、秘密裏に他の共産主義者と連絡を取り合うことができた。

チトーは約2年半このレポグラヴァの刑務所で服役をしていたが、脱獄を試みて捕まり、マリボル（Maribor：スロヴェニア北東部の街）の刑務所に移送された。最終的には1934年に釈放されたが、故郷のクムロヴェ

最初の妻ペラゲヤと息子ジャルコと
出典　*Бондарев Н.* Русские тайны Иосипа Броза Тито. Архивы. Москва. 2019

第8章

ツに住み、毎日警察署に出頭することを命じられた。しかし、チトーはクムロヴェツには長く留まらず、ユーゴスラヴィア共産党の革命活動に戻るためザグレブに移った。

ユーゴスラヴィア共産党クロアチア支部中央委員会に戻ると、チトーは偽造パスポートを使い、ザグレブ・リュブリャナ・ウィーン間を行き来した。ドイツ語も堪能であったチトーは国境を上手くすり抜けることが可能であったのである。

ウィーンではユーゴスラヴィア共産党中央員会書記長のミラン・ゴルキッチ（Милан Горкић：1904〜1937）と連絡を取り、スロヴェニアで秘密会議を開催するためにリュブリャナに派遣された。この会議の場でチトーは若いスロヴェニアの共産主義者、エドヴァルド・カルデリ（Едвард Кардељ：1910〜1979）と始めて出会ったのである。チトーとカルデリは後に良き友となり、チトー自身もカルデリに信頼を置いた。

チトーはこのいわゆる地下活動をしている間、様々な偽名を用いている。その一つがチトー（Tito）であった。このチトーという名が最初に文書に見られるのは、1943年8月2日付のユーゴスラヴィア共産党中央委員会の報告書である。また、彼は1934年に党の新聞に記事を書いた時にも「チトー」という名を用い、署名している。このチトーという名は彼が生まれ育った地方の男性のニックネームとしては一般的なものであったようであるが、彼がこの名を選んだ理由は語っていない[10]。

コミンテルンとチトー

1934年10月、内部マケドニア革命組織（Внатрешна Македонска Револуционерна Организација, BMPO）のブルガリア人活動家ヴラド・チェルノゼムスキー（Владо Черноземский：1897〜1934。本名は Величко Димитров Керин）がマルセイユでユーゴスラヴィア国王アレクサンダル一世（Александар I Карађорђевић：1888〜1934）を暗殺

した時、チトーはリュブリャナに滞在していた。その影響でユーゴスラヴィア国内で共産主義者への警戒が一層厳しくなったため、チトーはユーゴスラヴィアを離れることになった。チトーは偽造パスポートで出国し、ウィーンでゴルキッチらユーゴスラヴィア共産党政治局員らと合流した。

1934年12月、リュブリャナでユーゴスラヴィア共産党中央委員会の秘密会議が開かれ、その場でチトーが初めて政治局員に選出された。そして政治局は、ユーゴスラヴィアの状況を報告するためにチトーをモスクワのコミンテルン本部に派遣することを決定した。それは1935年2月初旬であった。

モスクワのコミンテルン本部に到着したチトーは、フリードリッヒ・ワルター（Фридрих Вальтер）という偽名を受け取った。そして、コミンテルンの寮であったホテル・リュクスに滞在した。このホテル・リュクスはモスクワ中心部、クレムリンから延びるゴーリキー通り（現トヴェルスカヤ通り）にあった。しかしそのリュクスという名に反して造りは質素であり、各階に小さく区切られた部屋が並び、廊下の端に共同のキッチンとバスルームがあるという様な、ソ連時代の学生寮もしくは帝政ロシア期からソ連時代にかけて多く見られた共同住宅コムナルカそのものであった[11]。モスクワに到着すると、チトーは同じくコミンテルンにいたユーゴスラヴィア人共産主義者ウラジーミル・チョピッチ（Vladimir Ćopić：1891〜1939）ら組織の主要人物たちと知り合いになった。チトーはコミンテルンの中でユーゴスラヴィア、ブルガリア、ルーマニア、ギリシャを担当するバルカン・セクションの事務局（ドイツ人共産主義者で後に初代東ドイツ大統領となるヴィルヘルム・ピークが管轄していた）に配属された。この時、カルデリもモスクワに滞在していた。

チトーは、1935年7月から8月に開催されたコミンテルンの第七回世界大会に出席した。そしてその場で初めてヨシフ・スターリンに会った。このコミンテルン大会後、チトーはソ連国内の様子（スヴェ

第8章

406

ルドフスク、チェリャービンスク、マグニトゴルスクなど）を視察して周り、その後モスクワに戻った。

チトーのロマンス：家族について

　ここで少しチトーのロマンスに関して触れたい。チトーはその生涯を通じて5回結婚している（この内、公式に登録された結婚は3回）。先述の通り、チトーの最初の妻はロシア人のペラゲヤであった。ペラゲヤはチトーがユーゴスラヴィアで拘留されている時にソ連へと帰ってしまっていたのだが、チトーはこのコミンテルンで働いていた時期に妻ペラゲヤ、息子ジャルコとも再会を果たしている。ペラゲヤはこの時コミンテルンの「国際革命戦士支援機関（Международная организация помощи борцам революции）」で働いていた。

　1904年生まれのペラゲヤは、チトーと出会った時は14歳であった。彼女はチトーと行動を共にする過程で共産主義者として成長してゆき、1926年にはユーゴスラヴィア共産党の党員になっている。党の中央委員会でも積極的に働き、デモに参加し逮捕されたこともあった。

　ペラゲヤは息子を連れてソ連に戻ってから、コミンテルンの教育機関の一つであるマルフレフスキ西方少数民族共産大学（Коммунистический университет национальных меньшинств Запада: КУНМЗ）で学び始めた（コミンテルンの教育機関については、本書の「国際レーニン学校」の項を参照）。ペラゲヤは地下活動の為の偽名をエレーナ・アレクサンドロヴナ・ニコラーエヴァ（Елена Александровна Николаева）を受け、ユーゴスラヴィア共産党から全連邦共産党（ボリシェヴィキ）に籍を移した。ペラゲヤは帝政ロシア生まれではあったがソ連には政治亡命者として受け入れられ、彼女がソ連のパスポートを取得できたのは1933年になってからのことであった。彼女は大学卒業後にはカザフスタンやリャザン県で党の為に働いた[12]。

ペラゲヤは大学入学時に息子ジャルコを寮に連れて行くことができず、ジャルコはコミンテルン付属の孤児院を点々とする生活を余儀なくされた。コミンテルン付属の孤児院はモスクワ近郊に数カ所存在していたが、数カ所の孤児院を点々とさせられていたことは間違いない。そして、両親からの愛情を知らないジャルコは、難しい性格の人間に育っていった。この妻ペラゲヤが息子ジャルコを手放したという事実はチトーを落胆させた。チトーがホテル・リュクスに滞在している間、束の間ではあるがジャルコは父であるチトーと暮らすことができた。ずっと後の話にはなるが、息子ジャルコは後に第二次世界大戦ではソ連の兵士として参戦した。1941年12月にモスクワ近郊で右腕を負傷し切断を余儀なくされたため、戦地からモスクワへ帰還しコミンテルンの学校で学び、1944年になって父であるチトーのいるユーゴスラヴィアに送られ、父チトーと再会したということであった。

　妻ペラゲヤはチトーがユーゴスラヴィアの刑務所に収監されている時は手紙やお金を送っていた様であったが、やはり離れている期間が長かったせいでお互いの気持ちは離れてしまった。またチトーの言い分では、ペラゲヤがジャルコを十分に教育しなかったことが離婚原因の一つであったということである。1935年チトーとペラゲヤは正式に離婚し、その後お互いが顔をあわせることはなかった。余談ではあるが、その後のペラゲヤの人生は決して楽なものではなかった。彼女は二度強制収容所に入れられ、最終的にそこから出られたのは1957年になってからのことであった。そしてその後はモスクワに入ることを禁止され、モスクワ県のイストラ（Истра）で働いた。1967年3月に亡くなるが、この時チトーは在ソ連・ユーゴスラヴィア大使に彼女の墓に花輪を手向けるよう指示したとのことである[13]。

　チトーはこの時期に同じホテル・リュクスに滞在していたオーストリア人（ドイツ人）女性ルチア・バウアー（Луција Бауер：本名はАна Кенинг）と恋に落ちた。そして1936年10月に結婚している。実は2人目の妻ルチア・バウアーの存在はユーゴスラヴィアの歴史学

では長い間その存在が認められていなかった。しかし、チトーとルチア・バウアーの婚姻届はコミンテルンの公文書館に保存されており、彼女がチトーの2番目の妻であったことは事実である。婚姻届が受理された数日後、チトーは出張でウィーンに向かわなければならず、これが彼らの別れとなった。ルチア・バウアーは21歳でソ連に入り、22歳の時にチトーと結婚した。しかし1937年、ゲシュタポのスパイであるとの容疑がかけられ銃殺刑に処されてしまった。チトーはルチア・バウアーと息子ジャルコと共にユーゴスラヴィアで暮らすことを望んでおり、ソ連国外にいたチトーはコミンテルンに妻ルチアと息子ジャルコを自分の元に送るよう願いを出したが、結局それは聞き入れられることはなく、ルチア・バウアーは処刑されてしまったのである[14]。

チトーの2番目の妻、ルチア・バウアー
出典　*Бондарев Н.* Русские тайны Иосипа Броза Тито. Архивы. Москва. 2019

モスクワ時代のチトー [15]

　モスクワ時代のチトーの活動に関しては、ロシアの公文書館の史料が未だ公開されていないものも多く謎が多い。チトーは1935年2月から1936年10月までモスクワに滞在し、公式にはユーゴスラヴィア共産党コミンテルン代表という立場にいたことは分かっている。しかし、このチトーがモスクワに滞在した時期に作成された報告書（公文書館史料）の中で、ワルター（チトー）が言及されているのは7か所しかない。これはチトーの当時の公式任務から考えると非常に少な

く、この事から、チトーは公式な仕事以外に他の任務を遂行していたのではないかと推測できる。

この点に関して、ロシアの歴史家ニキータ・ボンダレフの公文書館史料とチトーのインタビュー、ユーゴスラヴィアの歴史家による先行研究や自叙伝などを元に導いた仮説が興味深いので紹介したい。ボンダレフは、このチトーがモスクワ滞在している期間中コミンテルンの仕事の他にコミンテルン付属の地下（非公式の）学校で訓練を受けていたのではないかとの仮説を立てている。

初めに、このコミンテルン付属の地下学校、特に軍事政治学校について少し説明する。このような学校はモスクワおよびモスクワ近郊にあり、その起源は十月革命の時代に遡る。元々、ドイツとオーストリアの戦争捕虜を訓練するための短期コースから始まり、後にこのコースがコミンテルン付属の常設教育機関となった。この学校ではプロパガンダの手法から機関銃の扱い方まで(更には、秘密文書の作成方法、諜報の為の技術、無線機器の操作技術、暗号化のやり方、パスポート偽装方法なども)、内戦の為のあらゆる技術を教え、厳選された学生がその教育を受けていた。その中でも有能な学生は赤軍参謀本部の情報局で更に訓練を受けた。中には資本主義国における共産党革命家およびパルチザンの指揮官の育成が主な目的とするコースもあった。この学校（コース）を修了した者は、祖国に帰りコミンテルンの利益のために働く義務があった。彼らは諜報部員としての適性が検査され、それを通った者は目的地に送られる前に軍事訓練も受けた。このコースは8ヶ月から1年続き、修了生の多くはその後スペイン、ユーゴスラヴィア、ポーランド、中国、ベトナムなどで名声を上げたとのことである。そしてこの学校（コース）に関する情報を漏らすことは一切禁じられていた。

チトーの伝記に記載されている内容と1941年から1945年の間チトーがユーゴスラヴィアで「パルチザン部隊の指導者」として名声を上げたという事実を見ても、公文書館史料にこそ書かれていないが、

第8章

チトーがこの数ヶ月のモスクワ滞在期間をいかに過ごしていたか推測できる。そして、実際に具体的な名前は挙がっていないが、1933年から1935年にユーゴスラヴィア人がこのコースを受けていたという事実自体は公文書館の史料によって裏付けがされており、その後のチトーのキャリアを考えても、このコース受けていた可能性が高い。

チトーが住んだモスクワ[16]

チトーがコミンテルンで働いた時期のモスクワは、スターリンの粛清が始まった頃であった。「トロツキスト」としての嫌疑がかけられたソ連人、外国人は拘束され、拷問にかけられ、死刑に処された。この時期にホテル・リュクスに滞在していた多くの共産主義政治亡命者やコミンテルンで働いていた外国人たちも例外ではなかった。チトーが見たモスクワは、次の様なものであった：

「1935年の時点で多くの人々が逮捕され、それは終わりがない様に感じられた。逮捕する者は次の逮捕の犠牲者となっていた。夜中にある人が姿を消し、その後誰も彼がどこに消えたのかを口にすることはなかった。ましてや彼が消えた理由を話題にする者もいなかったのである」。

チトーは後にどの様に1930年代のモスクワを生き延びたかを問われた時、「あの時ほど大変だった時代はない。常に自分は拘束されるのではとの不安と共にあった。私は常に誰と何を話すかを考えていた」と語っている[17]。

チトーがロシア（第一次世界大戦後）、ソ連（1936年～1937年）で過ごした年月は、チトーの共産主義者、政治家としての人格形成に大きな影響を与え、第二次世界大戦後のユーゴスラヴィアの指導者としての成功に導いたと言える。チトーの出世は即時的なものではなく、時には困難を伴うものであった。チトーのモスクワ時代はチトー

が党、そして国家の指導者に上り詰める出発点であると捉えるべきである。チトーが革命期のロシアで、そしてコミンテルンで得た知識や手法が、具体的にどのように第二次世界大戦におけるパルチザン活動に生かされたのかは、これから先研究が進められていくであろうテーマである。

新たなユーゴスラヴィア共産党指導部

コミンテルンの第七回世界大会後、チトーはナチズムおよびファシズムからユーゴスラヴィアの一体性を守ることを推進するよう努めた。ウィーンにあったユーゴスラヴィア共産党中央委員会は派閥闘争が起きるなどの多くの問題を含んでおり、そのため、ユーゴスラヴィア共産党中央委員会のメンバーはモスクワに呼び出され、ゴルキッチ以外の全員が解任された。そしてユーゴスラヴィア共産党指導部のうちゴルキッチと中央委員会は国外で活動を続け、チトー含む残りの指導部はユーゴスラヴィア国内で活動することでコミンテルンと話し、最終的にコミンテルンはそれに同意した。チトーはこの時の権力関係に関して、ユーゴスラヴィア共産党の指導部はゴルキッチを書記長に置き、チトーは党の第二番目の人物であったと述べているが、実際には、ゴルキッチの下に、チトーを含む4人が同等の権力を持つ人物として存在していたということは公文書館史料で既に裏付けされている[18]。

1936年10月、チトーはイワン・キーシックの名でユーゴスラヴィアのパスポートを偽造し、ソ連を出国した[19]。ウィーンに到着すると、ユーゴスラヴィア共産党中央委員会と会談を行った。チトーはこの後1ヶ月半ヨーロッパを転々としているが、この時の彼の任務が何であったのかは未だ謎のままである。

12月、ゴルキッチがモスクワからウィーンに戻った。そして、ユーゴスラヴィア共産党中央委員会の会議が開かれ、その場でユーゴスラヴィア共産党中央委員会をパリに移すことが決定した。その時チトー

は新たな任務を受けた。それはユーゴスラヴィアへ戻り、その時繰り広げられていたスペイン内戦におけるユーゴスラヴィア志願兵を募り、訓練することであった。しかし、この時チトーはなぜかすぐにはこの任務に着手しなかった。この事実は、彼が当時モスクワのコミンテルンから別の任務を与えられていたことを示唆している[20]。

ユーゴスラヴィア共産党内の粛清

1937年以降のスターリンの大粛清において、ユーゴスラヴィア共産党の前指導部はほぼ全員がモスクワで処刑された。当時のユーゴスラヴィア共産党指導者であったミラン・ゴルキッチもその内の一人であったのである。1937年7月、ゴルキッチはモスクワに緊急召喚された。モスクワに到着したゴルキッチは8月にトロツキスト的行動とスパイ容疑で逮捕され、11月に処刑された。

スターリンの大粛清が始まった当初、ユーゴスラヴィア共産党の指導部はスターリンの粛清を強く支持したが、後にそれが自分に返ってくる形になってしまった。モスクワ裁判とスターリンによる恩赦なしの「スパイ・裏切り者」の処刑を賞賛したゴルキッチの例は特に鮮明である。

ユーゴスラヴィア指導部の粛清後、チトーはコミンテルンによってユーゴスラヴィア共産党党首に任命された(チトーは1937年に書記長に任命されたと語っているがそれは誤りであり、正式にチトーが書記長に任命されたのは1939年のことであった)。このような党の指導部の一掃という大きな変革が議会の招集を経ることなく、元指導者の物理的な清算によって執行されたのであった。

スターリンの大粛清の波がモスクワのユーゴスラヴィアの共産主義者たちを襲う前に、チトーはコミンテルンから任務を受けてソ連を出国した。クロアチアの歴史家イヴォ・バナツなどは、コミンテルンがユーゴスラヴィア共産党員の粛清を開始するからその前にチトーを出国させたとの論を展開している。また、チトーがゴルキッチを始めと

ユーゴスラヴィア

する前ユーゴスラヴィア共産党指導部を一掃する粛清に関与していたと見ることもできるが、それは裏付けがなされてはいない。ただチトーは後に「私はコミンテルンから当時外国にいた指導者全員をモスクワへ送るよう命令を受けた」とだけ語っている[21]。

ゴルキッチがモスクワに向かった頃、チトーはユーゴスラヴィアにいた。当時ユーゴスラヴィア国内には自由に動ける共産主義者がほとんどいなかった（1937年の時点で約1500人いたが、そのほとんどは亡命しているか、もしくは刑務所に拘束されていた）。そのため、党の組織を実質上ゼロから作る必要があった。この時、チトーはモンテネグロ出身の共産主義活動家ミロヴァン・ジラス（Милован Ђилас：1911～1995）とセルビア出身の共産主義者で労働組合の活動家アレクサンダル・ランコヴィッチ（Александар Ранковић：1909～1983）らと行動を共にした。また、当時ベオグラード大学の学生であったザグレブ出身の青年イヴォ・ロラ・リーバル（Ivo Lola Ribar：1916～1943）が活動に加わり、彼は後のコムソモールおよびユーゴスラヴィア共産党中央委員会付属青年委員会の指導者となる。チトーと同じ時期にモスクワにいたエドヴァルド・カルデリ（Едвард Кардељ：1910～1979 モスクワの国際レーニン学校で学んでいた）もユーゴスラヴィアに戻り、チトーの右腕として活躍していく。このように若い世代がチトーの周りに集まり、その後ユーゴスラヴィア共産党指導部として成長していくのである。

1938年始めの時点でゴルキッチの処刑は正式にチトーたちユーゴスラヴィア共産党中央委員会に通達されたわけではなかったが、ゴルキッチ不在の中央委員会では権力争いが始まった。この時期パリとユーゴスラヴィアを行き来していたチトーも、次期党首候補の一人としてそれに加わった。この時、チトーはコミンテルンのディミトロフに幾度か書簡を送り、自分への支持を求めている。1938年5月、チトーは先述の仲間たちを含む「暫定指導部」をつくり、同年6月チトーはコミンテルンにモスクワ訪問の許可を求める文書を送った。チトーは

第8章

414

ソ連ビザが承認されるまでパリで2ヶ月待ち、8月24日にモスクワに到着した。

もちろんチトーにとってはモスクワを訪れることはリスクが大きかったが、それだけが党首と認められる手段であるとみていたのであろう。モスクワに到着すると、チトーはユーゴスラヴィアの共産主義者全員が粛清の対象としてマークされている現実を目の当たりにした。またこの時、元妻のペラゲヤがスパイ容疑で逮捕され、妻エリザはすでに処刑されていたことを知った。チトーがスターリンの粛清を生き延びた理由は今でも論争になるテーマである。チトーがスターリンの粛清を生き延びることができた要因はいくつか考えられるが、労働者階級出身であるという背景、共産主義に関する知的議論に無関心であった（もしくは上手くその様に見せかけていた）ということ、そして影響力のある人を味方につける能力があったのではないかと言われている。ホテル・リュクスでチトーと同じ階に住んでいた人の証言があるが、チトーは物静かで目立つことを避け、仕事場であるコミンテルン本部とホテル・リュクスを往復する以外、あまり人と交流することがなかったとの証言もある。1939年1月、コミンテルンによりチトーは正式にユーゴスラヴィア共産党の書記長に任命された。

第二次世界大戦とチトー

1941年にナチス・ドイツとその同盟国によるユーゴスラヴィア占領が始まると、共産主義者は抵抗運動を組織した。1941年7月、チトー率いるユーゴスラヴィア人民解放軍を構成するパルチザン分遣隊が組織された。ユーゴスラヴィアのパルチザンは最も成功したものの一つであり、パルチザンの勢力はユーゴスラヴィア国内の広い地域に及んでいく。

開戦後の最初の数か月間、ユーゴスラヴィアの共産主義者はチェトニクとの協力体制をとった。1941年8月から9月にかけて、パルチザンとチェトニクは多数の共同作戦を実施した。しかし、すぐにイデ

ユーゴスラヴィア

オロギーの矛盾が原因となり、協力関係は対立に発展していくことになった。

1941年10月、チェトニク部隊とパルチザン部隊の共同司令部の設立が決定した。しかし早くも翌月にはチェトニクと共産主義者を始めとしたパルチザンの対立が始まった。チェトニクは当初、連合軍の上陸を待ってからドイツ軍およびその同盟国軍と交戦しなければならないと考えていた。これに対しチトー率いるパルチザンは、直ちに占領者と交戦する必要があるとしていた。

イタリアが降伏すると、パルチザン部隊はイタリア軍が占領していた領土を解放した。この頃にはユーゴスラヴィア亡命政府はチトーを最高司令官として認めていた。アメリカ、イギリスなどの連合国軍は、チェトニクとパルチザン両方に直接的な軍事行動を含む支援を約束した。

もちろんチトーはドイツ軍に命を狙われていたが、ドイツ軍のチトーを狙った作戦はどれも失敗に終わっている。

1944年の秋、パルチザンは赤軍およびブルガリア軍と協力し、9月から10月にかけてベオグラード攻撃・奪還作戦を成功させた。チトーは10月21日にベオグラードからモスクワに飛び、スターリンと会談した。パルチザンはブルガリア軍と赤軍の部隊と協力してユーゴスラヴィアを解放した。1945年、チトーはナチスおよび枢軸国に対する勝利に多大なる貢献をしたとして、ソ連から勝利勲章を授けられた。

第二次世界大戦後のチトー：ユーゴスラヴィア再建

1945年3月、チトーはベオグラードで民主ユーゴスラヴィア連邦臨時政府を樹立した。この政府はチトーをユーゴスラヴィアの暫定首相とし、そのメンバーにはロンドンにあったユーゴスラヴィア亡命政府の代表も含んでいた。そしてパルチザンの指導者と亡命政府との間の合意に従って、戦後の新政府形態を決定するための選挙が行われた。

1945年11月、ユーゴスラヴィア共産党のチトーの人民戦線が過半

第8章

数を獲得して選挙に勝利したが、君主制の支持者は選挙をボイコットしていた。この時期、チトーは人々からユーゴスラヴィア解放の功労者と見なされ、大衆の支持を得ていた。戦後すぐのチトー政権は、超国家主義的な戦争による破壊によって深刻な影響を受けた国家、ユーゴスラヴィアを統一することを目的とし、さまざまな民族の感情をうまく抑圧した。選挙で勝利を収めた後、チトーは民主ユーゴスラヴィア連邦の首相兼外務大臣に承認された。この国はすぐにユーゴスラヴィア連邦人民共和国と改名され（そして最終的にはユーゴスラヴィア社会主義連邦共和国となる）、1945年11月29日、ユーゴスラヴィア議会は正式に国王ペータル二世を退位させた。そして議会は新しい憲法を採択した。

　第二次世界大戦後、ユーゴスラヴィアのパルチザンはユーゴスラヴィア人民軍として編成された。そして治安維持のための秘密警察（国家安全総局：UDB）が置かれた。秘密警察はユーゴスラヴィア国内のナチスの協力者を捕らえて裁判にかける任務を負っていた。この中にはクロアチアのウスタシャに協力した多数のカトリック司祭が含まれていた。チェトニクの指導者であったドラジャ・ミハイロヴィッチ（Драгољуб Михаиловић：1893～1946）は逮捕され、戦争犯罪人としてベオグラード裁判で有罪判決を受け、1946年7月に処刑された。

　チトーは1945年6月、ユーゴスラヴィアのカトリック教会の総主教アロイジェ・ステピナツ（Alojzije Stepinac：1898～1960）と会談した。しかし、両者はユーゴスラヴィアにおけるカトリック教会の地位について合意に達することはできなかった。カトリック教会は1945年9月にパルチザンの戦争犯罪を非難する文書を発表した。この事があって、翌年ステピナツ総主教は逮捕され、ウスタシャへの幇助とセルビア人のカトリックへの強制改宗を助長した罪で有罪とされ、懲役16年の刑に処されることになる（1946年10月。これが元でバチカンはチトーとユーゴスラヴィア政府を破門した）。その後ステピナツ総主教は優遇措置を受け、自宅軟禁に減刑された。

417

ユーゴスラヴィア

戦後最初の数年間、チトーはモスクワに非常に忠実な共産主義指導者としての側面が強く見受けられた。実際、彼は東側諸国ではスターリンに次ぐ第二の指導者と見なされていた。この頃、チトーはユーゴスラヴィア統一においてマルクス主義思想を第一に掲げており、モスクワと同じ手段の統一方法、つまり、「逮捕」「尋問」「強制的な集団化」「教会および宗教の弾圧」など、反体制派に対する厳しい弾圧措置を採っていたのである。

チトーの私生活[22]

　ここでまたチトーの私生活について少し触れたい。

　ソ連でゲシュタポのスパイとして逮捕され、処刑された妻ルチア・バウアーを失った後、チトーはヘルタ・ハース（Herta Haas：1914～2010）と出会った。ヘルタは1914年にマリボルのユダヤ人家庭に生まれた女性であった。ザグレブで学生生活を送っていた時に共産主義革命運動に出会い、活動に参加するようになった。ヘルタとチトーが初めて出会ったのは1937年のパリであった。彼らは1939年に再会し、内縁関係になった。彼らは不法滞在であったため、正式な結婚ができなかったのである。1941年、ヘルタは妊娠していたが、チトーは任務でベオグラードに行かなければならなかった。この年の5月、ヘルタは息子アレクサンダルを産んでいる。しかし、この時チトーはベオグラードでダヴォリヤンカ・パウノーヴィッチ（Даворјанка Пауновић：1921～1946）と出会い、恋に落ちてしまったのである。

　ダヴォリヤンカは1921年にクチェヴォ（Кучево：セルビア東部の街）の教師の家庭に生まれた。ポジャレヴァッツ（Пожаревац：ベオグラードから南東約70kmに位置する街）で高等教育を受けた後、共産主義青年運動に参加した。1939年にベオグラード大学の哲学部に入学し、フランス語を学ぶ傍ら共産主義運動に参加した。1941年初頭、地下活動で無線通信を教えていたチトーと初めて出会った。ダヴォリヤンカは共産党セルビア支部とクロアチア支部の間の連絡役と

なり、チトーに文書を手渡す仕事をしていた。顔を合わせていくうちに彼らは次第に惹かれ合い、内縁の妻ヘルタが息子を産んだ頃にはダヴォリャンカはチトーと関係を持っていたのである。ダヴォリャンカはその後チトーの秘書となり、どこへでも同行した。しかし精神的にも肉体的にも厳しいパルチザン活動が祟ってか、ダヴォリャンカは病気を患ってしまい、健康状態は日に日に悪化していったのである。

この頃（1934年）内縁の妻ヘルタと息子は他のパルチザンの仲間と共にドイツ軍に囚われてしまった。捕虜交換で解放されたヘルタであったが、ベオグラードのチトーの元へ行くと、そこにはダヴォリャンカがいた。チトーの浮気に腹を立てたヘルタはスロヴェニアに向かい、戦争が終わるまでそこに留まった。

ダヴォリャンカの病状は次第に悪化し、1944年6月、療養のためモスクワに送られた。しかし、彼女は医師の忠告を聞かず、同年10月にモスクワを訪れたチトーと共にユーゴスラヴィアに帰ってしまった。チトーの秘書として、恋人として生活を送っていたが、1945年に入ると結核性肺膜炎を起こし、スロヴェニアの療養所に入院した。治療の甲斐もなく1946年5月1日に死去した。ダヴォリャンカの死はチトーにとって悲劇であった。

内縁の妻であったヘルタは夫チトーの浮気を許さず、2人が顔を合わせたのは1946年が最後であった。彼女はその後結婚し、2人の娘に恵まれている。2010年3月5日に95歳で亡くなるまでベオグラードに住んだ。チトーとの子供アレクサン

チトーの最後の妻ヨヴァンカ　出典 Wikipedia

ダルは外交官になって活躍した。

そしてチトーの最後の妻になったのはヨヴァンカ・ブディサブリェヴィッチ（Јованка Будисављевић Броз：1924 ～ 2013）である。年若い彼女がどのようにユーゴスラヴィア国家元首と出会い、妻になったかは明らかになっていない。チトーとヨヴァンカが結婚したのは1952年、チトーは59歳、ヨヴァンカは27歳であった。チトーが国家元首として活躍した時に妻であったヨヴァンカはユーゴスラヴィアのファーストレディとしても歴史に名を残した。チトーの晩年から死後、ヨヴァンカは党の指導部との関係が悪化していった。チトーの死後、秘密警察により全ての財産が没収され（全て国家財産とされた）、ヨヴァンカは家から追い出され他のアパートに移され、軟禁状態に置かれた。2009年になりヨヴァンカはやっとセルビア国民としてのパスポートを受け取る事ができた。ヨヴァンカは2013年10月20日、89歳でその生涯を閉じた。ヨヴァンカの遺体はベオグラードにある「花の家」のチトーの隣に埋葬された。

チトーが眠る花の家　筆者撮影

チトーの妻ヨヴァンカの棺　チトーと並んで眠っている　筆者撮影

第二次世界大戦後のチトー

　他の中・東欧の国家と比べるとユーゴスラヴィア解放時、赤軍からの援助は少なかった。その事がユーゴスラヴィア解放におけるチトーの指導的役割を際立たせ、党内および国内での自らの立場を確固たるものにした。それと同時に他の東側諸国の指導者との関係において自らの利益を追求する余地を与えた。ユーゴスラヴィアはソ連の同盟国であったが、第二次世界大戦後すぐにスターリンはチトーを警戒し始めていた。

　1945年から1948年の間、ユーゴスラヴィアは自国領空内を飛ぶアメリカ軍機を少なくとも4機は撃墜しているが、戦後の混乱期に西側との衝突を避けたいソ連はこのユーゴスラヴィアの態度に反対した。また、自国周辺で強力な経済体制を作り上げたいチトーはスターリンの反感を買い、対立してしまった。チトーは1948年6月のユーゴスラヴィアが公然と批判されることを恐れ、コミンフォルムの第二回大会に代表団を送らなかった。そしてこのコミンフォルム第二回大会の場でユーゴスラヴィアはコミンフォルムから追放されてしまうのである。

　1949年にはハンガリー・ユーゴスラヴィア国境で武力衝突にまで発展するかのような展開になった（全面戦争を引き起こすような大きな衝突には至らなかった）。東欧諸国はチトー政権を批判するプロパガンダを展開した。モスクワはソ連の支援を失ったチトー政権はすぐに崩壊するだろうと考えていた。東欧諸国と距離ができてしまったユーゴスラヴィアは米国や他のNATO諸国と接近するようになった。米国はユーゴスラヴィアに兵器（航空機、戦車、その他を含む）を供給した。1953年から1954年にかけて、軍事的意味でも重要なギリシャおよびトルコと協定を結んだ。

　ユーゴスラヴィアにおいて、ソ連との緊張関係が導いた結果の一つは、チトー政権に対する反対者（反対者と思われる者も含む）の大規模な弾圧であった。これは「スターリン主義者」に対するもののみな

らず、ユーゴスラヴィア共産党員やソ連にシンパシーを示す者も含まれていた。パルチザン時代の仲間さえも、この弾圧の犠牲者となった。この流れは1956年まで続いたが、数万人に上るチトーの政敵（と見做された者）がゴリ・オトクのような強制労働収容所に入れられ、数百人が死亡した。

　ユーゴスラヴィアのソ連圏からの離脱により、ユーゴスラヴィアは欧州経済協力機構（OECE）を通じて米国の援助を受けることが可能になった。しかし、チトーは自らの政策を西側諸国と一致させることには同意しなかった。1953年3月のスターリンの死後、ソ連との関係を回復していった（完全に回復するのは1956年になってから）ため、ユーゴスラヴィアは相互経済援助評議会（SEV）から援助を受けるようになった。このように、チトーは東と西の両方と協力し、どちら側を選ぶのではない「非同盟」の基礎を築いた。

　1960年代になるとチトーの統治は他の共産主義政権と比べるとリベラルにはなったが、それでも自由主義と権威主義の間でバランスを

1960年のチトーと妻ヨヴァンカ　　出典　Wikipedia

チトーのTシャツを着て運動する若者たち　花の家の展示

取り続けた。チトーの秘密警察はソ連の KGB をモデルにしており、秘密警察は至る所に存在していた。ユーゴスラヴィアには東欧諸国全ての国にいる政治犯の数よりも多くの政治犯がいたとも言われている。ユーゴスラヴィアの政治犯のほぼ半数は、民族的アイデンティティを掲げた者たちであった。チトーのユーゴスラヴィアは国籍の尊重に基づいていたが、チトーは国家を脅かす恐れのあるいかなるナショナリズムも潰していった。

　戦後のユーゴスラヴィアの発展は目覚ましいものであったが、経済的観点から見ると、チトーが実施したモデルは借金への依存が大きく、安定した基盤の上に構築されたものであるとは言えなかった。特に 1970 年代以降、失業とインフレの大幅

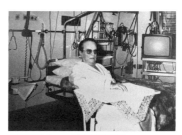

病床のチトー　花の家の展示

な増加を特徴とする深刻な経済危機に陥った。

1980年、チトーは重病を患った。左足に静脈閉塞が見つかり左足を切断したが、状態は改善しなかった。チトーは88歳の誕生日の3日前である1980年5月4日、リュブリャナでその波乱に満ちた生涯を閉じた。チトーの遺体はベオグラードの花の家に埋葬された。

日本の杉並区にあった英語専門学校からもユーゴスラヴィア大使館を通じて病床のチトーに千羽鶴が送られた　花の家の展示　筆者撮影

1982年　チトーの切手　ユーゴスラヴィア　出典　Wikipedia

チトーが眠る場所。　ベオグラードを望む丘の上にある。　筆者撮影

参考文献

1. *Бондарев Н.* Русские тайны Иосипа Броза Тито. Архивы. Москва. 2019
2. *Матонин Е.* Иосип Броз Тито. Москва. 2012
3. РГАСПИ のコミンテルンの文書
4. Köstenberger J. (2007).„*Die Internationale Lenin-Schule (1926–1938)*"// In; Buckmiller M., Meschkat K. (eds.).„*Biographisches Handbuch zur Geschichte der Kommunistischen Internationale. Ein deutsch-russisches Forschungsprojekt*", Berlin: Akademie Verlag, 2007. p.287–309.

脚注

1. ロシア国立社会政治史公文書館に保存されているコミンテルンの史料も、このチトーのモスクワ時代のものは非公開になっているものがほとんどである。
2. *Матонин Е.* C. 41.
3. *Бондарев Н.* C. 7–39.
4. Там же. C. 40–77.
5. *Матонин Е.* C. 16.
6. Там же. C. 24.
7. *Бондарев Н.* C. 78–90.
8. *Матонин Е.* C. 29.
9. *Бондарев Н.* C. 90–99.
10. *Матонин Е.* C. 41.
11. Там же. C. 42.
12. Там же. C. 45–46.
13. Там же. C. 46.
14. *Бондарев Н.* C. 224–235.
15. Там же. C. 235–268.
16. *Матонин Е.* c 46.
17. Там же. C. 46–47.
18. Там же. C. 49.
19. Там же. C. 49.
20. Там же. C. 50.
21. Там же. C. 52.
22. *Бондарев Н.* C. 224–235.

ゴリ・オトク強制労働収容所　出典　M. Previšić, *Povijest Golog otoka*, Zagreb: Fraktura, 2019.

ユーゴスラヴィアのグラーグ

ゴリ・オトク強制労働収容所

　2019年、クロアチアで一冊の本が出版された。『ゴリ・オトクの歴史（Povijest Golog otoka）』[1]。この本は、それまで口頭でしか語られてこなかったゴリ・オトク強制労働収容所の歴史を、セルビア、クロアチア、スロヴェニアの公文書館で2000年を過ぎて公開され始めた（ユーゴスラヴィア）国家保安局（UDBA）の史料と執筆者が独自に行ったゴリ・オトク強制労働収容所の生き残り25名と当時の国家保安局職員1名へのインタビューを元に書かれた本であり、その全貌を歴史学的手法をもって体系的に記した初の試みの集大成である。近年、セルビアではゴリ・オトクに関するドキュメンタリー・フィ

ルムが作られたりと、これまであまり人目に触れてこなかったチトー
のユーゴスラヴィアの影の部分が日の元に晒される様になってきたの
である。

　ゴリ・オトクは、クロアチア北部の海岸から約 6 キロ離れたアド
リア海上にある小さな島である。日本語に訳すと「裸の島」。その名
の通り、この島の環境は不毛な岩場に覆われており、風が強く、夏
は 40 度以上の暑さ、冬は凍てつくような寒さとなり、非常に過酷で
ある。ユーゴスラヴィア政府は 1949 年、突如この場所に強制労働
収容所を建て、そこに「政府に反対する者」とユーゴスラヴィア政府
が認定した者を収容し、強制労働させた。本来ゴリ・オトクという言
葉は島の名前であるが、本書でゴリ・オトクと記されている箇所は、
1949 年にその場所に建てられ稼働していた強制労働収容所を指す。

ゴリ・オトクに強制労働収容所が建てられた社会的背景

　1948 年 6 月のコミンフォルム第二回大会におけるユーゴスラヴィ
アの追放が決定されたわけだが、ユーゴスラヴィア人の中でも多くの
人がスターリンの正当性を信じていた。その内の一部は隣国のブルガ
リア、ルーマニア、ハンガリー、又は、チェコスロヴァキアやポーラ
ンド、そしてソ連に亡命し、反ユーゴスラヴィア（反チトー）政治キャ
ンペーンを展開した。しかし、スターリンの正当性を信じる者たちが
全て他国に逃れることができたわけではなかった。ユーゴスラヴィア
国民のうち反チトーであるという疑いがかけられた者は、ユーゴスラ
ヴィア国内で厳しく弾圧されていくこととなるのである。

　1948 年夏以降のユーゴスラヴィア国内における粛清の嵐を生き延
びた人の証言によると、共産党関係者はある日「チトー元帥よりもス
ターリンが正しいと思うか」との質問をされたという。それに「はい」
と答えた者は、裁判にさえかけられないまま秘密裏にどこか（それは
ゴリ・オトクであったが、当時は一般にその存在は知られていなかっ
た）に連れ去られ、その消息がわからなくなるということだった。

コラム

ゴリ・オトク強制収容所　当時の様子　出典　M. Previšić, *Povijest Golog otoka*, Zagreb: Fraktura, 2019.

一例を挙げると、1948 年の時点でソ連の大学で学んでいた学生の証言が残っている。彼はコミンフォルムの決議を夏休みでモスクワからスロヴェニアの実家に帰省する列車の中で聞いた。夏休みで実家に滞在している間中、いつも何者かの視線を感じていたということであった。日を追うごとにチトー政府の統制が厳しくなる中、ソ連に留学し

> **イベオヴァッツ**
> （**Ibeovac**：複数形 **Ibeovci**）とは
>
> イベオヴァッツとは、1948 年のコミンフォルム第二回大会におけるユーゴスラヴィア追放の決議以降に「コミンフォルムの決議に賛同する者」「スターリン主義者」と目された人（自称他称問わず）の総称である。コミンフォルムの正式名称は、「Информационное бюро коммунистических и рабочих партий」であり、それを短縮して、「Kominform」又は「Informburo」と呼んだ。イベオヴァッツの名称はそこから来ている。他にも、インフォルムビローヴァッツ（Informbirovac：複数形 Informbirovci）、イベアシッツ（Ibeašic：Ibeašici）とも呼ばれた。本書では、混乱を避けるためイベオヴァッツのみを用いている。

第8章

ていたため当局に疑いの目を向けられたのである。リュブリャナにいると身の危険を感じたため、彼はその後国境を越えハンガリーに亡命した。この様に、1948年から1949年当時のユーゴスラヴィアの一般市民、特にソ連との関わりがあった者は、常に身の危険と隣合わせであったのである[2]。

ユーゴスラヴィア国内では特にコミンフォルム第二回大会以降一般市民に対する弾圧も厳しくなっていった。親コミンフォルム派（親スターリン派）、またはコミンフォルムの決議に賛成であると目された人々はイベオヴァッツ（Ibeovac）と呼ばれたが、彼らを拘束し、収容・政治的再教育・強制労働させる場所がユーゴスラヴィア政府には急遽必要になった。それまでは、ソ連やスターリンの支持者を処罰したり投獄したりするという概念自体がなかったため、そのような場所を急ピッチで設置する必要があった。そのため、アドリア海の無人島、ゴリ・オトクに強制労働収容所が建てられることが決定したのである。

ゴリ・オトク強制労働収容所が建てられた経緯

ゴリ・オトクに強制労働収容所建設が決定した経緯についての詳細は未だ明らかになっていない。強制労働収容所建設の計画や建設の状況を明らかにする公文書館史料は見つかっていない。この強制労働収容所は、1949年に突如として建設されたものであった。

この強制労働収容所が建てられた当時のユーゴスラヴィア政府の要人たち、チトー（Josip

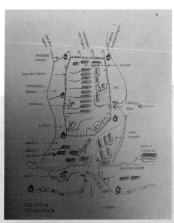

元囚人の証言をもとに描いた当時の強制収容所の様子　出典　M. Previšić, *Povijest Golog otoka*, Zagreb: Fraktura, 2019.

コラム

Broz Tito)、カルデリ（Edvard Kardelj：1910 〜 1979）、ランコヴィッチ（Aleksandar Ranković：1909 〜 1983）は生前にゴリ・オトクの強制労働収容所設立・運営における自分たちの役割を語ることはなかった。唯一の例外はジラス（Milovan Đilas：1911 〜 1995）であった。ジラスは自らの回顧録の中で、ゴリ・オトクの強制労働収容所建設に関して言及している。ジラスによると、ゴリ・オトクの強制労働収容所設立の決定は、ユーゴスラヴィア共産党の最高機関であった中央委員会政治局ではなく、チトー自身によって下されたとのことであった。その上で、チトーは強制労働収容所の運営をランコヴィッチに任せたということであった[3]。1954 年に政府から排除されたジラス一人の証言だけを信じるわけにはいかないが、他の人の回顧録や日記、当時のチトー、中央委員会政治局の権力構造を考えると、ゴリ・オトクの強制労働収容所建設の決定は、ユーゴスラヴィア共産党のトップによって下されたと推測できる。

なぜこのゴリ・オトクが強制労働収容所建設の場所に選ばれたのか。このゴリ・オトクは第一次世界大戦中、オーストリア・ハンガリー軍によって東部戦線からのロシア人捕虜を収容する施設として使われていた。その後は放置されており、羊飼いが時折放牧に使うくらいであったということである。歴史的に見ても、無人島に強制労働収容所が建てられる例は数多く見られ、例えば、十月革命直後のソ連で最初に建てられた強制労働収容所は、北の白海に浮かぶソロヴェツキー諸島に設置されたソロヴェツキー諸島強制労働収容所であった。この島はロシアの北部で孤立した場所にあり、ここからの脱出は不可能であった。そのため、他の強制労働収容所の一つのモデルとなったのである。ゴリ・オトクもその例を踏襲するように、無人島で収容者の脱出の可能性が低く、過酷な自然環境であるが陸からそんなに離れてはいない（つまり、収容者を移送しやすい）この島が強制労働収容所の設置場所として白羽の矢が立ったのであった。

この強制労働収容所は 1949 年の初めにその建設が決まり、急ピッ

チで進められた。その建設に携わったのは、当時他の場所の刑務所に収容されていた囚人たち（この囚人たちはイベオヴァッツではない）で、その数は150人から200人であった[4]。

ゴリ・オトク強制労働収容所の囚人

ゴリ・オトクに最初のイベオヴァッツ（囚人）が送られたのは1949年7月7日だった。彼らはクロアチア人とスロヴェニア人であった。その2日後の7月9日、1200人の囚人が到着し、ゴリ・オトクは強制労働収容所として機能し始めた[5]。

ゴリ・オトクに収容された囚人たちは、自らイベオヴァッツであると自白した者以外に、当局から「スターリン主義者」であると決めつけられたユーゴスラヴィア共産党党員や、ソ連への傾倒を示したとして告発された一般国民も含まれていた。それ以外にも、反共産主義者（セルビア人、クロアチア人、マケドニア人、アルバニア人、又、その他の民族の主義者など）もゴリ・オトクに投獄された。政治犯以

ゴリ・オトク強制収容所　当時の様子　出典　M. Previšić, *Povijest Golog otoka*, Zagreb: Fraktura, 2019.

外にも一般の刑事罰を執行するために島に送られた者もいた。1949年から1956年の間、ユーゴスラヴィアでは約1万6千人のイベオヴァッツたちが各地に設けられた強制労働収容所に収容され、その内約1万3千人（その内約600人は女性の囚人であった）がゴリ・オトクに収容された。一時期にはゴリ・オトクに3500人から4000人の囚人が収容されていた。

ゴリ・オトクを含む全ての強制労働収容所に収監されていた囚人のうち、民族的[6]には、セルビア人が44.24％、モンテネグロ人が21.07％、クロアチア人が15.48％、マケドニア人が4.55％、スロヴェニア人が3.5％、アルバニア人が2.6％、ブルガリア人が1.5％、ハンガリー人が1.4％、イタリア人が0.5％、チェコ人が0.4％、ルーマニア人が0.13％、その他（不明も含む）が7％であった[7]。

1949年から1956年の間に、ゴリ・オトクで亡くなった人の人数は、約300人に上る[8]（この島で亡くなった人の人数に関しては様々な個人の証言もあり、400人から600人、最大で約4000人とのデータもある）。これらの数は証言した個人の主観によるという側面があるが、文書として残っている人数は約300人、しかし、自殺した者や拷問中に亡くなった者など、記録に残らない者も多く存在することが予想されるため、その数は正確には分からない。

自主管理政策―ゴリ・オトクの管理システム

ゴリ・オトク強制労働収容所の運営は極めて厳格にシステム化されたものであった。それは階級的であり、明確に構造化されたものであり、1949年秋頃にはすでに確立されていた。もちろん、収容所全体は国家保安局（UDBA）の監督下にあったが、それは表立ってはおらず、収容所内の管理は受刑者が行っていた（まさにここでも「自主管理政策」が取られていたのである）。囚人は寝食を共にし、一緒に働き、学び、文化活動を行い、休み、慰め合った。それと同時に、お互いを監視し、騙し合い、殴り、拷問し、殺しさえしたのである。国家安全

国家安全総局
Управа државне безбедности：Удба

1946 年から 1966 年までユーゴスラヴィアで機能していた諜報機関である。
ソ連の KGB や他の「人民民主主義」諸国の諜報機関同様、内部の敵、移民・
亡命者、外国の諜報機関」などを監視した。最初は「新政府の敵」と見なさ
れた者たちを排除していたが、1948 年以降はコミンフォルムの決議を支持する
者（イベオヴァッツ）やソ連との関係があるとの疑いのある者たちを取り締まっ
ていった。

局に「協力」した囚人は収容所内において階級が上がり、より良い待
遇を受けることができた。ゴリ・オトクの管理において、国家保安局
の職員がその手を汚すことはなかった。国家保安局は安全な場所から
監視しているだけでよかったのである。この強制労働収容所内におけ
る「自主管理」システムはゴリ・オトクの特筆すべき特徴である。ゴ
リ・オトク強制労働収容所はナチスやソ連の強制収容所の特徴も持ち
合わせていた[9]。

　拷問は囚人の性別に応じて行われた。女性に対しての拷問は男性に
対しての拷問に加え、女性としても屈辱を与える目的（それは、髪を
短く刈ることや、女性の生殖を困難にさせることもあった様である）
もあったということである。女性に対する拷問のほとんどが女性に
よって行われていた[10]。

　興味深いことに、国家保安局の文書には、「ゴリ・オトク強制労働
収容所」や「刑務所」という単語は出てこない。形式上では、ゴリ・
オトクに収容されている囚人たちのほとんどは起訴、裁判を経て収容
された者たちではない。そのため、「囚人」とは見做されない、彼ら
は社会奉仕活動を行っているに過ぎないという詭弁の様な理論で成り
立っていたからである。ユーゴスラヴィアの指導者たちの考えでは、
「強制労働収容所はナチスとソ連の概念であり、ユーゴスラヴィアに
は強制労働収容所は存在しない、ユーゴスラヴィアにあるのは『社
会主義建設のための作業場』である」ということであった。国家保

安局の文書にはゴリ・オトクのことを「大理石の作業場（Radilište Mermer）」や「作業場（Radilište）」と書かれている[11]。

ゴリ・オトクの衛生環境

ゴリ・オトクも他の強制労働収容所と同じ様に劣悪な衛生状態と過酷な労働のため（また、過度なストレスと過酷な自然環境も影響し）、囚人たちはその拘留期間に大なり小なり何らかの病気にかかった。服は年中同じものを着なければならなかった。冬には軍用のコートが支給されたが、極寒に耐えるにはそれだけでは心許なかった。また、囚人たちの生活空間も病気の一因となっていた。汚れたままの体で、病人と一緒に狭い空間で多くの囚人が生活しており、寝具も交換されることはなかった。

ゴリ・オトクでも何回か赤痢や発疹チフスなどの深刻な疫病が流行ったことがあった。特に、1951年春に流行った発疹チフスは深刻であり、多くの死者を出した。この発疹チフスは毛ジラミや床シラミが媒介してかかる病気である。この時、収容所内はパニックとなり、大掃除が行われ、数週間かけて全てが消毒された。これ以降、トイレの後と食事の前の手の塩素消毒が義務付けられたということである。ゴリ・オトクには1952年までシャワー付きの衛生施設が無く、海水で体を洗うだけであったが、この発疹チフス流行の影響で衛生環境は格段に改善された。

ゴリ・オトクの病院施設も囚人の中で本職の医師であった者、医学生であった者、何らかの医療経験がある者が運営していたのは特筆すべきことである。医学生であった者の後の証言では、（ゴリ・オトク強制労働収容所の経験は悲惨ではあっ

ゴリ・オトクでのメーデーのお祝い
出典　M. Previšić, *Povijest Golog otoka*, Zagreb: Fraktura, 2019.

第8章

たが）この時の医者の助手としての経験は後に役に立ったとも述べている[12]。

ゴリ・オトクの囚人の仕事

　ゴリ・オトクが建てられた大きな目的は、囚人たちの政治的再教育であった。「イベオヴァッツ」「裏切り者」とのレッテルを貼られた囚人たちの運命は彼らがどれだけ「学んだ」かによって大きく変わったのである。

　囚人たちの1日は厳格に定められていた。彼らは朝5時から6時に起床し、粗末な朝食を摂り（この朝食は1日労働をするためには明らかに栄養価が不足していた）、労働時間が始まった。この時「病気である」と判断された者は、収容所内に残り、比較的に軽い肉体労働（収容所の掃除なども含む）をさせられた。労働は天気と季節により違いはあったが、基本的には朝6時から正午まで、昼食休憩を挟み、14時から日が沈むまで続けられた。1日の労働は8時間から12時間、時折それ以上であることもあった。

　そして、もう一つ特筆すべきことは、囚人たちは絶えずイベオヴァッツを非難する（そしてチトーを讃える）歌を歌っていたということである。ゴリ・オトクの元囚人たちは解放されてから数十年経つ今でもこれらの歌を忘れることはなかったという証言が残っている。また、これらの歌に加えて、囚人たちは常に「チトー万歳！ユーゴスラヴィア共産党万歳！」「コミンフォルム打倒！」「スターリン打倒！」という様なスローガンを叫んでいたということである[13]。

　ゴリ・オトクの目的は囚人たちの政治的再教育であり、その手段が労働であった。それと同時に彼らの「労働」は、ユーゴスラヴィア政府にとって経済的な役割を果たしていたという事実がある。ゴリ・オトク強制労働収容所での労働は、政府の敵と見做されたイベオヴァッツに「罰」を与えるためだけの無意味な単純作業ではなかった。国家保安局がこの島に作られた木材加工工場、金属加工工場、石材加工工

コラム

場から得られた製品で経済的利益を得る経済システムを構築していたのである。ゴリ・オトクの囚人たちはほぼ奴隷であり、国家に労働搾取されていたということになる。ここで生産された製品は、近隣諸国に売られた[14]。

囚人たちの解放後の生活

　ゴリ・オトクから生きて出られた囚人の平均的な収監期間は2年間であった。この2年間というのは、ほとんど全ての囚人たちがユーゴスラヴィアの圧力に屈する時間としては十分であった。彼らは「再教育」され、出るときには収監された時の「イベオヴァッツ」ではなくなっていたということである。

　しかし、解放され「自由の身」となった元囚人にとって、一般生活に戻ることは非常に困難であった。彼らは、ウスタシャ（Ustaše）やチェトニク（Četnik）の協力者、又は聖職者同様、社会の中では偏見の目で見られる立場であった。新たに職を見つけ、社会復帰することは難しかった。それに加え、国家保安局からの監視の対象でもあったのである。

　囚人たちは「釈放の条件」による心理的負担を負った。囚人たちは釈放時に「国家保安局に協力することを誓うこと」そして、「ゴリ・オトクのこと（そこで起きたこと）を口外しないこと」を記した書類にサインをしなければいけなかった。最初の「国家保安局に協力することを誓うこと」というのは、つまり、国家保安局のスパイになることを意味していた（書類にサインする時コードネームを与えられた）。これは囚人にとってとても屈辱的な条件であったのである。

　1956年以降になると、ゴリ・オトクから解放された元囚人たちへの社会的差別は次第に弱まっていった。1960年代に入ると元ユーゴスラヴィア共産党員は党への復帰も可能になった（しかし、出世は望めなかった）。この頃になると、他の国に亡命していたコミンフォルム派の政治亡命者たちの中にユーゴスラヴィアへ帰国する人たちがで

第8章

てきた（彼らについては、本書の「コミンフォルム派ユーゴスラヴィア政治亡命者たちの反チトー・キャンペーン活動」の項を読んでほしい）。依然として元囚人たちも監視の対象であったか、国家安全局は政治的に信用度のより低いこの帰国者たちに監視の目を向ける必要がでてきた。元「イベオヴァッツ」は 1980 年代の最後まで監視されていたのである [15]。

ゴリ・オトクのその後

1956 年、ユーゴスラヴィアとソ連の関係が回復すると、ゴリ・オトクの管轄はユーゴスラヴィア連邦当局からクロアチアの地方管轄区に変更された。しかし、それ以降もゴリ・オトクで行われていたことはユーゴスラヴィアにとってタブーであった。

ゴリ・オトクでの体験からトラウマを抱えてしまった元囚人たちは、身近な人にもその体験を語ることはあまりなかった（それは先にも述べた通り、国家保安局の監視の目が怖く、密告されるのではないかとの恐れがあってのことでもあった）。しかしそれでも 1980 年代になるとゴリ・オトクの事を語る者も出てきた。

ゴリ・オトクは 1988 年 12 月 30 日に閉鎖され、それ以降廃虚のまま残されている。現在ゴリ・オトクは観光地となっている。また近年では、ゴリ・オトク強制労働収容所に収容されていた元囚人たちが、セルビア政府、クロアチア政府に対し補償を求めている。

ゴリ・オトク強制労働収容所は、1937 年から形づくられたユーゴスラヴィア共産党におけるスターリン主義の産物である。このゴリ・オトクは「反スターリン主義」であるはずの 1949 年のユーゴスラヴィアにおけるスターリン主義の象徴だと言える。

コラム

参考文献

1. M. Previšić, *Povijest Golog otoka*, Zagreb: Fraktura, 2019.

2. M. Previšić, *Patnja na Golom otoku bila je velika.* https://www.telegraf.rs/pop-i-kultura/knjige-stripovi/3655336-martin-previsic-patnja-na-golom-otoku-bila-je-velika（2024 年 5 月 31 日　最終閲覧）

脚注

1. この本はセルビア語、スロヴェニア語にも翻訳されている。

2. РГАСПИ. Ф. 575. Оп. 1. Д. 423. Л. 25–27.

3. M. Previšić, *Povijest Golog otoka*, str. 191.

4. Ibid. str. 196.

5. Ibid. str. 197.

6. ここでは民族としての名称であり、主権国家の国民という意味で〜人としているわけではない。

7 . M. Previšić, *Povijest Golog otoka*, str. 461–469.

8. Ibid. str. 462–469.

9. Ibid. str. 239–258.

10. M. Previšić, *Patnja na Golom otoku bila je velika.* https://www.telegraf.rs/pop-i-kultura/knjige-stripovi/3655336-martin-previsic-patnja-na-golom-otoku-bila-je-velika

11. M. Previšić, *Povijest Golog otoka*, str. 199.

12. Ibid. str. 396–398.

13. Ibid. str. 263–269.

14. Ibid. str. 367–373.

15. Ibid. str. 484–534.

コミンフォルム派ユーゴスラヴィア政治亡命者たちの

反チトー・キャンペーン活動

　1948年6月のコミンフォルム第二回大会におけるユーゴスラヴィア追放決定は「人民民主主義」諸国を大きく揺るがせた。ユーゴスラヴィアを除く東欧の「人民民主主義」諸国の指導者たちはこの決定を受け入れた。この状況を受け、特に当時国外にいたユーゴスラヴィア人たち、例えば、各国のユーゴスラヴィア大使館に赴任していた外交官や出張者、学業のため他国（主にソ連・「人民民主主義」諸国）に留学していた者の多くはチトー政権の正当性を信じず、コミンフォルムの決定に寄り沿う道を選んだ。例えば、当時在ルーマニア・ユーゴスラヴィア大使であったラドニャ・ガルボヴィッチ（Radonya

1946年のメーデーお祝い　ベオグラード　出典：Родина (2019, май)

コラム

Golubovic）は、コミンフォルム第二回大会の決定が新聞で発表され
た 1948 年 6 月 29 日の翌日に辞職し、同年 8 月 2 日にプラウダ紙
に自身の声明を発表している。また、ユーゴスラヴィア人外交官がコ
ミンフォルムの決定を受け入れ、新聞に声明を出した例は「人民民主
主義」諸国のユーゴスラヴィア大使館勤務者だけに留まらず、在資本
主義国家のユーゴスラヴィア大使館員にも多く見られた。

　1948 年末の時点では、約 550 人のユーゴスラヴィア人がソ連国
内の軍学校や高等教育機関で学んでいた。その中の多くはコミンフォ
ルム第二回大会におけるユーゴスラヴィア追放決定発表後に帰国を拒
んだのである。ユーゴスラヴィア空軍の少将であったペロー・ポピヴォ
ダ（Pero Popivoda）は軍の飛行機を自ら操縦して国境を越え、ルー
マニアに入った。彼はその後ソ連に亡命し、コミンフォルム派ユーゴ
スラヴィア政治亡命者たちの中央組織において中心的役割を果たすこ
とになる。ソ連では 1948 年末までに計 28 人のユーゴスラヴィア人
たちが亡命し、政治亡命者として受け入れられた。

**全連邦共産党（ボリシェヴィキ）中央委員会における反チトー・キャ
ンペーン計画**

　全連邦共産党（ボリシェヴィキ）中央委員会では、コミンフォルム
第二回大会におけるユーゴスラヴィア追放決定直後には、すでにコミ
ンフォルム派ユーゴスラヴィア政治亡命者たちを反チトー・キャン
ペーンに組み込むという計画があった。その計画には、新聞にチトー
政府を批判する声明を発表したユーゴスラヴィアの外交官たち（この
時点ではまだ政治亡命者として承認されていない）も含まれていた。

　全連邦共産党（ボリシェヴィキ）中央委員会の中では対外関係部が
ユーゴスラヴィア政治亡命者たちを統括する役目を担うことが決定し
た。ソ連と東欧の「人民民主主義」諸国におけるユーゴスラヴィア人
共産主義者たちの反チトー・キャンペーンは 1948 年の時点ですでに
ソ連において計画されており、彼らの活動は初めからモスクワの政策

第 8 章

に沿ったものであったのである。

1948年末の時点でソ連に政治亡命を受け入れられていた28人のユーゴスラヴィア人たちは、コミンフォルム派ユーゴスラヴィア政治亡命者の中央組織を作ることを提案している。そして、その組織の仕事としては、ユーゴスラヴィアと国境を接しているハンガリー・ルーマニア・ブルガリア・アルバニアでのプロパガンダのビラ配布や情報収集、地下活動のための人員をユーゴスラヴィアへ送り込む仕事などを挙げている。全連邦共産党（ボリシェヴィキ）中央委員会ではこのことが幾度となく議論され、最終的にはコミンフォルム派のユーゴスラヴィア政治亡命者たちが中心となったこのような組織を設立することが決定した。

この「人民民主主義」諸国のコミンフォルム派ユーゴスラヴィア政治亡命者たちの活動を調整するための中央組織の指導者候補としては、政治経験のある共産主義者であったガルボヴィッチとポピヴォダ他1名が上がった。この中央組織は、新聞の発行、ビラやその他のプロパガンダ材料の供給、「人民民主主義」諸国のユーゴスラヴィア政治亡命者たちのグループとの連絡、そして、ユーゴスラヴィア国内に残ったコミンフォルミストのグループとの通信の仕事を請け負うこととされた。この中央組織の仕事は、コミンフォルムの事務局とも繋がる必要があった。コミンフォルムの事務局は、「人民民主主義」諸国のコミンフォルム派ユーゴスラヴィア政治亡命者たちの活動を調整するための中央組織設立に協力すると同時に、全連邦共産党（ボリシェヴィキ）中央委員会に「人民民主主義」諸国のコミンフォルム派ユーゴスラヴィア政治亡命者に関する情報を上げる機関として機能していたからであった。

「人民民主主義」諸国のコミンフォルム派ユーゴスラヴィア政治亡命者との繋がりの確立

ソ連・「人民民主主義」諸国で反チトー・キャンペーンを行うには、

コラム

各国に「仲間」がいる必要があった。そのため 1949 年に入ると、当時ソ連にいたポピヴォダが各国のユーゴスラヴィア政治亡命者グループの状況を把握するため、何度か現地を訪れている。

ルーマニア、ハンガリー、ブルガリアがユーゴスラヴィアと国境を接する隣国で、ユーゴスラヴィアからの亡命者が多かった。その亡命ユーゴスラヴィア人と接触し、彼らを仲間に引き入れることがこの活動にとっては必要不可欠であり、早急にやらなければいけないことであった。この時ポピヴォダがコンタクトを取った各国のユーゴスラヴィア亡命者たちが中心となって、各国にユーゴスラヴィア政治亡命者のグループが形成されていった。そのグループは、各国の政府の援助を受け、反チトー・キャンペーンを展開していったのである。

チェコスロヴァキアのユーゴスラヴィア政治亡命者たちに関しては一つの特徴があった。チェコスロヴァキアではコミンフォルムのユーゴスラヴィア追放決定直後の 1948 年 8 月の時点で、すでにコミンフォルム派を名乗るユーゴスラヴィア政治亡命者のグループが組織されていた。元々プラハは学者やジャーナリストなどのユーゴスラヴィア知識人たちが集っていた場所であったため、彼らはいち早く反応し、早くも同年 9 月から新聞『新たな闘い（Nova Borba）』紙を発行していたのである（ソ連の共産党中央委員会ではこのプラハを「人民民主主義」諸国のコミンフォルム派ユーゴスラヴィア政治亡命者たちの活動を調整するための中央組織の場所にしようとの案が出ていたが、最終的にはソ連のモスクワがその場所に決定している）。

東ドイツの反チトーカリカチュア
出典：Wikipedia

このように彼らはモスクワと常に連絡を取り合いながら、円滑にプロパガンダ活動を行えるシステムを各国に構築していっ

第 8 章

たのである。

コミンフォルム派ユーゴスラヴィア政治亡命者たちの新聞の発行

コミンフォルム派ユーゴスラヴィア政治亡命者たちの新聞をセルビア語で発行するという案は、すでに1949年2月時点で全連邦共産党（ボリシェヴィキ）中央委員会対外（関係）部において出ていた。しかし、当時編集部のメンバーとしてユーゴスラヴィア政治亡命者の名前は一人として挙がっていなかった。全連邦共産党（ボリシェヴィキ）中央委員会対外（関係）部の提案では、新聞の編集部には、ユーゴスラヴィアでも名が知られているソ連の作家・学者・文化人を数名入れ、更に2、3名のセルビア語に長けた同志（ソ連人）を入れるという案であった。これは、当時のソ連指導部がユーゴスラヴィア政治亡命者たちに対し、少なくとも党のプロパガンダを任せるという点では彼らに全面的な信頼を置いていなかったことの表れであった。

しかし、1949年3月にスターリンに宛てた文書と共に送られた全連邦共産党（ボリシェヴィキ）中央委員会の計画書には、新聞の編集部に入れるメンバーとして全連邦共産党（ボリシェヴィキ）中央委員会対外（関係）部からの人物以外に、共産主義者でありユーゴスラヴィア政治亡命者である人物の名が連ねられている。編集長にはガルボヴィッチ、その他にはポピヴォダら他3名が編集部員として候補に挙げられた。これは党がユーゴスラヴィアの内情を知るユーゴスラヴィア政治亡命者た

1952年　ブダペストにおけるメーデーのパレード　チトーが犬に見立てて表現されている　出典　Magyar Nemzeti Múzeum/ https://gyujtemenyek.mnm.hu/hu/record/-/record/MNMMUSEUM1836067

ちを欠いては、新聞の編集部が成り立たないと考えるようになったからであると思われる。その上でソ連人のセルビア語に長けた人たちも名を連ねた。

　全連邦共産党（ボリシェヴィキ）中央委員会の決定により、1949年4月の初めに50人から60人のユーゴスラヴィア政治亡命者たちを集めた秘密会議がモスクワで開かれた。この会議において、正式に『社会主義ユーゴスラヴィアのために（Za socijalističku Jugoslaviju）』紙の発行が決定され、その編集部のメンバーにはガルボヴィッチ、ポピヴォダ他5名が入ることとなった。そして1949年5月1日、『社会主義ユーゴスラヴィアのために』紙の創刊号が発行されたのである。

　他の「人民民主主義」諸国のユーゴスラヴィア政治亡命者たちの動きとしては、1949年5月15日より、コミンフォルムの本部があるルーマニアのコミンフォルム派ユーゴスラヴィア政治亡命者たちが『インターナショナルの旗の元で（Pod zastavom internacionalozma）』という名称でセルビア語の新聞を刊行した。また、ブルガリアのコミンフォルム派ユーゴスラヴィア政治亡命者たちは『前進（Napred）』という名称の新聞をマケドニア語で刊行している。少し時期は遅れるが、アルバニアのコミンフォルム派ユーゴスラヴィア政治亡命者たちは『自由のために（Za slobodu）』という新聞をセルビア語で、ハンガリーのコミンフォルム派ユーゴスラヴィア政治亡命者たちは『人民の勝利の

1952年　ブダペストにおけるメーデーのパレード　ゴットワルトや毛沢東などの指導者の他に、チトーを批判するプラカードが掲げられている　出典 Magyar Nemzeti Múzeum/　https://gyujtemenyek.mnm.hu/hu/record/-/record/MNMMUSEUM1841901

ために（Za ljudsko zmago）』という名称の新聞をスロヴェニア語で刊行している。これで反チトープロパガンダを展開するための「武器」は揃ったのである。

野望：『社会主義ユーゴスラヴィアのために』紙の編集部から中央組織に

『社会主義ユーゴスラヴィアのために』紙の編集部は発足当初から新聞の編集部以上の役割を担っていた。この編集部が実質的にはソ連・「人民民主主義」諸国のコミンフォルム派ユーゴスラヴィア政治亡命者たちの指導部的役割を果たしていたのである。『社会主義ユーゴスラヴィアのために』紙の編集部は、現地のコミンフォルム派ユーゴスラヴィア政治亡命者たちとも積極的に情報交換し、状況把握に努めていた。

次第に彼らは「ユーゴスラヴィア共産党臨時亡命指導部」をコミンフォルムの下に作るよう全連邦共産党（ボリシェヴィキ）中央委員会に求めるようになっていく。この「ユーゴスラヴィア共産党臨時亡命指導部」の役割は、

①コミンフォルムにおいてユーゴスラヴィア共産党の代表とすること
②「人民民主主義」諸国のコミンフォルム派ユーゴスラヴィア政治亡命者たちの活動を統括すること
③ユーゴスラヴィア国内のコミンフォルム派の人たちと連絡を取り合うこと
④ユーゴスラヴィア国内にコミンフォルミスト地下中央組織を作ること
⑤チトー政府が倒れた時に備えて、新たなユーゴスラヴィア共産党指導部の条件を整えること

コラム

チェコスロヴァキアのチトー主義を批判するカリカチュア　出典　Československý voják

であった。また、コミンフォルムが主宰するユーゴスラヴィアに向けた新聞とラジオ放送も「ユーゴスラヴィア共産党臨時亡命指導部」が担当することになった。

このように1949年春の段階で、ソ連、東欧の「人民民主主義」諸国に存在する個々のコミンフォルム派ユーゴスラヴィア政治亡命者グループとしての強化だけではなく、コミンフォルムという大きな組織内の一つの機関として、コミンフォルム派ユーゴスラヴィア政治亡命者組織の設置が進められていった。そしてその前身となる中央組織として『社会主義ユーゴスラヴィアのために』紙の編集部があったのである。

「人民民主主義」諸国のユーゴスラヴィア政治亡命者の特徴とその構成

　ソ連・「人民民主主義」諸国に亡命したユーゴスラヴィア政治亡命者の数及びその構成は拙著木村香織「モスクワの計画の中で—コミンフォルム派ユーゴスラヴィア政治亡命者たちの反チトー・キャンペーンにおける役割（1948年から1954年）」（『法学志林』117巻　第3・4号、2020年、95〜134ページ）に詳しいのでそちらを参考にして欲しいのだが、「人民民主主義」諸国のユーゴスラヴィア政治亡命者たちの特徴を一言で述べるとしたら、彼らは全体的に比較的年齢が低く、20代後半から40代前半にかけての年代が大半を占めていたということである。例えば、コミンフォルム派ユーゴスラヴィア政治亡命者たちの中心的役割を果たしていたポピヴォダは1916年生まれであり、亡命した1948年時点では32歳であった。ガルボヴィッチは1949年に42歳であった。ハンガリーのコミンフォルム派ユーゴスラヴィア政治亡命者グループの指導者的存在であった人たちは平均で39歳、チェコスロヴァキアのコミンフォルム派ユーゴスラヴィア政治亡命者グループの指導者的

1953年　チトーを非難するカリカチュア　出典　Magyar Nemzeti Múzeum/ https://gyujtemenyek.mnm.hu/hu/record/-/record/MNMMUSEUM1487924

存在であった人たちの平均は38歳であった。多くの若いユーゴスラ
ヴィア人がこの1949年から1953年の間にユーゴスラヴィアを逃
れ、ソ連・「人民民主主義」諸国へ亡命したが、その中でも特に強く
チトーの政治に反対する「理想に燃えた」者たち、言葉を換えると、
野心に満ちた者たちが反チトー・キャンペーンに従事していたと言え
る。

1953年スターリンの死以降のコミンフォルム派ユーゴスラヴィア政治亡命者の活動

　1953年3月5日にスターリンが死去すると、クレムリンは外交
路線の見直しを始めていった。そして、その中でユーゴスラヴィアと
の外交関係回復が必要だと考えられ始めた。クレムリンの指導者たち
は、それまでユーゴスラヴィアに対立的政治路線をとっていた事実を
認め、スターリンの死からわずか数週間後にはユーゴスラヴィアと
の外交関係回復に向けた道を模索し始めた。とは言っても、すぐに
180度政治路線を変更することは不可能であり、世間では1953年
春の時点ではまだ反チトー・プロパガンダの嵐は吹き荒れていた。そ
のような背景の中、コミンフォルム派ユーゴスラヴィア政治亡命者た
ちの野望は消えてはおらず、彼らは「ユーゴスラヴィア愛国主義者連
盟」と名を変えて活動していくつもりであった。

　彼らは新たなユーゴスラヴィア共産党設立を目指していたわけだ
が、スターリンの生前にはコミンフォルム派ユーゴスラヴィア政治亡
命者たちの組織が、ユーゴスラヴィア共産党に代わりコミンフォルム
に組み込まれたという事実はない。その理由としては、コミンフォル
ム派ユーゴスラヴィア政治亡命者たち自身が（それがソ連・「人民民
主主義」諸国のコミンフォルム派ユーゴスラヴィア政治亡命者グルー
プの指導者的役割を果たしている人物であったとしても）、政治的・
イデオロギー的に、モスクワの絶対的信頼を勝ち取ることができな
かったからではないかと推測できる。彼らはこの後、新たな変化の波

に翻弄されることとなる。

ソ連とユーゴスラヴィアの関係修復－コミンフォルム派ユーゴスラヴィア政治亡命者の終焉

　ソ連側からのユーゴスラヴィアに対する外交関係修復への第一歩は、1953年6月6日、ソ連外相のモロトフがユーゴスラヴィアの代理大使を招き、ソ連からユーゴスラヴィアの指導者にソ連大使をユーゴスラヴィアに受け入れてもらえるよう要請したことであった。この時モロトフは両国関係が正常化し、お互いの大使を置くことを望んだ。その後すぐにそれは実現するが、チトーは「大使をお互いの国に派遣することだけでは、外交関係の修復がなされたとは言えない。ソ連首脳たちがこれまで我々（ユーゴスラヴィア）に対してしてきたこと全てを修正することは困難を極めており、更に、それが可能であるにも関わらず、彼らが今日まで修正しないできた事柄も多数ある。過去四年に渡り、彼らが我々に対ししてきたことを考えると、我々はこれから先、彼らを100％信用することは難しい」と発言している。両国はお互い外交関係修復は必要であると考えてはいたが、それと同時にそれが非常に困難であることもお互いに分かっていたのである。

　他の「人民民主主義」諸国との外交関係修復については、1954年8月11日にチトーからソ連共産党中央委員会に送った文書の中で言及されている。モスクワも、「人民民主主義」諸国全体がユーゴスラヴィアと和解しなければならないことは理解していた。この直後の1954年9月23日、フルシチョフは「人民民主主義」諸国各国の指導者たちに、ソ連国内における「ユーゴスラヴィア愛国主義者連盟」の全活動と新聞の発行を停止したとの通知を出した。

　「ユーゴスラヴィア愛国主義者連盟」、つまり、コミンフォルム派ユーゴスラヴィア政治亡命者たちの政治活動は1954年9月で打ち切りとなった（つまり、亡命先の国家からの援助が無くなったということである）。ラジオ局「自由ユーゴスラヴィア」も同年9月に放送を終

了した。ソ連・「人民民主主義」諸国で発行していたコミンフォルム派ユーゴスラヴィア政治亡命者グループの新聞は、すべてが9月16日から18日付のものを最後に発行が停止された。このことは、ソ連・「人民民主主義」諸国とユーゴスラヴィアの国際関係が新たな段階に入り、そこにはコミンフォルム派ユーゴスラヴィア政治亡命者たちの居場所はなくなったことを意味していたのである。

　野心を持った若きコミンフォルム派ユーゴスラヴィア政治亡命者たちは、全連邦共産党（ボリシェヴィキ）中央委員会（1952年よりソビエト共産党中央委員会）の100％の信頼を得ることはできなかった。チトーはスターリンの怒りを買い決裂こそしたが、古参の共産主義者という事実には変わりなく、イデオロギー的にはコミンテルンやコミンテルン付属の養成機関でトレーニングを受けた共産主義のエリート（モスクワ派）であり、ロシア革命直後から1930年代終わりまでのモスクワの空気を知る人物であった。まだ年若く共産主義者としての経験値の浅い彼らを「共産党」の名を負った組織の指導者として（たとえそれが「亡命政党」という形であったとしても）置くには力不足であったのである。彼らを共産主義者として育て上げるには時間を要し、また、それはスターリンの死後、ユーゴスラヴィアとの外交関係修復が始まった時点で必要がなくなってしまったのである。

　最後に1954年以降のコミンフォルム派ユーゴスラヴィア政治亡命者たちについて少し述べる。1954年10月までにソ連・「人民民主主義」諸国における反チトー・キャンペーンを停止する要請がソ連からは各国政府になされた。その後、ユーゴスラヴィアとの国交回復を目指すソ連・「人民民主主義」諸国にとって邪魔な存在となったコミンフォルム派ユーゴスラヴィア政治亡命者たちの中には、ユーゴスラヴィアに送還された人々もいたようである。ソ連に残ったユーゴスラヴィア政治亡命者たち、特に『社会主義ユーゴスラヴィアのために』紙の編集に携わっていた者の中には、ソ連の研究所に配属され、学者としての道を進んだ者もいた。

ユーゴスラヴィアに送還されたコミンフォルム派のユーゴスラヴィア政治亡命者たちの運命は過酷なものであった。ユーゴスラヴィア内でコミンフォルム派であると目された国民の運命に関しては、本書の「ユーゴスラヴィアのグラーグ：ゴリ・オトク強制労働収容所」の項を見てほしい。亡命先に残っても邪魔者扱いされ、故郷に帰っても今度は祖国から裏切り者として扱われる運命を背負ってしまったコミンフォルム派政治亡命者たちは、スターリン時代のソ連の政治に翻弄された人々であったのである。

　＊本項は拙著「モスクワの計画の中で－コミンフォルム派ユーゴスラヴィア政治亡命者たちの反チトー・キャンペーンにおける役割（1948 年から 1954 年）」（『法学志林』117 巻 4 号　下斗米先生退職記念号）を元に書いたものである。

参考文献

1. 木村香織「モスクワの計画の中で―コミンフォルム派ユーゴスラヴィア政治亡命者たちの反チトー・キャンペーンにおける役割（1948 年から 1954 年）」『法学志林』117 巻　第 3・4 号、2020 年、95 ～ 134 ページ

2. *Кимура. К.* Четыре совещания югославской политэмиграции в СССР и странах «народной демократии» и их роль в антититовской кампании в 1948–1954 гг.// *Никифоров К.В. (отв. ред), Силкин.* А.А. Вместе в столетии конфликтов. Россия и Сербия в XX веке. Сборник статей. М., 2016. С. 324–348.

3. *Кимура К.* Политэмигранты-информбюровцы в Венгрии в 1949–1954 гг.: взаимоотношения с венгерской властью и роль антититовской кампании в Венгрии// *Хаванова О.В. (отв. ред.) Дронов М.Ю. Леонтьева А.А.* Вынужденное соседство – добрососедское приспособление в дипломатических и межнациональных отношениях в Центральной, Восточной и Юго-Восточной Европе XVIII-XXI вв. Сборник статей. М., СПб., 2017. С. 205–222.

4. K. Kimura, *Yugoslav political émigrés-students in the USSR and the countries of People's Democracy during the period of Stalin-Tito split (1948–1954) – their situation in the first years of their emigration. In case of II World Festival of Youth and Students//* In; *Środowisko stu-denckie w krajach bloku sowieckiego 1945–1990,* Wroclaw, 2020.

5. O. Vojtěchovský, *Z Prahy proti Titovi! Jugoslávská informbyrovská emigrace v Českoslov-ensku,* Praha, 2012.（本書はクロアチア語にも翻訳されている。O. Vojtěchovský, *Iz Praga protiv Tita!Jugoslavenska informbiroovska emigracija u Čehoslovačkoj,* Zagreb, 2016.）

6. Vukman Peter, *Harcban Tito és Rankovics klikkje ellen. Jugoszláv politikai emigránsok Magyarországon (1948–1980),* Budapest-Pécs: Kronosz Kiadó, 2017.

あとがき

　2019年3月に前著『亡命ハンガリー人列伝』が世に出てから早いもので5年が過ぎた。前著の執筆が終盤に差し掛かった頃、濱崎さんから「次は東欧諸国のミニスターリンたちについての本を書きませんか」とお声かけいただき、まさに私の研究テーマの時代・地域と合っていたため、喜んで引き受けた。

　今回の執筆にあたり、課題は残る。自分の研究テーマに近い国のミニスターリンに関して、関連事項も含め、ある程度充実させることができた。しかし今まで自分の研究であまり触れてこなかった国のミニスターリンに関しては、言語の問題もあり、調べきれないことが多かった。これは今後の課題として残しておきたい。

　本書の執筆にあたり、多くの方の助言をいただいた。私の研究テーマに近い内容で本を執筆することを誰よりも喜んでくれたのは、敬愛する恩師アレクサンドル・セルゲイヴィッチ・スティカーリン（Александр Сергеевич Стыкалин）である。アレクサンドル・セルゲイヴィッチからは人選と執筆内容に関する助言をもらった。人選に関しては本当に悩み、最後にこれでいいのだと背中を押してくれたのは、同じ研究所の同期であるユーゴスラヴィア研究者ボリス・ノヴォセリツェフ（Борис Сергеевич Новосельцев）であった。また、同じ研究所の先輩ニキータ・ボンダレフ（Никита Викторович Бондарев）にはチトーの項で助言、友人であるクロアチアの研究者マルティン・プレヴィシッチ（Martin Previšić：ザグレブ大学）にはゴリ・オトクの項で助言をもらった。今回は自分の研究している国の言語以外の文献を読む必要があったが、スラヴ系言語以外はかじったことがなく、本当に苦戦した。ルーマニア語、ドイツ語、ポーランド語、チェコ語、ブルガリア語の文献を読む時に手伝ってくれた各国に住む友人たち、彼らには本当に感謝している。

また、自らの出版社で働いた経験から、校正作業を最後まで手伝ってくれた妹・正美には本当に感謝している。ありがとう。

　夫・峯田慶治は私の研究の一番の理解者であり、応援してくれている。いつも本当にありがとう。

　2023年に他界した父・勲は私の前著が出来上がった時に心から喜んでくれた。父に本書を見せることができなかったことだけが心残りである。母・千代子、妹・正美と共に、父の墓前にこの本を捧げたいと思う。

　打診いただいてから5年という年月、執筆の遅い筆者を辛抱強く励まし、一緒に本書を作り上げてくださった濱崎さんには心からの感謝の気持ちを伝えたい。

　最後に、4冊の本を紹介したいと思う。本書を執筆する過程で度々疑問が生じることがあった。そんな時、必ずと言っていいほど解決してくれたのが、以下の4冊の史料集であった。

1. *Мурашко Г.П. (отв. ред.) и др*. Восточная Европа в документах Российских архивов.1944-1953 гг. Т. 1. 1944-1948 гг. Москва; Новосибирск, 1997.

2. *Мурашко Г.П. (отв. ред.) и др*. Восточная Европа в документах Российских архивов.1944-1953 гг. Т. 2. 1949-1953 гг. Москва; Новосибирск, 1998.

3. *Волокитина Т.В. (отв. ред.) и др*. Советский фактор в Восточной Европе. 1944-1953 гг. Документы. Т.1. 1944-1948 гг. Москва, 1999.

4. *Волокитина Т.В. (отв. ред.) и др*. Советский фактор в Восточной Европе. 1944-1953 гг. Документы. Т.2. 1949-1953 гг. Москва, 2002.

　この4冊の史料集は、偉大な先人たちが1990年代末、ロシアの公文書館が一斉にソ連時代の文書を公開した時に足繁く公文書館に通い、読み、編集した末に完成したものである。あの時代に公開された

史料は現在の東欧史研究の基礎であり（あの時代に公開された史料は、現在ロシアの公文書館では再度非公開になっているものも多い）、4 冊合わせて 1000 以上にものぼる公文書館の重要な史料を選定して編纂した同じ研究所の偉大な先人、ガリーナ・パブロヴナ・ムラシコ（Галина Павловна Мурашко）、タチアーナ・ヴィクトロヴナ・ヴォロキーチナ（Татьяна Викторовна Волокитина）、アルビーナ・フョードロヴィナ・ノスコヴァ（Альбина Федоровна Носкова）らに、ここで改めて敬意を表したいと思う。もし本書を読んでソ連・東欧関係に興味を持って研究したいと思う人がいたら、筆者としてこんなに嬉しいことはない。そんなこれから第二次世界大戦後の東欧史を志す人全員に、ソ連・東欧史の基礎と言っても過言ではない史料集として、この 4 冊を是非とも勧めたいと思う。

2024 年 10 月

木村香織

木村香織　Kimura Kaori

1980 年埼玉県生まれ。法政大学法学部政治学科卒。モスクワ大学大学院歴史学部二十世紀の祖国史学科修士課程修了（2008 年）、同大学院南西スラヴ史学科博士課程修了（2013 年）。歴史学博士（Кандидат Исторических Наук）。ロシア科学アカデミースラヴ学研究所研究員。専門は第二次世界大戦後のソ連・東欧史（ハンガリー・ユーゴスラヴィアを中心に）。主な著書・論文に、『亡命ハンガリー人列伝 —— 脱出者・逃亡犯・難民で知るマジャール人の歴史』（パブリブ）、「モスクワの計画の中で —— コミンフォルム派ユーゴスラヴィア政治亡命者たちの反チトー・キャンペーンにおける役割（1948 年から 1954 年）」（『法学志林』117 巻第 3・4 号、2020 年）「コミンフォルム派ユーゴスラヴィア人政治亡命者たちのハンガリーにおける活動 —— ハンガリー政府との関係と反チトー政治キャンペーン　1949 年〜 1954 年」（露文）「1940 年から 1950 年代におけるハンガリー・ユーゴスラヴィア外交関係」（共著、露文）、「ハンガリー・ユーゴスラヴィア国際関係における少数民族問題」（露文）がある。

kaoritokagetora@gmail.com

世界独裁者名鑑 Vol.1
ミニスターリン列伝
冷戦期東欧の小独裁者達

2024 年 12 月 1 日　初版第 1 刷発行
著者：木村香織
装幀 & デザイン：合同会社パブリブ
発行人：濱崎誉史朗
発行所：合同会社パブリブ
〒 103-0004
東京都中央区東日本橋 2 丁目 28 番 4 号
日本橋 CET ビル 2 階
03-6383-1810
office@publibjp.com
印刷 & 製本：シナノ印刷株式会社